PONS

SCHULWISSEN XXL

DEUTSCH

5.–10. Klasse

Der komplette Lernstoff zum Nachschlagen

von
Dietger Feiks
Claus Gigl
Ella Krauß
Gerhard Schwengler
Astrid Wiese

PONS Langenscheidt GmbH
Stuttgart

Autoren
Claus Gigl: Seite 14-57, 60-69, 76-91, 94-121, 128-143, 146-163, 170-177, 180-251, 257-283, 290-359, 366-413, 418-442
Astrid Wiese: Seite 58-59, 92-93, 122-127, 144-145, 251-256, 284-287, 360-365
Gerhard Schwengler: Seite 164-169, 178-179
Dietger Feiks/Ella Krauß: Seite 70-75

Hinweis:
Aus Gründen der besseren Lesbarkeit wurde an einigen Stellen auf die gleichzeitige Verwendung männlicher und weiblicher Sprachformen verzichtet. Sämtliche Personenbezeichnungen gelten gleichermaßen für alle Geschlechter.

2. Auflage 2026

Redaktion: Elke Hufnagel, Berlin
Logoentwurf: Erwin Poell, Heidelberg
Logoüberarbeitung: Sabine Redling, Heidelberg
Satz: DTP-Studio Andrea Eckhardt, Göppingen
Druck und Bindung: AZ Druck und Datentechnik GmbH, Kempten

Printed in Germany
ISBN 978-3-12-562606-5

Inhalt

5./6. Klasse

1 Grammatik

2 Rechtschreibung

Inhalt

5 Methoden

Inhalt

7./8. Klasse

6 Grammatik

7 Rechtschreibung

8 Aufsatz

9 Textsorten und Medien

10 Methoden

9./10. Klasse

11 Sprachbetrachtung

12 Aufsatz

Inhalt

15 Methoden

Vorwort

Lieber Schüler, liebe Schülerin,

in PONS Schulwissen XXL Deutsch kannst du alle wichtigen Themen aus den Klassen 5–10 nachschlagen, die du für die Schule brauchst.

Du findest zum Beispiel Erklärungen zu Rechtschreibung und Grammatik, erhältst Hinweise zum Schreiben von Aufsätzen, kannst dich über Literatur und Literaturgeschichte informieren oder nachlesen, was du beim Interpretieren von Texten beachten musst.

Nach bestimmten Themen suchst du gezielt mit Hilfe des Inhaltsverzeichnisses am Anfang oder im Stichwortverzeichnis am Ende des Buches.

Alle Themen sind in die Schuljahre 5/6, 7/8 und 9/10 eingeteilt.

Verschiedene Zeichen helfen dir, dich schnell zurechtzufinden:

- Regeln, Formeln und Erklärungen sind gelb hervorgehoben.
- Ausnahmen von der Regel, typische Fehler oder Sachverhalte, die du besonders beachten musst, sind violett hinterlegt und mit diesem Zeichen gekennzeichnet.
- Jedes Thema endet mit einer kurzen Zusammenfassung Zusammenfassung.

Am Ende der Klassenstufen kannst du dein Wissen mit zahlreichen Testfragen überprüfen. Auch die zugehörigen Lösungen findest du dort.

Ganz hinten im Buch haben wir für dich das Allerwichtigste aus allen Schuljahren nochmal auf „Spickzetteln" zusammengestellt. Du kannst sie ausschneiden und einfach in der Hosentasche mitnehmen.

Wir wünschen dir viel Erfolg!
Deine PONS-Redaktion

5./6. Klasse

Die Wortarten

Die Wörter, die du im Deutschen benutzt, gehören verschiedenen Wortarten an. Manche können verändert (gebeugt) werden, andere nicht.

Nomen (Substantive), **Artikel**, **Adjektive und Pronomen** haben unterschiedliche Formen, je nachdem, ob sie in der Einzahl oder in der Mehrzahl stehen.

der Papagei – die Papageien, das Kind – die Kinder

Sie kommen auch in den vier verschiedenen Fällen vor.

die Katze – der Katze – der Katze – die Katze.

Diese Art der Beugung nennt man **Deklination**.

Verben können ebenfalls verändert werden.
Sie können die Person wechseln.

ich lese – du liest – er, sie, es liest – wir lesen – ihr lest – sie lesen

Sie können auch in verschiedenen Zeiten stehen.

ich lese – ich las – ich habe gelesen – ich hatte gelesen – ich werde lesen – ich werde gelesen haben

Diese Art der Beugung nennt man **Konjugation**.

Adverbien, **Präpositionen**, **Konjunktionen** und **Interjektionen** bleiben immer unverändert.

Fachbegriff	Deutsche Bezeichnung	Beispiele	
Nomen (Substantiv)	Hauptwort, Namenwort	Vater, Mutter, Haus, Hund, Giraffe, Erbse, Handy, Wohnung	können dekliniert (gebeugt) werden
Artikel	Begleiter	der, die, das, ein, eine, einer	
Adjektiv	Wiewort, Eigenschaftswort	gelb, schlau, eigensinnig, brav	
Numerale	Zahlwort	eins, zwei, der Erste, der Zweite	
Pronomen	Fürwort	sie, mein, dieses	
Verb	Tunwort, Zeitwort	schreiben, essen, tanzen, telefonieren	kann konjugiert (gebeugt) werden
Adverb	Umstandswort	kaum, abends, da	können nicht flektiert (verändert) werden
Präposition	Verhältniswort	in, an, auf, neben	
Konjunktion	Bindewort	und, oder, weil, denn	
Interjektion	Empfindungswort	hurra, au, ach	

Wortarten

- können flektiert (verändert) werden
  - können konjugiert werden → verändern sich nach Person und Numerus, Tempus und Modus → Verben
  - können dekliniert werden → verändern sich nach Kasus, Genus und Numerus → Nomen (Substantiv), Artikel, Adjektive, Pronomen und Numerale
- können nicht flektiert (verändert) werden → Adverbien, Präpositionen, Konjunktionen und Interjektionen

Zusammen-
fassung

Kennzeichen der verschiedenen Wortarten

- Verben können konjugiert werden. Sie verändern sich dabei.
- Nomen (Substantiv), Artikel, Adjektive und Pronomen können dekliniert (gebeugt) werden. Auch sie verändern sich dabei.
- Adverbien, Präpositionen, Konjunktionen und Interjektionen bleiben immer unverändert.

Das Verb (Tätigkeitswort, Plural: die Verben)

Das Verb ist neben dem Nomen (Substantiv) das wichtigste Wort im Satz. Es bildet das Prädikat (Satzaussage). Ohne Verb kannst du keinen vollständigen Satz bilden.

Die Konjugation des Verbs

Verben können konjugiert (gebeugt) werden, man spricht dann von finiten Verbformen (Personalformen des Verbs). Wenn du die Konjugation bestimmen sollst, musst du Folgendes angeben:

- die **Person** (1., 2. oder 3. Person)
- die **Zahl** (Numerus, also Einzahl oder Mehrzahl)
- die **Zeit** (Tempus)

Du kannst außerdem die **Handlungsrichtung** (Genus verbi: Aktiv oder Passiv) und die **Aussageweise** (Modus: Indikativ oder Konjunktiv) bestimmen.

Singular	
1. Person	ich singe
2. Person	du singst
3. Person	er, sie, es singt
Plural	
1. Person	wir singen
2. Person	ihr singt
3. Person	sie singen

Außerdem gibt es infinite Verbformen (nicht gebeugte Formen):

Infinitiv (Grundform)	singen
Partizip I (Partizip Präsens)	singend
Partizip II (Partizip Perfekt)	gesungen

Verben kann man unterscheiden nach:

Vollverben, Hilfsverben und Modalverben

- Vollverben bilden allein das Prädikat, z. B. *hören, gehen, finden*.
  Sie hört gern Musik. Er ging mit seinen Freunden ins Kino. Wir fanden den Schatz.
- Hilfsverben helfen beim Bau eines zusammengesetzten Prädikats, z. B. *haben, sein* und *werden*.
  Sie hat gern Musik gehört. Er ist mit seinen Freunden ins Kino gegangen.
  Wir werden den Schatz finden.
- Modalverben verändern die Aussageweise des Prädikats, z. B. *wollen, dürfen, müssen*.
  Sie wollte gern Musik hören. Er durfte mit seinen Freunden ins Kino gehen.
  Wir mussten den Schatz finden.

Transitive und intransitive Verben

- Transitive Verben können nicht allein stehen, sie benötigen ein Akkusativobjekt, z. B. *einladen*.
  Ich lade alle meine Freunde ein.
- Intransitive Verben können allein stehen, sie benötigen kein Objekt, z. B. *lesen, gehen*.
  Ich lese gern. Ich gehe nach Hause.

Schwache und starke Verben

- Schwache Verben verändern ihren Stammvokal nicht:
  entdecken   entdeckte   entdeckt
  Die Endung im Präteritum lautet *-te*.
  Das Partizip II der schwachen Verben hat die Endung *-t*.

- Starke Verben verändern ihren Stammvokal:
  schreiben   schrieb   geschrieben
  Das Partizip II der starken Verben hat die Endung *-en*.

Zusammenfassung

Kennzeichen des Verbs

- Verben sind Tätigkeitswörter, die in keinem vollständigen Satz fehlen dürfen.
- Verben können konjugiert werden. Sie verändern sich dann nach Person (1., 2. und 3. Person), Numerus (Einzahl, Mehrzahl) und Tempus (Zeitstufe).
- Es gibt auch infinite Verbformen: Infinitiv, Partizip I und Partizip II.
- Verben können unterschieden werden nach: Vollverben, Hilfsverben und Modalverben, transitiven und intransitiven Verben, schwachen und starken Verben.

Das Tempus (die Zeitstufe, Plural: Tempora) des Verbs

Verben geben dir an, wann etwas geschieht und können in unterschiedlichen Zeitstufen stehen: im Präsens (= Gegenwart), im Präteritum oder Imperfekt (= 1. Vergangenheit), im Perfekt (= 2. Vergangenheit), im Plusquamperfekt (= 3. Vergangenheit), im Futur I (= Zukunft) oder im Futur II (= vollendete Zukunft).

Bildung der Tempora (Zeitstufen):

Zur Bildung der Zeitstufen benötigst du verschiedene grammatikalische Hilfsmittel.

Präteritum (oder Imperfekt)

- Schwache Verben bilden das Präteritum mit der Endung *-te*, z. B.:
  ich glaube, ich glaubte
- Starke Verben bilden das Präteritum durch Veränderung des Stammvokals, z. B.:
  ich laufe, ich lief

Perfekt

- Das Perfekt wird mit einer konjugierten Form von *haben* oder *sein* im Präsens und Partizip Perfekt gebildet.

Plusquamperfekt

- Das Plusquamperfekt wird mit einer konjugierten Form von *haben* oder *sein* im Präteritum und Partizip Perfekt gebildet.

Futur I

- Das Futur I wird mit einer konjugierten Form von *werden* im Präsens und Infinitiv gebildet.

Futur II

- Das Futur II wird mit dem Infinitiv von *haben* oder *sein*, mit einer konjugierten Form von *werden* im Präsens und Partizip Perfekt gebildet.

Zusammenfassung

Das Tempus des Verbs

- Verben drücken aus, wann etwas geschieht bzw. geschah oder geschehen wird.
- Verben können in unterschiedlichen Zeitstufen stehen: im Präsens, im Präteritum, im Perfekt, im Plusquamperfekt, im Futur I und im Futur II.
- Die Tempora werden nach genau festgelegten Regeln gebildet.

Tempus (Zeitstufe)	Bedeutung	Bildung mit haben	Bildung mit sein
Präsens (Gegenwart)	• es geschieht jetzt • der Vorgang wiederholt sich • die Aussage hat allgemeine Gültigkeit • „dramatisches Präsens"	ich glaube du glaubst er, sie, es glaubt wir glauben ihr glaubt sie glauben	ich laufe du läufst er, sie, es läuft wir laufen ihr lauft sie laufen
Präteritum/Imperfekt (1. Vergangenheit)	• Erzähltempus • Bericht über Vergangenes	ich glaubte du glaubtest er, sie, es glaubte wir glaubten ihr glaubtet sie glaubten	ich lief du liefst er, sie, es lief wir liefen ihr lieft sie liefen
Perfekt (2. Vergangenheit)	• vollendete Gegenwart (das Geschehen wirkt bis in die Gegenwart nach) • Verdeutlichung von Vorzeitigkeit zur Gegenwart	ich habe geglaubt du hast geglaubt er, sie, es hat geglaubt wir haben geglaubt ihr habt geglaubt sie haben geglaubt	ich bin gelaufen du bist gelaufen er, sie, es ist gelaufen wir sind gelaufen ihr seid gelaufen sie sind gelaufen
Plusquamperfekt (3. Vergangenheit)	• vollendete Vergangenheit • Verdeutlichung von Vorzeitigkeit zur Vergangenheit	ich hatte geglaubt du hattest geglaubt er, sie, es hatte geglaubt wir hatten geglaubt ihr hattet geglaubt sie hatten geglaubt	ich war gelaufen du warst gelaufen er, sie, es war gelaufen wir waren gelaufen ihr wart gelaufen sie waren gelaufen
Futur I (Zukunft)	• es wird in der Zukunft geschehen • Verdeutlichung von Nachzeitigkeit zur Gegenwart	ich werde glauben du wirst glauben er, sie, es wird glauben wir werden glauben ihr werdet glauben sie werden glauben	ich werde laufen du wirst laufen er, sie, es wird laufen wir werden laufen ihr werdet laufen sie werden laufen
Futur II (vollendete Zukunft)	• vollendete Zukunft • Verdeutlichung von Vorzeitigkeit zu einem Geschehen in der Zukunft	ich werde geglaubt haben du wirst geglaubt haben er, sie, es wird geglaubt haben wir werden geglaubt haben ihr werdet geglaubt haben sie werden geglaubt haben	ich werde gelaufen sein du wirst gelaufen sein er, sie, es wird gelaufen sein wir werden gelaufen sein ihr werdet gelaufen sein sie werden gelaufen sein

Aktiv und Passiv

Du kannst einen Vorgang aus zwei unterschiedlichen Sichtweisen beschreiben:
Der Hund biss Max ins Bein.
Max wurde von dem Hund ins Bein gebissen.
Welcher Unterschied ergibt sich daraus?
Im ersten Beispiel ist der Hund das Subjekt des Satzes, was er aktiv tut, ist wichtig.
Im zweiten Beispiel ist Max das Subjekt des Satzes. Es wird betont, was ihm passiv widerfährt.

Genus des Verbs

Dieser Unterschied ergibt sich durch das **Genus** (der Handlungsrichtung) des Verbs: Im ersten Satz steht das Verb im **Aktiv** (Tunform), im zweiten Satz im **Passiv** (Leideform). Daraus wird die unterschiedliche Leistung von Aktiv und Passiv deutlich: Steht der **Täter** oder der **Urheber eines Geschehens** im Vordergrund, verwendest du die **Aktivform** des Verbs. Steht der **Vorgang** an sich im Vordergrund, verwendest du die **Passivform**.

Beim Passiv unterscheidet man nach:

Vorgangspassiv

Das Vorgangspassiv beschreibt einen Vorgang oder eine Handlung:
Die Tür wird geöffnet.

Zustandspassiv

Das Zustandspassiv beschreibt ein Ergebnis oder einen Zustand:
Die Tür ist geöffnet.

Diese Unterscheidung von Aktiv und Passiv ist in verschiedenen **Aufsatzformen** ganz wichtig. In der **Erzählung** und im **Bericht** musst du anschaulich und lebendig schreiben. Du musst auch die handelnden Personen genau benennen und deutlich machen, was sie tun oder getan haben. Deshalb solltest du in der Erzählung und im Bericht vorwiegend im Aktiv schreiben.

Anders ist es bei der **Beschreibung**: Hier kommt es weniger darauf an, wer etwas getan hat, im Mittelpunkt steht, wie etwas ist. Bei der Beschreibung ist deshalb oft das Passiv angebracht.

Bildung des Passivs

Die Passivformen werden immer mit *werden* (Vorgangspassiv) und *sein* (Zustandspassiv) und dem Partizip Perfekt des Verbs gebildet.

Konjugationstabelle zu Aktiv und Passiv

Tempus	Aktiv	Vorgangspassiv	Zustandspassiv
Präsens	sie öffnet	es wird geöffnet	es ist geöffnet
Präteritum	sie öffnete	es wurde geöffnet	es war geöffnet
Perfekt	sie hat geöffnet	es ist geöffnet worden	es ist geöffnet worden
Plusquamperfekt	sie hatte geöffnet	es war geöffnet worden	es war geöffnet worden
Futur I	sie wird öffnen	es wird geöffnet werden	es wird geöffnet sein
Futur II	sie wird geöffnet haben	es wird geöffnet worden sein	es wird geöffnet gewesen sein

Zusammen-
fassung

Aktiv- und Passivformen des Verbs

- Von den meisten Verben lässt sich eine Aktiv- und eine Passivform bilden.
- Die Aktivform betont den Täter oder den Urheber einer Handlung, die Passivform betont den Vorgang oder das Geschehen.
- Beim Passiv lassen sich das Vorgangspassiv und das Zustandspassiv unterscheiden.
- Die Passivformen werden immer mit *werden* oder *sein* und dem Partizip Perfekt des Verbs gebildet.

Das Nomen (Haupt- oder Namenwort) und der Artikel (Begleiter)

Das Nomen (Substantiv) ist (neben dem Verb) das wichtigste Wort im Satz. Es bildet das Subjekt (Satzgegenstand). Ohne Nomen (Substantiv) kannst du keinen vollständigen Satz bilden.

Konkreta und Abstrakta

Nomen lassen sich in zwei Gruppen unterteilen:

Konkreta
Konkreta (Gegenstandswörter) benennen konkrete Dinge, die man anfassen, sehen, hören und riechen kann:
das Haus, der Baum, die Schule, das Essen, die Luft, das Getränk, der See, der Esel

Abstrakta
Abstrakta (Begriffswörter) bezeichnen nur Gedachtes, Nicht-Angreifbares:
der Traum, die Angst, die Liebe, die Grammatik, die Hoffnung, die Freundschaft

Zu den Nomen gehören auch:

Sammelbegriffe
die Möbel, die Speisen, die Getränke, das Obst

Namenwörter
(der) Philipp, (die) Yasmin, (der) Otto, Deutschland, Hamburg

Das Genus (das grammatikalische Geschlecht)
Allen Nomen ist gemeinsam, dass sie ein grammatikalisches Geschlecht haben.
Nomen sind
- **maskulin** (männlich),
- **feminin** (weiblich) oder
- **neutral** (sächlich).

Das Genus erkennt man am **Artikel** (Begleiter). Es gibt den
bestimmten Artikel: der – die – das
unbestimmten Artikel: ein – eine – ein

Durch den Artikel ist das grammatikalische Geschlecht festgelegt.

Fachbegriff	Deutscher Begriff	Artikel	Beispiel
Maskulinum	männlich	der	der Vater
Femininum	weiblich	die	die Mutter
Neutrum	sächlich	das	das Kind

Nicht immer stimmen aber das grammatikalische und das biologische Geschlecht überein.

Beispiel	Biologisches Geschlecht	Grammatikalisches Geschlecht
das Mädchen	weiblich	Neutrum
das Kind	weiblich oder männlich	Neutrum
die Tür	–	Femininum

Manchmal helfen unterschiedliche Artikel, gleichlautende Wörter mit verschiedener Bedeutung auseinanderzuhalten:

das Band (im Haar)	der Band (des Lexikons)
der Heide (der Ungläubige)	die Heide (die Landschaft)
die See (das Meer)	der See (ein großer Teich)

Zusammenfassung

Das Nomen (Substantiv) und der Artikel

- Nomen sind Haupt- oder Namenwörter. Das Nomen bildet das Subjekt und darf in keinem vollständigen Satz fehlen.
- Jedes Nomen ist an ein bestimmtes Genus (grammatikalisches Geschlecht) gebunden. Der Artikel (der – die – das, ein – eine – ein) macht dieses deutlich.

Das Nomen (Substantiv): Numerus und Kasus

Das Nomen (Substantiv) ist nicht nur durch das Genus bestimmt, sondern auch durch Zahl (Numerus) und Fall (Kasus). Schließlich macht es nicht nur für den Hund, sondern auch grammatikalisch einen gewaltigen Unterschied, ob man sagt: *Ich füttere die Hunde.* Oder: *Ich gehe mit dem Hund in die Hundeschule.*

Der Numerus (die grammatikalische Zahl)

Die meisten Nomen können im **Singular** (Einzahl) oder im **Plural** (Mehrzahl) verwendet werden.

der Hund – die Hunde, das Dach – die Dächer, das Bild – die Bilder, der Arzt – die Ärzte

Nur wenige Nomen kommen ausschließlich im Singular oder im Plural vor.
Nur im Singular gibt es: *der Regen, die Faulheit, die Liebe, der Schnee, das Vieh.*
Nur im Plural gibt es: *die Geschwister, die Eltern, die Leute, die Kosten, die Ferien.*

Der Kasus (der grammatikalische Fall)

Nomen ändern ihre Form nicht nur durch den Numerus, sondern auch durch den Kasus. Im Deutschen gibt es vier Fälle.

Fall	Fachbegriff	Deutsche Bezeichnung	Frage	Beispiel
1. Fall	Nominativ	Werfall	wer oder was?	der Freund
2. Fall	Genitiv	Wesfall	wessen?	des Freundes
3. Fall	Dativ	Wemfall	wem?	dem Freund
4. Fall	Akkusativ	Wenfall	wen oder was?	den Freund

Nomen (Substantive) kann man folgendermaßen deklinieren (beugen):

Numerus	**Kasus**	**Genus**		
		Maskulinum	Femininum	Neutrum
Singular	Nominativ	der Mann	die Frau	das Kind
	Genitiv	des Mannes	der Frau	des Kindes
	Dativ	dem Mann	der Frau	dem Kind
	Akkusativ	den Mann	die Frau	das Kind
Plural	Nominativ	die Männer	die Frauen	die Kinder
	Genitiv	der Männer	der Frauen	der Kinder
	Dativ	den Männern	den Frauen	den Kindern
	Akkusativ	die Männer	die Frauen	die Kinder

Nominalisierungen (Substantivierungen) von Verben und Adjektiven (Eigenschaftswörtern)
Der Begriff Nominalisierungen (Substantivierungen) bedeutet, dass ein Wort, das kein Nomen (Substantiv) ist, zu einem gemacht wird. Dies betrifft vor allem das Adjektiv und das Verb.
Auch nominalisierte Verben und Adjektive können mit einem Artikel versehen werden.

Charlotte tanzt gern. → Das Tanzen macht ihr Spaß.
Verb → Nomen (mit Artikel)

Mein Schulranzen ist blau. → Der Blaue ist meiner.
Adjektiv → Nomen (mit Artikel)

Zusammenfassung

Numerus und Kasus des Nomens

- Nomen können dekliniert werden. Sie verändern sich dann nach Numerus (Einzahl, Mehrzahl) und Kasus (Fall).
- Verben und Adjektive können nominalisiert (substantiviert), also in Nomen verwandelt werden. Man nennt dies Nominalisierungen (Substantivierungen).

Das Pronomen (Fürwort, Plural: Pronomina)

Der Begriff Pronomen leitet sich aus dem Lateinischen her (lat.: pro = für, nomen = Namenwort). Im Deutschen wird das Pronomen als Fürwort bezeichnet, denn es steht oft für ein Nomen oder erläutert ein Nomen näher.

Das Personalpronomen (persönliches Fürwort)

Das Personalpronomen steht stellvertretend für ein Nomen. Es steht immer in dem Genus, Numerus und Kasus, in dem das Nomen auch stehen würde.
Statt:

Jan geht mit seinem Hund spazieren und gibt seinem Hund das Futter.

schreibst du besser:

Jan geht mit seinem Hund spazieren und gibt ihm das Futter.

Das Nomen *Hund* ist maskulin und steht im Dativ. *Ihm* ist ebenfalls maskulin und steht auch im Dativ.

Charlotte füttert ihre Katze. Charlotte füttert sie.

Das Nomen *Katze* ist feminin und steht im Akkusativ. *Sie* ist ebenfalls feminin und steht auch im Akkusativ.

Du solltest im Aufsatz dann ein Personalpronomen statt eines Nomens wählen, wenn du das Nomen öfter wiederholen müsstest. Durch die Verwendung des Personalpronomens kannst du Eintönigkeit vermeiden.

Mit dem Personalpronomen kann der Sprecher

	im Singular	im Plural
von sich selbst sprechen	ich	wir
andere ansprechen	du	ihr
über andere/etwas anderes sprechen	er, sie, es	sie

Das Possessivpronomen (besitzanzeigendes Fürwort)

Das Possessivpronomen zeigt an, was zu wem gehört.

Das ist <u>mein</u> Buch.
Sind Lars und Sven <u>deine</u> Brüder?

Folgende Possessivpronomen gibt es: *mein, dein, sein, ihr, unser, euer, ihr*

Possessivpronomen werden folgendermaßen dekliniert:

		Possessivpronomen			
		Singular			Plural
Person	Kasus	Maskulinum	Femininum	Neutrum	
ich	Nominativ	mein	meine	mein	meine
	Genitiv	meines	meiner	meines	meiner
	Dativ	meinem	meiner	meinem	meinen
	Akkusativ	meinen	meine	mein	meine
du	Nominativ	dein	deine	dein	deine
	Genitiv	deines	deiner	deines	deiner
	Dativ	deinem	deiner	deinem	deinen
	Akkusativ	deinen	deine	dein	deine
er	Nominativ	sein	seine	sein	seine
	Genitiv	seines	seiner	seines	seiner
	Dativ	seinem	seiner	seinem	seinen
	Akkusativ	seinen	seine	sein	seine
sie	Nominativ	ihr	ihre	ihr	ihre
	Genitiv	ihres	ihrer	ihres	ihrer
	Dativ	ihrem	ihrer	ihrem	ihren
	Akkusativ	ihren	ihre	ihr	ihre
es	Nominativ	sein	sein	seine	seine
	Genitiv	seines	seiner	seines	seiner
	Dativ	seinem	seiner seine	seinem	seinen
	Akkusativ	seinen		sein	seine
wir	Nominativ	unser	unsere	unser	unsere
	Genitiv	unseres	unserer	unseres	unserer
	Dativ	unserem	unserer	unserem	unseren
	Akkusativ	unseren	unsere	unser	unsere
ihr	Nominativ	euer	eure	euer	eure
	Genitiv	eures	eurer	eures	eurer
	Dativ	eurem	eurer	eurem	euren
	Akkusativ	euren	eure	eurer	eure
sie	Nominativ	ihr	ihre	ihr	ihre
	Genitiv	ihres	ihrer	ihres	ihrer
	Dativ	ihrem	ihrer	ihrem	ihren
	Akkusativ	ihren	ihre	ihr	ihre

Das Demonstrativpronomen (hinweisendes Fürwort)

Das Demonstrativpronomen weist auf etwas Bestimmtes hin. Das kann sein:

eine Person: Wer ist dieser Mann?
eine Sache: Zeigen Sie mir dieses Buch.
ein Sachverhalt: Warum hast du das getan?

Folgende Demonstrativpronomen kann man unterscheiden:

Singular	Plural
der, die, das	die
dieser, diese, dieses	diese
jener, jene, jenes	jene
derjenige, diejenige, dasjenige	diejenigen
derselbe, dieselbe, dasselbe	dieselben
solcher, solche, solches	solche

Das Reflexivpronomen (rückbezügliches Fürwort)

Das Reflexivpronomen wird verwendet, wenn das Subjekt und das Objekt in einem Satz die gleiche Person oder Sache bezeichnen.

im Singular	im Plural
Ich wasche mich.	Wir waschen uns.
Du wäschst dich.	Ihr wäscht euch.
Er, sie, es wäscht sich.	Sie waschen sich.

Das Relativpronomen (rückbezügliches Fürwort)

Die Relativpronomen *der – die – das* leiten immer einen Nebensatz (Relativsatz) ein. Die Relativpronomen *welcher – welche – welches* können ebenfalls verwendet werden, klingen in einem Text aber meist etwas holprig.

Hunde, die bellen, beißen nicht.
Ich glaube nur denjenigen, welche noch nie gelogen haben.
(Besser: Ich glaube nur denen, die noch nie gelogen haben.)

Zusammenfassung

Pronomen

- Pronomen sind Fürwörter. Oft stehen sie für ein Nomen, manchmal erläutern sie dieses näher.
- Das Personalpronomen steht stellvertretend für ein Nomen (statt *Daniel* steht *er*).
- Das Demonstrativpronomen weist auf etwas Bestimmtes hin (Ich möchte *dieses* Buch ausleihen).
- Das Possessivpronomen zeigt an, was zu wem gehört (*meine* Schultasche).
- Das Reflexivpronomen steht immer bei einem reflexiven Verb (Ich bedanke *mich*).
- Das Relativpronomen bindet einen Nebensatz an einen Hauptsatz an (Dem Lehrer, *der* mit uns ins Landheim gefahren ist, bin ich ewig dankbar dafür).

Das Adjektiv (Wiewort, Eigenschaftswort; Plural: Adjektive)

Adjektive sind Begleiter des Nomens oder beziehen sich auf ein Pronomen. Sie zeigen dessen Merkmale und Eigenschaften an. Nach Adjektiven fragt man „Wie ist etwas?".

Gebrauch der Adjektive

Attributiver Gebrauch
Das Adjektiv kann als Attribut (Beifügung) gebraucht werden, dann steht es vor einem Nomen. In diesem Fall richtet sich die Endung des Adjektivs nach Genus, Kasus und Numerus des Nomens, auf das es sich bezieht.

Die leckere Pizza hat allen Geburtstagsgästen gut geschmeckt.

Prädikativer Gebrauch
Das Adjektiv kann auch Teil des Prädikats sein, dann steht es nach dem Hilfsverb *sein* oder *werden*.

Die Pizza ist lecker.

Alle Adjektive kann man steigern.

Deutsche Bezeichnung	Fachbegriff	Beispiel	
		attributiver Gebrauch	prädikativer Gebrauch
Grundstufe	Positiv	ein **kluger** Papagei	Dieser Papagei ist **klug**.
Vergleichsstufe	Komparativ	ein **klügerer** Papagei	Dieser Papagei ist **klüger**.
Höchststufe	Superlativ	der **klügste** Papagei	Dieser Papagei ist am **klügsten**.

Die **Positivform** verwenden wir, wenn wir zwei Dinge gleichsetzen.

Der Papagei ist klug und das Schaf ist dumm.

Den **Komparativ** brauchen wir, wenn wir zwei Dinge vergleichen.

Der Papagei ist klüger als das Schaf.

Der **Superlativ** wird verwendet, wenn die höchste Steigerung ausgedrückt werden soll oder eine dritte Eigenschaft gegenüber zwei anderen hervorgehoben wird.

Der Papagei ist das klügste Tier.

Am klügsten ist aber der Papagei, weil er menschliche Stimmen nachahmen und ganze Sätze sprechen kann.

Manche Adjektive bilden Komparativ und Superlativ aus einem anderen Stamm als den Positiv.

gut – besser – am besten

Zusammen-fassung

Das Adjektiv

- Adjektive beziehen sich immer auf ein Nomen oder ein Pronomen.
- Man unterscheidet den attributiven und den prädikativen Gebrauch des Adjektivs.
- Adjektive kann man steigern, das unterscheidet sie von Adverbien.
- Die Steigerungsformen des Adjektivs heißen: Positiv – Komparativ – Superlativ.

Das Numerale (Zahlwort, Plural: Numeralia)

Numeralia sind Zahlwörter. Sie werden meist wie Adjektive verwendet. Deshalb werden sie oft auch als Zahladjektive bezeichnet.

Unterscheidung der Numerale

Unbestimmte Zahlwörter
Sie machen keine genauen Zahlenangaben.

Viele Menschen sahen dem Marathonlauf zu.
In deinem Diktat waren einige Fehler.
Der Quizkandidat hat mehrere Möglichkeiten, sich zu entscheiden.

Besonders häufig werden diese unbestimmten Zahlwörter verwendet:
viele, einige, mehrere, alle, wenige, ein bisschen, ein paar, ganz

Kardinalzahlen
Sie sind Grundzahlen, die eine Anzahl festlegen.

Das Dromedar hat einen Höcker.
Die Spinne hat acht Beine.
Von diesem Lexikon wurden schon hunderttausend Exemplare verkauft.

Beispiele für Kardinalzahlen:
null, eins, zwei, drei ...
zehn, elf, zwölf, dreizehn ...
zwanzig, einundzwanzig, zweiundzwanzig ...
dreißig, vierzig, fünfzig ...
(ein)hundert, hunderteins, hundertzwei ...
zweihundert, dreihundert, vierhundert ...
(ein)tausend, tausendeins, tausendzwei, tausenddrei ...
eine Million, zwei Millionen, drei Millionen ...
eine Milliarde, zwei Milliarden, drei Milliarden ...

Die Kardinalzahlen *Million* und *Milliarde* werden immer großgeschrieben.

Ordinalzahlen

Diese Ordnungszahlen legen eine Reihenfolge fest:

Ben war als erster Schüler am Kiosk.
Frau Schmidt war die tausendste Kundin.
Der millionste Geländewagen lief vom Band.

Beispiele für Ordinalzahlen:

der erste, der zweite, der dritte Baum
der zehnte, der elfte, der zwölfte, der dreizehnte Schüler
der zwanzigste, der einundzwanzigste, der zweiundzwanzigste Läufer
der dreißigste, der vierzigste, der fünfzigste Autofahrer
der hundertste, der tausendste, der millionste Gewinner

Ordinalzahlen werden dekliniert:

der erste Mann, die erste Frau, das erste Kind
der tausendste Gewinner, die tausendste Gewinnerin, das tausendste Gewinnspiel

Ordinalzahlen werden immer großgeschrieben, wenn sie allein stehen.
Sie werden dann als Nomen angesehen.

Er war als Erster am Unfallort.
„Der Nächste, bitte!"

Zusammenfassung

Das Numerale

- Numeralia sind Zahlwörter.
- Es gibt unbestimmte Zahlwörter, Kardinalzahlen und Ordinalzahlen.
- Unbestimmte Zahlwörter sind z. B. *viele, einige, mehrere, alle, wenige, ein bisschen, ein paar, ganz.*
- Kardinalzahlen geben eine Anzahl an, z. B. *null, eins, zwei, drei, hundert, tausend, eine Million, eine Milliarde.*
- Ordinalzahlen legen eine Reihenfolge fest, z. B. *der erste, der zweite, der dritte, der hundertste, der tausendste.*
- Ordinalzahlen werden kleingeschrieben, außer wenn sie als Nomen verwendet werden.

Nicht veränderbare Wortarten: Adverbien und Präpositionen

Adverbien und Präpositionen sind Wortarten, die nicht verändert (flektiert) werden können. Sie sind nicht von einer Person, einem Genus oder einem Numerus abhängig; sie können meist auch nicht gesteigert werden.

Das Adverb (Umstandswort, Plural: Adverbien)

Das Adverb (lat. = beim Verb) kann beim Verb stehen, es kann aber auch an anderen Stellen im Satz seinen Platz einnehmen. Aus dem Adverb wird das Adverbiale gebildet.

Ich kaufe mir heute mein Pausenbrot am Kiosk.
Draußen liegt Schnee.
Miriam ist ziemlich gut im Rechnen.

Folgende Adverbien kann man unterscheiden:

Adverbien	Fachbegriff	Frage	Beispiele
der Zeit	Temporaladverbien	wann? wie lange?	da, dann, jetzt, stets, wieder, gestern, immer, oft, montags, abends, nochmals, bald
des Ortes	Lokaladverbien	wo? wohin? woher?	rechts, links, oben, unten, hier, draußen, dort, dorthin, überall, nirgends, vorn, hinten
der Art und Weise	Modaladverbien	wie? auf welche Weise? womit?	so, vielleicht, möglicherweise, ungefähr, anders, sehr, gern, ziemlich

Adverbien werden im Gegensatz zu Adjektiven nicht flektiert.

Die Präposition (Verhältniswort, Plural: Präpositionen)

Präpositionen geben das Verhältnis einer Person, einer Sache oder eines Vorgangs zu einer anderen Person oder Sache an. Sie stehen immer vor einem Nomen oder einer Gruppe von Nomen.

Das Heft liegt auf dem Lehrerpult.
Zwischen dem Mittagessen und dem Abendessen macht Silke ihre Hausaufgaben.
Sven hat ohne mein Wissen von mir abgeschrieben.

Präpositionen kann man nach ihrer Bedeutung unterscheiden.

Präposition	Beispiele
der Zeit	während, seit, um, bis, ab
des Ortes	neben, unter, über, hinter, in, mit, nach, auf, aus, bei, durch
der Art und Weise	mit, ohne, außer, für
des Grundes	trotz, um … willen, wegen, dank

Die Präpositionen erfordern einen bestimmten Kasus.

den Genitiv verlangen:	wegen, während, infolge, statt, anhand, angesichts, mangels, jenseits	Wegen des Unwetters am Morgen kamen viele Schüler zu spät zur Schule.
mit dem Dativ stehen immer:	außer, ab, bei, binnen, dank, entgegen, gegenüber, mit, nach, nahe, seit, zu, von	Außer der Direktorin hat nur der Hausmeister einen Schlüssel zu allen Räumen der Schule.
den Akkusativ fordern:	für, gegen, bis, zu, entlang, um	Für die Lehrerinnen und Lehrer ist auch der Nebeneingang der Schule geöffnet.
mit Dativ oder Akkusativ können stehen:	auf, an, hinter, neben, über, unter, vor, in, zwischen	Auf dem Dach der Schule befindet sich eine Solaranlage. Auf den Hausmeister ist immer Verlass.

Zusammenfassung

Adverbien und Präpositionen

- Adverbien und Präpositionen können nicht verändert werden.
- Das Adverb gibt Auskunft auf die Fragen Wann? Wie lange? Wo? Wohin? Woher? Wie? Auf welche Weise? Womit? Adverbien lassen sich nach Temporaladverbien, Lokaladverbien und Modaladverbien unterscheiden.
- Präpositionen geben ein Verhältnis (zu einer Person, einer Sache oder einem Vorgang) an. Sie ziehen immer einen bestimmten Kasus (Genitiv, Dativ oder Akkusativ) nach sich.

Nicht veränderbare Wortarten: Konjunktionen und Interjektionen

Konjunktionen und Interjektionen sind Wortarten, die nicht verändert (flektiert) werden können. Sie sind nicht von einer Person, einem Genus oder einem Numerus abhängig; sie können auch nicht gesteigert werden.

Die Konjunktion (Bindewort, Plural: Konjunktionen)

Konjunktionen sind Bindewörter – sie verbinden Wörter, Wortgruppen und Sätze miteinander. Du kannst unterordnende und nebenordnende Konjunktionen unterscheiden.

Konjunktionen	Verwendung	Beispiele
nebenordnende Konjunktionen	verbinden Wörter, Wortgruppen, Hauptsätze und Hauptsätze und gleichrangige Nebensätze	und, oder, aber, denn, sowie, wie, entweder … oder, sowohl … als auch, sondern
unterordnende Konjunktionen	verbinden einen Hauptsatz mit einem Nebensatz	dass, weil, als, wenn, nachdem, damit, obwohl, als ob, indem, anstatt dass, wann immer …, bevor, bis

Beispiele für die Verwendung von Konjunktionen

Verbindung von Wörtern:

Max und Moritz, Arme oder Reiche, entweder du oder ich

Verbindung von Wortgruppen:

der schlaue Max und der clevere Moritz, wenige Arme und viele Reiche

Verbindung von Sätzen:

Satzverbindung	Art der Konjunktion	Beispiel
Hauptsatz und Nebensatz	unterordnende Konjunktion	Das Schulhaus ist in den Ferien abgeschlossen, weil niemand hinein muss.
Nebensatz und Nebensatz	nebenordnende oder unterordnende Konjunktion	Das Schulhaus ist in den Ferien abgeschlossen, weil niemand hinein muss und der Putzdienst eigene Schlüssel hat.
		Das Schulhaus ist in den Ferien abgeschlossen, weil niemand hinein muss, nachdem der Putzdienst da war.
Hauptsatz und Hauptsatz	nebenordnende Konjunktion	Das Schulhaus ist in den Ferien abgeschlossen, denn in einem Notfall könnte der Hausmeister aufsperren.

Die Interjektion (Ausrufe- oder Empfindungswort, Plural: Interjektionen)

Interjektionen sind Wörter, die Gefühlsregungen ausdrücken, bestimmte Geräusche nachahmen oder als Zuruf dienen. Interjektionen kommen oft in Erlebniserzählungen oder in Comics vor.

Folgende Übersicht hilft dir, Interjektionen einzuordnen.

Verwendung	Beispiele
Gefühlsregungen (z. B. Angst, Schmerz, Ekel, Freude, Trauer)	oh! oje! au! pfui! aha! ach! nanu! herrje! igitt! nanu!
Nachahmung von Geräuschen (Lautmalerei)	miau, wau wau, kikeriki, hatschi, gong, zack, klingeling, tatü tata
Zurufe	hallo! he! pst! dalli, dalli! basta! hau ruck!

Achtung: Interjektionen können kein Satzglied bilden.

Zusammenfassung

Konjunktionen und Interjektionen

- Konjunktionen und Interjektionen können nicht verändert werden.
- Konjunktionen sind Bindewörter, die zwischen Wörtern, Wortgruppen oder Sätzen stehen. Man unterscheidet nebenordnende und unterordnende Konjunktionen.
- Interjektionen drücken Gefühle aus, ahmen Geräusche nach oder dienen als Zuruf. Sie können kein Satzglied bilden.

Der Satz

Um sinnvolle Äußerungen zu tun, musst du Sätze bilden.
Je nach Anlass und Aussageabsicht können das Aussagesätze, Ausrufesätze oder Fragesätze sein.
Sätze stehen aber nur selten vereinzelt. Man kann Satzgefüge oder Texte aus ihnen bilden, die aus Haupt- und Nebensätzen bestehen.

Satzart	Beispiel
Aussagesatz	Die nächsten Sommerferien verbringe ich bei einer Gastfamilie in England.
Ausrufesatz – Wunschsatz • Befehlssatz • Aufforderungssatz	Könnte ich doch die nächsten Sommerferien bei einer Gastfamilie in England verbringen! Du musst die nächsten Sommerferien bei einer Gastfamilie in England verbringen! Verbring doch die nächsten Sommerferien bei einer Gastfamilie in England!
Fragesatz • Entscheidungsfrage • Ergänzungsfrage	Willst du die nächsten Sommerferien bei einer Gastfamilie in England verbringen? Warum willst du die nächsten Sommerferien bei einer Gastfamilie in England verbringen?
Hauptsatz	Die nächsten Sommerferien verbringe ich in einer Gastfamilie in England, …
Nebensatz	… weil ich meine Sprachkenntnisse verbessern will.

Satzformen und Satzarten

- Satzarten
  - Aussagesatz → ein Sachverhalt wird mitgeteilt → Das finite Verb steht an zweiter Stelle.
  - Ausrufesatz → eine Handlung wird veranlasst
  - Fragesatz → etwas soll in Erfahrung gebracht werden
  - (Ausrufesatz, Fragesatz →) Das finite Verb steht an erster Stelle (bei der Ergänzungsfrage nach dem Fragewort) oder an der zweiten Stelle (beim Ausrufesatz).
- Satzformen
  - Hauptsatz → Satzformen → Das finite Verb steht an zweiter Stelle.
  - Nebensatz → Das finite Verb steht an letzter Stelle.

Zusammenfassung

Kennzeichen der verschiedenen Satzarten und Satzformen

- Wir unterscheiden nach ihrer Funktion den Aussage-, Ausrufe- und Fragesatz.
- Man kann Sätze auch nach Haupt- und Nebensätzen unterscheiden – je nach Bauform und Stellung der personalen Verbform.

Die Satzarten

Mit Sätzen kannst du Inhalte verschiedener Art und mit verschiedener Absicht ausdrücken.

Der Aussagesatz

Er dient dazu, einen Sachverhalt mitzuteilen oder zu behaupten. Er wird mit einem Punkt abgeschlossen. In einem Aussagesatz steht das finite Verb (die Personalform des Verbs) immer an der zweiten Stelle im Satz.

Gestern	war	der letzte Ferientag.
↑	↑	↑
	finites Verb	
	↑	
1. Satzglied	2. Satzglied	letztes Satzglied

Der Ausrufesatz

Der Ausrufesatz wird auch Aufforderungs-, Befehls- oder Wunschsatz genannt. Mit ihm veranlasst du bestimmte Handlungen. Er wird meist mit einem Ausrufezeichen abgeschlossen. In einem Ausrufesatz steht das finite Verb meistens an der ersten Stelle im Satz.

Hätten	wir	doch endlich	Ferien!
↑	↑	↑	↑
finites Verb			
↑			
1. Satzglied	2. Satzglied	3. Satzglied	letztes Satzglied

Der Fragesatz

Mit dem Fragesatz möchte der Sprecher oder Schreiber etwas in Erfahrung bringen. Man unterscheidet Entscheidungsfragen und Ergänzungsfragen. In einem Fragesatz steht das finite Verb an der ersten Stelle im Satz, bei der Ergänzungsfrage hinter dem Fragewort.

Entscheidungsfragen

(auch Satzfragen genannt, da mit Hilfe eines ganzen Satzes gefragt wird) lassen sich mit „ja" oder „nein" beantworten.

Hättest	du	gern	Ferien?
↑	↑	↑	↑
finites Verb			
↑			
1. Satzglied	2. Satzglied	3. Satzglied	letztes Satzglied

Ergänzungsfragen

(auch Wortfragen genannt, da mit Hilfe eines Wortes gefragt wird) verlangen eine Auskunft über Personen oder Sachverhalte.

Wann	sind	die nächsten Ferien?
↑	↑	↑
	finites Verb	
	↑	
1. Satzglied	2. Satzglied	letztes Satzglied

Zusammen-fassung

Die Satzarten

- Wir unterscheiden nach ihrer Funktion den Aussage-, Ausrufe- und Fragesatz.
- Der Aussagesatz endet mit einem Punkt. Das finite Verb steht an der zweiten Stelle im Satz.
- Der Ausrufesatz endet mit einem Ausrufezeichen. Das finite Verb steht meist an der ersten Stelle im Satz.
- Der Fragesatz endet mit einem Fragezeichen. Bei der Entscheidungsfrage steht das finite Verb an der ersten Stelle im Satz, bei der Ergänzungsfrage steht es an der zweiten Stelle.

Hauptsatz und Nebensatz

Hauptsätze sind vollständige Sätze mit einem Subjekt und Prädikat, die alleine stehen können. Nebensätze können nur in Verbindung mit einem Hauptsatz vorkommen. Man unterscheidet einfache und zusammengesetzte Sätze.

Hauptsatz

Der Hauptsatz ist ein selbstständiger Satz, der allein stehen kann. Er kann ein Aussage-, Ausrufe- oder Fragesatz sein.

Ich freue mich schon auf die Weihnachtsferien. → Aussagesatz
Endlich beginnen die Weihnachtsferien! → Ausrufesatz
Wann beginnen die Weihnachtsferien? → Fragesatz

In einem **Aussagesatz** steht das finite Verb (die Personalform des Verbs) immer an der zweiten Stelle im Satz.

Ich <u>freue</u> mich schon auf die Weihnachtsferien.

Nebensatz

Der Nebensatz ist ein abhängiger Satz, der nicht allein stehen kann. In einem Nebensatz steht das finite Verb (die Personalform des Verbs) an der letzten Stelle im Satz:

Hauptsatz: Ich freue mich schon auf die Weihnachtsferien,
Nebensatz: weil ich dann endlich Ski fahren <u>darf</u>.

Hauptsatz: Wann beginnen die Weihnachtferien,
Nebensatz: in denen ich dann endlich Ski fahren <u>darf</u>?

Sätze lassen sich miteinander verbinden.
Hauptsätze können unverbunden nebeneinanderstehen. Verbindet man einen **Hauptsatz** mit einem anderen **Hauptsatz**, spricht man von einer **Satzreihe**.

HS 1: Ich freue mich schon auf die Weihnachtsferien.
↑
finites Verb an der 2. Stelle im Satz

HS 2: Dann möchte ich endlich Ski fahren.
↑
finites Verb an der 2. Stelle im Satz

Die Verbindung der beiden Hauptsätze ergibt eine
Satzreihe: Ich freue mich schon auf die Weihnachtsferien, dann möchte ich endlich Ski fahren.
Hauptsätze werden durch **nebenordnende Konjunktionen**, z. B. *und, oder, denn* … miteinander verbunden.

Nebensätze treten nur im Zusammenhang **mit** einem **Hauptsatz** auf. Verbindet man einen Hauptsatz mit einem oder mehreren Nebensätzen, spricht man von einem **Satzgefüge**:

HS: Ich freue mich schon auf die Weihnachtsferien,
↑
finites Verb an 2. Stelle

NS 1: weil ich dann endlich zum Skifahren gehen darf
↑
finites Verb an letzter Stelle

NS 2: und meine neuen Ski ausprobieren kann.
↑
finites Verb an letzter Stelle

Haupt- und Nebensätze werden durch **unterordnende Konjunktionen** (z. B. *da, weil, als*) miteinander verbunden.

Zusammenfassung

Hauptsatz und Nebensatz

- Hauptsätze können allein stehen. Wir unterscheiden nach ihrer Funktion den Aussage-, Ausrufe- und Fragesatz.
- Das finite Verb steht beim Aussagesatz immer an der zweiten Stelle im Satz.
- Nebensätze sind von einem Hauptsatz abhängig.
- Das finite Verb steht im Nebensatz immer an der letzten Stelle im Satz.
- Hauptsätze werden durch nebenordnende Konjunktionen (*und, oder, denn*) miteinander verbunden und bilden eine Satzreihe.
- Haupt- und Nebensätze werden durch unterordnende Konjunktionen (*weil, als* usw.) miteinander verbunden und bilden ein Satzgefüge.

Satzglieder ermitteln

Nicht einzelne Wörter bilden einen Satz, sondern Satzglieder. Diese bestehen oft aus einem oder aus mehreren Wörtern. Es gibt verschiedene Möglichkeiten, um Satzglieder zu ermitteln, zu bestimmen, zu streichen oder zu ergänzen.

Die Umstellprobe (oder Verschiebeprobe)

Sie zeigt, aus wie vielen Satzgliedern ein Satz besteht und welche Wörter zu einem Satzglied gehören. Dabei kannst du dir merken: Jede Wortgruppe, die zusammenhängend verschoben werden muss, bildet ein Satzglied.
Beispiel: Der Schulleiter hat ein Büro im Erdgeschoss.

Du kannst den Satz auf folgende Arten umstellen:

Ein Büro / hat / der Schulleiter / im Erdgeschoss.
Im Erdgeschoss / hat / der Schulleiter / ein Büro.

Damit ist klar geworden, dass der Satz aus vier Satzgliedern besteht:

Der Schulleiter / hat / ein Büro / im Erdgeschoss.

Die Ersatzprobe

Dabei bleibt das Verb erhalten, alle anderen Satzglieder werden durch andere Wörter ersetzt. Dadurch wird deutlich, aus wie vielen Satzgliedern ein Satz besteht.
Beispiel: Der Schulleiter hat ein Büro im Erdgeschoss.

Die Ersatzprobe bringt folgendes Ergebnis:
Statt:

Der Schulleiter / hat / ein Büro / im Erdgeschoss.

kannst du sagen:

Er / hat / es / dort.

So ist klar geworden, dass der Satz aus vier Satzgliedern besteht.

Die Weglassprobe (oder Abstreichprobe)

Sie zeigt, aus welchen Bestandteilen der Satz unbedingt bestehen muss, um vollständig zu sein. Du kannst den Satz verkürzen:

Der Schulleiter hat ein Büro im Erdgeschoss.
Der Schulleiter hat ein Büro.

Damit hast du die absolut notwendigen Satzglieder herausgefunden.
Das Beispiel zeigt, dass sich der Sinn des Satzes nicht wesentlich verändert, dass die Aussage aber ungenauer geworden ist.

Die Weglassprobe hilft dir, deine Aussagen (z. B. beim Bericht) auf das Notwendige zu reduzieren.

Die Erweiterungsprobe

Sie hilft herauszufinden, welche Satzglieder ergänzt werden könnten, um den Satz aussagekräftiger zu machen:

Der Schulleiter hat ein Büro.

Folgende Ergänzungen sind neben anderen möglich:

Der neue Schulleiter hat ein Büro.
Der neue Schulleiter hat ein frisch renoviertes Büro.
Der neue Schulleiter hat ein frisch renoviertes Büro im Erdgeschoss.
Der neue, gutaussehende Schulleiter, Herr Obenhuber, hat ein frisch renoviertes Büro im Erdgeschoss.

Die Erweiterungsprobe hilft dir besonders beim Überarbeiten eigener Texte, weil sie deutlich macht, an welchen Stellen der Satz noch aussagekräftiger gestaltet werden könnte.

Zusammenfassung

Satzglieder ermitteln

- Satzglieder kannst du mit Hilfe verschiedener Proben ermitteln.
- Die Umstellprobe zeigt dir, wie viele Satzglieder es in einem Satz gibt und welche Wörter zu einem Satzglied gehören.
- Die Ersatzprobe zeigt ebenfalls, aus wie vielen Satzgliedern ein Satz besteht.
- Die Weglassprobe zeigt, welche Satzglieder verzichtbar sind, und kann helfen, einen Text knapper und sachlicher zu gestalten.
- Die Erweiterungsprobe hilft, Satzglieder zu finden, die einen Text aussagekräftiger machen können.

Die Satzglieder

Satzglieder sind die Bausteine, aus denen Sätze zusammengesetzt sind.
Satzglieder werden aus Wörtern gebildet, die verschiedenen Wortarten angehören.
Folgende Satzglieder kennt man in der deutschen Sprache.

Das Subjekt

ist einer der Grundbausteine des Satzes. Es wird meist aus einem Nomen (Substantiv) oder Pronomen gebildet und steht immer im Nominativ:

ich - der Polizist - das Kamel - der Kaktus - Evelin

Das Prädikat

ist ebenfalls ein unverzichtbarer Satzbaustein; es wird aus einem Verb gebildet:

ich lese - du liest - er, sie, es liest - wir lesen - ihr lest - sie lesen

Das Objekt

kann einen Satz ergänzen. Es gibt aber viele Sätze, die ohne Objekt auskommen. Das Objekt wird - wie das Subjekt - meist aus einem Nomen (Substantiv) oder aus einem Pronomen gebildet. Objekte stehen im Genitiv, Dativ oder im Akkusativ. Sie können auch zusammen mit einer Präposition stehen.

das Buch - den Hasen - die Hexe - des Freundes - die Geschwister - dem Lehrer

Das Adverbiale

ist ein Satzglied, das ein Geschehen näher bestimmt. Es kann als Wort, als Wortgruppe und als Nebensatz vorkommen:

Markus liest gern Abenteuerromane.
Nach dem Lesen von Abenteuerromanen schläft Markus meist sehr unruhig.
Wenn Markus einen Abenteuerroman gelesen hat, schläft er meistens sehr unruhig.

Das Attribut

dient der näheren Bestimmung des Nomens. Es ist kein selbstständiges Satzglied, sondern Teil eines Satzgliedes.

Unsere Deutschlehrerin, Frau Bildschön, liest gern Gedichte.

Satzglieder

unverzichtbare Grundbausteine des Satzes → Subjekt, Prädikat

Satzglieder oder Satzgliedteile, die ergänzend auftreten können → Objekt, Adverbiale, Attribut

Subjekt	Prädikat	Objekt	Adverbiale	Attribut
steht immer im Nominativ	verändert sich nach Tempus, Numerus und Genus	steht im Genitiv, Dativ oder Akkusativ; kann auch von einer Präpostion abhängen	antwortet auf die Frage wann? warum? wie? wo?	das Attribut hängt grammatikalisch von seinem Bezugswort ab
wird meist aus dem Nomen (Substantiv) oder einem Pronomen gebildet	wird aus dem Verb gebildet	wird meist aus dem Nomen (Substantiv) oder einem Pronomen gebildet	wird oft aus dem Adverb gebildet	wird aus dem Adjektiv, dem Adverb, der Apposition, Nomen im Genitiv, Präposition mit Nomen gebildet

Zusammen-fassung

Die Satzglieder

- Satzglieder, die es in jedem Satz gibt, sind das Subjekt und das Prädikat.
- Ergänzend können Objekte, Adverbialen und Attribute hinzukommen.

Das Prädikat (die Satzaussage, Plural: die Prädikate)

Das Prädikat ist ein unverzichtbarer Satzbaustein – ohne Prädikat gibt es keinen vollständigen Satz. Das Prädikat wird immer aus einem Verb gebildet.

Die Schülerin lernt den Text.
Alle Schülerinnen und Schüler werden gelobt.
Die Besten bekommen eine Auszeichnung.

Merkmale des Prädikats

Das Prädikat ist immer durch fünf Merkmale bestimmt:

Die Person
Das Prädikat kann immer in der 1., 2. und 3. Person stehen.

Ich lerne den Text.	1. Person	Singular
Du lernst den Text.	2. Person	
Er, sie, (es) lernt den Text.	3. Person	
Wir lernen den Text.	1. Person	Plural
Ihr lernt den Text.	2. Person	
Sie lernen den Text.	3. Person	

Der Numerus
Das Prädikat kann immer im Singular oder im Plural stehen.

Ich lerne den Text.	Singular
Wir lernen den Text.	Plural

Das Tempus
Das Prädikat kann immer in allen Zeiten stehen (im Präsens, im Präteritum, im Perfekt, im Plusquamperfekt, im Futur I und im Futur II).

Ich lerne den Text.	Präsens
Ich lernte den Text.	Präteritum
Ich habe den Text gelernt.	Perfekt
Ich hatte den Text gelernt.	Plusquamperfekt
Ich werde den Text lernen.	Futur I
Ich werde den Text gelernt haben.	Futur II

Der Modus

Das Prädikat kann immer im Indikativ oder im Konjunktiv stehen.

Ich lerne den Text.	Indikativ
Ich lernte den Text.	Konjunktiv I
Ich würde den Text lernen.	Konjunktiv II

Das Genus

Das Prädikat kann immer im Aktiv oder im Passiv stehen.

Ich lerne den Text.	Aktiv
Der Text wird gelernt.	Passiv

Bildung des Prädikats

Einfaches und zusammengesetztes Prädikat

Ein Prädikat kann einteilig oder zusammengesetzt vorkommen. Das einteilige Prädikat besteht aus der Personalform des Verbs (finite Verbform), das zusammengesetzte aus der Personalform und einem unbestimmten Teil des Verbs (infiniter Verbteil).

Die Schülerin lernt den Text.
↑
finites Verb

Die Schülerin wird den Text lernen.
↑ ↑
finiter Verbteil infiniter Verbteil

Zusammenfassung

Das Prädikat

- In jedem vollständigen Satz gibt es ein Prädikat, das immer aus einem Verb gebildet wird.
- Das Prädikat ist durch fünf Merkmale bestimmt: Person, Numerus, Tempus, Modus und Genus.
- Wir unterscheiden das einteilige und das zusammengesetzte Prädikat: Das einteilige Prädikat besteht nur aus der finiten Verbform, das zusammengesetzte Prädikat besteht aus der finiten und der infiniten Form des Verbs.

Das Subjekt (der Satzgegenstand, Plural: die Subjekte)

Das Subjekt ist ein unverzichtbarer Satzbaustein – ohne Subjekt gibt es keinen vollständigen Satz.
Das Subjekt wird meist aus einem Nomen (Substantiv), einem Pronomen oder einem nominalisierten (substantivierten) Adjektiv gebildet.

Das Subjekt steht immer im **Nominativ**.

Die Lehrerin gibt die Klassenarbeit zurück.
Sie lobt alle Schülerinnen und Schüler, weil sie so gut gelernt haben.
Die Beste bekommt einen „Das hast du super gemacht!"-Stempel auf ihre Arbeit.

Das Subjekt eines Satzes findet man immer durch die Frage **„Wer oder was?"** heraus.

Wer oder *was* gibt die Klassenarbeit zurück?
Antwort: Die Lehrerin.
Wer oder *was* lobt alle Schülerinnen und Schüler, weil sie so gut gelernt haben?
Antwort: Sie.
Wer oder *was* bekommt einen „Das hast du super gemacht!"-Stempel auf ihre Arbeit?
Antwort: Die Beste.

Das Subjekt stimmt immer in Person und Numerus mit dem Prädikat überein.

Die Lehrerin gibt die Klassenarbeit zurück.

3. Person Singular — 3. Person Singular

Die Lehrerin gibt die Klassenarbeiten zurück.

3. Person Singular — 3. Person Singular

 Sie geben die Klassenarbeit zurück. 

3. Person Plural — 3. Person Plural

 Sie geben die Klassenarbeiten zurück. 

3. Person Plural — 3. Person Plural

Zusammenfassung

Das Subjekt

- In jedem vollständigen Satz gibt es ein Subjekt, das meist aus einem Nomen (Substantiv), einem Pronomen oder einem nominalisierten (substantivierten) Adjektiv gebildet wird.
- Das Subjekt steht immer im Nominativ.
- Das Subjekt stimmt immer in Person und Numerus mit dem Prädikat überein.

Das Objekt (die Satzergänzung, Plural: die Objekte)

Nicht jeder Satz braucht ein oder mehrere Objekte. Ein vollständiger Satz kommt auch ohne Objekt aus. In vielen Fällen fordert aber das Prädikat eine Ergänzung, also ein Objekt. Ein Objekt kann nie im 1. Fall stehen. Objekte stehen immer im 2., 3. oder 4. Fall oder sind von einer Präposition abhängig (dieses Objekt nennt man Präpositionalobjekt).

Ein vollständiger Satz, der nur aus dem Subjekt und dem Prädikat gebildet ist, lautet z. B.:

Svenja	liest.
↑	↑
Subjekt	Prädikat

Die Aussage dieses Satzes kann durch ein Objekt genauer bestimmt werden, muss aber nicht.

Svenja	liest	ihr Lieblingsbuch.
↑	↑	↑
Subjekt	Prädikat	Akkusativobjekt

Folgender Satz braucht jedoch aufgrund des Prädikats in jedem Fall ein Objekt; sonst ist er nicht vollständig.

Der Lehrer	lobt.
↑	↑
Subjekt	Prädikat

Der Satz muss lauten:

Der Lehrer	lobt	die Schülerinnen und Schüler.
↑	↑	↑
Subjekt	Prädikat	Akkusativobjekt

Folgende Objekte kannst du unterscheiden:

Objekt	Fachbegriff	Frage nach dem Objekt	Beispiel
Objekt im 2. Fall	Genitivobjekt	wessen?	Emma leiht ihrem Deutschlehrer das Märchenbuch ihrer Oma.
Objekt im 3. Fall	Dativobjekt	wem?	Emma gibt ihrem Deutschlehrer ihr Poesiealbum.
Objekt im 4. Fall	Akkusativobjekt	wen oder was?	Der Lehrer lobt die Schülerinnen und Schüler.
Objekt mit Präposition	Präpositional-objekt	mit wem? (oder: nach was? nach wem? auf was? auf wen? usw.)	Der Lehrer spricht mit den Eltern.

Zusammen-fassung

Das Objekt

- Ob ein Satz ein Objekt braucht, liegt am Verb. Es gibt viele vollständige Sätze, die ohne Objekt auskommen.
- Das Objekt steht immer im Genitiv, Dativ oder im Akkusativ.
- Das Präpositionalobjekt ist abhängig von der Präposition. Es folgt meist auf Verben *wie warten* (*auf*), *suchen* (*nach*), *sprechen* (*mit*).

Das Adverbiale (die Umstandsbestimmung, Plural: die Adverbialien)

Das Adverbiale gehört nicht zu den notwendigen Satzbausteinen. Indem es einen Umstand näher erläutert, kann es die Aussage eines Satzes genauer machen. Es hängt nicht (wie z. B. das Objekt) vom Prädikat ab.
Das Adverbiale kann aus folgenden Wortarten oder Wortgruppen bestehen: Adverb, Adjektiv, Nomen im Genitiv oder im Akkusativ, Präposition (und Adjektiv) und Nomen.

Beispiele:

Die Lehrerin	lobt	die Schülerinnen	nach der Klassenarbeit.
	↑	↑	↑
Subjekt	Prädikat	Akkusativobjekt	Adverbiale

Nach diesem Adverbiale wird so gefragt:
Wann lobt die Lehrerin die Schülerinnen?
Antwort: nach der Klassenarbeit
Da eine Zeit angegeben wird, handelt es sich um ein Temporaladverbiale.

Du	wartest	an der Bushaltestelle.
	↑	↑
Subjekt	Prädikat	Adverbiale

Nach diesem Adverbiale wird so gefragt:
Wo wartest du?
Antwort: an der Bushaltestelle
Da ein Ort angegeben wird, handelt es sich im eine Lokaladverbiale.

Folgende Adverbiale kann man unterscheiden:

Adverbiale	Fachbegriff	Frage	Beispiel
Adverbiale der Zeit	Temporal-adverbiale	wann? wie oft? wie lange?	Ich brauche etwa eine Stunde für die Hausaufgabe.
Adverbiale des Ortes	Lokal-adverbiale	wo? woher? wohin? bei wem?	Das Ergebnis ist im Lösungsheft angegeben.
Adverbiale der Art und Weise	Modal-adverbiale	wie? auf welche Weise? womit? ohne was?	Diese Aufgabe ist einfach.
Adverbiale des Grundes	Kausal-adverbiale	warum? weshalb? aus welchem Grund?	Aus Ärger warf Lea ihr Englischheft weg.
Adverbiale des Zwecks	Final-adverbiale	wozu? zu welchem Zweck?	Zum Nachholen des versäumten Stoffes kauft Malte eine Lernhilfe.
Adverbiale des Mittels	Instrumental-adverbiale	womit? wodurch?	Marie löst die Rechenaufgaben mit dem Taschenrechner.
Adverbiale der Folge	Konsekutiv-adverbiale	mit welcher Folge? mit welcher Wirkung?	Zur Freude aller Schüler der Klasse 6a hat der Englischlehrer die Klassenarbeit um eine Woche verschoben.

Zusammen-fassung

Das Adverbiale

- Das Adverbiale ist ein Satzglied, das nicht unbedingt erforderlich ist.
- Das Adverbiale erläutert die Aussage eines Satzes näher.
- Du kannst verschiedene Adverbialien unterscheiden, z. B. das temporale, lokale, kausale und modale Adverbiale.

Das Attribut (die Beifügung, Plural: die Attribute)

Das Attribut gehört nicht zu den notwendigen Satzbausteinen. Es ist auch kein eigenständiges Satzglied, sondern ein Teil eines Satzglieds. Es kann deshalb auch nur gemeinsam mit dem Satzglied, auf das es sich bezieht, verschoben werden. Das Attribut kann vor oder nach dem Satzglied stehen, auf das es sich bezieht.

Attribute können sich auf folgende Wortarten beziehen:

Wortart, auf das sich das Attribut bezieht	Attribut	Beispiel
Nomen	der lesende Schüler	Der lesende Schüler verpasste den Unterrichtsstoff.
Pronomen	sie alle	Miriam kennt sie alle.
Numerale	nur wenige	Nur wenige Schüler gehen zum Schwimmen.
Adjektiv	recht einfach	Mathematik ist für die Schüler der 6b recht einfach.
Adverb	weit hinten	Der Lehrer saß im Bus weit hinten.
Verb	langsam lesen	Oskar kann nur langsam lesen.

Attribute werden meist aus folgenden Wortarten und Formen gebildet.

Wortart, aus der das Attribut gebildet wird	Attribut	Beispiel
Nomen im Genitiv	des Lehrers	Olga wollte das Buch des Lehrers ausleihen.
Präposition mit Nomen	mit dem Hut	Den Mann mit dem Hut kennen alle Kinder.
Adjektiv	einfach	Die einfache Prüfung haben alle bestanden.
Partizip	trödelnd	Der trödelnde Schüler kam zu spät in den Unterricht.
Apposition	der Hausmeister	Herr Bürger, der Hausmeister, ist überall bekannt.

Beispiele für Sätze mit einem Attribut

Der neue Atlas	gefällt	allen Schülerinnen und Schülern.
↑	↑	↑
Attribut	Prädikat	Dativobjekt
Subjekt		

Dieses Attribut bestimmt das Subjekt des Satzes näher.

Der Atlas	gefällt	allen interessierten Schülerinnen und Schülern.
↑	↑	↑
Subjekt	Prädikat	Attribut — Dativobjekt

Dieses Attribut bestimmt das Objekt des Satzes näher.

Du kannst deine Sätze anschaulicher und genauer machen, wenn du passende Attribute verwendest. Mit Hilfe der **Erweiterungsprobe** kannst du feststellen, an welche Stelle du ein Attribut einfügen kannst.
Statt:

Der Atlas gefällt allen Schülerinnen und Schülern.

kannst du genauer schreiben:

Der neue Atlas gefällt allen interessierten Schülerinnen und Schülern.

Zusammenfassung

Das Attribut

- Das Attribut bestimmt ein Satzglied näher.
- Das Attribut ist kein Satzglied, sondern Teil eines Satzgliedes. Wenn der Satz umgestellt wird, wird es immer zusammen mit dem Satzglied, auf das es sich bezieht, verschoben.
- Ein Attribut wird meist aus einem Nomen im Genitiv, einer Präpositionen zusammen mit einem Nomen, einem Adjektiv, einer Apposition oder einem Partizip gebildet.
- Mögliche Attribute, die die Aussage eines Satzes genauer machen, kannst du durch die Erweiterungsprobe herausfinden.

Rechtschreibstrategien

Es gibt verschiedene Strategien, die in Zweifelsfällen der deutschen Rechtschreibung oft weiterhelfen: die Suche nach verwandten Wörtern, die Verlängerung von Wörtern oder auch die Silbentrennung. In besonders kniffligen Fällen kann man aber natürlich auch in einem Wörterbuch nachschlagen.

Wortverwandte suchen

Oft erfährt man etwas über die richtige Schreibung von Wörtern, wenn man die Schreibung verwandter Wörter kennt. Diese Probe ist hilfreich, wenn man zum Beispiel nicht genau weiß, ob ein Wort mit **au** oder **eu**, **ä** oder **e** geschrieben wird. In diesem speziellen Fall sucht man verwandte Wörter. Werden diese mit **au** oder **a** geschrieben, wird das Wort, bei dem man sich unsicher ist, mit **äu** oder **ä** geschrieben.

ä oder e, äu oder eu	Wortverwandte
F**ä**hre	f**a**hren
sch**äu**men	Sch**au**m
Verk**äu**fer	verk**au**fen, K**au**fmann
l**eu**chten	L**eu**chtreklame, L**eu**chtdiode

Wörter verlängern

Diese Rechtschreibprobe ist besonders geeignet, wenn man unsicher ist, ob ein Wort am Ende mit **d** oder **t**, mit **b** oder **p**, mit **g** oder **k** geschrieben wird,
Weiß man etwa nicht genau, ob *Hand* am Ende mit **d** oder **t** geschrieben wird, verlängert man das Wort, indem man z. B. den Plural bildet. Spricht man *Hände* aus, hört man deutlich, dass der Laut weich und stimmhaft klingt und darum ein **d** und nicht ein **t** geschrieben wird. Entsprechendes gilt dann für das Wort *Hand*.

Wort	Verlängerung	Wort	Verlängerung
Han**d**	Hän**de**	Wal**d**	Wäl**der**
Ta**g**	tä**glich**	kal**t**	Käl**te**
klu**g**	klü**ger**	al**t**	äl**ter**

Zusammensetzungen in Bestandteile zerlegen

Um Zusammensetzungen (Komposita) richtig zu schreiben, hilft es oft, das Wort in seine Bestandteile zu zerlegen.

Komposita	Wortbestandteile
Sauersto**fff**lasche	Sauer-sto**ff-f**lasche
wide**rr**ufen	wide**r-r**ufen
Ra**dd**ampfer	Ra**d-d**ampfer

Die Silbentrennung

Die Silbentrennung ist vor allem dann angebracht, wenn man sich beim Zuhören oder flüssigen Sprechen nicht ganz darüber im Klaren ist, welche Laute im Einzelnen in einem Wort vorkommen. Das **t** in *Katze* kann man leicht überhören, sagt man sich das Wort aber silbenweise vor, merkt man, dass es Kat-ze heißen muss: Frat-ze, Spit-ze, Schu-he, Brot-zeit, Klas-se, Rol-le.

Verschiedene Schreibweisen ausprobieren

Wer viel liest oder aufmerksam durch die Welt geht, hat bei dieser Strategie einen klaren Vorteil. Auch wenn man sich bei der Schreibung einzelner Wörter unsicher ist, so ist man häufig mit dem Schriftbild aus einem der unzähligen Texte, die uns ständig begegnen, vertraut. Darum hilft es oft, verschiedene Schreibweisen eines Wortes auszuprobieren und dann diejenige zu wählen, die uns als die richtige erscheint.

Das Wörterbuch

In einem Wörterbuch nachzuschlagen ist besonders dann sinnvoll, wenn du trotz angewandter Rechtschreibproben und Rechtschreibstrategien unsicher bist.
Wörterbücher sind grundsätzlich alphabetisch geordnet, auch innerhalb eines Wortes.
Das Wörterbuch gibt auch Auskunft über den dazugehörigen Artikel, das heißt, es macht eine Aussage zum Genus (dem Geschlecht) des Wortes und man kann nachschlagen, wie das Wort im Genitiv lautet. Das ist wichtig, da z. B. zwar den meisten, aber nicht allen Wörtern männlichen Geschlechts im Genitiv ein **-s** angehängt wird. Es heißt nämlich nicht: Das ist der Rüssel des Elefants, sondern *Das ist der Rüssel des Elefanten*.

Groß- und Kleinschreibung

Die Frage, wann man ein Wort groß- und wann man es kleinschreibt, kannst du anhand von Regeln beantworten. Für die Groß- und Kleinschreibung gibt es vier Regeln, die du kennen solltest.

Regel 1

Am Satzanfang wird immer großgeschrieben.

Heute gehen wir in die Bibliothek.

Wörter innerhalb eines Satzes schreibt man klein – wenn sie keine Nomen oder nominalisierten Verben oder Adjektive sind.

Ich **m**öchte **h**eute **n**och **i**n **d**ie Bibliothek **g**ehen.

Ein neuer Satz beginnt immer nach einem Schlusspunkt, nach einem Ausrufe- oder Fragezeichen. Folgt nach einem Doppelpunkt ein vollständiger Satz, schreibt man das erste Wort ebenfalls groß.

Das ist doch klar**: W**ir gehen heute in die Bibliothek.

Regel 2

Alle Nomen (Substantive) schreibt man groß.

das **B**uch, die **B**ibliothek, der **B**ücherladen, der **B**uchhändler

Wird ein Verb oder ein Adjektiv als Nomen gebraucht, schreibt man es ebenfalls groß. In diesem Fall spricht man davon, dass ein Verb oder Adjektiv nominalisiert (substantiviert) (also zu einem Nomen (Substantiv) gemacht) wird. Solche nominalisierten (substantivierten) Verben oder Adjektive werden immer mit einem Artikel gebraucht.

das **L**esen, das **S**chreiben, das **A**usleihen, das **K**aufen, das **S**pannendste, das **N**eue

Diese Regel erklärt auch folgendes Beispiel:

Welches Buch willst du **l**esen?
lesen ist ein Verb und wird kleingeschrieben.
Beim **L**esen des Buchs bin ich eingeschlafen.
Hier könnte man statt *beim Lesen* auch sagen *bei dem Lesen*. Vor *Lesen* steht ein Artikel, der das Verb zu einem Nomen macht. Deshalb schreibt man hier *Lesen* groß.

Regel 3

Im Sachbrief schreibt man die höfliche Anrede „Sie" immer groß.
Die persönliche Anrede „du" kann man in Briefen auch großschreiben.

Ich grüße **S**ie ganz herzlich.
Ich gratuliere Ihnen zu **I**hrem Geburtstag.
Vielen Dank für **d**einen/**D**einen Brief.

Regel 4

Alle Eigennamen sind Nomen, deshalb schreibt man sie groß.

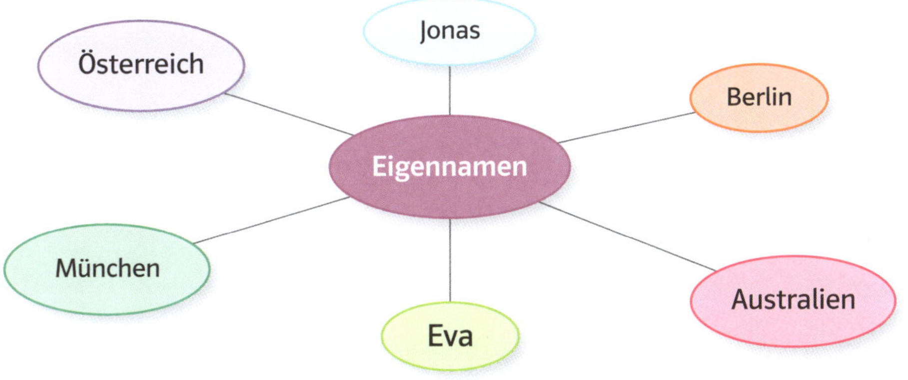

Manche Eigennamen bestehen zusätzlich zum Nomen aus einem Adjektiv.
Da dieses ein fester Bestandteil des Begriffs ist, schreibt man es ebenfalls groß.

der **H**eilige **A**bend, das **S**chwarze **M**eer, das **R**ote **K**reuz, der **H**eilige **V**ater

Zusammen-fassung

Groß- und Kleinschreibung

- Am Satzanfang (also nach Punkt, Frage- und Ausrufezeichen, auch nach Doppelpunkt, wenn ein vollständiger Satz folgt) wird immer großgeschrieben.
- Alle Nomen (Substantive) und nominalisierten (substantivierten) Verben und Adjektive schreibt man groß.
- In einem Brief schreibt man die höfliche Anrede immer groß, die persönliche Anrede kann man groß- oder kleinschreiben.
- Alle Eigennamen schreibt man groß.
- Alle anderen Wörter (Verben, Adjektive, Adverbien, Numerale, Pronomen usw.) schreibt man klein.

Schreibung nach kurz gesprochenem Vokal (Schärfung)

Sprache hat nicht nur mit Sprechen und Schreiben zu tun, sondern auch mit Hören. Wir hören nicht nur, was der andere sagt, sondern auch wie er es sagt. Es macht einen großen Unterschied, ob du *Aal* oder *All* hörst. Worin liegt dieser Unterschied? Er liegt in der Länge des Vokals -*a*-. In *Aal* wird das -*a*- lang gesprochen, in *All* nur kurz. Um das kenntlich zu machen, wird der nachfolgende Konsonant verdoppelt. Man spricht auch von der Schärfung des Konsonanten.

Die Regeln für die Schreibung nach kurz gesprochenem Vokal lauten:

Regel 1

Folgt auf einen kurzen Vokal ein Konsonant, wird dieser meist verdoppelt.

E**gg**e, E**bb**e, Schi**ff**, schmu**gg**eln, pa**dd**eln, schla**ff**, Ro**bb**e, Nu**mm**er

Regel 2

Folgen auf einen kurzen Vokal mehrere Konsonanten, werden diese nicht verdoppelt.

Sa**lz**, Schra**nk**, Ba**lk**en, Ne**lk**en, Hi**rn**, schi**mpf**en, He**rz**, Schme**rz**, sta**rk**, Su**mpf**

Regel 3

Folgen auf einen kurzen Vokal zwei Konsonanten des Buchstaben -k- oder -z-, gilt folgende Ausnahme: Statt -kk- schreibt man -ck-, statt -zz- schreibt man -tz-.

spi**ck**en, ne**ck**en, lo**ck**en, we**ck**en, ha**ck**en, schü**tz**en, nü**tz**en, Mü**tz**e, Besi**tz**, Wi**tz**, Spa**tz**

Regel 4

Treffen bei zusammengesetzten Wörtern ein Doppelkonsonant und ein gleicher einfacher Konsonant aufeinander, stehen drei gleiche Konsonanten hintereinander.

Schi**fff**ahrt, Balle**ttt**änzer, Bre**nnn**essel, Pa**ppp**lakat, Kontro**lll**ampe

Eine Ausnahme von dieser Regel bilden die Wörter *Mittag*, *Drittel* und *dennoch*, die aus *Mitt-tag*, *Dritt-tel* und *denn noch* zusammengesetzt sind. Sie gelten inzwischen als eigenständige Wörter.

Regel 5

Die Konsonanten c, h, q, v, w, x und y werden nicht verdoppelt.

Wenn du dir nicht sicher bist, ob man ein Wort mit einfachem oder doppeltem Konsonanten schreibt, kannst du den Trick anwenden, das Wort zu verlängern und die Trennung herauszufinden.

Lina ~~budelt~~ im Sand oder: Lina buddelt im Sand?
Bei einem Verb solltest du den Infinitiv bilden: *buddeln*, Trennung: *bud-deln*.

Kevin geht oft ins Kino oder: Kevin geht ~~offt~~ ins Kino?
Wenn möglich, solltest du Wörter steigern: *oft – öfter*, Trennung: *öf-ter*.

Mit der Lupe untersuche ich das Insekt oder: Mit der ~~Luppe~~ untersuche ich das Insekt?
Bei einem Nomen (Substantiv) bildest du die Pluralform: *die Lupe – die Lupen*, Trennung: *die Lu-pen*.

In Wörterbüchern werden kurze Vokale mit einem Punkt unter dem Vokal gekennzeichnet. Lange Vokale bekommen einen Strich.

Zusammenfassung

Schreibung nach kurz gesprochenem Vokal

- Nach kurz gesprochenem Vokal wird der folgende Konsonant oft verdoppelt.
- Folgen auf einen kurzen Vokal zwei Konsonanten, werden diese nicht verdoppelt.
- Statt *-kk-* schreibt man *-ck-*, statt *-zz-* schreibt man *-tz-*.
- Treffen bei zusammengesetzten Wörtern ein Doppelkonsonant und ein gleicher einfacher Konsonant aufeinander, stehen meist drei gleiche Konsonanten hintereinander.
- Die Konsonanten *c, h, q, v, w, x* und *y* werden nicht verdoppelt.
- Wenn du dir nicht sicher bist, ob man ein Wort mit einfachem oder doppeltem Konsonanten schreibt, solltest du es verlängern, steigern oder trennen.

Schreibung lang gesprochener Vokale (Dehnung)

Die Dehnung des Vokals wird auf ganz unterschiedliche Weise dargestellt:
Durch
- Verdoppelung des Vokals oder
- ein Dehnungs-*h*.
- Einfügen von einem Dehnungs-*e*.

In manchen Fällen wird der lang gesprochene Vokal nicht kenntlich gemacht.

Die Regeln für die Schreibung lang gesprochener Vokale lauten:

Regel 1

Wird ein Vokal lang gesprochen, wird er oft verdoppelt.
Das gilt für das lang gesprochene *-a-*.

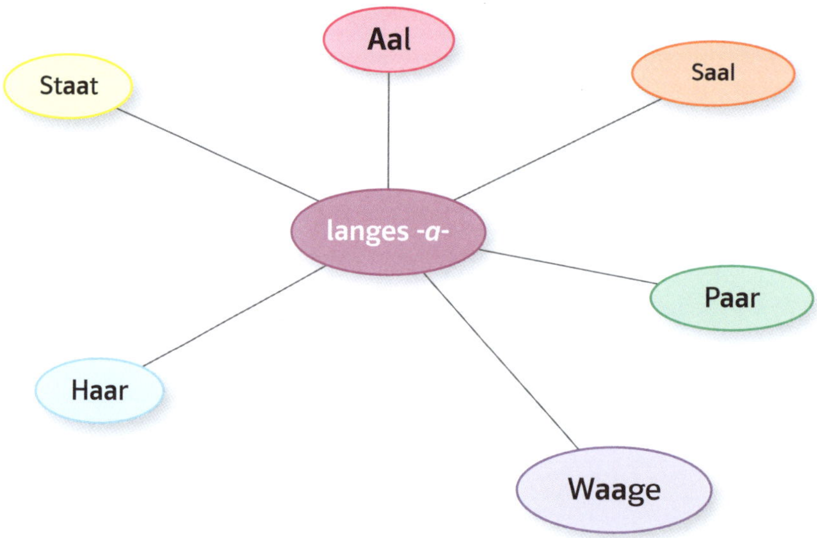

Auch die lang gesprochenen Vokale *-e-* und *-o-* werden oft verdoppelt.
langes *-e-*: B**ee**re, B**ee**t, F**ee**, H**ee**r, Kl**ee**, Schn**ee**, S**ee**, Sp**ee**r, T**ee**
langes *-o-*: B**oo**t, M**oo**r, M**oo**s, Z**oo**

Regel 2

Wird ein Vokal lang gesprochen, wird er oft durch ein Dehnungs-h kenntlich gemacht.
langes -*a*-: z**ah**m, f**ah**nden, **ah**nen, l**ah**m, w**ah**r, Z**ah**l
langes -*e*-: s**eh**r, m**eh**r, n**eh**men, l**eh**ren, f**eh**len
langes -*i*-: **ih**m, **ih**r, **ih**re, **ih**nen, **ih**rem
langes -*o*-: M**oh**r, h**oh**l, S**oh**n, **oh**ne
langes -*u*-: U**h**r, R**uh**e, R**uh**m, H**uh**n
Umlaute: M**äh**ne, M**öh**re, M**üh**le, k**üh**n, f**üh**len, f**üh**ren
Doppellaute: fl**ieh**en, V**ieh**, z**ieh**en, Gew**eih**, ged**eih**en, R**eih**e

Regel 3

Wird ein Vokal lang gesprochen, wird er oft durch ein Dehnungs-e kenntlich gemacht.
Das **gilt aber nur für den Vokal -i-; man schreibt dann -ie-.**
s**ie**, w**ie**, S**ie**b, Kn**ie**, ich f**ie**l, L**ie**be, d**ie**, Tr**ie**b, sp**ie**len, H**ie**be

Regel 4

Manche Vokale, die lang gesprochen werden, werden nicht gekennzeichnet:
d**i**r, m**i**r, w**i**r, er g**i**bt, T**i**ger, **I**gel, B**i**ber, N**i**sche, B**i**bel, h**o**len, m**a**len, M**u**se

Die Vokale -*i*- und -*u*- werden nie verdoppelt.
Der Vokal -*i*- kann auf folgende Weise gedehnt werden: -*ie*-, -*ih*-, -*ieh*-.
Der lange Vokal in Vor- und Nachsilben wird nie kenntlich gemacht.
Umlaute werden nicht verdoppelt: z. B. H**ä**rchen, P**ä**rchen, Kr**äh**e, F**öh**n.

Zusammen-fassung

Schreibung lang gesprochener Vokale

- Lang gesprochene Vokale sind oft gekennzeichnet. Man schreibt sie dann
  - mit Doppelvokal (bei *a*, *e* und *o*),
  - mit Dehnungs-*h* (bei allen Vokalen),
  - mit Dehnungs-*e* (nur beim Vokal *i*).
- Manche lang gesprochenen Vokale werden nicht gekennzeichnet.

Gleich und ähnlich klingende Laute

Es gibt Vokale, Diphthonge und Konsonanten, die gleich oder ganz ähnlich klingen. So kann man leicht *e* und *ä*, *eu* und *äu*, *ei* und *ai*, *d* und *t*, *b* und *p* und *g* und *k* verwechseln. Doch auch die Konsonanten *v*, *f* und *ph* kann man nicht durch Hören unterscheiden. Schwierigkeiten machen oft auch die Vorsilben *end-* und *ent-* und die Nachsilben *-lig* und *-lich*.
Einige Wörter muss man auswendig lernen, aber es gibt Hilfen wie sich am Stammvokal orientieren, verwandte Wörter suchen, Wörter verlängern oder steigern.

Ähnlich klingende Vokale

- *e* und *ä*
  Merke dir, dass man nur solche Wörter mit *ä* schreibt, deren Stammvokal *a* ist.
  Wenn du dir nicht sicher bist, ob ein Wort mit *e* oder *ä* geschrieben wird, solltest du ein verwandtes Wort suchen, um den Stammvokal zu ermitteln.
  ängstlich – **A**ngst, dr**ä**ngeln – Dr**a**ng: Stammvokal: **a**
  erk**e**nntlich – erk**e**nnen: Stammvokal **e**

Ähnlich klingende Diphthonge (Doppellaute)

- *äu* und *eu*
  Merke dir, dass man nur solche Wörter mit *äu* schreibt, die den Doppellaut *au* in ihrem Wortstamm haben. Suche ein verwandtes Wort.
  Fr**eu**de: sich fr**eu**en, S**äu**gling: s**au**gen, Geb**äu**de: b**au**en
- *ei* und *ai*
  Für Wörter mit den Diphthongen *ei* und *ai* gibt es keine Regel, du musst dir die Wörter deshalb gut einprägen.
  M**ai**s, L**ei**b, L**ai**b, H**ai**, S**ei**te, S**ai**te, L**ai**ch, K**ai**, T**ai**fun, M**ai**land, M**ai**nz, M**ai**, L**ai**e

Es gibt gleich klingende Wörter, die man unterschiedlich schreibt und die auch eine ganz verschiedene Bedeutung haben. Solche Wörter sind:
Ehre – **Ä**hre, S**ei**te – S**ai**te, W**ai**se – W**ei**se, L**ei**b – L**ai**b.

Ähnlich klingende Konsonanten

- *d* und *t*, *b* und *p*, *g* und *k*:
  Bei diesen Buchstaben gibt es keine Regeln. Du kannst dir helfen, indem du die Wörter verlängerst oder in eine andere Wortart umwandelst.
  der Wal**d** – die Wäl**d**er, das Sie**b** – aussie**b**en, der Spu**k** – spu**k**en
- *v*, *f* und *ph*
  Für Wörter mit den Buchstaben *v* und *f* gibt es keine Regeln, außer: Vorsilben beginnen immer mit dem Buchstaben *v*, nie mit *f*.
  ver-sprechen, das **V**er-gehen, ich habe mich **v**er-laufen, die **V**or-silbe

ph kommt nur in Fremdwörtern vor.
Physik, **Ph**ase, **Ph**ilosophie

Ähnlich klingende Vor- und Nachsilben

- *end*- und *ent*-
  Die Unterschiede sind nicht hörbar. Merke dir, dass die Vorsilbe *end*- vom Wort *Ende* kommt und die Bedeutung von *Schluss* hat.
  *end*gültig, letzt*end*lich (schluss*end*lich), *End*station, ver*end*en.
  Die Vorsilbe *ent*- bedeutet oft so viel wie *weg*: *ent*führen, *ent*fernen
- -*lig* und -*lich*
  Die Unterschiede sind nicht immer deutlich hörbar. Du kannst dir aber auch hier helfen, indem du die Wörter verlängerst:
  grusel**ig** – eine grusel**ig**e Geschichte, farb**ig** – ein farb**ig**es Bild

Zusammen-fassung

Gleich und ähnlich klingende Laute

- Es gibt viele Wörter mit den Buchstaben *e/ä*, *eu/äu* und *ei/ai*, die man gleich spricht, aber unterschiedlich schreibt.
- Folgende Schreibhilfen solltest du dir einprägen:
  - bei *e* oder *ä*: Suche ein verwandtes Wort und orientiere dich am Stammvokal,
  - bei *eu* oder *äu*: Suche auch hier ein verwandtes Wort, das den Doppelvokal in seinem Wortstamm hat,
  - bei *ei* oder *ai*: Hier gibt es keine Regel. Präge dir die Wörter ein.
- Es gibt gleich klingende Wörter, die man unterschiedlich schreibt und die auch eine ganz verschiedene Bedeutung haben. Auch diese musst du dir gut einprägen.
- Manche Konsonanten klingen so ähnlich, dass man oft nicht sofort entscheiden kann, ob man *d* oder *t*, *b* oder *p*, *g* oder *k*, *v*, *f* oder *ph* schreiben muss.
- Oft hilft es ein Wort, dessen Schreibweise unklar ist, zu verlängern oder zu steigern. Merke dir, dass man in einer Vorsilbe nur *v*, nie *f* verwendet und dass *ph* nur in Fremdwörtern vorkommt.
- Auch bei den Vorsilben *end*- und *ent*- gibt es oft Unterscheidungsprobleme. Diese kann man klären, wenn man bedenkt, dass die Vorsilbe *end*- mit der Bedeutung *Ende* zu tun hat, und *ent*- soviel bedeutet wie *weg*.
- Die Nachsilben -*lich* und -*lig* kannst du am besten unterscheiden, wenn du die Wörter verlängerst.

s-Laute

Im Deutschen kennt man drei s-Laute: *s*, *ss* und *ß*.
Da man diese drei *s*-Laute nur schwer unterscheiden kann, muss man sich die geltenden Regeln gut einprägen.

Regel 1

Den stimmhaften (gesummten, weichen) s-Laut schreibt man immer mit einem einfachen s.

lei**s**e, brau**s**en, **s**onnig, **S**alz, **s**auber, rei**s**en, Ho**s**e, Gäm**s**e, Wie**s**e, ro**s**a, Pau**s**e, Rie**s**e

Regel 2

Den stimmlosen (gezischten, harten, scharfen) s-Laut schreibt man unterschiedlich: mit einem einfachen *s*, mit *ss* und mit *ß*.

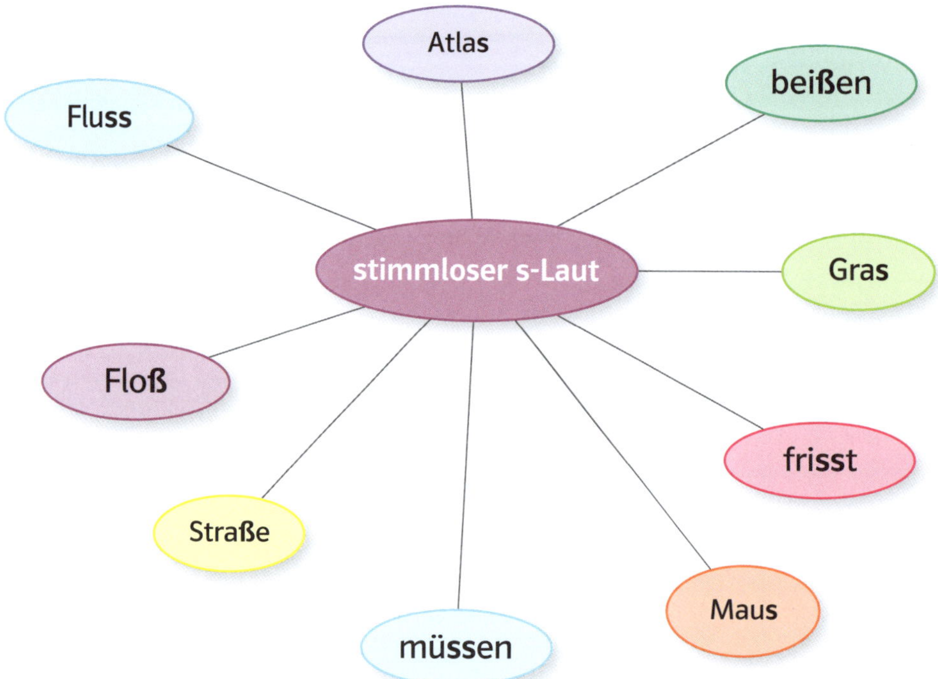

Das **einfache s** schreibt man bei
- kleinen Wörtern wie
  bi**s**, au**s**, da**s**, e**s**, de**s**
- Wörtern, die auf *-is*, *-as*, *-us* und *-nis* enden:
  Kürbi**s**, Ilti**s**, Atla**s**, Gra**s**, Bu**s**, Geheimni**s**, Ereigni**s**, Bekenntni**s**

ss schreibt man,
- wenn ein betonter kurz gesprochener Vokal oder Umlaut (z. B. *ä*, *ü*) vorausgeht:
  wi**ss**en, e**ss**en, bi**ss**ig, Flu**ss**, ein bi**ss**chen, na**ss**, Nu**ss**, Ta**ss**e, Ki**ss**en, er lä**ss**t, ihr mü**ss**t, hä**ss**lich

ß schreibt man,
- wenn ein Doppellaut (Diphthong; *au*, *ei*, *äu*, *eu*) vorausgeht:
  drau**ß**en, au**ß**erhalb, rei**ß**en, wei**ß**, drei**ß**ig, hei**ß**, Äu**ß**erung, scheu**ß**lich
- oder wenn ein lang gesprochener Vokal oder Umlaut vorausgeht:
  Meterma**ß**, Mu**ß**e, sie a**ß**en, Spie**ß**, flie**ß**en, sü**ß**, Gru**ß**, Fu**ß**, bü**ß**en, Stra**ß**e, der Grö**ß**te

Zusammenfassung

Schreibung der s-Laute

- Den stimmhaften *s*-Laut schreibt man immer mit einem einfachen *s*.
- Den stimmlosen *s*-Laut schreibt man unterschiedlich: Mit einem einfachen *s*, mit *ss* und mit *ß*.
- Wichtig ist die Unterscheidung zwischen *ss* und *ß*: Wird der vorausgehende Vokal kurz gesprochen, schreibt man *ss*, wird er lang gesprochen schreibt man *ß*.

Gleich gesprochen – unterschiedlich geschrieben

Es gibt im Deutschen einige Wörter, die gleich ausgesprochen, aber unterschiedlich geschrieben werden und auch verschiedene Bedeutungen haben. Man nennt diese Wörter auch Homophone. Die wichtigsten dieser schwierigen Wörter sind auf den folgenden Seiten zusammengestellt. Wenn du sie dir gut einprägst, kannst du viele Rechtschreibfehler vermeiden.

a – aa– ah

Mahl – mal

ein Denkmal

ein köstliches Mahl

2×5

zwei mal fünf

ein Bild malen

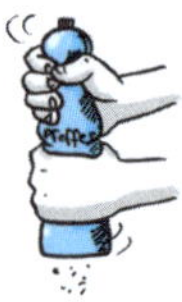

Pfeffer mahlen

Waage – Wagen

etwas mit einer Waage wiegen

mit einem Wagen fahren

Wal – Wahl

der Wal, ein großer Meeressäuger

die Wahl des Klassensprechers oder der Klassensprecherin

Merke dir auch:
Name – Aufnahme
war – wahr

i – ie – ieh

Lid – Lied

Ute hat die Augenlider geschlossen.

die Melodie eines Liedes

Mine – Mine

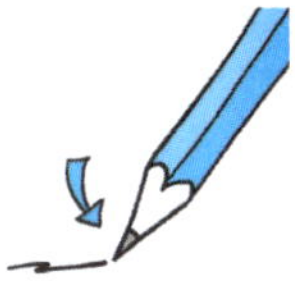

Die Bleistiftmine ist spitz.

Jochen zeigt eine traurige Miene.

Stil – Stiel – er stiehlt

ein Fenster im gotischen Baustil

Der Besenstiel ist krumm.

Er stiehlt.

Wider und wieder

Du schreibst **wider**, wenn das Wort im Sinn von „gegen" gebraucht wird, aber **wieder**, wenn das Wort die Bedeutung von „abermals, erneut (wiederholen)" hat.

ei – ai

Saite
Geigensaite

Seite
Buchseite

Laib
Brotlaib

Leib
Leibschmerzen

Waise
Waisenkind

Weise
Rat der Weisen

Kain
Kain und Abel

kein
keine Lust

Main
Mainufer

mein
meine Eltern

Rain
Wegrain

Rhein
Rheinmündung

rein
reine Hände haben

e – ä

Stelle
an der Unfallstelle sein

Ställe
das Vieh in die Ställe treiben

Lerche
Die Lerche trällert ein Lied.

Lärche
Der Lärchenbaum grünt.

Geste
mit freundlicher Geste begrüßen

Gäste
Die Gäste betreten das Haus.

Strenge
Das Kind wird streng erzogen.

Stränge
wenn alle Stränge reißen

Schwemme
die Straße überschwemmen

Schwämme
Schwämme für die Tafel

Gewehr
mit dem Gewehr schießen

Gewähr
Sie übernimmt keine Gewähr.

Ehre
Der Sieg machte ihm alle Ehre (förderte sein Ansehen).

Ähre
Teil eines Getreidehalms

Felle
eine anderes Wort für „Tierpelz“ im Plural

Fälle
Sie kommen auf alle Fälle (in jedem Fall).

Welle
Das Boot wurde von einer hohen Welle fortgerissen.

Wälle
Plural von „Wall“ (Mauer, Schutzdamm)

Wende
eine Drehung z. B. beim Schwimmen oder Turnen

Wände
Der Maler streicht die Wände in Tims Zimmer hellblau.

eu – äu

Leute

Jemand ist leutselig.

läuten

Glocken läuten.

heute

Heute ist der 30. Mai.

Häute

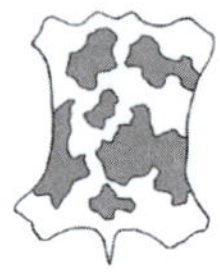

Aus Tierhäuten
macht man Leder.

s – ß – ss

fliehst

Du fliehst vor dem Hund.

fließt

Das Wasser fließt aus dem Hahn.

reist
Er reist nach Köln.

reißt
Sie reißt den Kalender ab.

bis
Bis jetzt habe ich gewartet.

biss
Der Hund biss ihn ins Bein.

fast
Sie wäre fast ertrunken.

fasst
Sie fasst nach einem sicheren Halt.

Frist
Die Frist ist abgelaufen.

frisst
Die Made frisst sich durch den Apfel.

hast/Hast
Du hast ein Missgeschick.
Laufe ohne Hast!

hasst
Sie hasst diese Arbeit wie die Pest.

ist
Es ist gut so.

isst
Er isst immer in diesem Lokal.

Zusammenfassung

Gleich gesprochen – unterschiedlich geschrieben

Wörter, die gleich ausgesprochen, aber unterschiedlich geschrieben werden und verschiedene Bedeutungen haben, nennt man Homophone. Dazu gehören z. B. *Mine – Miene, Ehre – Ähre, malen – mahlen, bis – Biss.*
Am besten lernst du diese schwierigen Wortpaare auswendig, dann fällt dir die Rechtschreibung nicht mehr schwer.

das oder *dass*?

Bei *das* oder *dass* passieren immer wieder Fehler. *Das* oder *dass* kannst du durch die Hörprobe nur schwer unterscheiden. Nur aus dem Textzusammenhang und durch genaues Nachdenken über die Verwendung von *das* und *dass* kannst du die richtige Schreibweise herausfinden. Deshalb solltest du dir zur Unterscheidung von *das* und *dass* folgende Regeln gut einprägen.

Regel 1

***das* mit einfachem *s* schreibt man,**
wenn es sich um einen **bestimmten Artikel** handelt.

> **Das** Schwarze Brett in der Aula dient der Information aller Schülerinnen und Schüler.

Regel 2

***das* mit einfachem *s* schreibt man,**
wenn es sich um ein **Relativpronomen** handelt.

> Das Schwarze Brett, **das** in der Aula neben dem Kiosk angebracht ist, dient der Information aller Schülerinnen und Schüler.

Dieses *das* bezieht sich auf das vorhergehende Nomen und kann durch *welches* ersetzt werden:

> Das Schwarze Brett, **welches** in der Aula neben dem Kiosk angebracht ist, dient der Information aller Schülerinnen und Schüler.

Regel 3

***das* mit einfachem *s* schreibt man,**
wenn es sich um ein **Demonstrativpronomen** handelt.

> Ist es **das** Schwarze Brett dort, an dem sich die Schüler informieren sollen?

Dieses *das* weist auf ein Ding oder einen Sachverhalt hin und kann durch *dieses* oder *jenes* ersetzt werden.

> Ist es **dieses/jenes** Schwarze Brett dort, an dem sich die Schüler informieren sollen?

das
- → kann ersetzt werden durch: dieses, jenes, welches
- → ist ein Relativpronomen
- → ist ein Demonstrativpronomen
- → ist ein bestimmter Artikel

dass
- → ist eine Konjunktion und leitet einen Nebensatz ein

Regel 4

***dass* schreibt man:**
wenn es sich um eine **Konjunktion** handelt.

Die Schülerinnen und Schüler sind froh, **dass** es ein Schwarzes Brett gibt, an dem sie sich informieren können.

Die Konjunktion *dass* leitet einen Nebensatz ein; sie **kann nicht durch *dieses*, *jenes* oder *welches* ersetzt werden**.

Zusammenfassung

das oder *dass*?

- Mit einfachem *s* schreibt man *das*, wenn es sich um einen bestimmten Artikel, ein Demonstrativpronomen oder ein Relativpronomen handelt.
- *Das* als Demonstrativpronomen kann durch *dieses* oder *jenes* ersetzt werden.
- *Das* als Relativpronomen kann durch *welches* ersetzt werden.
- Mit *ss* schreibt man *dass*, wenn es sich um eine Konjunktion handelt.
- Die Konjunktion *dass* leitet immer einen Nebensatz ein.

Fremdwörter

Wenn du Fremdwörter schreibst, musst du besonders aufpassen und darfst dich nicht nur auf dein Gehör verlassen. Für Fremdwörter gelten oft besondere Regeln.

Verwendung von *ph, rh, th* und *y*

In Fremdwörtern werden oft Buchstabenkombinationen verwendet, die es im Deutschen nur selten oder gar nicht gibt.

Physik, **Ph**ilosophie, As**ph**alt, **Rh**y**th**mus, **Rh**euma, **Th**eater, Ma**th**ematik, L**y**rik, Anal**y**se

Endungen auf *-ie*

Viele Fremdwörter (Nomen) enden auf *-ie*.

Monarch**ie**, Demokrat**ie**, Diphther**ie**, Geograf**ie**, Soziolog**ie**

Verben mit der Endung *-ieren*

Alle Fremdwörter (Verben), deren *i* lang gesprochen wird, enden auf *-ieren*.

fris**ie**ren, diskut**ie**ren, debatt**ie**ren, dikt**ie**ren, ras**ie**ren, stud**ie**ren, telefon**ie**ren, block**ie**ren

-i- im Wortinneren

Viele Fremdwörter haben im Wortinneren nur ein einfaches *i*, wo man ein *ie* erwarten würde, da sie lang gesprochen werden.

Masch**i**ne, Vitam**i**ne, Turb**i**ne, Pral**i**ne, Inval**i**de, Fabr**i**k, stab**i**l, Benz**i**n

Achtung: Quart**ie**r schreibt man mit ie!

Eingedeutschte Fremdwörter

Viele Fremdwörter, die im Deutschen oft gebraucht werden, sind inzwischen in ihrer Schreibweise dem Deutschen angeglichen. In diesen Fällen sind beispielsweise beide Schreibweisen erlaubt.

Fantasie (statt **Ph**antasie)
Spa**g**etti (statt Spa**gh**etti)
Pan**t**er (statt Pan**th**er)
Foto (statt **Ph**oto)

Bildung des Plurals

Fremdwörter bilden die Pluralform auf ganz unterschiedliche Weise. Entweder durch
Anhängen von *e*: Friseur – Friseur**e**
Anhängen von *s*: Foto – Foto**s**
Anhängen von *en*: Atlas – Atlant**en**, Globus – Glob**en**

Präge dir die gebräuchlichsten Fremdwörter und ihre Schreibweise gut ein, nur so kannst du Fehler vermeiden.

Zusammenfassung

Schreibung von Fremdwörtern

- In Fremdwörtern werden oft ungewöhnliche Buchstaben (*y*) und Buchstabenkombinationen (*ph*, *rh*, *th*) verwendet.
- Viele Fremdwörter (Nomen) enden auf *-ie* (z. B. Monarchie, Demokratie und Geografie).
- Fremdwörter mit einem langen *i* im Wortinneren werden nicht gekennzeichnet.
- Bei eingedeutschten Fremdwörtern ist die Schreibweise oft an das Deutsche angeglichen.
- Fremdwörter bilden die Pluralform durch Anhängen von *e*, *s* oder *en*.
- Grundsätzlich musst du dir merken: Fremdwörter schreibt man oft anders, als man sie spricht, du musst sie dir deshalb gut einprägen.

Trennung

Wörter werden am Zeilenende getrennt. Bei manchen Wörtern, wie z. B. bei Schulbus und Landheim, ist ganz klar, wo man sie trennen kann. Bei anderen Wörtern, wie z. B. Hausmeister, Lehrer und Klassenbeste, musst du genau überlegen und die jeweiligen Trennungsregeln beachten.

Folgende Trennungsregeln solltest du kennen:

Regel 1

Zusammengesetzte Wörter kannst du immer an der Stelle trennen, an der sie aus den einzelnen Wörtern zusammengefügt sind. Diese Wortfuge ist meist leicht erkennbar.
Schul-bus, Land-heim, Aus-flug, Schul-hof, Heim-weg

Regel 2

Wörter mit mehr als einer Silbe kannst du zwischen den Silben trennen.
Leh-rer, Mit-schü-ler, Haus-meis-ter, Klas-sen-bes-te, Turn-hal-le, öf-ter, Wan-der-tag, Haus-auf-ga-be, Zen-su-ren, Pau-sen-hof, Geo-gra-fie

Wenn du dir wegen der Trennung unsicher bist, solltest du dir das Wort leise und langsam vorlesen. Dabei kannst du die Silben hören. Wenn du allein bist, kannst du auch den Takt eines Wortes mitklatschen, dann werden die Silben besonders deutlich hörbar.

Regel 3

Einzelne Vokale dürfen nicht vom übrigen Wort getrennt werden.
Abend, oben, Uhu, Efeu

Regel 4

ch, sch, ck, ph, rh, und th werden nie getrennt.
la-chen, schlu-cken, Stro-phe, Rhyth-mus

Regel 5

st darf getrennt werden.

meis-tens, der Nächs-te, die Bes-te, der Ers-te, das Schlech-tes-te

Regel 6

Es gibt Wörter, die man auf zwei Arten trennen kann.

hin-auf / hi-nauf
dar-um / da-rum
war-um / wa-rum

Zusammen-
fassung

Trennung

- Zusammengesetzte Wörter werden immer an der Wortfuge getrennt (z. B. Schul-bus).
- Wörter, die aus mehreren Silben bestehen, werden immer zwischen den Silben getrennt (z. B. Klas-sen-bes-te).
- Einzelne Vokale am Anfang eines Wortes dürfen nicht abgetrennt werden (Abend).
- *st* darf getrennt werden; *ch*, *sch*, *ck*, *ph*, *rh* und *th* werden jedoch nie getrennt.

Zeichensetzung

Satzzeichen gliedern einen Text. Es ist deshalb besonders wichtig, dass du sie richtig einsetzt. Du kannst die verschiedenen Satzzeichen aufgrund ihrer Funktion unterscheiden: Satzschlusszeichen beenden einen Satz: Der Punkt steht am Ende eines Aussagesatzes, das Fragezeichen am Ende eines Fragesatzes, das Ausrufezeichen schließt einen Ausrufe- oder Aufforderungssatz ab. Das Komma steht innerhalb eines Satzes. Anführungszeichen stehen zu Beginn und am Ende einer wörtlichen Rede.

Satzschlusszeichen: Punkt, Ausrufezeichen und Fragezeichen

Satzschlusszeichen stehen immer am Ende eines vollständigen Satzes.

Satzzeichen	Verwendung	Beispiel
Punkt	Der Punkt schließt einen Aussagesatz ab.	Selina besucht das Tierheim. Ihr Bruder Max begleitet sie dabei.
Ausrufezeichen	Ein Ausrufezeichen steht immer am Ende eines Ausrufe- oder Aufforderungssatzes.	Das hätte ich nicht gedacht! Schreib mir doch auch mal wieder!
Fragezeichen	Das Fragezeichen steht am Ende eines Fragesatzes.	Wohin fährst du in den Sommerferien?

Satzzeichen im Satz: Das Komma

Das Komma steht im Satz. Es trennt Sätze oder Satzteile voneinander ab, die nicht durch *und* oder *oder* verbunden sind.

Verwendung	Erläuterung	Beispiel
Das Komma zwischen Haupt- und Nebensatz	Ein Komma wird gesetzt, wenn • der Hauptsatz vor dem Nebensatz steht, • der Nebensatz vor dem Hauptsatz steht, • der Nebensatz in den Hauptsatz eingeschoben ist.	Gestern machten wir ein Picknick, da es sonnig und warm war. Da es gestern sonnig und warm war, machten wir ein Picknick. Gestern, als es sonnig und warm war, machten wir ein Picknick.
Das Komma bei Aufzählungen	Das Komma trennt Wörter und Wortgruppen in Aufzählungen, wenn diese nicht durch *und* verbunden sind.	Maja kaufte Eier, Mehl und Sahne.
Das Komma bei Einschüben	Einschübe werden durch Kommas vom übrigen Satz abgetrennt.	Unser Hausmeister, Herr Müller, schimpft immer, wenn wir auf dem Rasen Fußball spielen.

Verwendung	Erläuterung	Beispiel
Das Komma bei Ausrufen und Anreden	Ausrufe und Anreden werden durch Kommas vom übrigen Satz abgetrennt.	Oh, ich wollte nicht, dass du wegen mir warten musst! Maja, kommst du bitte mal zu mir rüber?

Satzzeichen bei wörtlicher Rede

Jede wörtliche Rede steht in Anführungszeichen. Die Anführungszeichen, die die wörtliche Rede einleiten, stehen unten, die, die sie beschließen, stehen oben.

Verwendung	Erläuterung	Beispiel
Der Redebegleitsatz ist vorangestellt.	Einen vorangestellten Redebegleitsatz trennt man mit Doppelpunkt von der wörtlichen Rede ab.	Meine Mutter warnte mich: „Tom, pass auf, dass es dir nicht zu kalt wird am See!“
Der Redebegleitsatz ist nachgestellt.	Nach der wörtlichen Rede steht ein Komma, erst dann folgt der Redebegleitsatz.	„Tom, pass auf, dass es dir nicht zu kalt wird am See!“, warnte mich meine Mutter.
Der Redebegleitsatz ist eingeschoben.	Ist der Redebegleitsatz in die wörtliche Rede eingefügt, steht davor und danach ein Komma.	„Tom, pass auf“, warnte mich meine Mutter, „dass es dir nicht zu kalt wird am See!“

Zusammenfassung

Regeln der Zeichensetzung

- Satzschlusszeichen (Punkt, Ausrufezeichen und Fragezeichen) stehen immer am Ende eines vollständigen Satzes.
- Das Komma trennt Haupt- und Nebensatz, Nebensatz und Nebensatz (wenn sie nicht durch *und* verbunden sind) und Wörter oder Wortgruppen bei der Aufzählung voneinander ab.
- Anführungszeichen stehen zu Beginn und am Ende einer wörtlichen Rede.

Erzählen und Informieren

Erzählen und Informieren sind zwei ganz verschiedene Vorgänge. Auch die Aufsätze, die dabei entstehen, sind völlig andersartig.

Beim Erzählen musst du beachten:

- Du erzählst, was du (oder eine andere Person, wenn du in der Er-/Sie-Form erzählst) erlebst, was du empfindest, was dich freut, was dich ärgert, was dich ängstigt usw. Beim Erzählen kommt es darauf an, dass eine Handlung **interessant oder spannend** dargestellt wird und dass die **Gefühle und Gedanken** der beteiligten Personen deutlich werden. Deiner Fantasie sind beim Erzählen kaum Grenzen gesetzt.
- Beim Erzählen ist wichtig, dass deine Geschichte einen **Höhepunkt** hat. Diesen musst du gut vorbereiten und spannend ausgestalten.
- Eine Erzählung behandelt ein vergangenes Ereignis und steht deshalb immer im **Präteritum**.
- Erzählen sollst du bei folgenden Aufsatzformen: Erlebniserzählung, Fantasieerzählung, Reizwortgeschichte, Bildergeschichte, Nacherzählung, Ausgestalten eines Erzählkerns, Fortsetzen eines Erzählanfangs und Umerzählen. Auch im persönlichen Brief erzählst du.

Beim Informieren musst du beachten:

- Wenn du informierst, steht die **Sache**, der **Gegenstand** oder der **Vorgang** im Mittelpunkt. Diese musst du **sachlich darstellen**, Gefühle und Gedanken gehören nicht in einen informativen Text. Es gibt auch keinen Höhepunkt.
- Ein informierender Text muss **auf Fragen eine Antwort geben**, z. B. Was? Wann? Wo? Wie? Warum? Mit welchen Folgen? (beim Bericht), Was brauche ich? Wie geht das? (bei der Vorgangsbeschreibung), Wie sieht das (er/sie/es) aus und was ist kennzeichnend? (bei der Gegenstands-, Personen- und Tierbeschreibung).
- Der **Bericht** behandelt ein vergangenes und abgeschlossenes Ereignis und wird deshalb im **Präteritum** geschrieben.
- Der Inhalt der **Beschreibung** ist nachvollziehbar und kann jederzeit wiederholt werden. Die Beschreibung wird deshalb im **Präsens** geschrieben.
- Informieren sollst du bei folgenden **Aufsatzformen**: Unfallbericht, Zeitungsbericht, Vorgangsbeschreibung (Kochrezept, Spielanleitung, Bastelanleitung), Gegenstandsbeschreibung, Tierbeschreibung. Auch im sachlichen Brief musst du den Leser informieren.

Aufsätze schreiben

Erzählen

- Eine Erzählung kann in der Ich-, Er- oder Sie-Form geschrieben sein.
- Wichtig sind Gedanken und Gefühle der Hauptperson.
- Der Höhepunkt muss anschaulich ausgestaltet sein.

Eine Erzählung schreibt man im Präteritum. Am Höhepunkt kann man auch das Szenische Präsens verwenden.

Folgende Formen des Erzählens kannst du unterscheiden:
- Erlebniserzählung,
- Fantasieerzählung,
- Reizwortgeschichte,
- Bildergeschichte,
- Nacherzählung,
- Ausgestalten eines Erzählkerns,
- Fortsetzen eines Erzählanfangs,
- Umerzählen eines Textes.

Auch im persönlichen Brief erzählst du.

Informieren

- Beim Informieren steht die Sache im Vordergrund.
- Wichtig ist eine sachliche Darstellung.
- Ein informativer Text hat keinen Höhepunkt.

Einen Bericht schreibt man im Präteritum.

Folgende Formen des Berichtens kannst du unterscheiden:
- Unfallbericht,
- Zeitungsbericht,
- Bericht über die Klassensprecherversammlung usw.

Eine Beschreibung schreibt man im Präsens.

Folgende Formen des Beschreibens kannst du unterscheiden:
- Vorgangsbeschreibung,
- Gegenstandsbeschreibung,
- Tierbeschreibung.

Auch im sachlichen Brief informierst du.

Zusammenfassung

Erzählen und Informieren

- Bei Aufsätzen kannst du zwei verschiedene Arten unterscheiden: Aufsatzformen, bei denen du erzählen sollst, und Aufsatzformen, bei denen du informieren sollst.
- Zu den erzählenden Formen gehören: Erlebniserzählung, Fantasieerzählung, Reizwortgeschichte, Bildergeschichte, Nacherzählung, Ausgestalten eines Erzählkerns, Fortsetzen eines Erzählanfangs, Umerzählen sowie der persönliche Brief.
- Zu den informierenden Formen gehören die verschiedenen Arten der Beschreibung und des Berichts und der sachliche Brief.

Erzählen

Wenn du etwas erzählst, schreibst du eine Geschichte über ein Ereignis, das du selbst erlebt hast. Du kannst aber auch eine Geschichte erfinden.
Wenn du selbst etwas erlebt hast, das zum Thema deiner Geschichte passt, solltest du das erzählen. Meist klingt es glaubhafter als eine erfundene Geschichte, und außerdem musst du dir selbst nichts überlegen. Wenn du jedoch keine Geschichte weißt, überlege dir eine. Aber denke daran: Wenn es eine Erlebniserzählung ist (auch in der Briefform), muss sie glaubhaft sein. Du darfst jedoch auch fantastische, unglaubliche Dinge erzählen: z. B. in der Fantasieerzählung oder in der Reizwort- und Bildergeschichte.

Schreibe aus der Ich-Sicht oder Er-/Sie-Sicht

Oft ist schon in der Themenstellung angegeben, aus welcher Sicht du deine Erzählung schreiben sollst: aus der **Ich-Sicht oder Er-/Sie-Sicht**. Wenn du die Geschichte aus der **Ich-Sicht** schreibst, kannst du dich gut in die Ich-Figur (das ist meistens die Hauptfigur) hineinversetzen: Du kennst ihre Gefühle, Stimmungen, Ängste und Hoffnungen. Dies macht deine Erzählung lebendig. Die **Er-/Sie-Sicht** ermöglicht es dir, auch das darzustellen, was ein Einzelner nicht bemerkt und nicht wissen kann.

Erzeuge Spannung

Eine Erzählung lebt davon, dass sie spannend ist. Eine Möglichkeit, Spannung zu erzeugen ist, den Leser auf spannende Stellen hinzuweisen; das machst du durch

- **Signalwörter** (z. B. *plötzlich, vorsichtig, Und da geschah es: …*),
- **Andeutungen** (z. B. *Das ging doch nicht mit rechten Dingen zu!*),
- **Fragen** (z. B. *Was war denn das?*),
- **Ausrufe** (z. B. *oje!, hurra!, geschafft!*) und
- **unvollständige Sätze** (z. B. *Schon wieder! Das wird doch nicht …?*).

Am Höhepunkt kannst du Spannung erzeugen, indem du den Leser das Geschehen miterleben lässt: Schreibst du statt wie bisher im Präteritum nun plötzlich im Präsens, meint man direkt dabei zu sein. Man nennt dieses Präsens, das du aber nur am Höhepunkt verwenden darfst, das **szenische Präsens**.
Schreibe immer im **Aktiv**. Die Passiv-Form wirkt in der Erzählung langweilig.

Finde passende Verben und Adjektive

Damit deine Erzählung spannend klingt, musst du passende Verben finden. **Allerweltsverben** und **Hilfsverben** (z. B. *sagen, fragen, gehen, machen, haben, sein* und *meinen*) **solltest du vermeiden**. Sie sagen wenig über die Art der Tätigkeit oder des Befindens aus. Ersetze nichtssagende Adjektive wie „schön", „interessant" und „toll" durch aussagekräftigere. **Vermeide umgangssprachliche Wendungen** wie „klasse", „super" und „geil".

Gib Gefühle anschaulich wieder

Eine Erzählung muss **spannend** sein und Spannung entsteht, wenn der Leser die Gefühle einer Person kennt. Dabei darfst du Gefühle, z. B. Angst, Hoffnung, Verzweiflung nicht nur nennen. Das ist eine sachliche Darstellung, wie sie im Bericht oder in der Beschreibung angebracht ist. In der Erzählung musst du auch die **Gefühle erzählen**, sodass der Leser sie miterleben kann.

Beachte die Satzgestaltung

Bilde **einfache, aber vollständige Sätze**. Ein vollständiger Satz besteht aus Subjekt und Prädikat, er sollte aber auch ein Objekt und eine adverbiale Bestimmung enthalten. **Beginne deine Sätze nie mit *und*! Wechsle im Satzbau ab**, damit deine Erzählung nicht eintönig klingt.

Finde eine passende Überschrift

Die Überschrift muss beim Leser **Interesse** für die Erzählung **wecken**. Dabei sollte sie schon eine erste Spannung auf den Inhalt erzeugen. Sie muss sich also auf den Höhepunkt beziehen und muss **kurz und prägnant** formuliert sein.

Zusammenfassung

Beim Erzählen ist zu beachten:

- In einer Erzählung musst du ein interessantes oder spannendes Ereignis darstellen, das du selbst erlebt oder dir ausgedacht hast.
- Durch Signalwörter, Andeutungen und Vorausdeutungen kannst du Spannung erzeugen.
- Vermeide Allerweltswörter. Benutze spannende Verben und Adjektive.
- Erzähle Gefühle so anschaulich, dass der Leser sie miterleben kann.
- Achte auf einen abwechslungsreichen Satzbau.
- Schreibe im Präteritum, nur am Höhepunkt darfst du in das Szenische Präsens wechseln.
- Wähle für deine Erzählung eine passende Überschrift.

Erzählung

Eine Erzählung ist eine Geschichte mit logisch aufbauenden Erzählschritten. Der Aufbau der Erzählung ist immer dreiteilig. Eine Erzählung besteht aus Einleitung, Hauptteil und Schluss. Die Erzählmaus veranschaulicht dies.

Erzählen ist eine alltägliche Sache

Du erzählst deinen Schulfreunden von deinen Erlebnissen am Wochenende; deinem Lehrer oder deiner Lehrerin von der kranken Uroma im Altersheim, die du gestern anlässlich ihres 90. Geburtstags besucht hast, weswegen du keine Hausaufgaben machen konntest. Am Nachmittag schreibst du deiner Freundin eine Nachricht und erzählst, wie leicht man sich vor den Hausaufgaben drücken könne, wenn man nur eine gute Ausrede hat – der Geburtstag der Großmutter sei dafür bestens geeignet! Abends erzählst du deinen Eltern von den neuesten Streichen deiner Mitschülerinnen und Mitschüler, an denen du natürlich nicht beteiligt warst.
Du siehst: Erzählen ist nicht etwas, was man nur für die Schule oder für den Lehrer lernt. Man muss täglich mehrmals etwas erzählen.

Auch in der Schule musst du erzählen

Oft erzählst du schriftlich, etwa in einer Klassenarbeit oder in einer Schulaufgabe. Und manchmal bist du sicher ratlos und denkst dir: Wie soll ich etwas erzählen, ich habe doch gar nichts Besonderes erlebt! In diesem Fall hast du auch die Möglichkeit, ein Erlebnis zu erfinden, es muss nur glaubhaft sein.
Manchmal darfst du dir auch eine ganz unglaubliche Geschichte ausdenken, etwa wenn du eine Fantasieerzählung schreiben sollst. Wenn du einen Erzählanfang fortsetzen oder einen Erzählkern ausgestalten sollst, ist dir die Handlung in Grundzügen vorgegeben.

Zusammenfassung

Kennzeichen der Erzählung

- In der Erlebniserzählung musst du ein Geschehen erzählen, das glaubhaft ist, weil es sich so, wie du es schreibst, ereignet hat oder hätte ereignen können.
- Wenn du selbst etwas erlebt hast, das zum Thema deiner Geschichte passt, solltest du das erzählen. Meist klingt es glaubhafter als eine erfundene Geschichte, und außerdem musst du dir selbst nichts ausdenken.
- Wenn du jedoch keine Geschichte weißt – überlege dir eine. Aber denke daran: Wenn es eine Erlebniserzählung ist (auch in der Briefform), muss sie glaubhaft sein.
- Du darfst jedoch auch fantastische, unglaubliche Dinge erzählen: z. B. in der Fantasieerzählung oder in der Reizwort- und Bildergeschichte.
- Wenn du einen Erzählanfang fortsetzen sollst, musst du genau auf das Geschehen eingehen, das sich anbahnt. Du musst die Handlungsstränge weitererzählen, die Personen, die du schon kennst, müssen in deiner Fortsetzung wieder vorkommen.
- Bei der Ausgestaltung eines Erzählkerns kommt es darauf an, dass du das Geschehen, um das es geht, ausführlich erzählst. Das gelingt durch die Verwendung treffender Verben und Adjektive, durch passende wörtliche Rede und durch die Darstellung von Gedanken und Gefühlen.

Nacherzählung

Wenn du am Wochenende mit deinen Eltern oder deinen Geschwistern im Kino warst, erzählst du sicher am Montag deinen Freunden von dem Film, den du gesehen hast.
Da diese den Film aber vermutlich noch nicht kennen, erzählst du ihnen ganz genau, worum es darin gegangen ist. Du nennst die Personen, die in dem Film vorkommen, schilderst, was sie tun, erzählst ausführlich, was besonders spannend war, und erwähnst auch, wann und wo der Film spielt.
Ganz ähnlich kannst du vorgehen, wenn du eine Geschichte, z. B. eine Fabel, einen Schwank oder ein Märchen schriftlich nacherzählen sollst.

Für die Nacherzählung gelten folgende Regeln:

- Bei der Nacherzählung solltest du die **Handlung** einer Geschichte oder eines Films **möglichst genau wiedergeben**.
- Damit deine Leser am Ende genau Bescheid wissen, musst du folgende W-Fragen beantworten:
  - Was ist passiert?
  - Wer ist daran beteiligt?
  - Wo ist das Ereignis passiert?
  - Wann ist es passiert?
  - Wie ist es genau passiert?
  - Warum ist es passiert?
- **Erzähle anschaulich**, indem du auch Einzelheiten nennst, die der Leser wissen muss, damit er sich die Handlung vorstellen kann.
- Erzähle in der gleichen **Reihenfolge** wie im Original. Nimm keine Ergebnisse vorweg, erhalte die Spannung auf das Ende!
- Die **Länge deiner Nacherzählung** ist nicht so wichtig. Wenn du das Geschehen anschaulich und spannend wiedergibst und dabei die W-Fragen beantwortest, darf deine Nacherzählung auch kürzer als das Original sein.

Mögliche Themen für die Nacherzählung lauten:

- Erzähle den Schwank „Das Mittagessen im Hof“ von Johann Peter Hebel in eigenen Worten nach.
- Fertige eine Nacherzählung zu der Erzählung „Wie Eulenspiegel auf einem Seil tanzte“ an.
- Erzähle das Kapitel „Im Schwimmbad“ aus dem Jugendroman „Damals war es Friedrich“ von Hans Peter Richter in eigenen Worten nach.

Bei allen diesen Themen liegt dir ein Text vor.

Zusammen-
fassung

Nacherzählung

- Bei der Nacherzählung sollst du dir nicht selbst eine Geschichte oder eine Handlung ausdenken. Du musst lediglich einen vorliegenden Text in seinen wichtigsten Handlungsschritten nacherzählen.
- Du musst auch darauf achten, dass alle wichtigen Personen oder Gegenstände in der Nacherzählung vorkommen. Erzähle anschaulich, aber halte dich an die Reihenfolge der Geschichte.
- Außerdem musst du die W-Fragen beantworten:
  Was ist passiert?
  Wer ist daran beteiligt?
  Wo ist das Ereignis passiert?
  Wann ist es passiert?
  Wie ist es genau passiert?
  Warum ist es passiert?

Bildergeschichte

Beim Schreiben einer Bildergeschichte sollst du eine Folge von Bildern zu einer ansprechenden Erzählung ausarbeiten. Dabei kannst du die Geschichte von einem Erzähler wiedergeben lassen, der die Gefühle und Gedanken aller Figuren kennt. Man nennt ihn auch den allwissenden Erzähler. Du kannst deine Geschichte aber natürlich auch aus der Sicht einer der beteiligten Figuren erzählen. Überlege dir dann genau, was diese Figur sieht, hört, weiß und worüber sie nur Vermutungen anstellen kann.

- Zuerst solltest du dir die Bilder genau ansehen und dir im Klaren darüber sein, **was** genau in der Geschichte **passiert**.

- Mache dir anschließend zu jedem der Bilder Stichpunkte. Achte dabei auch auf **Bewegungen**, **Gesten** und **Gesichtsausdrücke**, die dir etwas über den Verlauf der Geschichte verraten. Deine Stichpunkte zu Bild 1 könnten die folgenden sein.
  - Ein Hund und eine Katze halten sich gemeinsam in einem Zimmer auf.
  - Die Katze schläft.
  - Der Hund langweilt sich beim Fernsehen.

- Folge beim Schreiben der **Reihenfolge** der **Bilder**.

- **Verbinde** die einzelnen Bilder zu einer Geschichte. Reihe dabei nicht nur aneinander, was zu sehen ist, erzähle besser **zusammenhängend** und **flüssig**, damit sich deine Leser nicht langweilen.
  Statt: *Der Hund schaute gelangweilt Fernsehen. Dann sah er auf dem Bildschirm einen Tiger. Gleich hatte er eine Idee.*
  Besser: *„Was für ein langweiliges Programm", dachte Otti, als gleich im nächsten Moment ein Tiger durchs Bild schlich, der ihn auf eine fabelhafte Idee brachte.*

- Bleibe bei einem **Erzähltempus** (meist Präteritum).

- Gliedere deine Geschichte in **Einleitung**, **Hauptteil** und **Schluss** und achte auf die **sprachliche Gestaltung**.

- Lies deine Geschichte noch einmal genau durch und überarbeite sie.

Zusammenfassung

Bildergeschichte

- Schau dir die Bilder genau an und mache dir klar, was in der Geschichte passiert.
- Mache dir stichwortartige Notizen zum Inhalt. Halte auch weitere Beobachtungen fest, achte z. B. auf Bewegungen, Gesten oder Gesichtsausdrücke.
- Gliedere deine Geschichte in Einleitung, Hauptteil und Schluss.
- Erzähle zusammenhängend und flüssig und in der Reihenfolge der Bilder.

Reizwortgeschichte, Weitererzählen, Ausgestalten eines Erzählkerns

Bei diesen Formen der Erzählung musst du dir nicht selbst die ganze Geschichte ausdenken. Du bekommst schon in der Aufgabenstellung Hinweise, was du erzählen sollst. Deine Aufgabe besteht darin, die Vorgaben möglichst genau umzusetzen und dabei eine spannende Erzählung zu schreiben, genau wie bei der Erlebnis- oder der Fantasieerzählung.

Reizwortgeschichte

Bei der Reizwortgeschichte bekommst du meist drei Begriffe vorgegeben. Diese bilden die **Grundlage für die Handlung** deiner Erzählung. Du musst also überlegen, für welches Geschehen diese Begriffe den Kern bilden könnten. Diese Geschichte schreibst du in der Form einer Erzählung auf. Achte darauf, dass die vorgegebenen Begriffe in deiner Erzählung **wörtlich** wiederkehren.

Ein mögliches Thema für eine Reizwortgeschichte lautet:

Tante Martha – Hut – Elefant

Weitererzählen eines Erzählanfangs

Wenn du einen Erzählanfang vorgegeben bekommst, kannst du nicht wissen, wie der Autor seine Geschichte weitergeführt hat. Das ist aber auch gar nicht notwendig. Wichtig ist, dass du die Erzählung zu einem **spannenden Höhepunkt** und zu einem **passenden Schluss** führst. Dabei helfen dir **Andeutungen auf mögliche Probleme**, die du in dem Erzählanfang findest. Achte auf die **vorkommenden Personen**, sie müssen in deiner Erzählung eine Rolle spielen.

Ein Thema, das anzeigt, dass du einen Erzählanfang fortsetzen sollst, lautet:

Am ersten Abend lagen meine Schwester und ich in unseren Betten und versuchten einzuschlafen, da wir auf der langen Autofahrt müde geworden waren. Plötzlich schreckten wir beide hoch: Hatte sich nicht eben vor unserem Fenster etwas bewegt? Ich versuchte Lisa zu beruhigen, und so legten wir uns wieder zum Schlafen. Die Ruhe hielt nur wenige Minuten, da hörten wir ein furchterregendes Geheul. Lisa flüsterte mir voller Angst zu: „Das ist ein Gespenst! Gerade eben ist es am Haus vorbeigeschlichen und jetzt heult es auch noch! Das ist sicher ein Gespenst!" Mir war das alles auch nicht geheuer, doch weil ich die Ältere war …

Erzähle diese Geschichte zu Ende!

Ausgestalten eines Erzählkerns

Ein Erzählkern gibt die Handlung deiner Erzählung in aller Kürze vor. Deine Aufgabe besteht darin, **aus diesem Kern eine Erzählung zu schreiben**. Sie muss alle Elemente enthalten, die für eine Erzählung wichtig sind: wörtliche Rede, innere Handlung, spannender Höhepunkt. Oft musst du auch den Personen Namen geben. Achte darauf, dass deine Erzählung in Einleitung, Hauptteil und Schluss gegliedert ist.

Ein Thema, das anzeigt, dass du einen Erzählkern ausgestalten sollst, lautet:

> AUGSBURG (eigene Meldung) Ingrid Meier rettete am Heiligen Abend einer jungen Katze das Leben. Als sie von der Mitternachtsmesse heimging, hörte sie vom Haus des Bäckers ein lautes Geschrei, das ihr merkwürdig vorkam. Sie ging dem seltsamen Geräusch nach und entdeckte am Dachfirst der Bäckerei eine junge Katze, die sich nicht mehr nach unten traute. Sofort rief sie über Handy die Feuerwehr, die die Katze aus ihrer Notlage befreite.

Gestalte diese Zeitungsmeldung zu einer spannenden Geschichte aus. Erzähle aus der Sicht von Ingrid Meier.

Zusammenfassung

Reizwortgeschichte, Weitererzählen, Ausgestalten eines Erzählkerns

- Reizwortgeschichte, Weitererzählen und Ausgestalten eines Erzählkerns sind Formen der Erzählung, bei denen die Handlung teilweise vorgegeben ist.
- Die Reizwortgeschichte gibt einzelne Begriffe vor, die du zu einer spannenden Erzählung ausarbeiten musst.
- Beim Weitererzählen eines Erzählanfangs kommt es darauf an, dass du die Geschichte im Stil und in der Erzählperspektive des Anfangs bis zum Schluss weitererzählst und dabei den Höhepunkt besonders ausgestaltest.
- Bei der Ausgestaltung des Erzählkerns kommt es darauf an, dass du ein Geschehen, das du in Kurzform kennst (z. B. als Zeitungsnachricht) zu einer spannenden Erzählung umformst. Dabei musst du den Handlungskern und die wichtigsten Personen der Nachricht übernehmen, sollst die Geschichte aber ausgestalten und wörtliche Rede ergänzen.

Erzählen im persönlichen Brief

In einem persönlichen Brief wendest du dich immer an jemanden, den du gut kennst und der dir nahesteht. Meist handelt es sich um Verwandte oder Freunde, auch dem weiter entfernten Brieffreund schreibt man, wie es die Bezeichnung schon sagt, Briefe.

Konkreter Anlass

Der persönliche Brief kann einen konkreten **Anlass** haben. Er kann einen Geburtstagsgruß enthalten oder ein Dankeschön für ein Geschenk. Du kannst aber auch ohne wichtigen Anlass einen Brief schreiben, etwa an die Oma, um ihr zu sagen, dass du dich freust, in den Ferien zu ihr kommen. Oder an die Freundin, die du im Urlaub kennen gelernt hast, um ihr zu mitzuteilen, wie es dir wieder zu Hause und in der Schule geht. Dabei wirst du erzählen, so wie du es in der Erlebniserzählung auch machst. Du erzählst von den Ereignissen, aber auch von deinen Gefühlen dabei, von den Ängsten und Hoffnungen, die dich bewegen.

Anrede des Empfängers

Da dir der Empfänger deines Briefs nicht gegenübersitzt und nicht unmittelbar auf deine Aussagen reagieren kann, ist es ganz wichtig, dass du ihn in deine Gedanken einbeziehst. Sprich ihn deshalb immer wieder einmal direkt an, stelle ihm auch Fragen. Er kann sie ja in seinem Brief an dich beantworten!
Da du einen persönlichen Brief nur an jemanden schreibst, den du gut kennst, kannst du den Empfänger des Briefs mit dem vertraulichen „du“ ansprechen, du kannst es aber auch großschreiben: „Du“. Dieses „du“ nennt man die **persönliche Anrede**.

Kennzeichen des persönlichen Briefs

- Der persönliche Brief richtet sich an jemanden, den du **gut kennst**.
- Du solltest den Adressaten deshalb mit der **persönlichen Anrede** „du“ ansprechen und ihn in deine Aussagen mit einbeziehen.
- Erzähle von dem, **was dich bewegt**, spare deine **Gefühle** nicht aus.
- Leite den persönlichen Brief mit einer **passenden Anrede** ein und beende ihn mit einem **persönlichen, herzlichen Gruß**.

Gestaltung des persönlichen Briefs

Hallo Luca,

wie geht es dir? Wir haben seit den Sommerferien nichts mehr voneinander gehört.
Du gehst doch nun aufs Gymnasium. Wie gefällt es dir da?
Ich habe an die 5. Klasse nur gute Erinnerungen, wir sind sogar ins Schullandheim gefahren. Das war toll, weil unsere Betreuer dabei waren. Die haben immer Spiele mit uns gemacht, einmal gab es sogar eine Nachtwanderung. Das war ziemlich gruselig, besonders die Mädchen haben sich gefürchtet. Aber es ist ja nichts passiert – Gott sei Dank! In der 6. Klasse wird dann schon alles schwerer, außerdem kommt die zweite Fremdsprache dazu. Ich habe Latein gewählt, das solltest du auch tun.
Du hast ja erzählt, dass dir Englisch nicht so leicht fällt, vor allem wegen der Aussprache.
Das Problem hast du mit Latein nicht, da wird alles gesprochen, wie man es schreibt.
Wenn dich Latein interessiert, so schreib mir das, dann erzähle ich dir mehr darüber, ok?
Wie geht es dir und deiner Familie sonst? Dein Opa war im Sommer ziemlich krank, geht es ihm wieder besser? Und hast du zum Geburtstag das Fahrrad mit den 18 Gängen bekommen, das du dir so sehr gewünscht hast?
Schreib mir doch mal, ich wüsste gern, was bei dir so los ist.

Bis bald!
Viele liebe Grüße
Dein Niklas

Zusammen-fassung

Der persönliche Brief

- Einen persönlichen Brief schreibst du an Freunde oder Verwandte, also an Menschen, die du gut kennst.
- Im persönlichen Brief erzählst du von Erlebnissen, deinen Gefühlen und Stimmungen und beziehst den Adressaten in deine Gedankengänge ein.
- Bei der Gestaltung des persönlichen Briefs bist du recht frei. Du solltest jedoch immer höflich, vielleicht sogar herzlich schreiben. Eine Grußformel am Anfang und am Ende des Briefs (Liebe/Lieber, Liebe Grüße/Bis bald!) gehören dazu.
- Eine ansprechende äußere Form ist beim persönlichen Brief, manchmal auch bei der Gestaltung des Umschlags, ein Zeichen der Wertschätzung des Adressaten.

Informieren

Wenn du dich gegenüber einer offiziellen Stelle, z. B. der Polizei, der Feuerwehr, der Versicherung oder der Schulleitung, äußerst, musst du deine Ansprechpartner informieren. Das Gleiche gilt, wenn du eine Tätigkeit, die für andere nachvollziehbar sein soll, oder eine Sache oder ein Ereignis beschreibst, bei dem andere die Zusammenhänge verstehen müssen.
Grundsätzlich musst du dir merken: Wenn es nicht auf das Erlebnis, sondern auf die Sache ankommt, steht die Information im Vordergrund.

Wenn du andere informieren willst, musst du den Sachverhalt genau wiedergeben. Schreibe deshalb sachlich und informativ. Deine Gefühle und Stimmungen spielen für den Leser keine Rolle. Mache genaue Angaben.
Halte dich dabei an die Fakten, vermeide Wertungen. Beantworte alle wichtigen W-Fragen, z. B.: Wer – Wann – Was – Wo – Wie – Warum?
Verwende in informierenden Texten den Sachstil.

Was kennzeichnet den Sachstil?

- Es darf **keine Spannung** erzeugt werden.
- Gefühle und Gedanken werden nicht erzählt, höchstens **genannt**.
- Es gibt **keine Ausrufe** und **keine wörtliche Rede**.
- Umgangssprachliche Wendungen müssen unbedingt **vermieden** werden.
- Die Ausdrucksweise muss stets **sachlich und genau** sein. Verwende **Fachbegriffe**.
- Eine **sinnvolle Reihenfolge** ist einzuhalten: Wichtige Fakten gehören an den Anfang. Halte dich an die Chronologie des Ablaufs. Du darfst **nicht vorgreifen**, weil dem Leser dann der Zusammenhang fehlt und er deine Ausführungen nicht versteht. Auch **Nachträge sind nicht angebracht**. Sie verwirren den Leser.

Die sprachliche Gestaltung des Sachstils

- Kurze Hauptsätze sollten in einem informierenden Text nur sehr selten vorkommen. **Vermeide Reihungen mit *und* oder *und dann*.**
- Um Sachverhalte oder Ereignisse erklären zu können, sind meist **Satzgefüge** (Verbindung von Haupt- und Nebensätzen) nötig.
- Verwende zur Verknüpfung von Sätzen **Konjunktionen**. Achte darauf, dass sie das gewünschte Verhältnis von Haupt- und Nebensatz ausdrücken.
- **Aber Vorsicht**: Satzgefüge werden leicht zu „Schachtelsätzen“. Diese musst du unbedingt vermeiden.
- Verwende statt Adverbialsätzen ab und zu **Adverbialien**.

In folgenden Aufsatzarten sollst du den Leser informieren:

- im **Bericht** (z. B. Unfallbericht, Bericht über eine Exkursion, Bericht über die Klassensprecherversammlung),
- in der **Beschreibung** (z. B. Vorgangsbeschreibung, Spielanleitung, Gegenstandsbeschreibung, Wegbeschreibung, Tierbeschreibung),
- im **sachlichen Brief** (z. B. an den Schulleiter, die Jugendherberge, die Versicherung).

Zusammenfassung

Beim Informieren ist zu beachten:

- Beim Informieren kommt es auf die Sache an, nicht auf ein Erlebnis.
- Erwähne nur Fakten, keine Gefühle oder Stimmungen. Vermutungen musst du als solche kenntlich machen.
- Wenn du informierst, musst du die W-Fragen beantworten:
  Wer – Wann – Was – Wo – Wie – Warum?
- Verwende den Sachstil, vermeide die wörtliche Rede.

Berichten

Das Berichten ist eine Form des informierenden Schreibens. Der Bericht muss deshalb Fakten wiedergeben. Die Meinung des Schreibers oder von Zeugen eines Unfalls gehören nicht in einen Bericht. Jeder Bericht muss in einer sachlichen Sprache abgefasst sein; wörtliche Rede ist ebenso fehl am Platz wie wertende Adjektive.

Zwei Arten des Berichts

Du musst beachten, dass es zwei grundlegende Arten des Berichts gibt, die sich an den Erwartungen der Adressaten orientieren:

- Die eine Gruppe von Berichten ist **angelehnt an das Polizeiprotokoll**. Dabei geht es darum, einen Sachverhalt für einen bestimmten Adressatenkreis möglichst genau darzustellen. Berichte, die sich an diesem Muster orientieren, sind meist Unfallberichte, Berichte über einen Diebstahl, Berichte an die Versicherung, Berichte über eine Beschädigung im Schulhaus, Berichte über die letzte Klassensprecherversammlung, Berichte an die Schulleiterin oder den Schulleiter usw.
- Die andere Gruppe **orientiert sich an Zeitungsberichten**. Die Adressaten sind dabei nicht genau bestimmt, es handelt sich aber um eine breitere Öffentlichkeit. Derartige Berichte sind meist Berichte für die Schülerzeitung, Berichte für die Homepage der Schule, Berichte über einen Wandertag, Berichte über einen Sportwettkampf usw.

Aufbau des Berichts

1. Einleitung:
   Sie gibt eine **Überblicksinformation** über das Geschehen.
   Beantwortung der Fragen: Wo? – Wann? – Wer? – Was?
2. Hauptteil:
   Hier wird der **Kern des Geschehens** ausführlich dargestellt.
   Beantwortung der Fragen: Was ist geschehen? Wie ist es geschehen?
   Warum ist es passiert?
3. Schluss:
   Hier werden die **Folgen** des Geschehens aufgezeigt.
   Beantwortung der Frage: Welche Folgen hatte das Geschehen?

Allen Berichten ist gemeinsam, dass sie

- sachlich geschrieben und nicht spannend sind,
- keine Meinungen, sondern Fakten enthalten,
- Auskunft geben zu den Fragen wer? - wann? - was? - wo? - wie? - warum?,
- ein Geschehen in der richtigen Reihenfolge wiedergeben,
- nichts Unwichtiges beinhalten,
- keine wörtliche Rede enthalten,
- Fachbegriffe wiedergeben, wenn diese nötig sind,
- im Präteritum geschrieben sind.

Zusammenfassung

Beim Berichten ist zu beachten:

- Der Bericht soll die Leser informieren.
- Es gibt zwei Arten von Berichten: den Bericht, der sich am Polizeibericht orientiert, und den Bericht, der dem Zeitungsbericht nachempfunden ist.
- Folgende Kennzeichen gelten für alle Berichte: Sie müssen sachlich geschrieben und nicht spannend sein, sie dürfen nur Fakten, aber keine Meinungen enthalten, sie müssen Auskunft geben über die Fragen Wer? - Wann? - Was? - Wo? - Wie? - Warum? - Welche Folgen?, sie müssen die Chronologie des Geschehens einhalten, sie sind im Präteritum geschrieben.
- Berichte sind dreiteilig aufgebaut: Sie bestehen aus der Einleitung (Wo? - Wann? - Wer? - Was?), dem Hauptteil (Was ist geschehen? Wie ist es geschehen? Warum ist es passiert?) und dem Schluss (Welche Folgen hatte das Geschehen?).

Beschreibung

Jede Beschreibung dient der Information des Lesers. In der Beschreibung darfst du deshalb nur Sachverhalte (Fakten) wiedergeben. Deine Meinung gehört nicht in eine Beschreibung. Jede Beschreibung muss im Sachstil abgefasst sein. Wörtliche Rede ist fehl am Platz, Adjektive dürfen immer nur beschreibend, nie wertend sein. Benutze Fachbegriffe, exakte Nomen (Substantive), treffende Adjektive und Verben und schreibe immer im Präsens.

Folgende Arten der Beschreibung kann man unterscheiden:

Vorgangsbeschreibung

Bei der Vorgangsbeschreibung kann verlangt sein, dass du beschreibst, wie du ein Regal aufbaust oder wie man eine Turnübung durchführt, wie du ein Essen zubereitest (Kochrezept), wie ein Spiel zu spielen ist (Spielanleitung), wie man Handpuppen herstellt oder Drachen bastelt (Bastelanleitung).

Halte dich bei deiner Beschreibung an die **Reihenfolge**, die durch die Abfolge der Handlungsschritte vorgegeben ist.
Schreibe sachlich, drücke dich verständlich aus, **gebrauche Fachbegriffe**, wenn es nötig ist.
Verfasse die Vorgangsbeschreibung – wie jede Beschreibung – im **Präsens**.

Mögliche Aufgabenstellungen, die eine Vorgangsbeschreibung erfordern, lauten:
- Wie reinigt man den Käfig eines Hamsters (oder eines anderen Haustiers)?
- Wie kocht man Spagetti Bolognese?
- Wie spielt man „Mensch-ärgere-dich-nicht"?

Gegenstandsbeschreibung

Bei der Gegenstandsbeschreibung kommt es darauf an, ein Ding oder eine Sache so genau zu beschreiben, dass andere sie wiedererkennen oder sich eine genaue Vorstellung davon machen können.

Beschreibe zuerst das, **was für jeden sofort sichtbar ist**, dann erst die Details.
Bemühe dich um **genaue Angaben**, wenn es um Form, Farbe und Material geht.
Schreibe sachlich.
Wertungen, Kommentare und Umgangssprache sind nicht angebracht.
Verfasse die Gegenstandsbeschreibung im **Präsens**.

Mögliche Aufgabenstellungen, die eine Gegenstandsbeschreibung erfordern, lauten:

- Mein Lieblingskuscheltier
- Du bist auf einem Flohmarkt gewesen und hast dort ein altes Radiogerät entdeckt, das dir besonders gut gefallen hat. Du weißt, dass dein Vater alte Radioapparate sammelt, doch leider hattest du nicht genügend Geld dabei, dieses Gerät für ihn zu kaufen. Wieder zu Hause, beschreibst du ihm, was du entdeckt hast.

Beschreibung eines Tiers

Nenne zuerst, um welches **Tier**, um welche **Gattung** es sich handelt.
Beschreibe dann die **Äußerlichkeiten**. Wie groß ist das Tier, wie sind sein Fell oder seine Federn beschaffen? Welche Farbe haben sie?
Erwähne, was an dem Tier **auffällig** ist.
Verwende bei der Beschreibung **Fachbegriffe**. Den Schwanz des Hundes nennen Fachleute Rute, den weißen Stirnfleck des Pferdes bezeichnen sie als Blesse usw.
Beschreibe dann Auffälligkeiten, die das **Verhalten** betreffen.
Verwende passende Nomen, Verben und Adjektive.

Mögliche Aufgabenstellungen, die die Beschreibung eines Lebewesens erfordern, lauten:

- Dein Wellensittich ist entflogen / deine Katze ist entlaufen. Beschreibe dein Haustier so, dass die Nachbarn es erkennen können.
- Verfasse eine Beschreibung des Pferdes, auf dem du im letzten Urlaub Reitstunden genommen hast.

Zusammenfassung

Bei der Beschreibung ist zu beachten:

- Die Beschreibung gehört zu den sachlichen Aufsatzformen. Sie soll die Leserinnen und Leser über Sachverhalte, Gegenstände und das Aussehen von Tieren informieren.
- Man unterscheidet die Vorgangsbeschreibung, die Gegenstandsbeschreibung und die Tierbeschreibung.
- Benütze Fachbegriffe, exakte Nomen (Substantive), treffende Adjektive und Verben und schreibe immer im Präsens.

Informieren im sachlichen Brief oder in einer förmlichen E-Mail

Der sachliche Brief und eine förmliche E-Mail dienen der Information. Du schreibst sie an Personen, die dir nicht nahestehen, denen du aber etwas mitteilen oder die du um etwas bitten musst. Du musst deshalb die höfliche Anrede „Sie" verwenden. Achte darauf, dass man die höfliche Anrede immer großschreibt.

Anlässe für sachliche Briefe oder förmliche E-Mails

Es gibt viele Anlässe für Briefe oder E-Mails an Personen, die du nicht kennst.
Hier sind einige Beispiele aufgelistet.

- Du berichtest der Versicherung vom Hergang des Unfalls, bei dem dein Fahrrad kaputtgegangen ist.
- Du bittest die Bibliothekarin deiner Schule, die du bis dahin nicht mehr mündlich sprechen kannst, die Leihfrist der von dir ausgeliehenen Bücher über die Ferien zu verlängern.
- Du berichtest dem Hausmeister deiner Schule, warum und wie du das Waschbecken im Klassenzimmer heruntergerissen hast.
- Du erklärst deinem Schulleiter, warum du trotz deiner schlechten Noten am Arbeitskreis der Schülerzeitung teilnehmen möchtest.

Kennzeichen des sachlichen Briefs und der förmlichen E-Mail

- Der sachliche Brief und die förmliche E-Mail richten sich an jemanden, der nicht zu deinen Freunden oder Verwandten gehört, zu dem du also **kein persönliches Verhältnis** hast.
- Du musst den Adressaten deshalb mit der **höflichen Anrede** „Sie" ansprechen.
- Schreibe immer **sachbezogen**. Informiere den Adressaten über einen Vorgang oder über ein Ereignis, kläre eine Situation auf, bitte ihn um etwas. Auch bei einer Nachfrage musst du sachlich schreiben, wenn du mit dem Empfänger nicht besonders vertraut bist.
- Verwende die für den sachlichen Brief und die förmliche E-Mail übliche **Anrede** und eine **passende Grußformel am Schluss**.
- Gib schon in der Betreffzeile den **Anlass deines Schreibens** an.

So sollte zum Beispiel ein sachlicher Brief aussehen:

Jana Brösel
Leipziger Str. 18
80804 München

A&B Versicherung
Schillerstr. 55
76198 Karlsruhe

Beschädigung eines Fahrrads

Sehr geehrte Damen und Herren,

ich wende mich heute an Sie, weil ich einen Schaden melden möchte.
Der bei Ihnen versicherte Thomas Mühe (geb. am 18. 7. 1968) hat am 18. Dezember vergangenen Jahres mein Fahrrad beschädigt, sodass nicht mehr fahrbereit war.
Ich hatte mein Rad um 7.40 Uhr im Radständer vor der Bäckerei Maier, Dresdner Str. 11, 80804 München, abgestellt, um Brot zu kaufen. Als ich nach ca. 5 Minuten aus der Bäckerei kam, sah ich gerade noch, wie ein Fahrzeug beim Einparken mein Fahrrad rammte. Der Fahrer Thomas Mühe kam sofort auf mich zu und erklärte, er habe mein Fahrrad übersehen und würde selbstverständlich für den Schaden aufkommen.
Er gab mir auch Ihre Adresse. Mein Rad wurde inzwischen gerichtet, der Schaden beläuft sich auf 250 €.
Ich bitte Sie, den Schaden zu begleichen und mir das Geld zu überweisen.
Die Reparaturrechnung liegt diesem Schreiben bei.

Mit freundlichen Grüßen
Jana Brösel

Zusammenfassung

Der sachliche Brief und eine förmliche E-Mail

- Der sachliche Brief und eine förmliche E-Mail richten sich an jemanden, der nicht zu deinen Freunden gehört und mit dem du nicht verwandt bist.
- Es werden keine Erlebnisse erzählt, sondern Sachverhalte berichtet oder beschrieben.
- Der sachliche Brief und die förmliche E-Mail folgen einem vorgegebenen Muster: In der Betreffzeile wird angegeben, worum es geht, die Anrede lautet „Sie", Sachstil ist unverzichtbar. Zu Beginn und am Ende finden sich Grußformeln (Sehr geehrte Damen und Herren, Mit freundlichen Grüßen).

Textsorten im Überblick

In der Schule begegnest du vielen verschiedenen Texten: In deinen Schulbüchern stehen Texte, die dich über die Welt informieren (z. B. im Geschichts-, im Geografie- oder im Biologiebuch), im Lesebuch stehen viele Texte, die erfunden sind.
Du siehst – Text ist nicht gleich Text. Willst du eine Unterscheidung treffen, bietet sich die zwischen literarischen Texten und Sachtexten an.

Sachtexte

Sachtexte sind Texte, die sachlich geschrieben sind und eine Sache zum Thema haben. Sie beziehen sich auf die Wirklichkeit. Ein Sachtext im Biologiebuch berichtet z. B. über den Aufbau des Ameisenstaates, ein Sachtext im Geschichtsbuch beschreibt den Bau der ägyptischen Pyramiden. In solchen Texten stehen nur Sachverhalte, die bekannt sind, Erfundenes und Erdachtes hat in einem Sachtext nichts zu suchen. Sachtexte sind häufig in wissenschaftlicher Sprache, manchmal aber auch in Alltagssprache geschrieben. Sachtexte findest du auch in **Jugendsachbüchern** oder in **Jugendlexika**.

Literarische Texte

Literarische Texte sind Texte, die etwas Erfundenes, Erdichtetes zum Inhalt haben. Man spricht deshalb auch von Dichtung. Literarische Texte lassen sich in drei große Gruppen einteilen:

- **Erzählende Texte**, die oft in Alltagssprache geschrieben sind (man nennt sie auch Prosatexte). Dazu gehören Märchen, Fabeln, Schwänke, aber auch Erzählungen und Jugendromane.
- **Spieltexte**, die man je nach Länge Szenen, Schauspiele oder Dramen nennt. Dabei sprechen die Figuren in der Form der Rede und Gegenrede, den sogenannten Monologen und Dialogen.
- **Gedichte** (die zur Form der Lyrik gehören). Sie sind oft in Versen geschrieben und in Strophen untergliedert.

Textsorten

Literarische Texte			Texte, die die Wirklichkeit betreffen
Erzählende Texte (Prosatexte)	Spieltexte (dramatische Texte)	Gedichte (Lyrik)	Sachtexte
oft in Alltagssprache geschrieben	bestehend aus Rede und Gegenrede (Monologen und Dialogen)	in Versen geschrieben	in Alltagssprache bzw. wissenschaftlicher Sprache geschrieben
Märchen, Sage, Schwank, Fabel, Legende, Kalendergeschichte, Erzählung, Kinder- und Jugendbuch	Drama (Schauspiel) Szene Schwank	Verse Gedichte	Jugendsachbuch Jugendlexikon Schulbuch

Zusammenfassung

Textsorten

- Texte kannst du unterscheiden nach literarischen Texten und Sachtexten.
- Literarische Texte können erzählende Texte, dramatische Texte oder Gedichte sein.
- Literarische Texte behandeln meist erfundene Themen.
- Sachtexte wollen informieren.
- Sachtexte findet man z. B. in Jugendsachbüchern und in Jugendlexika.

Märchen

Märchen sind fantastisch-wunderbare Erzählungen, die meist von Generation zu Generation weitererzählt wurden. Zauberer, Hexen, Feen, Gnome, Drachen, Naturgewalten und verwunschene Menschen sind fester Bestandteil von Märchen.
Meistens wird im Märchen ein Kampf zwischen Gut und Böse ausgetragen, wobei am Ende das Gute nach vielen Prüfungen der Beteiligten siegt und belohnt wird. Das Böse, beispielsweise in Gestalt der Hexe oder des Wolfes, wird bestraft. Das Wunderbare der Märchen zeigt sich auch in den häufig vor-kommenden Symbolzahlen: drei Wünsche, drei Aufgaben, sieben Zwerge, sieben Geißlein usw. In Märchen wird eine wunderbare, unwirkliche Welt gezeigt, in der Sehnsucht nach Glück, unerfüllbare Wünsche, aber auch Ängste und Probleme dargestellt werden.
Es wird nicht erzählt, wann und wo die Handlung spielt. Märchen beginnen oft mit der formelhaften Wendung „Es war einmal …“ und enden mit „… und wenn sie nicht gestorben sind, dann leben sie noch heute“.

Volks- und Kunstmärchen

Märchen wurden zunächst mündlich überliefert (**Volksmärchen**). In Deutschland wurden sie z. B. von den Brüdern Grimm gesammelt, die sie als „Kinder- und Hausmärchen“ herausgegeben haben. Während Volksmärchen mündlich überliefert und dadurch verändert wurden, sind **Kunstmärchen** Werke namentlich bekannter Dichter. Diese schreiben Märchen aufgrund ihrer Fantasie, lehnen sich aber an Motive und Formen des Volksmärchens an.

Beispiele für Volksmärchen sind:
Rotkäppchen, *Dornröschen* und *Aschenputtel* (überliefert von den Brüdern Grimm)

Beispiele für Kunstmärchen sind:
Kalif Storch und *Zwerg Nase* von Wilhelm Hauff, *Des Kaisers neue Kleider* von Hans Christian Andersen

Märchensammler und -dichter

Bekannte Märchensammler und -dichter aus dem deutschsprachigen Raum sind: Jakob und Wilhelm Grimm, Hans Christian Andersen (1839 aus dem Dänischen übersetzt), Ludwig Tieck und Ludwig Bechstein.
Märchen gibt es jedoch in allen Kulturen auf allen Erdteilen.
Aus Arabien kennen wir z. B. die „Geschichten aus tausend und einer Nacht“ mit den Märchen „Ali Baba und die 40 Räuber“, „Aladin und die Wunderlampe“ und „Sindbad der Seefahrer“.

Folgender **Märchenanfang** zeigt typische Kennzeichen eines Märchens:

Brüder Grimm: Allerleirauh

Es war einmal ein König, der hatte eine Frau mit goldenen Haaren, und sie war so schön, daß sich ihres Gleichen nicht mehr auf Erden fand.
Es geschah, daß sie krank lag, und als sie fühlte, daß sie bald sterben würde, rief sie den König und sprach: „Wenn du nach meinem Tod dich wieder vermählen willst, so nimm keine, die nicht eben so schön ist, als ich bin, und die nicht solche goldene Haare hat, wie ich habe; das mußt du mir versprechen“. Nachdem es ihr der König versprochen hatte, that sie die Augen zu und starb.
Der König war lange Zeit nicht zu trösten und dachte nicht daran, eine zweite Frau zu nehmen …

Zusammenfassung

Kennzeichen des Märchens

- Märchen wurden früher von Generation zu Generation mündlich weitergegeben.
- Diese Volksmärchen haben meist feste Bestandteile: wunderbare, unerklärliche Begebenheiten, das Aufeinandertreffen von Gut und Böse, wobei das Gute siegt, typische, fantastische Personen (König und Königin, die böse Stiefmutter, tapfere Handwerker, Hexen und Zauberer, Riesen und Zwerge), sprechende Tiere (Wolf, Geißlein), Prüfungen, die eine Figur bestehen muss, magische Zahlen (drei, sieben).
- Oft werden Märchen mit stereotypen Wendungen eingeleitet („Es war einmal …“) und beendet („… und wenn sie nicht gestorben sind, dann leben sie noch heute“).
- Wann und wo die Handlung spielt, bleibt ungewiss.
- Im 18. und 19. Jahrhundert erfanden Dichter Märchen, sogenannte Kunstmärchen, die den Volksmärchen in Thema, Inhalt und Aufbau gleichen.

Sage

Sagen sind ursprünglich mündlich überlieferte Erzählungen aus alter Zeit, zu denen immer wieder neue Handlungen oder Personen hinzuerfunden wurden. Erst viel später wurden sie aufgeschrieben. Im Mittelpunkt der Sage steht oft ein übernatürlich-fantastisches Ereignis, eine ungewöhnliche Person oder ein besonderer Gegenstand oder Ort. Sagen können einer bestimmten Zeit und einem bestimmten Ort zugeordnet werden. Die handelnden Personen werden namentlich genannt. Sagen erheben Anspruch auf Glaubwürdigkeit, und rätselhafte Vorgänge werden erklärt und möglichst glaubhaft gemacht.

Sagentypen

- **Volkssagen**, die meist an bestimmte Orte und Gegebenheiten gebunden sind (z. B. „Barbarossa im Kyffhäuser", „Die Weiber von Weinsberg"),
- **Heimatsagen**, die sich um unerklärliche Vorgänge in der Region ranken (z. B. „Die Teufelsmauer", „Burg Auersberg"),
- **Götter- und Heldensagen**, in deren Mittelpunkt Götter und Menschen mit außergewöhnlichen Fähigkeiten stehen
(z. B. die „Herakles-Sage", die „Siegfried-Sage" und die „Artus-Sage"),
- **Wandersagen**, also Sagen, die an verschiedenen Orten spielen und in denen verschiedene Personen auftreten, die aber im Kern die gleiche Geschichte erzählen.

Aktualität von Sagen

Die alten Sagen werden bis in die heutige Zeit immer wieder neu erzählt. Die griechischen Götter- und Heldensagen, die vom Kampf um Troja und den Irrfahrten des Odysseus berichten, bilden die Grundlage für die Epen „Ilias" und „Odyssee" von Homer. In einer volkstümlichen Prosafassung wurden sie im 19. Jahrhundert von Gustav Schwab neu herausgegeben und auch im 20. Jahrhundert überarbeitet.
Viele Jugendbuchautoren haben sich Sagenstoffen angenommen und sie neu erzählt, z. B. Auguste Lechner („Parzival", „König Artus", „Die Abenteuer des Odysseus"), Ulrich Karger („Die Odyssee") und Dimiter Inkiow. In ihrer Kernaussage sind die alten Sagen aber immer gleich geblieben.

Das Hornberger Schießen

Das kleine Dorf Hornberg im Schwarzwald wollte einstmals ein großes Schießen halten, machte gewaltige Zurüstungen und lud alle Welt zu diesem Fest ein. Die Hornberger hatten wirklich auch für alles, was bei einem solchen Schießen erforderlich ist, wohl gesorgt. Nur eins hatten sie vergessen, das Pulver. Daher sagt man, wenn eine mit viel Lärm angekündigte Unternehmung leer und erfolglos endet: „Das geht aus wie's Hornberger Schießen!“

Zusammenfassung

Kennzeichen der Sage

- Sagen gehen auf mündlich überlieferte Erzählungen zurück.
- Sie handeln von unglaublichen, übersinnlichen oder unheimlichen Begebenheiten und möchten den Leserinnen und Lesern davon berichten.
- Diese Ereignisse sind oft auf fantastische und wunderbare Weise ausgestaltet.
- Oft stehen ganz besondere Personen, Helden oder Götter, im Mittelpunkt.
- Sagen sind an eine bestimmte Zeit und einen bestimmten Ort gebunden.

Fabel

In der Fabel handeln und sprechen Tiere mit charakteristischen Eigenschaften: der schlaue Fuchs, der dumme Esel. Die meist sehr kurze Handlung hat einen lehrhaften Charakter, der oft am Ende durch einen Lehrsatz zusammengefasst wird.

Ursprung der Fabel

Die Fabel ist eine Form der Literatur, die es schon in der Antike gab. **Äsop** (um 550 v. Chr.), ein griechischer Sklave, ist der älteste, noch heute bekannte Fabeldichter. Man erzählt sich, dass er unter der Strenge und Willkür seines Herrn litt und deshalb die Kritik an ihm so verpackte, dass dieser sich zwar in den Fabeln erkannte, Äsop aber nicht böse sein konnte.
Was tat Äsop? Er nannte in seinen Fabeln nicht den Namen seines Herrn, er stellte ihn nicht einmal als menschliches Wesen dar. Äsop schrieb stattdessen Tieren menschliche Eigenschaften zu. Die Tiere in seinen Fabeln verhalten sich wie Menschen, zeigen menschliche Gefühlsregungen und Verhaltensweisen und sie sprechen auch wie Menschen. Äsops Fabeln sind zweigeteilt. Im ersten Teil wird eine Begebenheit wiedergegeben, im zweiten Teil findet sich eine Lehre, die zusammenfasst, worauf es ankommt. Diese Lehre sollte die Leser dazu bringen, ihr eigenes Verhalten zu überdenken.
An Äsops Fabeln orientierten sich alle Fabeldichter nach ihm bis in die heutige Zeit: Phädrus, Jean de La Fontaine, Gotthold Ephraim Lessing, Bertolt Brecht, Reiner Kunze und Heinz Erhardt.

Fabelform

Die meisten Fabeln sind in erzählender Sprache oder in der Form eines Gedichts geschrieben.

Beispiel für eine erzählende Fabel aus der Antike

Äsop: Der Rabe und der Fuchs

Nachdem ein Rabe ein Stück Fleisch gestohlen hatte, ließ er sich auf einem Baum nieder. Ein Fuchs sah ihn und wollte das Fleisch haben. Er stellte sich unter den Baum und rühmte den Raben wegen seiner Größe und Schönheit. Er fügte noch hinzu, dass ihm vor allen anderen die Herrschaft über die Vögel zustehe. Und dies könne auf jeden Fall Wirklichkeit werden, wenn er auch eine schöne Stimme habe. Als der Rabe dem Fuchs zeigen wollte, dass er auch eine schöne Stimme habe, ließ er das Fleisch fallen und begann, laut zu krächzen. Der Fuchs stürzte sich auf das Fleisch und rief: „Ach, Rabe, wenn du auch noch Vernunft besäßest, hätte deiner Herrschaft über alle nichts im Wege gestanden."
Die Geschichte passt gut auf einen Mann ohne jede Vernunft.

Beispiel für eine moderne Versfabel

Heinz Erhardt: Der Spatz

Es war einmal ein grauer Spatz,
der saß ganz oben auf dem Dache,
und unten hielt die Miezekatz
schon seit geraumer Weile Wache.
Da sagte sich das Spätzlein keck:
„Mich kann das Biest nicht überlisten!"
Bums kam ein Habicht um die Eck
Und holte sich den Optimisten.
So kann es allen denen gehen,
die glauben, nur sie wärn die Schlauen.
Man darf nicht nur nach unten sehn,
man muss auch mal nach oben schauen!

Zusammen-
fassung

Kennzeichen der Fabel

- In der Fabel handeln und sprechen meist Tiere.
- Sie besitzen charakteristische Eigenschaften: Die Ameise ist fleißig, der Löwe mächtig, der Wolf gierig, der Esel dumm, das Lamm unschuldig.
- In der Fabel wird eine kurze Handlung dargestellt, aus der ein Gespräch erwächst. Dieses nimmt oft eine unerwartete Wendung.
- Der Leser soll durch den Gesprächs- und Handlungsverlauf aufmerksam werden und etwas lernen.
- Oft wird diese Lehre am Ende der Fabel in einem Satz zusammengefasst.
- Fabeln können in Versen oder als kurze Erzählung geschrieben sein.

Legende

Legenden sind anonyme christliche Erzählungen vom Leben und Sterben von Heiligen, von ihren guten Taten und ihrer Frömmigkeit. Im Mittelalter wurden Legenden an den Namenstagen der Heiligen vorgelesen oder erzählt, um an diese zu erinnern. Zugleich sollten die Menschen angehalten werden, sich ebenso gottesfürchtig wie diese Heiligen zu verhalten. Auf die geschichtliche Wahrheit wurde dabei wenig Wert gelegt, jedoch haben die beschriebenen Personen in der Regel gelebt.

Legendenursprung

Die Legenden waren im Mittelalter die Gegenstücke zu den Heldensagen. Steht in den Heldensagen, die meist aus der Zeit vor dem Christentum stammen, ein Held und seine Tapferkeit gegenüber Feinden im Mittelpunkt, beschreiben Legenden die religiös geprägten Taten von Menschen, die dann zu Heiligen erklärt wurden.

Die Heiligen werden in Kirchenfenstern, Gemälden oder als Figuren entsprechend ihrer Legende dargestellt:
- Der heilige Georg ist immer mit einem Drachen abgebildet, den er nach der Legende getötet hat.
- Der heilige Martin wird gezeigt, wie er seinen Mantel mit einem Frierenden teilt.
- Der heilige Korbinian wird in Begleitung eines Bären dargestellt, der ein Lastenbündel trägt. Die Legende besagt, dass ein wilder Bär auf einer Pilgerfahrt des Korbinian dessen Lasttier gerissen habe. Der Heilige habe ihm zur Strafe dafür seine Habseligkeiten aufgebürdet und sei mit dem Bären nach Rom gewandert.

Beispiel für eine christliche Legende

Wie Georg den Drachen bezwang (Nacherzählung von Max Bolliger)

In einem See in der Nähe der Stadt Silena hauste ein schrecklicher Drache. Wo er hintrat, verwüstete er Felder und Wiesen. Auch den mutigsten Kriegern gelang es nicht, das Tier zu töten.
Um den Drachen zu besänftigen, beschlossen die verzweifelten Menschen ihm jeden Tag zwei Schafe vorzuwerfen. Doch die Schafe waren bald aufgefressen und die Gier des Tieres wurde immer größer. Es forderte Menschenopfer. „Wenn wir ihm nicht zu Willen sind, wird das Tier in die Stadt eindringen und sie zerstören“, fürchteten die Bewohner.
Die Opfer wurden durch das Los bestimmt. Auch Kinder blieben nicht verschont.
Eines Tages traf das Los die einzige Tochter des Königs. „Nehmt die Hälfte meines Reiches, aber lasst mir mein Kind“, bat der König. „Das hilft uns nichts“, sagten die Leute.

„Auch du sollst dich an unsere Abmachung halten, sonst werden wir uns rächen.“ Aus Erbarmen gewährten sie dem König acht Tage Zeit, um von seiner Tochter Abschied zu nehmen. Nach dieser Zeit ließ der König die Prinzessin mit den schönsten Kleidern schmücken und führte sie vor die Tore der Stadt. Als das Mädchen allein zum See lief, kam ihr ein fremder Ritter auf einem braunen Pferd entgegen. Es war Georg. „Warum weinst du?“, fragte er. „Ich muss sterben“, antwortete die Prinzessin. „Ein schrecklicher Drache bedroht uns. Fliehe.“ Doch Georg zeigte keine Angst. „Ich will versuchen dich zu retten“, sagte er.

In diesem Augenblick fing das Wasser an zu brodeln und zu schäumen. Aus den Wellen stieg der Drache ans Ufer. Georg ritt ihm entgegen, und bevor er sich wehren konnte, erstach er ihn mit seiner Lanze. Der König und das Volk, die alles aus der Ferne mitangesehen hatten, jubelten dem Ritter zu. Aber Georg sagte: „Gott hat mir die Kraft geschenkt, euch von dem Drachen zu erlösen. Nicht mir, sondern ihm müsst ihr danken.“ Der König belohnte Georg mit Gold und Silber und Edelsteinen. Georg verteilte die Schätze unter den Armen der Stadt und kehrte in seine Heimat zurück.

Zusammenfassung

Kennzeichen der Legende

- Legenden erzählen von den guten Taten der Heiligen.
- Legenden erinnern an die christlichen Namenspatrone und regen die Menschen an, ebenso nachahmenswertes Verhalten zu zeigen.
- Legenden stellen das Gegenstück zur mittelalterlichen Heldensage dar: In der Legende stehen religiöse Tugenden im Mittelpunkt, in der Heldensage die Tapferkeit und der Mut der Hauptperson.
- Meist haben die Helden der Legende wirklich gelebt, ihre Taten wurden aber auf wunderbare Weise ausgestaltet.
- Der ursprüngliche Verfasser einer Legende ist nicht bekannt.

Kalendergeschichte

Kalendergeschichten sind, wie der Name schon sagt, Geschichten, die ursprünglich in Kalendern zu finden waren. Die Geschichten in solchen Kalendern dienten früher der Unterhaltung der Leser in der freien Zeit.
Im Zeitalter der Aufklärung nutzten viele Autoren den Kalender als Medium, ihre Gedanken populär zu machen und die einfacheren Bevölkerungsschichten an ihren Ideen teilhaben zu lassen. Die Kalendergeschichte sollte nun die Leser zu moralisch anständigem Verhalten erziehen.

Ursprung der Kalendergeschichte

Im 15., 16. und 17. Jahrhundert konnten nur wenige Menschen lesen, zudem war die Zeit zum Lesen knapp. Die Bibel und ein Kalender für das ganze Jahr waren die einzigen Schriften, die in den meisten Haushalten vorhanden waren. Diese Jahreskalender informierten über kirchliche Festtage und Namenstage von Heiligen und gaben oft praktische Tipps: für den Landwirt, die Hausfrau und für das Verhalten im Alltag. Zur Unterhaltung und Belehrung der Leser waren kurze Geschichten eingefügt.

Kalendergeschichten, die auch heute noch gelesen werden, stammen von Johann Peter Hebel. Sie wurden in seinem Werk „Schatzkästlein des Rheinischen Hausfreundes“ (1811) veröffentlicht. Im 20. Jahrhundert hat Bertolt Brecht eine Vielzahl von Kalendergeschichten veröffentlicht, die den Menschen ihre Schwächen deutlich machen sollen.

Beispiel für eine Kalendergeschichte

Johann Peter Hebel: Das Mittagessen im Hof

Man klagt häufig darüber, wie schwer und unmöglich es sei, mit manchen Menschen auszukommen. Das mag denn freilich auch wahr sein. Indessen sind viele von solchen Menschen nicht schlimm, sondern nur wunderlich, und wenn man sie nur immer recht kennen würde, inwendig und auswendig, und recht mit ihnen umzugehen wüsste, nie zu eigensinnig und nie zu nachgiebig, so wäre mancher wohl und leicht zur Besinnung zu bringen. Das ist doch einem Bedienten mit seinem Herrn gelungen. Dem konnte er manchmal gar nichts recht machen und musste vieles entgelten, woran er unschuldig war, wie es oft geht. So kam einmal der Herr sehr verdrießlich nach Hause, und setzte sich zum Mittagessen. Da war die Suppe zu heiß oder zu kalt oder keines von beiden; aber genug, der Herr war verdrießlich. Er fasste daher die Schüssel mit dem, was darinnen war, und warf sie durch das offene Fenster in den Hof hinab. Was tat der Diener? Kurz besonnen warf er das Fleisch, welches er eben auf den Teller stellen wollte, mir nichts, dir nichts, der Suppe nach auch in den Hof hinab, dann das Brot, dann den Wein und endlich das Tischtuch mit allem, was noch darauf war. „Verwegener, was soll das sein?“ fragte der Herr und fuhr mit drohendem Zorn von dem Sessel auf. Aber der Bediente erwiderte ganz kalt und ruhig: „Verzeihen Sie mir, wenn ich Ihre Meinung nicht erraten habe. Ich glaubte nicht anders, als Sie wollten heute in dem Hofe speisen.

Die Luft ist so heiter, der Himmel so blau, und sehen Sie nur, wie lieblich der Apfelbaum blüht, und wie fröhlich die Bienen ihren Mittag halten!“ – Diesmal die Suppe hinabgeworfen, und nimmer.

Der Herr erkannte seinen Fehler, heiterte sich im Anblick des schönen Frühlingshimmels auf, lächelte heimlich über den schnellen Einfall seines Aufwärters und dankte ihm im Herzen für die gute Lehre.

Zusammenfassung

Kennzeichen der Kalendergeschichte

- Kalendergeschichten wollen die Leser unterhalten und ihnen eine Lehre erteilen.
- Figuren, Handlungsorte und Zeit des Geschehens sind auswechselbar.
- Den Autoren geht es darum, den Menschen ihre Schwächen vor Augen zu halten und sie zu moralisch besserem Verhalten zu erziehen.
- Ursprünglich fand man Kalendergeschichten in Jahreskalendern, die es in vielen Haushalten gab. Seit dem 18. Jahrhundert ist die Kalendergeschichte eine eigene literarische Gattung.
- Bekannte Autoren von Kalendergeschichten sind Johann Peter Hebel, Jeremias Gotthelf, Peter Rosegger und Bertolt Brecht.

Schwank

Bestimmt hast du schon einmal einer Freundin oder einem Freund einen Streich gespielt. Im Mittelalter hieß so ein Streich „swanc“, und auch die Erzählung eines Streiches nannte man so. Noch heute spricht man von einem Schwank, wenn es in einer kurzen Geschichte um einen lustigen Einfall geht, der nicht ganz ernst zu nehmen ist.
Allen Schwänken ist gemeinsam, dass sie menschliche Schwächen wie Habgier, Geiz, Dummheit, Überheblichkeit, Leichtgläubigkeit usw. verspotten.

Den Schwank als literarische Form gab es zu allen Zeiten und in vielen Kulturen. Besonders im späten Mittelalter (14.–16. Jahrhundert) sind viele Schwänke entstanden, die als sogenannte Volksbücher eine breitere Leserschaft erreicht haben. Bekannte Schwänke aus dem deutschsprachigen Raum handeln von Till Eulenspiegel und den Schildbürgern. In der orientalischen Volksliteratur kennt man die Schelmengeschichten des Nasreddin Hodscha.

Schwänke oder Schelmenstreiche wurden ursprünglich als Erzählungen, also in Prosaform, aufgeschrieben, inzwischen gibt es auch dramatisierte Fassungen in der Form des kurzen Schauspiels.

Beispiel für eine Schwankerzählung von Till Eulenspiegel

Bald nach dieser Zeit, als Eulenspiegel ein Küster gewesen war, kam er in die Stadt Magdeburg und vollführte dort viele Streiche. Davon wurde sein Name so bekannt, dass man von Eulenspiegel allerhand zu erzählen wusste. Die angesehensten Bürger der Stadt baten ihn, er solle etwas Abenteuerliches und Gauklerisches treiben. Da sagte er, er wolle das tun und auf das Rathaus steigen und vom Erker herabfliegen. Nun erhob sich ein Geschrei in der ganzen Stadt. Jung und Alt versammelten sich auf dem Markt und wollten sehen, wie er flog. Eulenspiegel stand auf dem Erker des Rathauses, bewegte die Arme und gebärdete sich, als ob er fliegen wolle. Die Leute standen, rissen Augen und Mäuler auf und meinten tatsächlich, dass er fliegen würde. Da begann Eulenspiegel zu lachen und rief: „ich meinte, es gäbe keinen Toren oder Narren in der Welt außer mir. Nun sehe ich aber, dass hier die ganze Stadt voller Toren ist. Und wenn ihr mir alle sagtet, dass ihr fliegen wolltet, ich glaubte es nicht. Aber ihr glaubt mir, einem Toren! Wie sollte ich fliegen können? Ich bin doch weder Gans noch Vogel! Auch habe ich keine Fittiche, und ohne Fittiche oder Federn kann niemand fliegen. Nun seht ihr wohl, dass es erlogen ist."
Damit kehrte er sich um, lief vom Erker und ließ das Volk stehen. Die einen fluchten, die anderen lachten und sagten: „Ist er auch ein Schalksnarr, so hat er doch wahr gesprochen!"

Zusammenfassung

Der Schwank

- Schwänke sind lustige Geschichten oder dramatische Szenen.
- Sie stellen menschliche Schwächen so übertrieben dar, dass die Leserinnen und Leser für sich daraus eine Lehre ziehen kann.
- Schwänke hatten ihre Blütezeit im Übergang vom Mittelalter zur Neuzeit. Damals wurden sie in sogenannten „Volksbüchern" veröffentlicht.
- Heute noch bekannte Schwänke handeln von Till Eulenspiegel, den Schildbürgern und von Nasreddin Hodscha.

Dramatische Texte

Viele Menschen denken, dass dramatische Texte besonders spannende Texte seien. Dem ist jedoch nicht so. Der Begriff „dramatisch" hat nichts mit aufregend oder spannend zu tun. Ein dramatischer Text ist ein Spieltext.
Einen kurzen Spieltext nennt man Szene, einen längeren Schauspiel oder Drama. Dramatische Texte können gelesen werden, ihre volle Wirkung entfalten sie aber erst, wenn man sie – etwa im Theater oder in einer Aufführung vor der Klasse – spielt.

Merkmale dramatischer Texte

Dramatische Texte bestehen aus **Rede** und **Gegenrede**: Eine Person spricht, eine andere antwortet. Die Handlung wird also durch das Gespräch der Figuren vorangetrieben. Damit klar ist, wer gerade spricht, ist der Name der Person am Zeilenanfang angegeben.
In dramatischen Texten gibt es – anders als in erzählenden Texten – keinen Erzähler, der das Geschehen kommentiert. Auch Gefühle und Stimmungen werden in der Form der **wörtlichen Rede** ausgedrückt.
Trotzdem hat der Autor die Möglichkeit, Hinweise zu geben, etwa wie gesprochen werden soll, wie die Stimmung ist oder welches Bühnenbild verwendet werden soll; dazu benutzt er sogenannte **Regieanweisungen**.
Diese stehen meist in Klammern.
Werden dramatische Texte aufgeführt, braucht man dazu **Requisiten**, also Kostüme, passende Gegenstände, ein passendes Umfeld usw. Wichtig ist auch das Verhalten der Spieler, die durch passende **Gestik** (Gebärden) und **Mimik** (Gesichtsausdruck) ihren Sprechtext veranschaulichen müssen.

Dramenautoren

Bekannte Dramenautoren sind Johann Wolfgang von Goethe, Friedrich Schiller, Max Frisch und Bertolt Brecht. Kürzere Bühnenstücke (sogenannte Szenen oder Sketche) hat Karl Valentin geschrieben (z. B. „Buchbinder Wanninger"). Auch die Schwänke von Till Eulenspiegel und den Schildbürgern wurden in die Form von kurzen Bühnenstücken umgeschrieben.
Viele Kinder- und Jugendbuchautoren haben dramatische Texte geschrieben, z. B. Paul Maar, Josef Guggenmos und Ingrid Huber.

Beispiel für einen kurzen szenischen Text

Ingrid Huber: Das Interview

KIND: Mama, wärst du gern noch einmal ein Kind?
MAMA: Wie kommst du denn darauf?
KIND: Papa, wärst du gern noch einmal ein Kind?
PAPA: Was soll diese Frage?
KIND: Tante, wärst du gern noch einmal ein Kind?
TANTE: Wieso willst du das wissen?
KIND: Onkel, wärst du gern noch einmal ein Kind?
ONKEL: Sonst fällt dir nichts ein?
KIND: Opa, wärst du gern noch einmal ein Kind?
OPA: Brauchst du das für die Schule?
KIND: Oma, wärst du gern noch einmal ein Kind?
OMA: Kind, Kind!

Zusammenfassung

Kennzeichen dramatischer Texte

- Dramatische Texte bestehen aus Rede und Gegenrede.
- Am Zeilenanfang ist immer angegeben, welche Person gerade spricht.
- In dramatischen Texten werden auch Gefühle und Stimmungen in der Form der wörtlichen Rede oder durch Mimik und Gestik ausgedrückt.
- Es gibt keinen Erzähler, die Figuren sprechen immer selbst.
- Möchte der Autor Hinweise geben, etwa wie gesprochen werden soll, wie die Stimmung ist oder welches Bühnenbild verwendet werden soll, benutzt er dafür sogenannte Regieanweisungen.

Lyrische Texte

Lyrische Texte oder Gedichte sind nach einem sehr alten Instrument benannt: der Lyra. Die Lyra ist ein Saiteninstrument, das der heutigen Harfe ziemlich ähnlich ist. Im alten Griechenland war sie das Symbol der Dichter, weshalb man die Kunst, Gedichte zu schreiben, auch als Lyrik bezeichnet.
Wenn du ein Gedicht beschreiben möchtest, musst du dessen Form und Inhalt berücksichtigen und aufeinander beziehen.

Form

Die folgenden Begriffe sind für die formale Beschreibung eines Gedichts wichtig.

Der Vers und die Strophe
Das auffälligste Kennzeichen eines Gedichts ist der **Vers**. Ein Vers ist eine **Zeile** in einem Gedicht. Während die Zeilen nicht-lyrischer Texte normalerweise dort enden, wo auf der Seite eben kein Platz mehr ist, ist es bei einem Gedicht nicht egal, welches Wort das letzte in einer Zeile ist.
Nicht alle, aber viele Gedichte sind in **Strophen** unterteilt. Wo eine Strophe aufhört und eine neue beginnt, erkennt man an einer **Leerzeile** zwischen den Strophen. Hier Beispiele aus Heinrich Heines *Belsazar*:

Die Mitternacht zog näher schon;	Vers 1	1. Strophe
In stummer Ruh lag Babylon.	Vers 2	
Nur oben in des Königs Schloß,	Vers 3	2. Strophe
Da flackerts, da lärmt des Königs Troß.	Vers 4	

Bei vielen älteren Gedichten sind die Strophen meist gleich lang. Bei neueren Gedichten kann die Länge der Strophen und auch der Verse unterschiedlich sein.

Der Reim
Nicht immer, aber oft erkennt man Gedichte an ihren Reimen. Diese stehen meistens am **Ende** der **Verse**. Ein Reim ist ein **Gleichklang**, das heißt, alles ab dem letzten betonten Vokal klingt gleich. Die Schreibweise ist dabei unwichtig.

Stein – Bein verbr**ingen** – erzw**ingen** L**ist** – fr**isst**

Es gibt verschiedene Formen des Endreims. Der Paarreim, der Kreuzreim und der umarmende Reim sind die drei häufigsten.

Paarreim: Beim Paarreim reimt sich der erste auf den zweiten, der dritte auf den vierten Vers und so weiter. Du kannst dieses Reimschema verkürzt auch mit der Buchstabenfolge **aabb** angeben, wobei gleiche Buchstaben jeweils für Reimwörter stehen. Lies dies Beispiel von Joseph von Eichendorff.

Es ist schon spät, es wird schon k**alt**	**a**
was reit'st du einsam durch den W**ald**?	**a**
Der Wald ist lang, du bist all**ein**	**b**
du schöne Braut, ich führ dich h**eim**!	**b**

Joseph von Eichendorff (1788–1857)

Sicher hast du gemerkt, dass Eichendorff ein bisschen geschummelt hat, denn der letzte Reim ist ein sogenannter **unreiner Reim**, das heißt, die Wörter „allein" und „heim" klingen ab dem letzen betonten Vokal **nur fast gleich**.

Kreuzreim: Ein ebenfalls sehr häufiges Reimschema ist der Kreuzreim. Hier reimt sich der erste auf den dritten, der zweite auf den vierten Vers und so weiter. Man schreib darum: **abab**. Hier ein Beispiel aus einem Gedicht von Theodor Storm.

Schon ins Land der Pyram**iden**	**a**
Flohn die Störche übers M**eer**;	**b**
Schwalbenflug ist längst gesch**ieden**,	**a**
Auch die Lerche singt nicht m**ehr**.	**b**

Theodor Storm (1817–1888)

Umarmender Reim: Etwas seltener, aber nicht weniger kunstvoll ist der umarmende Reim. Hier stehen zwei sich aufeinander reimende Verse in der Mitte, die von zwei weiteren sich aufeinander reimenden Versen „umarmt" werden. Man schreibt: **abba**. Das folgende Beispiel stammt von Georg Trakl.

Der Acker leuchtet weiß und k**alt**.	**a**
Der Himmel ist einsam und ungeh**euer**.	**b**
Dohlen kreisen über dem **Weiher**	**b**
Und Jäger steigen nieder vom W**ald**.	**a**

Georg Trakl (1887–1914)

Das Versmaß (Metrum)
Oft haben Gedichte ein festes **Versmaß** oder **Metrum**. Die Begriffe Versmaß beziehungsweise Metrum bezeichnen die **Abfolge betonter** und **unbetonter Silben** innerhalb eines Verses. Normalerweise hört man, welche Silben in Wörtern betont werden und welche nicht. Falls dir das schwerfallen sollte, kannst du dich an der **Stammsilbe** orientieren. Sie ist nämlich **betont**, Vor- und Nachsilben hingegen nicht. Im Deutschen ist die erste Silbe eines Wortes – von Vorsilben einmal abgesehen – normalerweise die betonte Silbe.

Kiste	Ver**steck**	Ge**heim**ver**steck**
↓ Stammsilbe	↓ Vorsilbe ↓ Stammsilbe	↓ Vorsilbe ↓ Stammsilbe ↓ Vorsilbe ↓ Stammsilbe

Die zwei Versmaße, die am häufigsten vorkommen, sind der **Jambus** und der **Trochäus**. Es handelt sich dabei um **alternierende Metren**, das heißt, betonte und unbetonte Silben wechseln sich ab.

Jambus: Der Jambus beginnt mit einer unbetonten Silbe. Matthias Claudius' Gedicht *Abendlied* folgt dem Prinzip des jambischen Metrums. Betonte und unbetonte Silben kann man darstellen, indem man für jede Silbe ein x schreibt und die betonten Silben markiert.

Der Mond ist aufgegangen
x x́ x x́ x x́ x

Trochäus: Der Trochäus beginnt mit einer betonten Silbe. Goethe hat in seinem Gedicht *Der Zauberlehrling* einen Trochäus verwendet.

Hat der alte Hexenmeister
x́ x x́ x x́ x x́ x

Die Kadenz
Sie bezeichnet die Art des Versausgangs oder Versendes: Ist die letzte Silbe eines Verses betont, spricht man von einer **stumpfen** oder **männlichen** Kadenz. Ist die letzte Silbe des Verses unbetont, spricht man von einer **klingenden** oder **weiblichen Kadenz**.

Seine Wort und Wer**ke**	
x́ x x́ x x́ x	unbetont = klingende oder weibliche Kadenz
merkt ich und den **Brauch**	
x́ x x́ x x́	betont = stumpfe oder männliche Kadenz

Inhalt

Du musst bei einem Gedicht nicht nur auf die Form, also auf den äußeren Aufbau, sondern auch auf den Inhalt achten. Dafür solltest du dir einige wichtige Begriffe besonders gut einprägen.

Das lyrische Ich
Den Sprecher in einem Gedicht nennt man das lyrische Ich. So wie man bei einer Geschichte den Erzähler vom Autor unterscheidet, muss man, wenn man über Gedichte spricht, auch das **lyrische Ich** vom **Autor unterscheiden**.

Die bildliche Sprache
Typisch für viele Gedichte ist die bildliche Sprache, das heißt, oft werden die Dinge nicht beim Namen genannt, sondern in Bilder eingekleidet. Warum ein Dichter das macht, kann unterschiedliche Gründe haben. Verwendet man ein Bild, indem man eine Wiese nicht Wiese, sondern zum Beispiel „grünes Meer“ nennt, kann sich der Leser das, was der Dichter vor Augen hat, viel besser vorstellen. Ein „grünes Meer“ gibt einem Leser aber auch ein Rätsel auf und macht den Text somit gleich viel interessanter. Nicht zuletzt ist ein „grünes Meer“ sprachlich auch einfach schön.

Drei Formen der bildhaften Sprache, die häufig vorkommen, sind
- der **Vergleich**,
- die **Metapher**,
- die **Personifikation**.

Erläuterungen dazu findest du auf der folgenden Seite.

Vergleich: Beim Vergleich wird etwas mit etwas anderem verglichen. Du erkennst den Vergleich an den Wörtern *wie* und *als*. Hier zwei Beispiele; das erste stammt aus einem Gedicht von Joseph von Eichendorff, das zweite Beispiel ist von Christian Morgenstern.

Es war, **als** hätt' der Himmel
Die Erde still geküßt …

Nebel hängt **wie** Rauch ums Haus …

Metapher: Von einer Metapher spricht man, wenn ein Gegenstand oder ein Gefühl mithilfe eines sprachlichen Bildes beschrieben wird, das eigentlich aus einem ganz **anderen Bereich** stammt. Wenn man zum Beispiel eine Wolke beschreiben möchte, aber stattdessen nicht von einer Wolke, sondern von Watte oder von einem Schaf am Himmel spricht, handelt es sich um eine Metapher. Watte oder Schafe haben eigentlich nichts mit Wolken zu tun, aber jeder weiß sofort, was gemeint ist. Die Metapher unterscheidet sich vom Vergleich darin, dass nicht mit vergleichenden Wörtern wie *als* oder *wie* gearbeitet wird. Lies dieses Beispiel von Gottfried Keller, in dem gleich mehrere Metaphern vorkommen.

Augen, meine lieben **Fensterlein**,
Gebt mir schon so lange holden Schein,
Lasset freundlich **Bild um Bild** herein:
Einmal werdet ihr **verdunkelt** sein!

Gottfried Keller (1815–1890)

Die Augen werden als *Fensterlein* bezeichnet, mit *Bild um Bild* ist die Wahrnehmung gemeint und das Bild der Verdunklung steht für den Tod.

Personifikation: Die Personifikation ist eine besondere Form der Metapher. Mit ihrer Hilfe werden z. B. Tieren, Pflanzen, Gegenständen oder Naturerscheinungen menschliche Züge verliehen. Sie kommt auch in der Alltagssprache oft vor (z. B. *die Sonne lacht; der Winter steht vor der Tür*). Hier ein Beispiel von Joseph von Eichendorff.

Wünschelrute
Schläft ein **Lied** in allen **Dingen**,
Die da **träumen** fort und fort,
Und die **Welt** hebt an zu **singen**,
Triffst du nur das Zauberwort.

Joseph von Eichendorff (1788–1857)

Form und Inhalt

Du hast erfahren, wie man ein Gedicht einerseits formal, andererseits inhaltlich beschreiben kann. Um aber ein Gedicht richtig zu verstehen, musst du beides miteinander verbinden. Du musst also überlegen, wie sich die **Form** und der **Inhalt** des Gedichts **aufeinander beziehen**. Bei dem folgenden Gedicht von Christian Morgenstern ist das fast auf den ersten Blick zu sehen. Es heißt *Die Trichter*:

Die Trichter

Zwei Trichter wandeln durch die Nacht.
Durch ihres Rumpfs verengten Schacht
fließt weißes Mondlicht
still und heiter
auf ihren
Waldweg
u.s.
w.

Christian Morgenstern (1871–1914)

Wenn du nun überlegst, was der Inhalt, also das, worum es in dem Gedicht geht, mit der Form des Gedichts zu tun hat, kommst du recht schnell zu einem interessanten Ergebnis: Das Gedicht handelt von zwei Trichtern auf ihrem Weg durch den nächtlichen Wald und die Verse sind in ihrer Länge und Anordnung genau so gewählt, dass das Gedicht in seiner Form an einen Trichter erinnert.

Zusammen-fassung

Kennzeichen lyrischer Texte

- Gedichte sind häufig in Strophen unterteilt. Die Zeilen einer Strophe nennt man Verse.
- Viele Gedichte reimen sich. Es gibt den Paarreim (aabb), den Kreuzreim (abab) und den umarmenden Reim (abba).
- Ein Gedicht hat ein Versmaß beziehungsweise ein Metrum. Der Jambus beginnt mit einer unbetonten, der Trochäus mit einer betonten Silbe. Betonte und unbetonte Silben wechseln sich ab.
- Den Sprecher in einem Gedicht nennt man lyrisches Ich.
- In Gedichten wird oft mit sprachlichen Bildern gearbeitet. Die häufigsten sprachlichen Bilder sind der Vergleich, die Metapher und die Personifikation.

Erzählung

Die Erzählung ist ein Text, dessen Länge nicht festgelegt ist. Meist ist die Erzählung aber wesentlich kürzer als der Roman und weniger kompliziert. Die Handlung konzentriert sich auf nur einen Aspekt und es kommen meist nur wenige Personen vor. Anders als beim Märchen, der Fabel und der Legende ist die Handlung real und spielt in der Welt, die uns umgibt. Wirklichkeitsnah sind auch die Figuren gezeichnet; in einer Erzählung kommen keine Feen, Hexen, Geister oder sprechenden Tiere vor.

Will man eine Erzählung genauer untersuchen, bieten sich folgende Gesichtspunkte an:

Äußeres und inneres Geschehen

Die Leser einer Erzählung wollen natürlich wissen, was, wann, warum, durch wen und mit welchem Ergebnis geschehen ist – das sind äußerliche Gesichtspunkte; man spricht deshalb von äußerem Geschehen. Mindestens ebenso wichtig ist das innere Geschehen: Was geht in den beteiligten Personen vor? Was fühlen, empfinden und denken sie? Warum handeln sie so, wie sie handeln?

Erzähler

Eine Geschichte kann aus verschiedenen Perspektiven, d. h. Blickwinkeln, erzählt sein. Manchmal erzählt eine Figur, die in der Geschichte auftritt, wir sprechen dann von einem **Ich-Erzähler**. Manchmal erzählt eine Figur, die nicht in der Geschichte vorkommt oder deren Standpunkt nicht klar bestimmt ist. In diesen Fällen sprechen wir von einem allwissenden oder neutralen Erzähler, der in der **Er-/Sie-Form** schreibt. Den Erzähler darf man nicht mit dem Autor verwechseln, er ist eine vom Autor geschaffene Figur.

Erzählschritte

Wie du schon aus deinen Aufsätzen weißt, ist eine Erzählung klar aufgebaut: Sie besteht aus Einleitung, Hauptteil, Schluss. Der Hauptteil ist wiederum in Sinnabschnitte eingeteilt, die wir Erzählschritte nennen.

Die folgende Ich-Erzählung von Susanne Kilian stammt aus dem Jahr 1977.

Susanne Kilian: Träumen

Es gibt Tage, da wache ich morgens auf und bin fröhlich. Warum, weiß ich nicht. Es kommt mir so vor, als hätte ich die ganze Nacht gelacht. Oft kann ich mich nicht erinnern, was ich geträumt habe. Manchmal sind es wunderbare, lustige, märchenhafte Träume. Überhaupt geht es in Träumen so zu wie im Märchen. Sind Träume bunt? Haben sie Farben, solche, wie ich sie normal sehe, oder sind es ganz andere Farben? Vielleicht sind sie nur schwarz-weiß, wie Zeitungsbilder? Rede ich, wenn ich träume, lache ich? Weine ich richtig? Einmal bin ich aufgewacht, mitten in der Nacht, und meine Augen waren nass. Wo war ich? Ich war an einem wüsten, einsamen Ort, und mir sind furchtbare Sachen geschehen. Welche, wusste ich nicht, es war eben so. Da waren Leute. Eine riesige Menge und sie rannten hinter mir her und ich lief wie in Sirup, kriegte die Füße nicht hoch und hörte sie schreien ... Ich hoffte im Traum, ich weiß das noch genau, ich hoffte, dass es ein Traum wäre. Nur ein Traum! Aber es war schreckliche Wirklichkeit: Ich fiel und fiel in diesen Sirupweg und weinte und schrie ... da wachte ich auf. Langsam wurde ich unvorstellbar glücklich – es war doch nur ein Traum! Nichts davon war geschehen. Nichts war wirklich. Mein Kopfkissen kam mir weicher als sonst vor, meine Decke wärmer. Ich war geborgen und in Sicherheit.

Am allerliebsten mag ich Träume, in denen ich ... also, es fängt meistens so an, dass ich auf einem Turm stehe oder Dach, hoch über allem. Ich weiß, ich werde sofort runterfallen. Davor habe ich Angst und zittere. Aber von einem Moment auf den anderen bin ich ganz sicher, dass mir nichts geschehen wird: Ich kann doch fliegen! Ich lasse mich einfach fallen und fliege. Sehe die Straßen unter mir. Die Häuserdächer. Fliege über Wälder und große Wasserflächen, so sicher und leicht wie ein Vogel. Solche Träume müssten Wirklichkeit sein. Warum kann ich im Traum etwas, was ich sonst nicht kann?

Zusammenfassung

Kennzeichen der Erzählung

- Die Erzählung ist eine kurze Geschichte, die in unserer Welt spielt.
- Das Geschehen und die Personen sind auf das Nötigste reduziert.
- Man unterscheidet die Ich- und die Er-/Sie-Erzählung.
- Man kann eine Erzählung in mehrere Erzählschritte untergliedern.
- Wichtig ist auch die Unterscheidung von äußerem und innerem Geschehen.

Kinder- und Jugendbuch

Bücher, die gezielt für Kinder und Jugendliche geschrieben wurden, gibt es seit dem 18. Jahrhundert. Damals war man der Ansicht, dass man Kinder – wie auch Erwachsene – durch geeignete Lesestoffe belehren, ihnen Wissen und richtiges Verhalten beibringen könne.

Ursprünge der Kinder- und Jugendliteratur

Viele Romane, die man heute noch als Kinder- und Jugendbücher kennt, waren ursprünglich für Erwachsene verfasst, z. B. Robinson Crusoe, Gullivers Reisen, Lederstrumpf und Don Quijote. Auch die Kinder- und Hausmärchen der Brüder Grimm und die Winnetou-Romane Karl Mays waren für Erwachsene bestimmt.
Erst im 20. Jahrhundert entstand eine eigens für Kinder und Jugendliche geschriebene Literatur. Seitdem gibt es Gedichtbücher und Schauspiele für Kinder, Abenteuerromane, Geschichten, die märchenhafte oder phantastische Züge tragen, oder solche, die sich mit der Lebenswirklichkeit von Kindern in der Gesellschaft auseinandersetzen. Ein Kennzeichen der Kinder- und Jugendromane ist, dass sie aus der Sicht der Kinder geschrieben und Mädchen oder Jungen selbst die Hauptfiguren sind.

Untersuchung von Kinder- und Jugendbüchern

Kinder- und Jugendbücher können nach den üblichen Gesichtspunkten untersucht werden. Folgende Fragen kannst du an die Texte richten:

- Wie ist die **Hauptfigur** dargestellt? Wodurch ist sie gekennzeichnet? Ist er bzw. sie ein Held?
- Was ist das **Thema**, das Problem der Geschichte? Worum geht es?
- Wie verläuft die **Handlung**? Hat sie einen Höhepunkt? Worin besteht dieser?
- Wird ein **Problem** dargestellt? Wie wird es gelöst? Durch wen wird es gelöst?
- **Wo spielt die Geschichte?** Ist das für den Handlungsverlauf wichtig? Wenn ja, warum?
- Wie sind die **Nebenfiguren** gezeichnet? Welche besondere Funktion oder Aufgabe haben sie? Werden sie dieser gerecht?

Folgende Werke gehören zur traditionellen, älteren Kinder- und Jugendliteratur:

- Daniel Defoe: Robinson Crusoe
- Jonathan Swift: Gullivers Reisen
- Jules Verne: Reise um die Welt in 80 Tagen
- Mark Twain: Tom Sawyer und Huckleberry Finn
- Marie von Ebner-Eschenbach: Krambambuli
- Johanna Spyri: Heidi
- Karl May: Winnetou
- Wilhelm Hauff: Das kalte Herz
- Erich Kästner: Emil und die Detektive
- Oscar Wilde: Das Gespenst von Canterbury

Folgende Werke zählt man unter anderen zur modernen Kinder- und Jugendliteratur:

- Michael Ende: Die unendliche Geschichte
- Otfried Preußler: Krabat
- J. K. Rowling: Harry Potter
- Kirsten Boie: Nicht Chicago nicht hier
- Morton Rue: Die Welle
- Hans Peter Richter: Damals war es Friedrich
- Max von der Grün: Vorstadtkrokodile
- Judith Kerr: Als Hitler das rosa Kaninchen stahl
- Scott O'Dell: Insel der blauen Delphine
- Thomas Steinhöfel/Anja Tuckermann: David Tage Mona Nächte
- Jap ter Har: Behalt das Leben lieb
- Miriam Pressler: Bitterschokolade
- Peter Härtling: Oma
- Mats Wahl: Winterbucht
- Cornelia Funke: Herr der Diebe
- Uwe Timm: Rennschwein Rudi Rüssel
- Nina Rauprich: Die sanften Riesen der Meere
- Christine Nöstlinger: Konrad oder Das Kind aus der Konservenbüchse
- Jeff Kinney: Gregs Tagebuch
- Jostein Gaarder: Sofies Welt
- Janosch: Oh, wie schön ist Panama
- Benno Pludra: Das Herz des Piraten

Einige Werke werden als Klassenlektüre gelesen, können aber auch im Mittelpunkt eines Referates stehen, etwa wenn der Klasse durch eine Mitschülerin oder einen Mitschüler ein Buch vorgestellt werden soll.

Zusammen-fassung

Kennzeichen von Kinder- und Jugendliteratur

- Im 18. Jahrhundert wurden erste lehrreiche Kinder- und Jugendbücher geschrieben.
- Viele Werke, die ursprünglich für Erwachsene verfasst wurden, sind inzwischen zu Jugendbüchern geworden.
- Seit dem 20. Jahrhundert ist die Kinder- und Jugendliteratur eine eigene literarische Gattung, in der oft die Situation von Kindern und Jugendlichen, ihre Probleme in der Gesellschaft und ihre Träume und Zukunftsvisionen im Mittelpunkt stehen.
- Daneben existieren viele Kinder- und Jugendbücher, die als Abenteuerromane angelegt sind.

Comics

Comics sind Bildstreifen, die aus Bildern und Texten, meist in Form von Sprechblasen bestehen. Die äußere Handlung steht im Vordergrund, Gedanken und Gefühle werden durch die Mimik und die Gestik der gezeichneten Figuren und durch die Sprechblasentexte deutlich. Die Texte sind oft nicht in ganzen Sätzen, sondern in der Form von lautmalerischen Ausdrücken (*äh, boing, uups*) formuliert.

Naomi Fearn

Ursprünge der Comics

Der Begriff Comics (eigentlich *comic strips*) kommt aus dem englischsprachigen Raum und bedeutet so viel wie „komische Bildstreifen". Die Herkunft des Begriffs zeigt schon, dass der Comic eine recht **junge literarische Form** ist: Comics wie wir sie heute kennen, gibt es erst seit Anfang des 20. Jahrhunderts.

Der Amerikaner Walt Disney war einer der ersten, der Comics auf den Markt brachte – Mickey Mouse und Donald Duck wurden bald zu Helden von Zeitschriftenserien, Comic-Heftchen und -filmen.

Comics aus aller Welt

Comics sind inzwischen zu einer massenhaft verbreiteten, bei Kindern, Jugendlichen und Erwachsenen gleichermaßen beliebten Gattung geworden. Comics sind auch längst nicht mehr auf das Herkunftsland USA beschränkt, wo neben den Disney-Comics die „Peanuts", „Batman", die Geschichten von „Hägar, dem Schrecklichen", von dem Kater „Garfield" und von „Calvin und Hobbes" entstanden sind. Vielmehr kommen zahlreiche Comics auch aus Frankreich (z. B. „Asterix" und „Gaston") oder aus Deutschland (z. B. „Fix und Foxi", „Nick Knatterton", „Werner – beinhart", „Berlinoir").
Darüber hinaus erfreuen sich die aus Japan stammenden Mangas (z. B. „One Piece", „Detektiv Conan") großer Beliebtheit.
Oft werden auch mittelalterliche Stoffe und sogar Klassiker der Literatur (z. B. Goethes „Faust") als Comics neu aufbereitet.

Zusammenfassung

Kennzeichen von Comics

- Comics sind eine recht junge literarische Form. Die ersten Comics gab es um 1930 in den USA.
- In Comics werden Bilder und kurze Sprechtexte miteinander verbunden.
- Die Bilder sind meist plakativ-einfach gezeichnet und oft auch ohne Text verständlich.
- Die Texte bestehen aus einfachen Sätzen, teilweise nur aus einzelnen Wörtern und leben oft vom Wortwitz.
- Comics erschienen anfangs in Zeitungen; inzwischen gibt es von den meisten Comics Heftchen- oder Taschenbuchausgaben und oft auch Filme.
- Bekannte Comics handeln von den Erlebnissen von Mickey Mouse, Donald Duck, Hägar, Garfield, Werner und Asterix.

Jugendsachbuch

Jugendsachbücher sind informative Bücher, die ein bestimmtes Thema ausführlich behandeln. Anhand von verständlichen Texten, anschaulichen Zeichnungen und aussagekräftigen Bildern geben sie einen Einblick in die Welt, die uns umgibt. Sie informieren dich über geschichtliche oder wissenschaftliche Themen, lassen dich fremde Städte oder Länder kennen lernen, machen dich mit Pflanzen und Tieren vertraut und erklären die Natur.

Ein Sachbuch ist, wie der Name schon sagt, ein Buch das **sachliche Inhalte** hat. Ein Jugendsachbuch ist speziell für Jugendliche geschrieben. In einem Jugendsachbuch findest du also keine Geschichten oder Gedichte, sondern nur Texte, Bilder und Skizzen zu bestimmten Themen. Ein Jugendsachbuch behandelt meist nur ein bestimmtes Thema aus den Bereichen Naturereignisse, Technik, Entdeckungen, Geschichte, fremde Länder usw.

Jugendsachbücher haben zum Beispiel folgende Titel:

- Leben zur Zeit der Pharaonen
- Wie entstanden die Pyramiden?
- Die Welt der Römer
- Eisenbahnen in aller Welt
- Blitz und Donner – Naturereignisse, die uns betreffen
- Tiere in Europa
- Die Welt der Dinosaurier
- Tiere in unseren Wäldern
- Natur – die uns umgibt
- Die Nordsee – Tiere, Pflanzen, Umwelt

Jugendlexikon

Ein Jugendlexikon ist ein Nachschlagewerk für Jugendliche. Es enthält Inhalte, die Jugendliche besonders betreffen. Die Informationen, die man unter den entsprechenden Stichpunkten findet, sind meist recht knappgehalten und nur teilweise mit Bildern oder Illustrationen versehen. Jugendlexika gibt es in einem oder in mehreren Bänden oder auch in digitaler Form im Internet.

Das gedruckte Jugendlexikon ist wie jedes Lexikon alphabetisch – von A nach Z – geordnet, wohingegen das digitale Jugendlexikon auch nach Schlagwörtern durchsucht werden kann. Das Jugendlexikon ist in einer für Jugendliche verständlichen Sprache geschrieben und informiert dich stichpunktartig über alle wichtigen Sachverhalte, Ereignisse und Personen. Zu den einzelnen Themen gibt es dir aber meist nur knappe Informationen, so dass du lediglich einen ersten Einblick in die Thematik bekommst. Wenn du mehr wissen willst, musst du zu einem Jugendsachbuch oder einer anderen Veröffentlichung greifen.

Gedruckte Jugendlexika haben zum Beispiel folgende Titel:

- Jugendlexikon – Von A bis Z
- Das große Jugend-Lexikon
- Der Jugend-Brockhaus in drei Bänden

Digitale Jugendlexika sind unter folgenden Seiten zu finden:

https://klexikon.zum.de
https://www.wissen.de/lexikonsuche-z
https://www.bpb.de/kurz-knapp/lexika/

Zusammenfassung

Kennzeichen von Jugendsachbuch und Jugendlexikon

- Das Jugendsachbuch informiert ausführlich über Themen, die Jugendliche interessieren.
- Jugendsachbücher behandeln meist nur ein Thema, das ausführlich dargestellt und mit Fotos oder Skizzen anschaulich gemacht wird.
- Das Jugendlexikon ist wie ein Lexikon aufgebaut, kann aber auch in digitaler Form vorliegen. Die einzelnen Stichpunkte sind alphabetisch sortiert.
- Ein Jugendlexikon dient der schnellen Information, die oft durch eine ausführlichere Darstellung ergänzt und vertieft werden muss.

Texte verstehen

Als Schüler musst du viele Texte lesen: im Deutschbuch, im Geografiebuch, im Biologiebuch, auf den verschiedenen Arbeitsblättern, die du ausgeteilt bekommst, und besonders, wenn in Deutsch oder Englisch ein längerer Lesetext bearbeitet wird. Nicht immer wirst du den Sinn des Textes sofort verstehen. Oft musst du ihn ein zweites oder ein drittes Mal lesen. Es gibt jedoch einige Tricks, wie man mit Texten besser zurechtkommen kann.

Unterstreichen

Markiere beim ersten Lesen alle Wörter durch Unterstreichen oder mit Leuchtmarker, die du nicht sofort verstehst. Manchmal erschließt sich dir die Bedeutung aus dem Zusammenhang, manchmal kennst du Bestandteile eines Wortes und findest so heraus, was es bedeutet. Oft erfährst du auch im Unterricht die Bedeutung des Wortes, z. B. weil ein Mitschüler sie kennt. Wörter und Sätze, die dir für den Inhalt des Textes besonders wichtig erscheinen, solltest du ebenfalls hervorheben.

Stichworte an den Rand

Schreibe beim zweiten Lesen in Stichworte an den Rand, was dir zum Text einfällt. Notiere z. B. wichtige Handlungen und Zusammenhänge, halte Begriffe und Ereignisse fest; schreibe auf, was du über die Personen und ihr Verhalten denkst und was die Überschrift über den Inhalt des Textes aussagt.

Schlüsselwörter

In den meisten Texten gibt es besonders auffällige und wichtige Wörter, die mehr als einmal vorkommen. Weil sie den Text „aufschließen", also helfen, seine Aussage zu verstehen, nennen wir sie Schlüsselwörter. Diese Schlüsselwörter solltest du besonders deutlich anstreichen oder einkreisen.

Sinnabschnitte

Längere Texte solltest du in Sinnabschnitte unterteilen. Sinnabschnitte erkennst du oft daran, dass ein neuer Absatz beginnt. Ein weiterer Hinweis für einen Sinnabschnitt kann sein, dass ein neuer Gesichtspunkt behandelt wird, ein Sachverhalt ausführlicher dargestellt wird, oder dass eine neue Person ins Spiel kommt usw. Formuliere für die Sinnabschnitte Überschriften oder fasse ihren Inhalt in einem Satz zusammen.

Das folgende Beispiel zeigt dir, wie ein so bearbeiteter Text aussehen kann.

Sinnabschnitte	**Der Neandertaler**	
① Der Neandertaler wird gefunden.	Im Sommer 1856 fanden Arbeiter in einem Steinbruch im Neandertal bei Düsseldorf versteinerte Knochen. Anfangs hielt man diese für die Reste eines Höhlenbären; erst als Wissenschaftler sie mit anderen urzeitlichen Skelettresten verglichen, erkannten sie, dass es sich dabei um die Überreste einer bisher unbekannten Frühmenschenart handelte. ||	vor mehr als 150 Jahren Überschrift = Herkunft Wann lebten diese? = Schlüsselwort
② Aussehen des Neandertalers	Da sich der Neandertaler dem kälteren Klima im Norden angepasst hatte, hatte er eine geringere Körpergröße und wirkte, da er sehr kräftig und muskulös war, recht plump. Er hatte eine fliehende Stirn, über den Augen starke Knochenwülste, ein zurücktretendes Kinn und sehr kräftige Kiefer. Sein Gehirn war aber größer als das des modernen Menschen. ||	Was ist das? Vergleich mit den Menschen heute!
③ Fähigkeiten des Neandertalers	Heute weiß man, dass die Neandertaler geschickte Handwerker waren: Sie konnten gute Steinwerkzeuge herstellen und einfache Schmuckstücke anfertigen. ||	toll!
④ Sorge für die Lebenden und die Toten	Auch ihr soziales Verhalten war außergewöhnlich: Für alte und verletzte Hordenmitglieder haben sie gesorgt. Grabfunde haben gezeigt, dass Neandertaler ihre Toten beisetzten oder sie verbrannten. Dass man in den Gräbern Werkzeuge und Tierschädel fand, könnte darauf hindeuten, dass sie an ein Leben nach dem Tod glaubten.	Wie wir! Wie die Christen!

Zusammenfassung

Texte verstehen

- Beim ersten Lesen solltest du alle Wörter markieren, die du nicht verstehst.
- Wörter und Sätze, die dir für den Inhalt des Textes besonders wichtig erscheinen, solltest du ebenfalls hervorheben.
- Schreibe in Stichworten an den Rand, was dir zum Text einfällt.
- Schlüsselwörter solltest du besonders deutlich hervorheben.
- Einen längeren Text solltest du in Sinnabschnitte gliedern und diese jeweils mit einer Überschrift versehen.
- Achte darauf, was die Überschrift eines Textes aussagt.

Erzählungen schreiben: Einen Schreibplan erstellen

Wenn du eine Erzählung schreibst, musst du dir genaue Gedanken darüber machen, was du eigentlich schreiben willst. Außerdem musst du überlegen: Was gehört in den Hauptteil, wo soll der Höhepunkt liegen, was kann ich in der Einleitung, was im Schluss schreiben? Solche Überlegungen, die den Aufbau eines Aufsatzes betreffen, hält man am besten in einem Schreibplan fest, der dann helfen kann, den Aufsatz in einer sinnvollen Reihenfolge niederzuschreiben.

Schreibpläne können ganz unterschiedlich gestaltet sein. Für die Erzählung bieten sich folgende Pläne an:

Der Schreibplan in Listenform

Dabei listest du die einzelnen Schritte deiner Erzählung gegliedert nach Einleitung, Hauptteil und Schluss auf:

1. Einleitung: Am Badesee mit Freunden
2. Hauptteil:
   - Thomas entdeckt die schwimmende Insel.
   - Mutprobe: Wer schafft es bis dahin zu schwimmen?
   - Alle wollen mitmachen – es geht los!
   - Auf der Insel angekommen fehlt Annika.
   - Wo kann sie nur sein, hoffentlich ist ihr nichts passiert, alle sind in Sorge und rufen den Mann von der Wasserwacht, der den See absucht – doch er findet Annika nicht.
   - Plötzlich ruft Annika vom Ufer aus – da hat sie keiner vermutet.
3. Schluss: Aufklärung der Situation: Annika war gar nicht mitgeschwommen, sie hatte sich nicht getraut, wollte es aber nicht sagen.

Der Schreibplan in „Mausform"

Da der Aufbau einer Erzählung der Körperform einer Maus gleicht („Erzählmaus"), bietet es sich an, den Schreibplan daran festzumachen:

Zusammenfassung

Erzählungen schreiben: Einen Schreibplan erstellen

- Damit du beim Schreiben die richtige Reihenfolge einhältst und nichts Wichtiges vergisst, solltest du dir vorher einen Schreibplan anlegen.
- Dieser Schreibplan beinhaltet in geordneten Stichpunkten alles das, was du dann im Aufsatz schreibst.
- Den Schreibplan für eine Erzählung kannst du als Liste oder in der Form der Erzählmaus anfertigen.

Beschreibungen und Berichte vorbereiten

Wenn du einen Aufsatz schreiben willst, musst du dir vorher genau überlegen, was du schreiben und wie du deinen Aufsatz aufbauen willst: Du musst deinen Aufsatz planen. Dabei helfen dir der Cluster und die Mindmap.

Der Cluster (dt. das Ideennetz)

Wenn du einen Bericht oder eine Beschreibung schreiben willst, musst du genug „Material" haben. Du wirst dir also genau überlegen, was alles zum Thema gehört. Deine Einfälle kannst du als **Stoffsammlung** festhalten, z. B. als Aufzählung mit Komma:

Der Pudel: verschiedene Arten (Toypudel, Zwergpudel, Königspudel), verschiedene Farben (schwarz, braun, silber), besondere Eigenschaften (Gelehrigkeit, Intelligenz, Selbstbewusstsein) usw.

Solch eine Liste hat den Nachteil, dass du nur schwer etwas ergänzen kannst, wenn dir nachträglich noch etwas einfällt. Günstiger ist es, wenn du deine Gedanken in Form eines Clusters sammelst, denn dieser ist beliebig erweiterbar.

Ein **Cluster zum Thema „Der Pudel"** kann z. B. so aussehen:

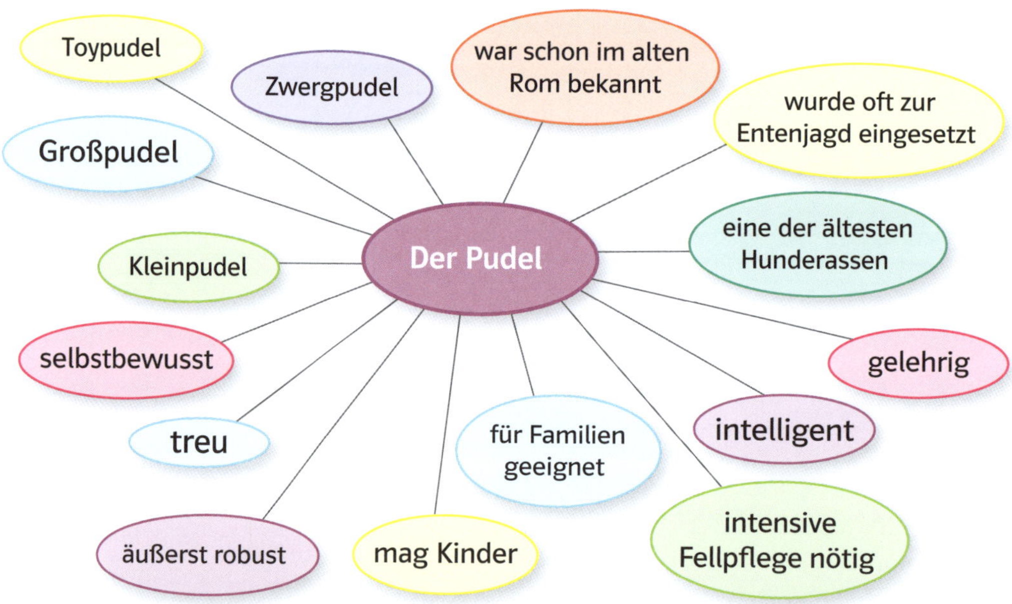

Die Mindmap (dt. die Gedankenlandkarte)

Wenn du deinen Aufsatz schreiben willst, musst du deine Einfälle **ordnen**: Was gehört in die Einleitung, was in den Hauptteil, in welcher Reihenfolge willst du die einzelnen Gesichtspunkte darlegen, was gehört in den Schlussteil? Diese Fragen beantwortet der Cluster nicht. Um deinem Aufsatz eine Struktur zu geben, kannst du auf die Mindmap zurückgreifen.

Eine **Mindmap zum Thema „Der Pudel"** kann so gestaltet sein:

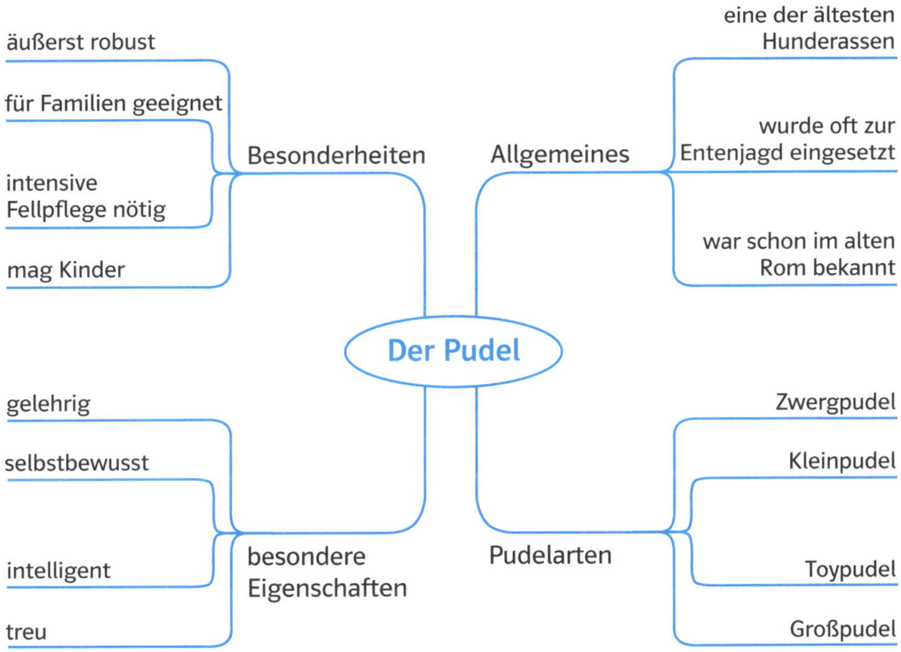

Zusammen-fassung

Beschreibungen und Berichte vorbereiten

- Zur Sammlung von Gesichtspunkten, die in deinen Aufsatz einfließen sollen, ist es sinnvoll, einen Cluster anzulegen.
- Die Mindmap hilft dir, die einzelnen Gesichtspunkte, die du in deinem Aufsatz erwähnen willst, in eine passende Ordnung zu bringen. Die Mindmap ist eine Form des Schreibplans.

Literatur finden: Eine Bibliothek benutzen

Wenn du zu einem bestimmten Thema Literatur suchst, z. B. weil du ein Referat halten willst, kannst du in deine Schulbücher und Lernhilfen blicken oder in die Stadtbibliothek gehen. Dort kannst du die Regale durchsuchen, was aber oft sehr mühselig ist. Außerdem findest du so nur Bücher, die gerade vorhanden sind. Sinnvoller ist es deshalb, den Katalog zu befragen.

Bibliotheken verfügen üblicherweise über ein elektronisches Nachschlagesystem, d. h., du kannst mit Hilfe des Bibliothekscomputers oder eines eigenen internetfähigen Geräts suchen. Du gibst in die **Suchmaske** das **Stichwort** ein, zu dem du ein Buch suchst (z. B. den Begriff „Steinzeit“). Du kannst auch einen **Autor** angeben, wenn du weißt, wer ein Buch geschrieben hat, das dir weiterhilft.

Eine Suchmaske ausfüllen

So kann die Suchmaske im Computer in der Bibliothek aussehen:

Bibliothek	Gesamtbestand	
Sortierung	(Keine Angabe)	
Titel / Stichwort		Register
Name		Register
Musikgruppe/Institution		Register
Suchen	Löschen Treffer/Seite 20	

Eine Hilfe zu jedem Eingabefeld bekommen Sie durch Anklicken der Feldbezeichnung mit der Maus.
Um Ihre Trefferliste nach Titel, Person, Jahr absteigend und Jahr aufsteigend zu sortieren, wählen Sie unter „Sortierung“ den entsprechenden Begriff aus, bevor Sie Ihre Suche starten.

Die Suche mit dem Computer

Wenn du diese Suchmaske ausgefüllt hast, sucht der Computer für dich und gibt dir Autor, Titel und Signatur (also den Standort des Buches in der Bibliothek) an. Oft erfährst du auch, wie lange ein Buch noch ausgeliehen ist.

Viele dieser Bibliothekscomputer kannst du über das **Internet** bedienen. Suche deshalb die Bibliothek, zu der du immer gehst, im Internet und gib den Suchbegriff oder den gesuchten Verfasser in die Eingabemaske ein. Vielleicht kannst du ja dann schon von der Schule oder von Zuhause aus eine Auswahl treffen.

Zusammenfassung

Literatur finden: Eine Bibliothek benutzen

- Statt in der Bibliothek die Regale zu durchsuchen, solltest du den Katalog benutzen, wenn du ein Buch finden willst.
- Oft kannst du mit HIlfe eines Computers suchen: Gib einen passenden Suchbegriff oder den Namen eines Autors ein und der Computer sucht für dich.
- Du erfährst dann, welche Bücher es in dieser Bibliothek zu deinem Suchbegriff oder zu dem von dir gesuchten Autor gibt und wo diese stehen.
- Wenn das von dir gesuchte Buch ausgeliehen ist, erfährst du meist, wann es zurückgegeben wird.
- Manche dieser Bibliothekskataloge findest du im Internet und kannst dann von der Schule oder von Zuhause aus suchen.

Die Buchvorstellung

Mitunter musst du im Deutschunterricht ein Buch vorstellen. Es darf dein Lieblingsbuch sein oder auch eines, das du gerade erst gelesen hast. Wichtig ist, dass du für dein Buch wirbst und deine Mitschüler neugierig werden. Dazu gehört mehr, als es nur gelesen und für gut befunden zu haben. Du musst deinen Vortrag auch interessant gestalten, damit deine Hörer auf das Buch aufmerksam werden und es vielleicht sogar selbst lesen wollen.

- **Beginne** deinen Vortrag mit **allgemeinen Informationen** zu dem Buch, das du vorstellst. Nenne **Titel** und **Autor**. Zum Buch oder zum Autor hast du vielleicht noch ein paar interessante Informationen. Hat das Buch einen Preis erhalten? Gibt es noch andere Bücher vom selben Autor u.s.w.

- Gehe dann auf den **Inhalt** des Buches ein. Gib kurz wieder, um was es geht und welche Figuren eine wichtige Rolle spielen. Aber: Auf keinen Fall solltest du zu viel vom Inhalt verraten, da du sonst deinen Mitschülern den Spaß am Lesen verdirbst.

Falls du nicht genau weißt, was du verraten sollst und was nicht, orientiere dich am Klappentext.

- Wähle eine geeignete Stelle für eine **Leseprobe** aus. Natürlich sollten die Hauptperson und auch das Thema der Geschichte darin vorkommen. **Erkläre** deinen Mitschülern kurz, aus welchem **Zusammenhang** der Auszug stammt, und schildere ihnen, wie es zu der Situation gekommen ist, von der deine Leseprobe handelt. Übe das Vorlesen zuhause, damit deinen Mitschülern das Zuhören auch Spaß macht.

- **Nimm** anschließend selbst **Stellung** zu dem Buch und begründe, warum du es gut findest und warum es sich lohnt, das Buch zu lesen. Dabei reicht es nicht, zu erwähnen, dass das Buch lustig oder spannend oder gut geschrieben ist. Du musst erläutern, warum du das so siehst. Zum Beispiel: *Ich finde das Buch sehr spannend, da die Hauptperson sehr neugierig und risikobereit ist, sodass sie sich selbst immer wieder in gefährliche Situationen bringt*. Vielleicht hat dir das Buch aber an einigen Stellen auch gar nicht gefallen. Auch das musst du begründen.

- Vermutlich bist du vor deinem Vortrag aufgeregt. Achte darauf, dass du **langsam**, **laut** und **deutlich** sprichst. Schalte sicherheitshalber lieber einen Gang zurück. Keine Panik vor Stocken, Versprechern oder flatternder Stimme. Aufregung ist ganz normal, wenn man nicht ständig vor größerem Publikum steht und spricht. Wenn du den Faden verlieren solltest, beginne noch einmal da, wo du ins Stocken geraten bist.
- Versuche, von deinem Stichwortzettel immer wieder **aufzuschauen** und deine Zuhörer anzusehen.

Mehr als Stichworte solltest du dir wirklich nicht notieren, denn wenn du dir ganze Sätze notierst, ist die Gefahr groß, dass du deinen gesamten Vortrag einfach nur abliest.

- Wenn du magst, kannst du das Buch nach deinem Vortrag durch die Klasse geben, damit sich jedes Kind das Titelbild anschauen kann; vielleicht möchten einige das Buch auch einfach mal durchblättern.
- Du kannst deine Buchvorstellung auch z. B. durch ein Poster, ein Tafelbild, eine Präsentation auf dem Computer oder ein Handout ergänzen.

Zusammenfassung

Die Buchvorstellung

- Am Anfang einer Buchvorstellung erhalten die Zuhörer allgemeine Informationen (Titel, Autor).
- Es folgen Informationen zum Inhalt und zu den wichtigsten Figuren des Buches. Zu viel darf nicht verraten werden.
- Zu einer Buchvorstellung gehört auch eine Bewertung des Buches. Das Urteil muss begründet werden.
- Sprich während des Vortrags langsam, laut und deutlich.
- Schaue deine Zuhörer immer wieder an.
- Schreibe nur Stichworte für deinen Vortrag auf.
- Ein Poster oder ein Tafelbild kann deine Buchvorstellung unterstützen.

Wissenstest

1 Nenne den Fachbegriff für das Hauptwort/Namenwort.

2 Wie fragt man nach dem Prädikat?

3 Wie nennt man den Begleiter mit dem Fachbegriff?

4 Nenne den Fachbegriff für „Satzaussage".

5 Wie nennt man das Wiewort oder Eigenschaftswort noch?

6 Wie nennt man den Satzgegenstand mit dem Fachbegriff?

7 Nenne den Fachbegriff für „Zahlwort".

8 Nenne die Fachbegriffe für die vier Fälle in der richtigen Reihenfolge.

9 Wie nennt man das Fürwort mit dem Fachbegriff?

10 Das wievielte Satzglied bildet das finite Verb im Aussagesatz?

11 Wie nennt man das Umstandswort mit dem Fachbegriff?

12 Mit welcher Probe kannst du feststellen, wo du im Satz ein Attribut einfügen kannst?

13 Nenne den Fachbegriff für „Verhältniswort".

14 Welcher Satz kann nie allein stehen?

15 Wie nennt man das Bindewort noch?

16 Wie nennt man die Verbindung von Hauptsatz und Hauptsatz?

17 Wie nennt man das Empfindungswort mit dem Fachbegriff?

18 Wie nennt man die Verbindung von Hauptsatz und Nebensatz?

19 Welche Wortarten können dekliniert werden?

20 An welcher Stelle im Nebensatz steht das finite Verb?

21 Welche Wortart kann konjugiert werden?

22 Mit welcher Probe kannst du feststellen, aus wie vielen Satzgliedern ein Satz besteht?

23 Welche Verben benötigen ein Objekt?

24 Welche Wörter schreibt man immer groß?

25 Wie schreibt man den *s*-Laut nach vorangegangenem langen Vokal?

26 Wie schreibt man den *s*-Laut nach vorangegangenem kurzen Vokal?

27 Nenne zwei Beispiele für Hilfsverben.

28 Welche Möglichkeiten gibt es, den Vokal *i* zu verlängern?

29 Welches Satzzeichen beschließt einen Aussagesatz?

30 Welche Vokale werden nie verdoppelt?

31 Welches Satzzeichen steht zwischen den einzelnen Teilen einer Aufzählung?

32 Wie kann man herausfinden, ob man ein Wort mit *e* oder *ä* schreibt?

33 Nenne Beispiele für Modalverben.

34 In welchen Wortarten gibt es das Wort „das"?

35 Wie nennt man Verben, die ihren Stammvokal verändern?

36 An welcher Stelle kann man Wörter grundsätzlich trennen?

37 Nenne zwei infinite Verbformen.

38 In welchem Tempus wird eine Erzählung geschrieben?

39 Welche Zeitstufen der Vergangenheit gibt es im Deutschen?

40 In welcher Aufsatzform darf man am Höhepunkt das szenische Präsens verwenden?

41 Nenne die Fachbegriffe für die drei Formen des grammatischen Geschlechts.

42 In welchem Tempus wird ein Bericht geschrieben?

43 Welche zwei Formen des Numerus unterscheidet man?

44 In welchem Tempus wird eine Beschreibung geschrieben?

45 Um welche Wortart handelt es sich bei „ich, du, er, sie, es"?

46 Nenne drei Kennzeichen des Sachstils.

47 Um welche Wortart handelt es sich bei „mein" und „dein"?

48 Welche drei Arten literarischer Texte muss man unterscheiden?

49 Welche Steigerungsformen kennt man im Deutschen?

50 In welchen Texten kommen häufig Symbolzahlen vor?

51 Um welche Art von Numeralia handelt es sich bei *drei*, *neun* und *eine Million*?

52 Welche literarische Gattung beschäftigt sich mit dem Leben von Heiligen?

53 Nenne zwei Beispiele für Ordinalzahlen.

54 In welcher literarischen Gattung kommen sprechende Tiere vor?

55 Zu welcher Wortart gehören „da" und „gestern"?

56 Welche Erzählung oder welche Szene handelt von einem lustigen Ereignis?

Wissenstest

57 Nenne Beispiele für Modaladverbien.

58 Wie nennt man ein Schauspiel mit dem Fachbegriff?

59 Welche vier Arten von Präpositionen kann man unterscheiden?

60 Wie nennt man eine Zeile im Gedicht?

61 Welche zwei Arten von Konjunktionen kann man unterscheiden?

62 Wie nennt man einen Absatz eines Gedichts?

63 Wo stehen die Anführungszeichen bei der wörtlichen Rede immer?

64 Welche Reimarten kann man unterscheiden?

Lösung 1
Nomen oder Substantiv. Vater, Sarah, Giraffe, Amsterdam, Belgien

Lösung 2
„**Was wird getan**?" In dem Satz: „Tom schwimmt im See" musst du fragen: Was tut Tom gerade? Er schwimmt im See. Schwimmen ist das Prädikat.

Lösung 3
Artikel. Man unterscheidet den bestimmten Artikel (*der*, *die*, *das*) und den unbestimmten Artikel (*ein*, *eine*, *ein*).

Lösung 4
Prädikat. Das Prädikat ist ein Satzglied und wird immer mit einem Verb gebildet. Es ist neben dem Subjekt ein unverzichtbarer Baustein eines vollständigen Satzes.

Lösung 5
Adjektiv. Das Adjektiv gibt an, wie etwas ist. Es kann als Attribut gebraucht werden: Die leckere Pizza schmeckt allen Kindern. Das Adjektiv kann als Teil des Prädikats gebraucht werden: Die Pizza ist lecker.

Lösung 6
Subjekt. Das Subjekt ist ein Satzglied und wird immer mit einem Nomen oder Pronomen gebildet. Es ist neben dem Prädikat ein unverzichtbarer Baustein eines vollständigen Satzes.

Lösung 7
Numerale. Man unterscheidet unbestimmte Zahlwörter (*einige*, *viele*), Kardinalzahlen (*eins*, *zehn*, *tausend*) und Ordinalzahlen (der *erste* Mann, der *zehnte* Schüler).

Lösung 8
Nominativ, **Genitiv**, **Dativ**, **Akkusativ**. Nach den Fällen fragt man: wer oder was? wessen? wem? wen oder was?

Lösung 9
Pronomen. Man unterscheidet: das persönliche Fürwort (Personalpronomen; *ich*, *du*, *wir*), das besitzanzeigende Fürwort (Possessivpronomen; *mein*, *dein*, *unser*), das hinweisende Fürwort (Demonstrativpronomen; *der*, *dieser*, *jener*), das rückbezügliche Fürwort (Reflexivpronomen; *mich*, *dich*, *sich*) und das einschränkende Fürwort (Relativpronomen; *der*, *welcher*).

Lösung 10

Das zweite Satzglied. Im Satz „Emma möchte zum Schwimmen gehen" ist „möchte" das finite Verb, es steht an der 2. Stelle im Aussagesatz.

Lösung 11

Adverb. Adverbien sind Wörter, die nicht verändert (flektiert) werden können, z. B. *dann, jetzt, oben, vielleicht*. Man unterscheidet Adverbien der Zeit, des Ortes und der Art und Weise.

Lösung 12

Mit der Erweiterungsprobe. Statt „Eine Jugendzeitung ist auf den Markt gekommen" kannst du genauer sagen: „Eine neue Jugendzeitung für Mädchen ist auf den Markt gekommen." „neue" und „für Mädchen" sind Attribute.

Lösung 13

Präposition. Die Präposition gibt ein Verhältnis an, z. B. der Zeit (*seit, ab*), des Ortes (*neben, nach*), der Art und Weise (*mit, außer*) oder des Grundes (*trotz, wegen*).

Lösung 14

Der Nebensatz. … „den ich morgen zum ersten Mal treffe" ist ein Nebensatz. Er kann nicht allein stehen, weil er unvollständig ist und nichts aussagt. Er braucht einen vorhergehenden Hauptsatz, z. B. „Michael ist mein Brieffreund,"

Lösung 15

Konjunktion. Es gibt nebenordnende Konjunktionen, die Hauptsätze verbinden (*und, oder*), und unterordnende Konjunktionen, die Haupt- und Nebensätze verbinden (*dass, weil*).

Lösung 16

Satzreihe. „Tom schaut einen Film an und Lisa liest ein Buch" ist eine Satzreihe. Beide Sätze sind Hauptsätze und könnten allein stehen.

Lösung 17

Interjektion. Empfindungswörter wie *au!, nanu!, oje!, pst!* drücken Gefühlsregungen aus, sind Zurufe oder ahmen Geräusche nach. Dabei geht es aber immer um Empfindungen.

Lösung 18

Satzgefüge. „Marie übt täglich Karate, weil sie an der Kinderolympiade teilnehmen möchte." „Marie übt täglich Karate" ist ein Hauptsatz, „weil sie an der Kinderolympiade teilnehmen möchte" ist ein Nebensatz. Die Verbindung beider Sätze nennt man Satzgefüge.

Lösung 19

Nomen (Substantiv), **Artikel**, **Adjektiv**, **Numerale**, **Pronomen**. Diese Wortarten verändern sich nach Kasus (Fall), Genus (grammatikalisches Geschlecht) und Numerus (Zahl). Diese Veränderung nennt man Deklination.

Lösung 20

An letzter Stelle. „Marie übt täglich Karate, weil sie an der Kinderolympiade teilnehmen möchte." „möchte" ist das finite Verb im Nebensatz, es steht an letzter Stelle.

Lösung 21

Das Verb. Es verändert sich nach Person, Numerus, Tempus und Modus: Ich schreibe einen Brief, du schreibst einen Brief, sie hat einen Brief geschrieben, der Brief wurde geschrieben. Das Verb „schreiben" wird konjugiert.

Lösung 22

Mit der Umstellprobe. „Malte geht zur Schule." Die Umstellprobe zeigt, dass die Satzglieder Malte / geht / zur Schule verschoben werden können. Der Satz besteht also aus drei Satzgliedern.

Lösung 23

Transitive Verben. Das Verb „finden" ist ein transitives Verb. „Ich finde" sagt nichts aus, du musst z. B. schreiben: „Ich finde ein Geldstück." Transitive Verben brauchen immer ein Akkusativobjekt.

Lösung 24

Wörter, die am Satzanfang stehen, Nomen (Substantive), Eigennamen (z. B. *Charlotte*), nominalisierte (substantivierte) Verben und Adjektive (z. B. *das Laufen*, *die Rote*) und die höfliche Anrede (*Sie*, *Ihr*).

Lösung 25

-ß-. „Gruß": das -*u*- ist lang gesprochen, der *s*-Laut wird als -*ß*- geschrieben. Nach vorangegangenem langen Vokal schreibt man -*ß*-.

Lösung 26

-ss-. „muss": das -*u*- ist kurz gesprochen, der *s*-Laut wird verdoppelt. Nach vorangegangenem kurzen Vokal schreibt man -*ss*-.

Lösung 27

Z. B. haben, **sein**, **werden**. Hilfsverben werden zur Bildung des Perfekt und des Plusquamperfekt benötigt: Ich habe gegessen, ich war gelaufen.

Lösung 28

Durch Schreibung mit ie, ih und ieh. *ie*: Liebe; *ih*: ihnen; *ieh*: fliehen. In allen Beispielen wird der i-Laut lang gesprochen, aber unterschiedlich kenntlich gemacht.

Lösung 29

Der Punkt. „Ich freue mich auf die Ferien." ist ein Aussagesatz, er wird mit einem Punkt abgeschlossen.

Lösung 30

i und u. Wenn kenntlich gemacht werden soll, dass das *i* lang gesprochen wird, schreibt man *ie*, *ih* oder *ieh*. Wenn kenntlich gemacht werden soll, dass das *u* lang gesprochen wird, schreibt man *uh*.

Lösung 31

Das Komma. „Äpfel, Birnen, Zwetschgen und Kirschen sind Früchte." Wenn die einzelnen Wörter der Aufzählung nicht mit „und" oder „oder" verbunden werden, setzt man ein Komma.

Lösung 32

Durch Ermittlung des Stammvokals. Schreibt man „verändern" mit *e* oder *ä*? Wenn du das Verb mit dem Adjektiv „anders" vergleichst, stellst du fest, dass *a* der Stammvokal ist.

Lösung 33

Z. B. wollen, **müssen**, **dürfen**. Modalverben geben die Art und Weise an, in der etwas geschieht. Statt „Ich gehe schwimmen." kannst du genauer sagen: „Ich möchte schwimmen gehen. Ich muss schwimmen gehen. Ich darf schwimmen gehen."

Lösung 34

Bestimmter Artikel, **Relativpronomen**, **Demonstrativpronomen**. Der bestimmte Artikel steht bei Nomen (Substantiven) im Neutrum (*das Boot*). Das Relativpronomen leitet einen Nebensatz ein (*Das Eis, das ich gegessen habe war lecker.*). Das Demonstrativpronomen verweist auf etwas (*Das Buch ist meines!*).

Lösung 35
Starke Verben. *gehen – ging – gegangen*. Zur Bestimmung des Stammvokals werden immer drei Formen herangezogen: der Infinitiv, das Präteritum, das Partizip Perfekt.

Lösung 36
Am Silbenende. zie-hen, lau-fen. Sprechsilben kannst du leicht durch Mitklatschen herausfinden.

Lösung 37
Z. B. Infinitiv, Partizip I, Partizip II: *tanzen, tanzend, getanzt*. Der Infinitiv ist die Grundform, die du auch im Wörterbuch findest; das Partizip I nennt man auch Partizip Präsens, das Partizip II nennt man Partizip Perfekt.

Lösung 38
Im Präteritum. Das Präteritum drückt ein Geschehen aus, das in der Vergangenheit stattgefunden hat, abgeschlossen ist und keinen direkten Bezug zur Gegenwart hat. Eine Erzählung schreibt man deshalb immer im Präteritum.

Lösung 39
Präteritum, Perfekt, Plusquamperfekt: Jan kochte, Jan hat gekocht, Jan hatte gekocht. Diese Zeitstufen nennt man auch die 1., 2. und 3. Vergangenheit.

Lösung 40
In der Erzählung. Das szenische Präsens ist besonders geeignet, eine Handlung unmittelbar und spannend erscheinen zu lassen. Da du in der Erzählung Spannung erzeugen sollst, kannst du am Höhepunkt in die Präsensform wechseln.

Lösung 41
Maskulinum, Femininum, Neutrum. Maskulinum: der Hund; Femininum: die Katze; Neutrum: das Tier. Das grammatikalische Geschlecht wird bei Nomen (Substantiven) durch den Artikel ausgedrückt.

Lösung 42
Im Präteritum. Das Präteritum drückt ein Geschehen aus, das in der Vergangenheit stattgefunden hat, abgeschlossen ist und keinen direkten Bezug zur Gegenwart hat. Das ist im Bericht der Fall.

Lösung 43

Einzahl (Singular) und Mehrzahl (Plural). Singular: das Haus; Plural: die Häuser. Es gibt aber Wörter, die nur im Singular (z. B. *der Regen*) oder nur im Plural vorkommen (z. B. *die Geschwister*).

Lösung 44

Im Präsens. Da die Beschreibung eine Handlung wiedergibt, die nicht in der Vergangenheit abgeschlossen, sondern jederzeit wiederholbar ist, schreibt man sie im Präsens.

Lösung 45

Personalpronomen. Personalpronomen können ein Nomen ersetzen. Statt „Tom füttert die Fische." kannst du schreiben „Er füttert die Fische."

Lösung 46

Keine Spannung erzeugen, **keine wörtliche Rede**, **Verwendung von Fachbegriffen**. Sachstil wird in informierenden Aufsatzformen verwendet, wenn es darauf ankommt, nicht Gefühle und Stimmungen, sondern Sachverhalte auszudrücken.

Lösung 47

Possessivpronomen. Possessivpronomen zeigen an, was zu wem gehört: „Das ist mein Buch."

Lösung 48

Erzählende Texte, **Spieltexte**, **Gedichte**. Erzählende Texte sind neben der Erzählung die Novelle, der Roman, aber auch Märchen, Sage, Fabel und Legende. Spieltexte sind Schauspiele und Szenen. In Gedichtform sind auch Lieder und Balladen geschrieben.

Lösung 49

Positiv, **Komparativ**, **Superlativ**. Der Positiv ist die Grundform, der Komparativ die Höher- oder Vergleichsstufe, der Superlativ die Höchststufe: laut – lauter – am lautesten.

Lösung 50

Im Märchen. Typische Symbolzahlen des Märchens sind drei und sieben: drei Wünsche, sieben Geißlein, sieben Zwerge.

Lösung 51

Kardinalzahlen. Kardinalzahlen sind Grundzahlen. Sie werden kleingeschrieben. Eine Ausnahme machen die Zahlwörter, die als Nomen (Substantiv) gebraucht werden, z. B. *Million* und *Milliarde*.

Lösung 52
Die Legende. Die Legende ist eine Geschichte, die ursprünglich oft mündlich erzählt wurde und deren Verfasser man nicht kennt. Bekannte Legenden erzählen vom Leben des Hl. Georg und von St. Martin.

Lösung 53
Z. B. der erste Gewinner, der tausendste Baum. Ordinalzahlen sind Ordnungszahlen. Sie werden kleingeschrieben, außer wenn man sie nominalisiert (substantiviert).

Lösung 54
In der Fabel. Die Tiere tragen menschliche Züge, deshalb können sich die Leser mit ihnen identifizieren und aus ihrem Verhalten eine Lehre für ihr eigenes Leben ziehen.

Lösung 55
Temporaladverbien. Temporaladverbien (oder Adverbialien der Zeit) geben einen Zeitpunkt oder eine Zeitdauer an.

Lösung 56
Der Schwank. Schwänke handeln von einem lustigen Ereignis, das in erzählender Form dargestellt ist. Manche Schwänke wurden auch dramatisiert und können als Schauspiel oder Szene aufgeführt werden.

Lösung 57
Z. B. so, vielleicht, ungefähr, sehr. Modaladverbien (oder Adverbialien der Art und Weise) geben an, wie etwas geschieht oder getan wird.

Lösung 58
Drama. Das Drama (oder Schauspiel) ist ein längerer Spieltext, bei dem Personen die Handlung vorantreiben, indem sie miteinander oder alleine für sich sprechen. Ein kurzes Schauspiel nennt man Szene.

Lösung 59
Präpositionen der Zeit, des Ortes, der Art und Weise, des Grundes. Präposition der Zeit: *bis, seit, um, ab*; Präposition des Ortes: *an, auf, neben*; Präposition der Art und Weise: *mit, ohne, für, außer*; Präposition des Grundes: *wegen, trotz, zwecks …*

Lösung 60

Vers. Ein Vers füllt nicht die ganze Seitenbreite aus, er umfasst auch meist keinen vollständigen Satz. Die Länge eines Verses wird vom Autor festgelegt und oft für das gesamte Gedicht beibehalten.

Lösung 61

Nebenordnende und unterordnende Konjunktionen. Nebenordnende Konjunktionen binden Hauptsätze oder gleichrangige Nebensätze aneinander: *und, oder, aber*. Unterordnende Konjunktionen verknüpfen Nebensätze mit Hauptsätzen: *weil, als, nachdem*.

Lösung 62

Strophe. Strophen gliedern längere Gedichte. Die einzelnen Strophen bestehen aus Versen.

Lösung 63

Zu Beginn der wörtlichen Rede stehen sie unten, am Ende oben. „Schreibst du mir einen Brief?"

Lösung 64

Kreuzreim, **Paarreim**, **umarmender (umgreifender) Reim**. Reime werden immer durch Kleinbuchstaben am Versende gekennzeichnet. Kreuzreim: abab, Paarreim: aabb, Umarmender Reim: abba.

7./8. Klasse

Die Wortarten

Im Deutschen gibt es verschiedene Wortarten. Verben, Nomen (Substantive), Artikel, Adjektive, Numerale und Pronomen können flektiert (dekliniert oder konjugiert) werden. Adverbien, Präpositionen, Konjunktionen, Interjektionen (sogenannte Partikeln) bleiben immer unverändert.

Fachbegriff	Deutsche Bezeichnung	Beispiele	Kennzeichen	
Nomen (Substantiv)	Hauptwort, Namenwort	Handy, Freund, Manhattan, Susi		
Artikel • bestimmter Artikel • unbestimmter	Begleiter	 der, die, das ein, eine, ein		
Adjektiv	Eigenschaftswort	schön, gut, rosa		
Numerale • Kardinalzahl • Ordinalzahl	Zahlwort Grundzahl Ordnungszahl	 zwei, siebzig erste, der Dritte	flektierbar	können dekliniert werden
Pronomen	Fürwort	ich, mein, mich		
Verb	Zeitwort Tätigkeitswort	lernen, gehen, schreiben		kann konjugiert werden
Adverb	Umstandswort	draußen, jetzt, so, trotzdem		können nicht dekliniert und nicht konjugiert werden
Präposition	Verhältniswort	durch, für, ohne, infolge, kraft		
Konjunktion • koordinierende oder • subordinierende Konjunktionen	Bindewort nebenordnend oder unterordnend	und, auch, oder, weder … noch dass, weil, bevor, nachdem	nicht flektierbar	
Interjektion	Empfindungswort, Ausrufewort	Pfui!, Oh!, Ha!, Au!, Ach!		

Wortarten

- können flektiert (verändert) werden
  - können konjugiert werden
    → verändern sich nach Person und Numerus, Tempus und Modus und Genus verbi (Aktiv oder Passiv)
    → Verben
  - können dekliniert werden
    → verändern sich nach Kasus, Genus und Numerus
    → Nomen (Substantiv), Artikel, Adjektive, Pronomen und Numerale
- können nicht flektiert (verändert) werden
  → Adverbien, Präpositionen, Konjunktionen und Interjektionen

Zusammenfassung

Kennzeichen der verschiedenen Wortarten

- Verben können konjugiert werden. Sie verändern sich dabei.
- Nomen (Substantiv), Artikel, Adjektive und Pronomen können dekliniert werden. Auch sie verändern sich dabei.
- Adverbien, Präpositionen, Konjunktionen und Interjektionen können nicht flektiert werden, sie bleiben immer unverändert.

Das Verb (Tätigkeitswort, Plural: die Verben)

Das Verb bildet das Prädikat. Dieses ist – zusammen mit dem Subjekt – der wichtigste Bestandteil eines vollständigen Satzes. Verben werden nach ihrer Verwendung, ihrem Verhältnis zu anderen Wortarten und ihrer Bedeutung unterschieden; sie können konjugiert oder in der infiniten Form gebraucht werden.

Verben kann man unterscheiden

- **nach Art ihrer Verwendung**

Vollverben	bilden allein das Prädikat	z. B. arbeiten, essen, schreiben, turnen	Jara schreibt einen Brief.
Hilfsverben	helfen beim Bau eines zusammengesetzten Prädikats	haben, sein, werden	Tim ist mit seinen Freunden ins Kino gegangen.
Modalverben	verändern die Aussageweise des Prädikats	dürfen, können, mögen, müssen, sollen, wollen	Evi wollte gern Musik hören.

- **nach ihrem Verhältnis zu anderen Wortarten**

transitive Verben	benötigen ein Akkusativobjekt	z. B. einladen, lieben, lesen	Tim hat seine Freunde eingeladen.
intransitive Verben	benötigen kein Objekt, ziehen möglicherweise ein Dativ-, Genitiv- oder Präpositionalobjekt nach sich	z. B. gehen, arbeiten, helfen, sorgen (für)	Jara geht nach Hause.
Viele Verben können transitiv und intransitiv gebraucht werden, z. B. lesen, essen, tanzen, lernen: Tanja liest gern. Tanja liest einen Roman.			
reflexive Verben	haben ein Reflexivpronomen bei sich	z. B. (sich) beeilen, (sich) waschen, (sich) nähern	Ich beeile mich.

- **nach ihrer Bedeutung**

Tätigkeitsverben	bezeichnen eine Tätigkeit	gehen, laufen, rennen, fliegen, kommen	Lisa fliegt in die USA.
Zustandsverben	bezeichnen einen Zustand	leben, lieben, glauben, vergessen	Yannick lebt in Paris.

Verben können nach folgenden Gesichtspunkten konjugiert werden:

Person	1., 2. oder 3. Person	ich, du, er/sie/es, wir, ihr, sie
Numerus (Zahl)	Singular oder Plural	Ich schicke Jara eine SMS. Meine Brieffreunde schreiben mir oft.
Tempus (Zeit)	Präsens, Präteritum, Perfekt, Plusquamperfekt, Futur I, Futur II	Moritz lernt tanzen. (lernte, hat gelernt, hatte gelernt, wird lernen, wird gelernt haben)
Genus verbi (Handlungsrichtung)	Aktiv oder Passiv	Leonie liest einen Krimi. Der Krimi wird von vielen gelesen.
Modus (Aussageweise)	Indikativ oder Konjunktiv	Benedikt ärgert sich, weil er in Englisch eine schlechte Note hat. Marlene würde sich auch ärgern, wenn sie eine schlechte Note hätte.
Konjugierte Verbformen nennt man auch finite Verbformen (Personalformen des Verbs).		

Außerdem gibt es infinite (nicht konjugierte) Verbformen.

Infinitiv	Grundform	wird verwendet zur Bildung von Futur I	lesen Ich werde lesen.
Partizip I	Partizip Präsens	wird z. B. als Adjektiv verwendet	lesend Der lesende Schüler.
Partizip II	Partizip Perfekt	wird verwendet zur Bildung von Perfekt, Plusquamperfekt und Futur II	gelesen Ich habe gelesen. Ich hatte gelesen. Ich werde gelesen haben.

Zusammenfassung

Kennzeichen des Verbs

- Verben sind Tätigkeitswörter, die in keinem vollständigen Satz fehlen dürfen.
- Verben können unterschieden werden nach: Vollverben, Hilfsverben und Modalverben, transitiven, intransitiven und reflexiven Verben und nach Tätigkeits- und Zustandsverben.
- Verben können konjugiert werden. Sie verändern sich dann nach Person (1., 2. und 3. Person), Numerus (Einzahl, Mehrzahl), Tempus (Zeitstufe), Genus verbi (Aktiv, Passiv) und Modus (Indikativ, Konjunktiv).
- Es gibt auch infinite Verbformen: Infinitiv, Partizip I und Partizip II.

Der Modus des Verbs

Indikativ, Konjunktiv und Imperativ geben den Modus (die Aussageweise) des Verbs wieder. So kann man durch die Formenbildung zwischen Wirklichkeit, Möglichkeit oder Wunsch und Aufforderung unterscheiden. Konjunktiv I wird für die indirekte Rede verwendet.

Der Indikativ (Wirklichkeitsform)

Diese Form des Verbs bezeichnet
- wahrscheinliche oder tatsächliche Sachverhalte:
  Sie geht jeden Morgen um 7.45 Uhr in die Schule.
- allgemeingültige Aussagen:
  Im Sommer ist es heiß.

Der Konjunktiv (Möglichkeitsform)

Konjunktiv I (Möglichkeitsform des Verbs)
- wird für Wünsche, Aufforderungen und Ausrufe verwendet:
  Gehe er mir doch aus dem Weg. Man nehme drei Eier. Er lebe hoch!
- wird bei der indirekten Rede gebraucht:
  Tamara versicherte, sie habe die Pizza genau nach Rezept gebacken.
  In der Alltagssprache wird oft der Indikativ und ein mit *dass* eingeleiteter Nebensatz verwendet:
  Tamara versicherte, dass sie die Pizza genau nach Rezept gebacken hat.

Der Konjunktiv I wird aus dem Präsensstamm des Verbs und der Endung *-e*, *-est*, *-en* oder *-et* gebildet. Er tritt auf in den Formen des Konjunktivs Präsens (*sie laufe*), des Konjunktivs Perfekt (*sie sei gelaufen*) und des Konjunktivs Futur (*sie werde laufen*).

Wenn sich der Konjunktiv I nicht vom Indikativ Präsens unterscheidet, ersetzt man ihn durch den Konjunktiv II.
- Lisa sagt: „Alle meine Freundinnen kommen mit zum Picknick."
  (Indikativ, wörtliche Rede)
- Lisa sagt, alle ihre Freundinnen kommen mit zum Picknick.
  (Konjunktiv I, indirekte Rede, identisch mit dem Indikativ Präsens)
- Lisa sagt, alle ihre Freundinnen kämen mit zum Picknick.
  (Konjunktiv II als Ersatzform)

Konjunktiv II (Nichtwirklichkeitsform des Verbs, Irrealis)

- bezeichnet ein nicht wirkliches Geschehen:
  Hätte ich mich nur getraut, mit dem Ballon mitzufahren!
- wird für höfliche Aufforderungen verwendet:
  Könntest du mir bei der Mathematikaufgabe helfen?
- drückt einen unerfüllbaren Wunsch aus:
  Hätten wir doch schon Ferien!
- wird in Konditionalssätzen (Bedingungssätzen) gebraucht:
  Wenn ich dir helfen könnte, hätte ich es getan.

Der Konjunktiv II wird aus dem Präteritumstamm des Verbs und der Endung *-e*, *-est*, *-en* oder *-et* gebildet. Er tritt auf in den Formen des Konjunktivs im Präsens (*sie liefe*), des Konjunktivs im Perfekt (*sie wäre gelaufen*) und des Konjunktivs Futur (*sie würde laufen*).

Wenn sich der Konjunktiv II nicht vom Indikativ Präteritum unterscheidet, verwendet man die Ersatzform mit würde.

- Alex sagt: „Wenn ich mitkommen darf, mache ich das Lagerfeuer an."
  (Indikativ, wörtliche Rede)
- Alex sagt, wenn er mitkommen dürfte, machte er das Lagerfeuer an.
  (Konjunktiv II, indirekte Rede, identisch mit dem Indikativ Präteritum)
- Alex sagt, wenn er mitkommen dürfte, würde er das Lagerfeuer anmachen.
  (Ersatzform mit würde)

Der Imperativ (Befehlsform)

Er drückt einen Wunsch, einen Befehl, eine Aufforderung oder ein Verbot aus.

Erledige endlich deine Hausaufgaben! Kommt zum Essen! Lass das!

Den Imperativ gibt es nur in der 2. Person Singular oder Plural. Er wird aus dem Präsensstamm des Verbs und der Endung *-e* oder *-t* gebildet.

Zusammen-fassung

Der Modus des Verbs

- Der Modus des Verbs wird durch Indikativ, Konjunktiv oder Imperativ ausgedrückt.
- Der Indikativ ist die meist gebrauchte Form, er gibt die Wirklichkeit wieder.
- Der Konjunktiv I zeigt eine Möglichkeit auf und wird in der indirekten Rede verwendet.
- Der Konjunktiv II drückt die Nichtwirklichkeit aus.
- Der Imperativ drückt Befehle, Aufforderungen, Wünsche oder Verbote aus.

Die indirekte Rede

Die nichtwörtliche Wiedergabe von Äußerungen nennt man indirekte Rede. Man nennt sie auch „berichtete Rede“, weil berichtet wird, was jemand gesagt hat. Man braucht sie vor allem in Nachrichten, Protokollen oder Inhaltsangaben.

1. Definition

Die indirekte Rede ist meistens abhängig von Verben wie **sagen**, **behaupten**, **fragen**, **auffordern**. Die Redeeinleitung **„Er sagte/fragte“** o. Ä. steht meistens unmittelbar vor der indirekten Rede und wird durch ein Komma von ihr getrennt. Doppelpunkt und Anführungszeichen gibt es im Unterschied zur direkten Rede nicht.

In den folgenden Beispielen erscheint Familie Tunichtgut, die nach dem Verschwinden von Gummibärchen von der Polizei verhört wird.

Direkt	Indirekt
Ernst Tunichtgut sagte aus: „Wir haben mit den verschwundenen Gummibärchen nichts zu tun. Wir sind anständige Leute und lügen nicht.“	Herr Tunichtgut sagte aus, er und seine Familie hätten mit den verschwundenen Gummibärchen nichts zu tun. Sie seien anständige Leute und würden nicht lügen.

Die indirekte Rede unterscheidet sich sprachlich ganz deutlich von der direkten Rede. **Drei Merkmale** kennzeichnen die indirekte Rede:

Modus

Die indirekte Rede steht im **Konjunktiv**.

Direkt	Indirekt
Susi sagte: „Ich bin unschuldig.“	Susi sagte, sie sei unschuldig.

Pronomen

In der indirekten Rede ändern sich meist die Pronomen. Sie hängen davon ab, wer die Äußerungen wiedergibt.

Direkt	Indirekt
Susi sagte: „**Ich** bin unschuldig.“	Susi sagte, **sie** sei unschuldig.

Satzart

In der indirekten Rede gibt es nur den **Aussagesatz**. Frage- und Befehlssätze werden entsprechend umgewandelt. Deshalb gibt es weder Fragezeichen noch Ausrufezeichen.

Direkt	Indirekt
Frieda Tunichtgut fragte: „Weshalb wird mein Sohn verdächtigt? Haben Sie Beweise?“	Frau Tunichtgut fragte, weshalb ihr Sohn verdächtigt werde und **ob** die Polizei Beweise habe.

In der indirekten Rede kannst du die ursprünglichen Äußerungen kürzen und Unwichtiges weglassen. Dabei muss aber der Sinn erhalten bleiben.

Direkt	Indirekt
Kalle Tunichtgut forderte: „Fragen Sie doch einmal meine kleine Schwester! Und lassen Sie mich bitteschön endlich in Ruhe!“	Der Sohn Kalle forderte die Polizisten auf, sie sollten seine kleine Schwester fragen und ihn in Ruhe lassen.

Neben der indirekten Rede gibt es noch die Möglichkeit, direkte Äußerungen in einen **dass-Satz** umzuwandeln. Dies ist aber nur sinnvoll, wenn es sich um einen einzelnen Satz handelt; sonst würde sich die Konjunktion **dass** zu oft wiederholen.

Direkt	Indirekt
Susi sagte aus: „Ich bin unschuldig.“	Susi behauptete, **dass** sie unschuldig ist.

2. Modus

Die **indirekte Rede** steht in der Regel im **Konjunktiv I**. Die Formen des Konjunktivs I unterscheiden sich jedoch oft nicht von den Formen des Indikativs. Deshalb gibt es (leider) zwei Zusatzregeln.

1. Zusatzregel
Wenn sich der Konjunktiv I vom Indikativ nicht unterscheidet, ersetzt man ihn durch den **Konjunktiv II**.

Direkt	Indirekt
Ernst Tunichtgut sagte aus: „Wir haben mit den verschwundenen Gummibärchen nichts zu tun."	Herr Tunichtgut sagte aus, sie **hätten** mit den verschwundenen Gummibärchen nichts zu tun.

2. Zusatzregel
Wenn sich der Konjunktiv II nicht vom Indikativ Präteritum unterscheidet, wird die Umschreibung mit **würde** verwendet.

Direkt	Indirekt
Ernst Tunichtgut sagte aus: „Wir lieben Gummibärchen nicht."	Herr Tunichtgut sagte aus, sie **liebten** Gummibärchen nicht. – Besser und deutlicher: sie **würden** Gummibärchen nicht **lieben**.

Die Umschreibung mit **würden** ist auch bei Verben erlaubt, deren Konjunktiv II ungebräuchlich ist oder unschön klingt.

Direkt	Indirekt
Ernst Tunichtgut sagte aus: „Wir lügen nicht."	Herr Tunichtgut sagte aus, sie **lögen** nicht. – Besser und üblicher: sie **würden** nicht lügen.

3. Tempus (Zeitform)

Für das **Tempus in der indirekten Rede** gibt es zwei einfache Regeln:

1. **Präsens** und **Futur bleiben unverändert**.

Direkt	Indirekt
Susi sagt/sagte/hat gesagt: „Ich **bin** unschuldig." Erich Tunichtgut sagt/sagte/hat gesagt: „Ich **werde** mich beschweren."	Die Tochter sagt/sagte/hat gesagt, sie **sei** unschuldig. Herr Tunichtgut sagt/sagte/hat gesagt, er **werde** sich beschweren.

2. Die drei **Zeiten der Vergangenheit** (Präteritum, Perfekt, Plusquamperfekt) werden durch das **Perfekt zusammengefasst**.

Direkt	Indirekt
Susi sagt/sagte/hat gesagt: „Ich **war** bei meiner Freundin." „Ich **bin** bei meiner Freundin **gewesen**."	Die Tochter sagt/sagte/hat gesagt, sie **sei** bei ihrer Freundin **gewesen**.

Beachte: **Konjunktivformen** der direkten Rede werden **unverändert** übernommen.

Direkt	Indirekt
Frieda Tunichtgut sagte: „Ich **würde** einem Gummibärchen nie etwas antun."	Frau Tunichtgut sagte, sie **würde** einem Gummibärchen nie etwas antun.

4. Pronomen

Die **Personalpronomen** (= persönliche Fürwörter), die in der indirekten Rede verwendet werden, richten sich nach dem, der die Äußerungen wiedergibt. Weil dies meistens nicht dieselbe Person ist, die ursprünglich gesprochen hat, ändern sich die Pronomen.

Bei der 3. Person musst du auf das richtige **Genus** (Geschlecht) achten.

Direkt	Indirekt
Erich Tunichtgut sagte: „**Ich** lüge nicht." Susi Tunichtgut sagte: „**Ich** bin unschuldig."	Vater Tunichtgut sagte, **er** lüge nicht. Seine Tochter Susi sagte, **sie** sei unschuldig.

Manchmal kannst du ein Pronomen der direkten Rede auch durch ein geeignetes Nomen (Substantiv) ersetzen.

Direkt	Indirekt
Vater Tunichtgut sagte: **„Wir sind anständige Leute."**	Herr Tunichtgut sagte, **er und seine Familie (sie)** seien anständige Leute.

Auch die **Possessivpronomen** (= besitzanzeigende Fürwörter) passen sich an den an, der die Äußerungen wiedergibt.

Direkt	Indirekt
Erich Tunichtgut sagte: „**Meine** Kinder tun so etwas nicht."	Vater Tunichtgut sagte, **seine** Kinder täten so etwas nicht.

Auch **Raum- und Zeitangaben**, die sich auf die ursprüngliche Situation beziehen, müsssen entsprechend geändert werden.

Direkt	Indirekt
Susi sagte: „Gummibärchen habe ich **hier** noch nie gesehen."	Susi sagte, Gummibärchen habe sie **in ihrer Wohnung** noch nie gesehen.

5. Satzarten

Die indirekte Rede ist kein selbstständiger Satz, sondern abhängig von der Redeeinleitung (Sie sagte/stellte fest etc.). Die drei Hauptsatzarten Aussagesatz, Fragesatz und Befehlssatz müssen deshalb in der indirekten Rede umgewandelt werden.

1. Beim Aussagesatz ändert sich die Reihenfolge der Wörter nicht. Das hast du bei allen bisherigen Beispielsätzen automatisch richtig gemacht.

2. Beim Fragesatz musst du zwischen der **Ergänzungsfrage** und der **Entscheidungsfrage** unterscheiden.
   Die Ergänzungsfrage (W-Frage) beginnt mit dem Fragewort.
   Das Prädikat steht - wie in einem Nebensatz - am Ende.

Direkt	Indirekt
Frieda Tunichtgut fragte: „Weshalb wird mein Sohn verdächtigt?“	Frau Tunichtgut fragte, **weshalb** ihr Sohn verdächtigt werde.

   Die Entscheidungsfrage (Ja/Nein-Frage) wird mit dem Wörtchen **ob** eingeleitet.

Direkt	Indirekt
Frieda Tunichtgut fragte: „Haben Sie Beweise?“	Frau Tunichtgut fragte, **ob** die Polizei Beweise habe.

3. Der Befehlssatz wird durch das Modalverb **sollen** ausgedrückt.

Direkt	Indirekt
Kalle Tunichtgut sagte: „Lassen Sie mich in Ruhe!“	Der Sohn Kalle sagte zu den Polizisten, sie **sollten ihn in Ruhe lassen**.

Das Partizip (Mittelwort)

Verben können die Form des Partizips annehmen. Partizipien gehören – wie der Infintiv – zu den infiniten (nicht flektierten) Verbformen; sie bilden keine Personalform.

Man kann zwei Formen des Partizips unterscheiden.

Partizip I (Partizip Präsens, Mittelwort der Gegenwart)
Es wird gebildet aus dem Wortstamm und der Endung *-end* (manchmal auch *-nd*):

Verb:	lesen	Partizip I:	lesend
	essen		essend
	wissen		wissend

Das Partizip I wird verwendet:

- als Adjektiv: Der im Unterricht schlafende Schüler bekommt den Lernstoff nicht mit.
- als Adverb: Die Lehrerin fand den Schüler schlafend auf seinem Platz.
- als Nomen: Der Schlafende war ganz erstaunt, als er geweckt wurde.
- anstelle eines Satzes: Im Unterricht schlafend hat er viel neuen Stoff versäumt. (statt: Während er im Unterricht schlief, hat er viel neuen Stoff versäumt.)

Partizip II (**Partizip Perfekt**, **Mittelwort der Vergangenheit**)
Es wird gebildet aus dem Wortstamm, der Vorsilbe *ge-* und der Endung *-t* (bei regelmäßigen bzw. schwachen Verben) oder *-en* (bei unregelmäßigen bzw. starken Verben):

Verb:		Partizip II:
	lesen	gelesen
	essen	gegessen
	wissen	gewusst

Das Partizip II wird verwendet

- als Adjektiv: Der bereits geschriebene Brief wurde nie abgeschickt.
- als Adverb: Der Brief lag geschrieben im Papierkorb.
- als Substantiv: Das Geschriebene hätte den Empfänger sehr verärgert.
- anstelle eines Satzes: Von Julia geschrieben wurde der Brief von ihrer Mutter weggeworfen. (statt: Nachdem Julia den Brief geschrieben hatte, wurde er von ihrer Mutter weggeworfen.)

sowie zur Bildung

- des Perfekts: sie hat geschrieben
- des Plusquamperfekts: sie hatte geschrieben
- des Futurs II: sie wird geschrieben haben
- des Passivs: Der Brief wurde geschrieben.

Partizipien sind zwar infinite Verbformen, sie werden aber dekliniert, wenn sie z. B. wie Adjektive oder Nomen (Substantive) verwendet werden.

der schlafende Schüler, dem schlafenden Schüler; der Schlafende, dem Schlafenden

Zusammen-fassung

Das Partizip

- Das Partizip wird aus dem Verb gebildet.
- Man unterscheidet das Partizip I (Partizip Präsens) und das Partizip II (Partizip Perfekt).
- Beide Formen des Partizips können als Adjektiv, Adverb, Nomen (Substantiv) oder anstelle eines Satzes verwendet werden.
- Das Partizip II wird außerdem zur Bildung der Zeitstufen Perfekt, Plusquamperfekt und Futur II sowie zur Bildung des Passivs gebraucht.

Das Nomen (Substantiv) und der Artikel

Das Nomen/Substantiv (Hauptwort, Namenwort) ist neben dem Verb das wichtigste Wort im Satz. Es bildet das Subjekt (Satzgegenstand). Nomen können nach gewissen Merkmalen grammatikalisch bestimmt und unterschieden werden. Nomen können immer einen Artikel (Begleiter) bei sich haben.

Nomen (Substantive) lassen sich nach folgenden Merkmalen bestimmen:

- **Genus** (grammatikalisches Geschlecht): Maskulinum, Femininum, Neutrum
- **Numerus** (Zahl): Singular, Plural
- **Kasus** (Fall): Nominativ, Genitiv, Dativ, Akkusativ

Werden Nomen nach Numerus und Kasus verändert, spricht man von der Deklination des Nomens.

Nomen lassen sich nach verschiedenen Merkmalen unterscheiden:

- **Konkreta** (Gegenstandswörter, die konkrete Dinge benennen):
  Fußball, Handy, Tagebuch, Füller, Buch, Computer, Tanja, Egon, Stuttgart
- **Abstrakta** (Begriffswörter, die Gedachtes benennen):
  Freundschaft, Liebe, Hoffnung, Glaube, Ärger, Glück, Missverständnis
- **Sammelbegriffe** (Oberbegriffe für verschiedene andere Begriffe):
  die Möbel, die Speisen, die Getränke, das Obst
- **Komposita** (zusammengesetzte Hauptwörter):
  Warteschleife, Hausboot, Sanduhr, Hundehütte, Eierkocher
- **Wörter, die nominalisiert (substantiviert) wurden** (z. B. Adjektive oder Verben, die zu Nomen (Substantiven) gemacht wurden):
  das Tanzen, das Reiten, das Gelbe, der Neue

Das Nomen (Substantiv) kann man durch ein Pronomen ersetzen. Diese Methode solltest du in deinen Aufsätzen anwenden, damit deine Sätze nicht eintönig klingen.
Statt:

Ben und Lars gingen ins Kino. Ben und Lars sahen sich den neuesten Actionfilm an.

solltest du schreiben:

Ben und Lars gingen ins Kino. Sie sahen sich den neuesten Actionfilm an.

Nomen (Substantive) können einen Artikel mit sich führen:

Man unterscheidet
- den bestimmten Artikel: *der – die – das*
- und den unbestimmten Artikel: *ein – eine – ein*.

Durch den Artikel ist das grammatikalische Geschlecht festgelegt.

Fachbegriff	Deutscher Begriff	Artikel	Beispiel
Maskulinum	männlich	der	der Vater
Femininum	weiblich	die	die Mutter
Neutrum	sächlich	das	das Kind

Nicht immer stimmen das grammatikalische und das biologische Geschlecht überein.

Beispiel	Biologisches Geschlecht	Grammatikalisches Geschlecht
das Mädchen	weiblich	Neutrum
das Kind	weiblich oder männlich	Neutrum
die Hängematte	–	Femininum

Manchmal helfen unterschiedliche Artikel, gleichlautende Wörter mit verschiedener Bedeutung (sog. Homonyme) auseinanderzuhalten.

die Steuer (Abgabe)	das Steuer (Lenkvorrichtung)
der Tau (Niederschlag)	das Tau (Seil)
die Leiter (Steiggerät)	der Leiter (Führer, Vorgesetzter)

Zusammen-fassung

Das Nomen (Substantiv) und der Artikel

- Nomen (Substantive) sind Haupt- oder Namenwörter, die in keinem vollständigen Satz fehlen dürfen.
- Nomen lassen sich nach Genus, Numerus und Kasus bestimmen.
- Man unterscheidet Nomen nach unterschiedlichen Merkmalen in Konkreta, Abstrakta, Sammelbegriffe, Komposita und Nominalisierungen (Substantivierungen) (meist Verben und Adjektive).
- Der bestimmte oder unbestimmte Artikel gibt einen Hinweis auf das grammatikalische Geschlecht des Nomens.

Das Pronomen (Fürwort, Plural: Pronomen oder Pronomina)

Im Deutschen gibt es eine Vielzahl von Pronomen, die ganz unterschiedliche grammatikalische Funktionen erfüllen. Der Begriff Pronomen kommt aus dem Lateinischen: lat. pro = für, lat. nomen = Namenwort. Im Deutschen wird das Pronomen als Fürwort bezeichnet, denn es steht oft für ein Nomen (Substantiv) oder erläutert ein Nomen näher.

Folgende Arten von Pronomen kann man unterscheiden:

Das Personalpronomen (persönliches Fürwort)

Das Personalpronomen steht stellvertretend für ein Nomen. Es steht immer in dem Genus, Numerus und Kasus, in dem das Nomen auch stehen würde.

Statt:

Lena weckt ihren Bruder und schaut sich mit ihrem Bruder den Vollmond an.

schreibst du besser:

Lena weckt ihren Bruder und schaut sich mit ihm den Vollmond an.

Du solltest im Aufsatz dann ein Personalpronomen statt eines Nomens wählen, wenn du das Nomen öfter wiederholen müsstest. Durch die Verwendung des Personalpronomens kannst du Eintönigkeit vermeiden.

Das Demonstrativpronomen (hinweisendes Fürwort)

Das Demonstrativpronomen kann bei Nomen den Artikel ersetzen. Es weist auf etwas Bestimmtes (Person, Sache oder Sachverhalt) hin.

Wer ist dieser Junge? Gib mir dieses Handy! Warum hast du das getan?

Das Possessivpronomen (besitzanzeigendes Fürwort)

Das Possessivpronomen zeigt an, was zu wem gehört; es ersetzt den Artikel.

Das ist mein Stift.

Das Reflexivpronomen (rückbezügliches Fürwort)

Das Reflexivpronomen wird verwendet, wenn das Subjekt und das Objekt in einem Satz die gleiche Person oder Sache bezeichnen, z. B.:

Ich lache mich halb tot.

Das Relativpronomen (bezügliches Fürwort)

Die Relativpronomen *der – die – das* leiten immer einen Nebensatz (Relativsatz) ein. Die Relativpronomen *welcher – welche – welches* können ebenfalls verwendet werden, klingen in einem Text aber meist etwas holprig.

Das Buch, das ich gesucht habe, hat Mama verliehen.
Das Buch, welches ich zum Geburtstag bekommen hatte, fand ich nicht.
(Besser: Das Buch, das ich … bekommen hatte, …)

Das Interrogativpronomen (Fragefürwort)

Die Interrogativpronomen *wer – was – welcher/welche/welches – was für ein/eine/einer* leiten Fragen ein.

Wer hilft mir bei den Hausarbeiten?
Was haben wir in Englisch auf?
Welche Seite im Arbeitsheft sollen wir bearbeiten?
Was für ein Buch sollen wir morgen dabei haben?

Das Indefinitpronomen (unbestimmtes Fürwort)

Das Indefinitpronomen (z. B. *man, jemand, niemand, einige, einzelne, irgendetwas, alle, jeder*) wird verwendet, wenn man Personen oder Sachverhalte nicht genauer bestimmen kann.

Irgendjemand (oder Jemand) hat mein Fahrrad beschädigt.

Zusammenfassung

Die Pronomen

- Pronomen sind Fürwörter. Oft stehen sie für ein Nomen (Substantiv), manchmal erläutern sie dieses näher.
- Das Personalpronomen steht stellvertretend für ein Nomen (*statt* Lena steht *sie*).
- Das Demonstrativpronomen weist auf etwas Bestimmtes hin (*Ich möchte dieses Buch ausleihen*).
- Das Possessivpronomen zeigt an, was zu wem gehört (*mein Stift*).
- Das Reflexivpronomen steht immer bei einem reflexiven Verb (*Ich bedanke mich*).
- Das Relativpronomen bindet einen Nebensatz an einen Hauptsatz an (*Das Buch, das ich gesucht habe*).
- Das Interrogativpronomen leitet eine Frage ein (*Wer hilft mir?*).
- Das Indefinitpronomen steht für eine nicht näher bestimmte Person oder Sache oder gibt eine Menge, Anzahl, Größe usw. an (*Irgendjemand hat mein Fahrrad beschädigt*).

Der Satz

Durch Aussagesätze, Ausrufesätze oder Fragesätze kannst du verschiedene Inhalte und Aussageabsichten ausdrücken. Dabei kannst du zwischen einfachen und komplexen Sätzen, Hauptsätzen und Nebensätzen, Satzreihen und Satzgefügen wählen.

Beispiel	Satzart
Die nächsten Sommerferien verbringe ich bei einer Gastfamilie in England.	Aussagesatz
	Ausrufesatz
Könnte ich doch die nächsten Sommerferien bei einer Gastfamilie in England verbringen!	• Wunschsatz
Du musst die nächsten Sommerferien bei einer Gastfamilie in England verbringen!	• Befehlssatz
Verbring doch die nächsten Sommerferien bei einer Gastfamilie in England!	• Aufforderungssatz
	Fragesatz
Willst du die nächsten Sommerferien bei einer Gastfamilie in England verbringen?	• Entscheidungsfrage
Warum willst du die nächsten Sommerferien bei einer Gastfamilie in England verbringen?	• Ergänzungsfrage
	Satzform
Die nächsten Sommerferien verbringe ich in einer Gastfamilie in England, …	Hauptsatz
… weil ich meine Sprachkenntnisse verbessern will.	Nebensatz
	Satzverbindungen
Die nächsten Sommerferien verbringe ich in einer Gastfamilie in England, denn ich will meine Sprachkenntnisse verbessern.	Satzreihe (Parataxe: Verbindung von Hauptsatz und Hauptsatz)
Die nächsten Sommerferien verbringe ich in einer Gastfamilie in England, weil ich meine Sprachkenntnisse verbessern will.	Satzgefüge (Hypotaxe: Verbindung von Hauptsatz und Nebensatz)

Satzformen und Satzarten

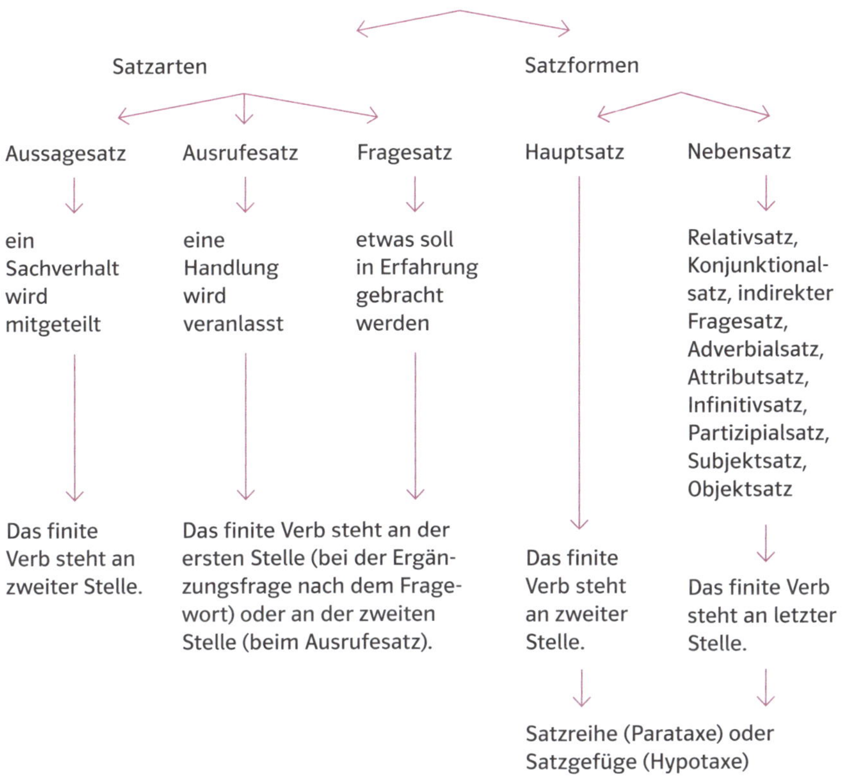

Zusammenfassung

Der Satz (Satzart, Satzform, Satzverbindungen)

- Wir unterscheiden Sätze nach ihrer jeweiligen Funktion in Aussage-, Ausrufe- und Fragesatz (= Satzarten).
- Man kann Sätze auch nach Haupt- und Nebensätzen (Relativsatz, Konjunktionalsatz, indirekter Fragesatz, Adverbialsatz, Attributsatz, Infinitivsatz, Partizipialsatz, Subjektsatz, Objektsatz) unterscheiden – je nach Bauform und Stellung der personalen Verbform (= Satzform).
- Nach der Art ihrer Verknüpfung unterscheidet man die Satzreihe (Parataxe = Verbindung von Hauptsätzen) und das Satzgefüge (Hypotaxe = Verbindung von Haupt- und Nebensätzen).

Nebensätze (Definition)

Ein Nebensatz ist wie ein Hauptsatz ein vollständiger Satz. Der Nebensatz ist aber anders aufgebaut als der Hauptsatz. Achte auf folgende Merkmale des Nebensatzes.

1. Im Nebensatz steht das **Prädikat** (= die konjugierte Verbform) immer **am Ende**.
   Hauptsatz: Emma **fährt** alleine in den Urlaub,
   Nebensatz: weil ihre Freunde keine Zeit **haben**.

2. Am Beginn des Nebensatzes steht ein Wort, das ihn **einleitet** und ihn **mit dem Hauptsatz verbindet**.
   Hauptsatz: Emma fährt alleine in den Urlaub,
   Nebensatz: **weil** ihre Freunde keine Zeit haben.

Drei Wortarten können einen Nebensatz einleiten:

Unterordnende Konjunktion
Solche Nebensätze heißen **Konjunktionalsätze**.
Nachdem Emma alleine losgefahren ist, verspürt sie plötzlich heftiges Heimweh.

Relativpronomen
Solche Nebensätze nennt man **Relativsätze**. Ein Relativpronomen bezieht sich auf ein Wort im Hauptsatz.
Emma nimmt einen **Zug**, **der** in dem kleinen Bergdorf hält.

Fragewort
Solche Nebensätze heißen **indirekte Fragesätze**.
Dabei musst du darauf achten, welche Art der Frage vorliegt. Ergänzungsfragen (oder W-Fragen) beginnen mit einem **Fragewort**. Entscheidungsfragen (Ja/Nein-Fragen) beginnen mit dem Wörtchen **ob**.
Du fragst dich, **wer** Emma wohl empfangen wird.
Du fragst dich, **ob** Emma vielleicht zu ihrer Oma gefahren ist.

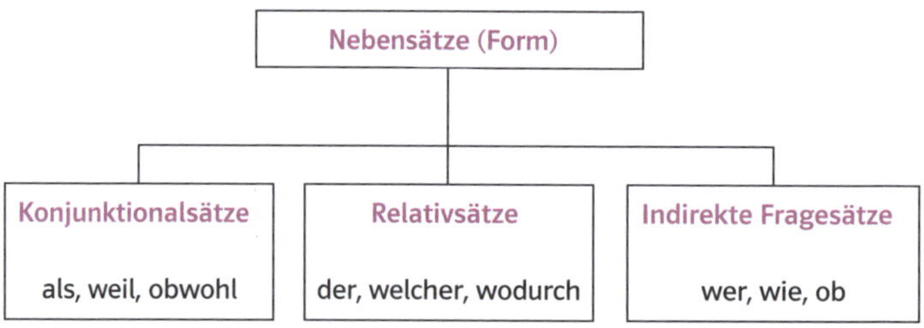

Nebensätze sind wichtig, weil sie bestimmte Teile des Hauptsatzes ersetzen. Man kann Nebensätze also nicht nur nach ihrer äußeren **Form** unterscheiden (Konjunktionalsätze, Relativsätze, indirekte Fragesätze), sondern auch nach ihrer **Funktion**, d. h., welche Teile des Hauptsatzes sie ersetzen.

1. **Gliedsätze** sind Nebensätze, die ein **Satzglied** ersetzen. Das Satzglied kann das **Subjekt**, ein **Objekt** oder eine **Umstandsbestimmung** (= **Adverbial**) sein.

   Nach dem freudigen Empfang durch ihre Oma (= Umstandsbestimmung) strahlt Emma wieder.

   Nachdem Emma freudig von ihrer Oma empfangen worden ist (= Gliedsatz), strahlt sie wieder.

2. **Attributsätze** sind Nebensätze, die ein **Attribut** (= **Beifügung**) ersetzen.

   Die Oma überrascht Emma mit einem selbst gebackenen (= Attribut) Kuchen.

   Die Oma überrascht Emma mit einem Kuchen, den sie selbst gebacken hat (= Attributsatz).

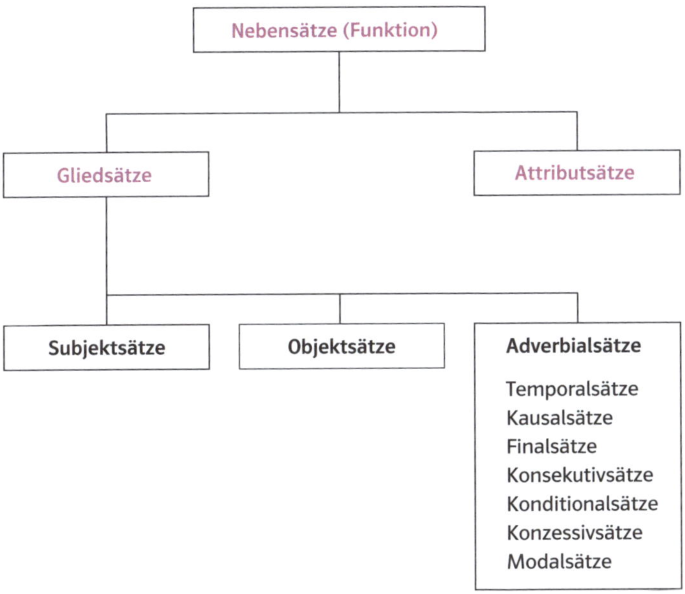

Relativsatz, Konjunktionalsatz und indirekter Fragesatz

Relativsätze, Konjunktionalsätze und indirekte Fragesätze sind Nebensätze, die auf ganz besondere Weise mit dem Hauptsatz verknüpft sind: entweder durch ein Relativpronomen, durch eine Konjunktion oder ein Fragepronomen. Daher kommt auch ihre Bezeichnung.

Der Relativsatz

Der Relativsatz wird eingeleitet durch

- ein Relativpronomen: *der, die, das; welcher, welche, welches*
  Der blaue Füller, der sich in Svens Federmäppchen befindet, gehört mir.
- Präposition und Relativpronomen: *zu der, über welches usw.*
  Die Party, zu der wir gehen wollten, fand gar nicht statt.
- ein Relativadverb: *wo, wie, woher, wohin*
  Dorthin, wohin wir fahren wollten, gab es keine Zugverbindung.

Das Relativpronomen stimmt in Genus und Numerus mit dem Wort im Hauptsatz überein, auf das es sich bezieht.

Der blaue Füller, der sich in Svens Federmäppchen befindet, gehört mir.

Ein Relativsatz ist meist ein Attributsatz, nimmt also die Stelle des Attributs ein.
Statt:

Der blaue Füller, der sich in Svens Federmäppchen befindet, gehört mir.

könntest du auch schreiben:

Der in Svens Federmäppchen befindliche blaue Füller gehört mir.

Der Konjunktionalsatz

Der Konjunktionalsatz wird durch eine unterordnende Konjunktion eingeleitet: *als, wenn, falls, weil, damit, sodass, obwohl, indem* und *dadurch, dass*.

Als ich beim Eislaufen am See war, traf ich dort fast die ganze Klasse.

Konjunktionalsätze sind meist Adverbialsätze, sie nehmen also im Satz die Stelle einer adverbialen Bestimmung ein.

Beim Eislaufen am See traf ich fast die ganze Klasse.

Der indirekte Fragesatz

Der indirekte Fragesatz wird durch die Fragepronomen *wer, was, wann, warum, wo, wie* oder durch die Konjunktion *ob* eingeleitet:

Während du im direkten Fragesatz schreibst:

Wem habe ich mein Wörterbuch geliehen?

heißt es im indirekten Fragesatz:

Ich überlegte, wem ich mein Wörterbuch geliehen hatte.

Indirekte Fragesätze können nach Entscheidungsfrage oder Ergänzungsfrage unterschieden werden.

Bei der Ergänzungsfrage verwendest du die Fragepronomen *wer, was, wann, warum, wo, wie*, bei der Entscheidungsfrage verwendest du die Konjunktion *ob*:

Ich überlegte, ob ich Miriam mein Wörterbuch geliehen hatte.

Indirekte Fragesätze werden nie mit einem Fragezeichen abgeschlossen.

Zusammenfassung

Relativsatz, Konjunktionalsatz und indirekter Fragesatz

- Relativsätze, Konjunktionalsätze und indirekte Fragesätze sind Nebensätze.
- Der Relativsatz wird durch ein Relativpronomen, eine Präposition und ein Relativpronomen oder ein Relativadverb eingeleitet.
- Der Konjunktionalsatz wird durch eine unterordnende Konjunktion eingeleitet und ist meist ein Adverbialsatz.
- Der indirekte Fragesatz wird durch ein Fragepronomen oder die Konjunktion *ob* eingeleitet.

Infinitivsatz und Partizipialsatz

Infinitive und Partizipien kommen in vielen Sätzen vor. Sie können zu Nebensätzen umgewandelt werden, indem man sie erweitert.

Der Infinitivsatz

Der reine Infinitiv wird mit *zu* gebildet. Er kommt in vielen Hauptsätzen vor.
Ich beschloss aufzugeben. Es macht mir Spaß zu lesen.

Wird die Infinitivform um eine adverbiale Bestimmung oder um ein Objekt erweitert, spricht man vom erweiterten Infinitiv, dem satzwertigen Infinitiv oder vom Infinitivsatz.
Statt:
Es macht mir Spaß zu lesen.
kannst du präziser schreiben:
Es macht mir Spaß(,) den neuen Fantasyroman zu lesen.
Dabei ist
den neuen Fantasyroman
die Erweiterung.

Der neu entstandene Infinitivsatz
den neuen Fantasyroman zu lesen
kann durch Komma vom Hauptsatz abgetrennt werden.

Die Besonderheit beim Infinitivsatz besteht darin, dass das Komma nicht immer gesetzt werden muss. Es muss nur gesetzt werden, wenn eine Formulierung im Hauptsatz auf den Infinitivsatz hinweist:
Seine größte Freude besteht darin, in Mathematik gute Noten zu schreiben.

Der Infinitivsatz kann als Subjekt- oder Objektsatz oder als Adverbialsatz vorkommen.

Der reine Infinitiv mit *zu* darf nicht mit dem nominalisierten (substantivierten) Verb mit *zum* (für *zu dem*) verwechselt werden:
Ich gehe gern zum Schwimmen.
Hier bleibt auch eine erweiterte Form ohne Komma:
Ich gehe gern mit meinen Freunden zum Schwimmen.

Der Partizipialsatz

Die Regeln für den Partizipialsatz sind im Kern die gleichen wie für den Infinitivsatz.

In einem Hauptsatz mit Partizip steht kein Komma.

Lachend ging Sebastian auf den Pausenhof.

Ist das Partizip erweitert (man spricht dann von der Partizipialgruppe oder dem Partizipsatz), kann man ein Komma setzen, um Missverständnissen vorzubeugen oder das Lesen zu erleichtern.

Laut über seine Mitschüler lachend(,) ging Sebastian auf den Pausenhof.

Der Partizipialsatz kann mit einem Partizip I (Partizip Präsens) oder mit einem Partizip II (Partizip Perfekt) gebildet werden.

mit Partizip I: Einen Fußball dribbelnd(,) rannte Igor über den Pausenhof.

mit Partizip II: Gerade aus dem Skilager angekommen(,) wollte Kyra vom Deutschlehrer ihre Note erfahren.

Zusammenfassung

Infinitivsatz und Partizipialsatz

- Infinitive und Partizipien sind Bestandteile des Hauptsatzes.
- Erweiterte Infinitive und erweiterte Partizipien gelten als Nebensätze. Man nennt sie Infinitiv- bzw. Partizipialsatz.
- Infinitivsätze und Partizipialsätze können durch Komma vom Hauptsatz abgetrennt werden; meist können sie aber auch ohne Komma stehen.

Adverbialsatz und Attributsatz

Adverbialsätze sind Nebensätze, genauer: Gliedsätze. Man bezeichnet sie so, weil sie ein Satzglied – das Adverbiale – ersetzen. Attributsätze sind sogenannte Gliedteilsätze; sie stehen anstelle eines Attributs.

Der Adverbialsatz

Der Adverbialsatz steht anstelle einer adverbialen Bestimmung in einem Satzgefüge. Deshalb kann man Adverbialsätze wie Adverbien einteilen.

Art des Adverbialsatzes	gibt Auskunft über	Konjunktion	Beispiel
Temporalsatz	Zeitverhältnis	als, während, solange, sobald, sooft, seit, seitdem, wenn, nachdem, bis, bevor, ehe	Als ich das Auto auf mich zukommen sah, konnte ich gerade noch rechtzeitig zur Seite springen.
Modalsatz	Art und Weise	indem, dass, ohne dass, wobei	Sebastian duschte, wobei er laut sang.
Instrumentalsatz	Mittel	indem; dadurch, dass	Indem Luisa ein Taxi nahm, kam sie trotz des Regens trocken nach Hause.
Kausalsatz	Grund	weil, da	Weil die Sonne strahlte und der Schnee griffig war, ging ich zum Skifahren.
Konditionalsatz	Bedingung	wenn, falls, sofern	Wenn dir das Buch gefällt, leihe ich es dir gerne.
Konzessivsatz	Einräumung	obwohl, obgleich, trotzdem, wiewohl, wenngleich	Obwohl Ines die Dame nach drei Zügen verloren hatte, gewann sie das Schachspiel.
Konsekutivsatz	Folge	so dass	Der Regen peitschte gegen die Windschutzscheibe, so dass der Busfahrer die Straße nicht mehr sah.
Finalsatz	Zweck	damit, dass	Damit er beim Ausflug Fotos machen konnte, nahm Dominik sein Handy mit.
Adversativsatz	Gegensatz	anstatt dass	Marcel deckte sein Blatt ab, anstatt dass er mich abschreiben ließ.
Lokalsatz	Ort, Richtung	wo, wohin	Ich stand genau da, wo sich drei Minuten später der Unfall ereignete.

Die meisten Adverbialsätze werden mit einer Konjunktion gebildet. Man nennt sie deshalb Konjunktionalsätze. Nur der Lokalsatz, der mithilfe der Relativadverbien *wo, wohin* gebildet wird, ist ein Relativsatz.

Der Attributsatz

Der Attributsatz steht anstelle eines Attributs. Er bezieht sich immer auf ein Bezugswort des übergeordneten Satzes und kann in verschiedenen Formen auftreten: als Relativsatz, Konjunktionalsatz, indirekter Fragesatz, aber auch als Infinitiv- und Partizipialsatz.

Beispiel für einen Satz mit Attribut:

Das unter Denkmalschutz stehende Rathaus wird von vielen Touristen fotografiert.

Beispiel für einen Attributsatz (Relativsatz):

Das Rathaus, das unter Denkmalschutz steht, wird von vielen Touristen fotografiert.

Zusammenfassung

Adverbialsatz und Attributsatz

- Adverbialsätze und Attributsätze sind Nebensätze.
- Adverbialsätze stehen anstelle eines Adverbiales und werden meist durch eine Konjunktion eingeleitet.
- Attributsätze stehen anstelle eines Attributs und können als Relativsätze, Konjunktionalsätze, indirekte Fragesätze, aber auch als Infinitiv- und Partizipialsätze auftreten.

Subjektsatz und Objektsatz

Auch Subjekt- und Objektsätze sind Gliedsätze (Nebensätze). Sie ersetzen ein Satzglied: das Subjekt bzw. das Objekt.

Der Subjektsatz

Der Subjektsatz nimmt die Satzgliedstelle des Subjekts ein, es handelt sich um einen *dass*-Satz. Nach ihm kann genauso gefragt werden wie nach einem Subjekt: Wer oder was?

Dass ich in Musik gute Noten bekomme, ist mir sehr wichtig.

Subjektsatz (= **Nebensatz**) — **Hauptsatz**

Frage: Wer oder was ist mir sehr wichtig? *Dass ich in Musik gute Noten bekomme.*
Die Frage zeigt, dass es sich bei *Dass ich in Musik gute Noten bekomme* um das Subjekt handelt.

Du könntest stattdessen auch schreiben:

Gute Noten in Musik sind mir sehr wichtig.

Subjekt

Hauptsatz

oder:

Dies ist mir sehr wichtig.

Subjekt

Hauptsatz

Zwischen dem Subjektsatz (der die Funktion eines Nebensatzes hat) und dem übrigen Satz wird ein Komma gesetzt.

Der Objektsatz

Der Objektsatz nimmt die Satzgliedstelle des Objekts ein, es handelt sich um einen *dass*-Satz. Nach ihm kann so gefragt werden, wie nach jedem Objekt: Wen oder was?

Mein Lehrer glaubt daran,	dass ich in Musik sehr gut bin.
Hauptsatz	**Objektsatz** (= **Nebensatz**)

Frage: An wen oder was glaubt mein Lehrer? *An meine musikalischen Fähigkeiten*.
Die Frage zeigt, dass es sich bei *An meine musikalischen Fähigkeiten* um das Objekt handelt.

Du könntest stattdessen auch schreiben:

Mein Lehrer glaubt an meine musikalischen Fähigkeiten.

an meine musikalischen Fähigkeiten: **Objekt**

Mein Lehrer glaubt an meine musikalischen Fähigkeiten: **Hauptsatz**

Zwischen dem Objektsatz (der die Funktion eines Nebensatzes hat) und dem übrigen Satz wird ein Komma gesetzt.

Zusammenfassung

Subjektsatz und Objektsatz

- Subjekt- und Objektsätze können als Nebensätze die entsprechenden Satzglieder ersetzen.
- Um den Subjektsatz bzw. den Objektsatz zu ermitteln, kannst du so fragen, wie du nach dem Subjekt bzw. dem Objekt fragst: Wer oder was? Wen oder was?
- Zwischen dem Subjekt- bzw. Objektsatz und dem Hauptsatz steht ein Komma.

Die Satzglieder

Alle Sätze bestehen aus verschiedenen Bausteinen, den Satzgliedern. Satzglieder sind die Teile eines Satzes, die als selbstständige Teile verschoben werden können.
Satzglieder können aus einem einzelnen Wort oder einer Wortgruppe bestehen.

Folgende Satzglieder kennt man in der deutschen Sprache:

Das **Subjekt**
ist ein Grundbaustein jedes vollständigen Satzes. Es bestimmt den Ausgangspunkt einer Handlung oder eine Vorganges und gibt den Satzgegenstand an. Es wird aus einem Nomen (Substantiv) oder einem Pronomen gebildet und steht immer im Nominativ.

du – er – die Lehrerin – München – Neuseeland – Jakob

Das **Prädikat**
ist ein unverzichtbarer Satzbaustein; es benennt den Vorgang, eine Handlung oder einen Zustand, deshalb wird es auch Satzaussage genannt. Das Prädikat besteht immer aus einem Verb in konjugierter Form, also der Personalform, oder einer Verbgruppe (mehrteiliges Prädikat).

ich gehe – du gehst – wir gehen – sie sind gegangen – ihr könnt gehen

Das **Objekt**
kann einen Satz ergänzen. Es gibt die Person oder Sache an, auf die sich eine Handlung oder ein Geschehen bezieht. Es gibt aber auch Sätze, die ohne Objekt auskommen. Das Objekt wird – wie das Subjekt – aus einem Nomen oder aus einem Pronomen gebildet.
Es gibt verschiedene Arten von Objekten. Sie können im Genitiv, Dativ oder Akkusativ stehen. Die Frageprobe hilft dabei herauszufinden, welche Art von Objekt ein Prädikat verlangt.

des Lehrers – den Polizisten – die Freunde

Es kann auch ein Präpositionalobjekt vorliegen.

(Ich warte) auf deine Entscheidung.

Das **Adverbiale**
ist ein Satzglied, das ein Geschehen näher bestimmt. Es kann als Wort, als Wortgruppe oder als Gliedsatz vorkommen.

Quirin sieht gern Krimis.
Nach dem Anschauen von Krimis schläft Quirin meist sehr unruhig.
Wenn Quirin einen Krimi gesehen hat, schläft er meistens sehr unruhig.

Das **Attribut**
dient der näheren Bestimmung des Nomens. Es ist kein selbstständiges Satzglied, sondern Teil eines Satzgliedes.

Unser Mathematiklehrer, Herr Fichtner, liebt Quader und Pyramiden.

Satzglieder

unverzichtbare Grundbausteine des Satzes		Satzglieder, die ergänzend auftreten können		
Subjekt	Prädikat	Objekt	Adverbiale	Attribut
steht immer im Nominativ	verändert sich nach Tempus, Numerus und Genus	steht im Genitiv, Dativ oder Akkusativ, kann auch ein Präpositionalobjekt sein	antwortet auf die Fragen: Wann? Warum? Wie? Wo? Womit? Wodurch?	hängt grammatikalisch von seinem Bezugswort ab
wird meist aus dem Nomen oder einem Pronomen gebildet	wird aus dem Verb gebildet	wird meist aus dem Nomen oder einem Pronomen gebildet	wird oft aus dem Adverb gebildet	wird aus dem Adjektiv, dem Adverb, der Apposition, Nomen im Genitiv, Präposition mit Nomen gebildet

Zusammenfassung

Die Satzglieder

- Satzglieder, die es in jedem Satz gibt, sind das Subjekt und das Prädikat.
- Ergänzend können Objekte, Adverbialien und Attribute hinzukommen.

Groß- und Kleinschreibung

Nomen (Substantive) und Eigennamen werden immer großgeschrieben. Alle anderen Wortarten (Verben, Adjektive, Adverbien, Numerale, Pronomen usw.) schreibt man klein. Doch es gibt einige Einzelregelungen, die du kennen solltest.

Für die Groß- und Kleinschreibung gibt es vier Regeln.

Regel 1

Am Satzanfang wird immer großgeschrieben.
Ein neuer Satz beginnt immer nach einem Schlusspunkt, nach einem Ausrufe- oder Fragezeichen. Folgt nach einem Doppelpunkt ein vollständiger Satz, schreibt man das erste Wort ebenfalls groß.

> **T**ina hat Tom eine SMS geschrieben. **S**ie ist gespannt, ob sie eine Antwort erhält.
> Es gibt verschiedene Beerenarten**: M**an unterscheidet Blaubeeren, Erdbeeren, Heidelbeeren, Brombeeren, Johannisbeeren usw.
> Aber: Ich habe verschiedene Beeren gefunden**: v**iele Erdbeeren, aber auch Heidelbeeren.

Regel 2

Alle Nomen schreibt man groß.

> das **H**aus, die **B**eine, das **F**ohlen, das **F**reibad, die **I**dee, das **G**lück

Wird ein Verb oder ein Adjektiv nominalisiert (substantiviert), schreibt man es ebenfalls groß. Solche nominalisierten Verben oder Adjektive können immer mit einem Artikel gebraucht werden.

> das **T**anzen, das **K**ämpfen, das **N**eue, im **A**llgemeinen, der **E**inzelne, auf dem **L**aufenden sein, **J**ung und **A**lt, auf **E**nglisch

Auch Tageszeiten, die nach Adverbien stehen, werden als Nomen angesehen.

> gestern **V**ormittag, heute **N**acht, morgen **A**bend
> aber: **D**ienstag **a**bends, am **D**ienstagabend

Regel 3

Alle Eigennamen sind Nomen, deshalb schreibt man sie groß.

> **B**enedikt, **S**elina, **H**amburg, **W**ashington, **B**elgien

Manche Eigennamen bestehen zusätzlich zum Nomen aus einem Adjektiv oder einem Partizip. Da diese ein fester Bestandteil des Begriffs sind, schreibt man sie ebenfalls groß.

> Karl der **G**roße, der **H**alleysche Komet, das **S**chwarze Meer, das **U**lmer Münster, die **H**ängenden Gärten von Babylon

Regel 4

In einem sachlichen Brief schreibt man die höfliche Anrede „Sie" immer groß.

Ich grüße **S**ie ganz herzlich.
Ich gratuliere **I**hnen zu **I**hrem Geburtstag.
Ich danke **I**hnen für **I**hre Nachricht.

Im persönlichen Brief kannst du die **persönliche Anrede** „du" klein- oder großschreiben.

Vielen Dank für **d**einen/**D**einen Brief.
Ich hoffe, es geht **d**ir/**D**ir gut.
Hoffentlich sehe ich **e**uch/**E**uch bald wieder.

Zusammenfassung

Groß- und Kleinschreibung

- Am Satzanfang (also nach Punkt, Frage- und Ausrufezeichen, auch nach Doppelpunkt, wenn ein vollständiger Satz folgt) wird immer großgeschrieben.
- Alle Nomen (Substantive) sowie alle nominalisierten (substantivierten) Verben und Adjektive schreibt man groß.
- Eigennamen gelten als Nomen, man schreibt sie deshalb groß.
- In einem Brief schreibt man die höfliche Anrede immer groß, die persönliche Anrede kann man groß- oder kleinschreiben.
- Alle anderen Wörter (Verben, Adjektive, Adverbien, Numerale, Pronomen usw.) schreibt man klein.

Dehnung und Schärfung

Wird ein Vokal lang gesprochen, wird dies oft durch Verdoppelung des Vokals oder durch andere Mittel kenntlich gemacht. Man spricht dann von der Dehnung des Vokals. Mit dem Begriff „Schärfung" sind Konsonanten gemeint. Wird der Vokal vor einem Konsonanten kurz gesprochen, wird das oft dadurch kenntlich gemacht, dass man den Konsonanten verdoppelt. Folgende Regeln solltest du dir einprägen.

Dehnungsregeln

Regel 1

Wird ein Vokal lang gesprochen, wird er oft verdoppelt.

langes *a*: **Aa**l, H**aa**r, P**aa**r, S**aa**t, St**aa**t, W**aa**ge
langes *e*: B**ee**re, Kl**ee**, Schn**ee**, S**ee**, Sp**ee**r, T**ee**
langes *o*: B**oo**t, M**oo**s, Z**oo**

Regel 2

Wird ein Vokal lang gesprochen, wird dies oft durch ein Dehnungs-*h* kenntlich gemacht.

langes *a*: z**ah**m, **ah**nen, l**ah**m, w**ah**r, Z**ah**l
langes *e*: s**eh**r, m**eh**r, n**eh**men, l**eh**ren
langes *i*: **ih**m, **ih**r, **ih**re, **ih**nen, **ih**rem
langes *o*: M**oh**r, h**oh**l, S**oh**n, **oh**ne
langes *u*: **Uh**r, H**uh**n
Umlaute: M**äh**ne, M**öh**re, k**üh**n, f**üh**len
Doppellaute: V**ieh**, Gew**eih**

Regel 3

Wird der Vokal i lang gesprochen, wird dies oft durch ein Dehnungs-*e* kenntlich gemacht.

s**ie**, w**ie**, S**ie**b, Kn**ie**, ich f**ie**l, L**ie**be, d**ie**, Tr**ie**b, sp**ie**len, H**ie**be

Regel 4

Manche Vokale, die lang gesprochen werden, werden nicht gekennzeichnet.

d**i**r, m**i**r, w**i**r, er g**i**bt, T**i**ger, **I**gel, B**i**ber, N**i**sche, B**i**bel, h**o**len, m**a**len, M**u**se

- Die Vokale *i* und *u* werden nie verdoppelt.
- Der Vokal *i* kann auf folgende Weise gedehnt werden: *-ie-*, *-ih-*, *-ieh-*.
- Der lange Vokal in Vor- und Nachsilben wird nie kenntlich gemacht.
- Umlaute werden nicht verdoppelt: z. B. H**ä**rchen, P**ä**rchen, Kr**ä**he, F**ö**hn.

Schärfungsregeln

Regel 1

Folgt auf einen kurzen Vokal ein Konsonant, wird dieser meist verdoppelt.

E**gg**e, E**bb**e, Schi**ff**, schmu**gg**eln, pa**dd**eln, schla**ff**, Ro**bb**e, Nu**mm**er

Regel 2

Folgen auf einen kurzen Vokal mehrere Konsonanten, werden diese nicht verdoppelt.

Sa**lz**, Schra**nk**, Ba**lk**en, Ne**lk**en, Hi**rn**, schi**mpf**en, He**rz**, Schme**rz**, sta**rk**, Su**mpf**

Regel 3

Folgen auf einen kurzen Vokal die Konsonanten k oder z, gilt folgende Ausnahme: Statt Konsonantenverdoppelung schreibt man ck bzw. tz.

spi**ck**en, ne**ck**en, lo**ck**en, we**ck**en, ha**ck**en, schü**tz**en, nü**tz**en, Mü**tz**e, Besi**tz**, Wi**tz**

Regel 4

Treffen bei zusammengesetzten Wörtern ein Doppelkonsonant und ein gleicher einfacher Konsonant aufeinander, stehen drei gleiche Konsonanten hintereinander.

Schi**fff**ahrt, Balle**ttt**änzer, Bre**nnn**essel, Pa**ppp**lakat, Kontro**lll**ampe

Regel 5

Die Konsonanten c, h, q, v, w, x und y werden nicht verdoppelt.

Wenn du dir nicht sicher bist, ob man ein Wort mit einfachem oder doppeltem Konsonanten schreibt, solltest du es verlängern, steigern oder trennen.

Zusammen-fassung

Dehnung und Schärfung

- Lang gesprochene Vokale sind oft, aber nicht immer, gekennzeichnet.
- Nach kurz gesprochenem Vokal wird der folgende Konsonant oft verdoppelt.
- Folgen auf einen kurzen Vokal zwei Konsonanten, werden diese nicht verdoppelt.
- Statt *kk* schreibt man *ck*, statt *zz* schreibt man *tz*.
- Treffen bei zusammengesetzten Wörtern ein Doppelkonsonant und ein gleicher einfacher Konsonant aufeinander, stehen meist drei gleiche Konsonanten hintereinander.
- Die Konsonanten *c*, *h*, *q*, *v*, *w*, *x* und *y* werden nicht verdoppelt.

Schreibung der s-Laute

Im Deutschen kennt man drei *s*-Laute: *s*, *ss* und *ß*. Diese können am Anfang des Wortes (außer *ss* und *ß*), in der Mitte und am Ende auftreten.
Da man diese drei *s*-Laute nur schwer unterscheiden kann, muss man sich die geltenden Regeln gut einprägen.
Eine besondere Schwierigkeit besteht in der Unterscheidung von *das* und *dass*.

Die verschiedenen s-Laute:

s-Laut	
stimmhaft (gesummt, weich)	stimmlos (gezischt, hart, scharf)
-s-	-s- -ss- -ß-

Regel 1

Den stimmhaften (gesummten, weichen) s-Laut schreibt man immer mit einem einfachen s.
lei**s**e, brau**s**en, **s**onnig, **S**alz, **s**auber, rei**s**en, Ho**s**e, Gäm**s**e, Wie**s**e, Pau**s**e, Rie**s**e

Regel 2

Den stimmlosen (gezischten, harten, scharfen) s-Laut schreibt man unterschiedlich: mit einem einfachen s, mit ss und mit ß.
Gra**s**, Mau**s**, Atla**s**, fri**ss**t, Flu**ss**, mü**ss**en, bei**ß**en, Stra**ß**e, Flo**ß**

Das **einfache s** schreibt man bei
- kleinen Wörtern, z. B.: bi**s**, au**s**, da**s**, e**s**, de**s**
- Wörtern, die auf *-is*, *-as*, *-us* und *-nis* enden, z. B.: Kürbi**s**, Ilti**s**, Atla**s**, Gra**s**, Bu**s**, Geheimni**s**, Ereigni**s**, Bekenntni**s**

ss schreibt man, wenn
ein betonter kurz gesprochener Vokal oder Umlaut (z. B. *ä*, *ü*) vorausgeht, z. B.:
wi**ss**en, e**ss**en, bi**ss**ig, Flu**ss**, ein bi**ss**chen, na**ss**, Nu**ss**, Ta**ss**e, Ki**ss**en, er lä**ss**t, ihr mü**ss**t, hä**ss**lich

ß schreibt man, wenn
- ein Doppellaut (Diphthong: *au, ei, äu, eu*) vorausgeht, z. B.:
  drau**ß**en, au**ß**erhalb, rei**ß**en, wei**ß**, drei**ß**ig, hei**ß**, Äu**ß**erung, scheu**ß**lich
- ein lang gesprochener Vokal oder Umlaut vorausgeht, z. B.:
  Meterma**ß**, Mu**ß**e, sie a**ß**en, Spie**ß**, flie**ß**en, sü**ß**, Gru**ß**, Fu**ß**, bü**ß**en, Stra**ß**e, der Grö**ß**te

Regel 3

***Das* und *dass* bezeichnen verschiedene Wortarten und treten in verschiedenen Verwendungszusammenhängen auf.**

das →
- kann ersetzt werden durch:
  dieses, jenes, welches
- als Relativpronomen
  Das Buch, **das** ich lese …
- als Demonstrativpronomen
  Gib mir bitte **das** Buch dort.
- als bestimmter Artikel
  das Buch

dass → ist eine Konjunktion und leitet einen Nebensatz ein.
Anna hofft, **dass** sie ein Buch bekommt.

Zusammenfassung

Schreibung der s-Laute

- Den stimmhaften *s*-Laut schreibt man immer mit einem einfachen *s*.
- Den stimmlosen *s*-Laut schreibt man unterschiedlich: mit einfachem *s*, mit *ss* und mit *ß*.
- Wichtig ist die Unterscheidung zwischen *ss* und *ß*: Wird der vorausgehende Vokal kurz gesprochen, schreibt man *ss*; wird er lang gesprochen, schreibt man *ß*.
- *Das* und *dass* kann nach grammatikalischen Gesichtspunkten unterschieden werden: *das* kann ein Relativpronomen, ein Demonstrativpronomen oder ein bestimmter Artikel sein; *dass* ist eine Konjunktion und leitet einen Nebensatz ein.

Zusammen- und Getrenntschreibung

In vielen Fällen ist es kein Problem zu entscheiden, ob man eine Wortverbindung zusammen- oder getrennt schreibt. Komposita wie *Hausmeister, Überflieger* oder *Hundefutter* schreibt man immer zusammen. Auch bei vielen Adjektiven wie *altersschwach* und *denkfaul* erkennt man oft gar nicht mehr, dass es sich um zusammengesetzte Wörter handelt - auch sie schreibt man zusammen.
Trotzdem ist es hilfreich, die wichtigsten Regeln der Zusammen- und Getrenntschreibung zu kennen. Vor allem die Sonderfälle solltest du dir einprägen.

Zusammen schreibt man,

- **wenn Nomen, Adjektive, Präpositionen und Adverbien mit einem Verb eine untrennbare Zusammensetzung bilden.**
  maßregeln, schlafwandeln, langweilen, hintergehen, umfahren
  (Die Trennung der Wörter unter Beibehaltung ihres Sinns ist nicht möglich. Man kann nicht schreiben: ich regle Maß, ich wandle Schlaf usw.)

- **wenn die Verbindung aus Adjektiv und Verb eine neue Bedeutung bekommt.**
  krankschreiben (für: nicht zur Schule, zur Arbeit gehen müssen), richtigstellen (für: berichtigen), kürzertreten (für: weniger arbeiten, weniger Sport treiben)

- **die Verbindung von Nomen und Verb, wenn der nominalisierte Teil die Eigenschaften eines Nomens verloren hat.**
  eislaufen, teilnehmen, leidtun, stattfinden, kopfstehen

- **wenn Nomen, Verben, Adjektive, Präpositionen und Adverbien mit einem Adjektiv eine untrennbare Zusammensetzung bilden.**
  angsterfüllt, vorlaut, denkfaul, schreibgewandt, lernbegierig

Alle Nominalisierungen (Substantivierungen) der oben genannten Wortbeispiele schreibt man ebenfalls zusammen.
das Schlafwandeln, das Kürzertreten, das Eislaufen, der Schreibgewandte

Getrennt schreibt man

- **alle Verbindungen mit dem Hilfsverb *sein*.**
  zufrieden sein, fertig sein, vorbei sein, vorhanden sein, zusammen sein
- **Verbindungen aus zwei Verben.**
  lesen lernen, tanzen üben, arbeiten gehen, spielen können
- **die Verbindungen aus Nomen und Verb, bei denen der nominalisierte Teil die Eigenschaften eines Nomens noch besitzt.**
  Auto fahren, Rad fahren, Schlange stehen, Ski laufen
- **Verbindungen aus Adjektiv und Verb, wenn das Adjektiv erweitert werden kann.**
  (sehr) schnell laufen, (besonders) dumm schauen, lauter sprechen

Sonderfälle

- **Verbindungen mit *irgend-* werden meist zusammengeschrieben.**
  irgendjemand, irgendein, irgendwas, irgendwann, irgendwie, irgendwo
  (jedoch nicht: *irgend so ein, irgend so etwas*)
- **Verbindungen aus zwei Verben, wobei *bleiben* oder *lassen* den zweiten Wortbestandteil bilden und der Begriff eine neue Bedeutung bekommt, kannst du getrennt oder zusammenschreiben.**
  sitzen bleiben oder sitzenbleiben (für: in der Schule *nicht versetzt werden*)
  stehen lassen oder stehenlassen (für: *sich vom Freund abwenden*)
- **Verbindungen mit *so* und *wie* werden immer getrennt geschrieben, außer wenn es sich um Konjunktionen handelt.**
  so viel, so viele, so weit, wie viel, wie viele, wie hoch
  (jedoch nicht die Konjunktionen *solange, sobald, soviel*)

Zusammenfassung

Zusammen- und Getrenntschreibung

- Die Zusammen- und Getrenntschreibung orientiert sich an Regeln, die man kennen muss.
- Besonders gut musst du dir die Sonderfälle einprägen: die Schreibweise der Verbindungen mit *irgend-*, mit *so* und *wie*, mit *bleiben* oder *lassen*.

Fremdwörter

Bei der Schreibung von Fremdwörtern musst du gut auf ungewöhnliche Buchstaben und Buchstabenkombinationen achten. Dabei darfst du dich nicht nur auf dein Gehör verlassen, die Wörter sollten dir bekannt sein – deshalb solltest du sie dir gut einprägen.
Daneben gibt es noch einige Gesetzmäßigkeiten und Regeln, die du ebenfalls kennen solltest.

Verwendung von *ph, rh, th* und *y*

In Fremdwörtern werden oft Buchstaben und Buchstabenkombinationen verwendet, die es im Deutschen nur selten oder gar nicht gibt. Solche Wörter rechnet man oft der Bildungssprache zu und passt sie nicht der deutschen Schreibung an.

Meta**ph**er, **Ph**ysik, **Ph**iloso**ph**ie, As**ph**alt, **Rh**y**th**mus, **Rh**euma, **Th**eater, Ma**th**ematik, L**y**rik, Anal**y**se

Nomen mit der Endung *-ie*

Viele Fremdwörter enden auf *-ie*.

Monarch**ie**, Demokrat**ie**, Diphther**ie**, Geograf**ie**/Geograph**ie**, Soziolog**ie**

Verben mit der Endung *-ieren*

Alle Fremdwörter, deren *i* lang gesprochen wird, enden auf *-ieren*.

fris**ie**ren, diskut**ie**ren, debatt**ie**ren, dikt**ie**ren, ras**ie**ren, stud**ie**ren, telefon**ie**ren

i im Wortinneren

Viele Fremdwörter haben im Wortinneren nur ein einfaches *i*, wo man ein *ie* erwarten würde, da sie lang gesprochen werden.

Masch**i**ne, Vitam**i**ne, Turb**i**ne, Pral**i**ne, Inval**i**de, stab**i**l, Benz**i**n

Quartier schreibt man immer mit *ie*!

Eingedeutschte Fremdwörter

Viele Fremdwörter, die im Deutschen oft gebraucht werden, sind inzwischen in ihrer Schreibweise dem Deutschen angeglichen, beide Schreibweisen sind aber erlaubt.

Fantasie (statt **Ph**antasie), Spa**g**etti (statt Spa**gh**etti), Pan**t**er (statt Pan**th**er)

Diese Regelung gilt besonders für Fremdwörter mit den Wortbestandteilen *phon*, *phot* und *graph*:

Foto (statt **Ph**oto), **F**otogra**f** (statt **Ph**otogra**ph**), Tele**f**on (statt Tele**ph**on), Geogra**f**ie (statt Geogra**ph**ie), Mikro**f**on (statt Mikro**ph**on), Xylo**f**on (statt Xylo**ph**on)

Zusammengesetzte Fremdwörter

Fremdwörter werden in Zusammensetzungen zusammengeschrieben oder – wenn sie so bekannter sind bzw. wenn es sich um Aneinanderreihungen handelt – mit Bindestrich verbunden.

Sciencefiction (oder Science-Fiction), Make-up, Sit-in oder Sitin, Shoppingcenter oder Shopping-Center, No-future-Generation

Bildung des Plurals

Fremdwörter bilden die Pluralform durch verschiedene Endungen:

-*e*: Friseur – Friseur**e**
-*s*: Foto – Foto**s**
-*en*: Atlas – Atlant**en** (auch Atlasse), Globus – Glob**en** (auch Globusse)

Präge dir die gebräuchlichsten Fremdwörter und ihre Schreibweise gut ein – nur so kannst du Fehler vermeiden.

Zusammen-fassung

Schreibung von Fremdwörtern

- Oft werden in Fremdwörtern selten gebrauchte Buchstaben (*y*) und Buchstabenkombinationen (*ph*, *rh*, *th*) verwendet.
- Viele Fremdwörter (Nomen) enden auf -*ie*.
- Das lange *i* im Wortinneren von Fremdwörtern wird nicht gekennzeichnet.
- Bei einigen Fremdwörtern ist die Schreibweise an das Deutsche angeglichen.
- Fremdwörter bilden die Pluralform durch Anhängen von -*e*, -*s* oder -*en*.
- Grundsätzlich musst du dir merken: Fremdwörter schreibt man oft anders, als man sie spricht; du musst dir deshalb die Schreibweise gut einprägen.

Zeichensetzung

Der richtige Gebrauch von Satzzeichen ist wichtig, weil Satzzeichen einen Text gliedern; das erleichtert seine Lesbarkeit und sein Verständnis.
Während die Satzschlusszeichen (Punkt, Ausrufezeichen, Fragezeichen) meist wenig Probleme bereiten, musst du dir die Regeln für den Gebrauch des Kommas gut einprägen.

Satzschlusszeichen: Punkt, Ausrufezeichen und Fragezeichen

Satzschlusszeichen stehen immer am Ende eines vollständigen Satzes.

- Der Punkt schließt einen Aussagesatz ab.
  Ich habe eine neue Handynummer.
- Ein Ausrufezeichen steht immer am Ende eines Ausrufe- oder Aufforderungssatzes.
  Ich glaube es einfach nicht! Leih mir doch deine Kopfhörer!
- Das Fragezeichen steht am Ende eines Fragesatzes.
  Warum kommst du nicht mit zur Party?

Satzzeichen im Satz: Das Komma

Das Komma steht im Satz. Es trennt Haupt- und Nebensätze oder Satzteile voneinander ab, die nicht durch *und* oder *oder* verbunden sind.

Verwendung	Erläuterung	Beispiel
Das Komma zwischen Haupt- und Nebensatz	Ein Komma wird gesetzt, wenn • der Hauptsatz vor dem Nebensatz steht.	Gestern machte ich mit meinen Freunden ein Picknick am See, da es sonnig und warm war.
	• der Nebensatz vor dem Hauptsatz steht.	Da es gestern sonnig und warm war, machte ich mit meinen Freunden ein Picknick am See.
	• der Nebensatz in den Hauptsatz eingeschoben ist.	Gestern, als es sonnig und warm war, machte ich mit meinen Freunden ein Picknick am See.
Das Komma zwischen Hauptsatz und Hauptsatz	Zwei Hauptsätze können durch eine Konjunktion oder durch ein Komma verbunden werden. Zur besseren Lesbarkeit ist es möglich, zusätzlich zur Konjunktion ein Komma zu setzen.	Timo bereitete das Essen zu und Svenja deckte den Tisch. Timo bereitete das Essen zu, Svenja deckte den Tisch. Timo bereitete das Essen zu, und Svenja deckte den Tisch.

Verwendung	Erläuterung	Beispiel
Das Komma zwischen Nebensatz und Nebensatz	Zwei gleichrangige Nebensätze werden durch eine Konjunktion verbunden; vor der Konjunktion steht ein Komma. Das Komma braucht nicht stehen bei Nebensätzen, die mit *und* bzw. *oder* verbunden sind.	Julia hatte sich so gefreut, dass nun Ferien waren, damit sie nach Italien fahren konnte. Julia hatte sich so gefreut, dass nun Ferien waren und sie nach Italien fahren konnte.
Das Komma bei Aufzählungen	Das Komma trennt Wörter und Wortgruppen in Aufzählungen, wenn diese nicht durch *und* oder *oder* verbunden sind.	Kim kaufte Eier, Mehl, Backpulver, Sahne, Erdbeeren. Kim kaufte Eier und Mehl und Backpulver und Sahne und Erdbeeren. Kim kaufte Eier, Mehl, Backpulver, Sahne und Erdbeeren. Kim kaufte Eier, Mehl, Backpulver, Sahne und Erdbeeren oder Johannisbeeren.
Das Komma bei Einschüben	Einschübe werden durch Kommas vom übrigen Satz abgetrennt.	Unser Hausmeister, Herr Müller, schimpft immer, wenn wir im Rasen Fußball spielen.
Das Komma bei Ausrufen und Anreden	Ausrufe und Anreden werden durch Kommas vom übrigen Satz abgetrennt.	Oh, ich wollte nicht, dass du wegen mir warten musst! Maja, kommst du bitte mal zu mir rüber?
Das Komma bei Infinitiven	Infinitivgruppen können durch Komma vom übrigen Satz abgetrennt werden. Das gilt nicht für den reinen Infinitiv.	Moritz versprach(,) regelmäßig seine Hausaufgaben zu machen. Marcel versprach zu gehen.
Das Komma bei Partizipien	Partizipialgruppen können durch Komma vom übrigen Satz abgetrennt werden. Das gilt nicht für das reine Partizip.	Nora erzählte(,) fröhlich lachend(,) von der letzten Party. Lachend erzählte Nora von der letzten Party.

Zusammenfassung

Regeln der Zeichensetzung

- Satzschlusszeichen (Punkt, Ausrufezeichen und Fragezeichen) stehen immer am Ende eines vollständigen Satzes.
- Das Komma trennt Haupt- und Nebensatz sowie Wörter oder Wortgruppen bei der Aufzählung voneinander ab.
- Zwischen zwei Hauptsätzen kann trotz Konjunktion ein Komma stehen.
- Zwischen zwei Nebensätzen steht entweder eine Konjunktion oder ein Komma.
- Infinitiv- oder Partizipialgruppen können durch ein Komma vom übrigen Satz abgetrennt werden.

Erzählen

Beim Erzählen schreibst du eine Geschichte über ein Ereignis, das du selbst erlebt hast oder hättest erleben können. Du kannst dich auch in eine Person hineinversetzen, aus deren Perspektive du erzählst. Das Entscheidende ist, dass es sich beim Erzählen um eine Schreibweise handelt, die bestimmten Gesetzmäßigkeiten folgt (Spannungsaufbau, Höhe- und Wendepunkt, Darstellung von Gefühlen), – egal, ob du von dir selbst oder aus der Sicht einer anderen Person schreibst.

Aus der Ich-Perspektive erzählen

Wenn du etwas erzählst, ist das **persönlich gefärbt**: Du erzählst, was du erlebst, was du empfindest, was dich freut, was dich ärgert, was dich ängstigt usw. Beim Erzählen kommt es darauf an, dass eine Handlung **interessant oder spannend** dargestellt wird und dass die **Gefühle und Gedanken** der Personen deutlich werden. Deiner Fantasie sind beim Erzählen kaum Grenzen gesetzt.

Aus der Er-/Sie-Perspektive erzählen

Wenn du aus der Er-/Sie-Perspektive erzählst, musst du dich in die Figur hineinversetzen und darstellen, was diese Figur denkt, fühlt und erlebt. Wenn diese Figur mit anderen in Kontakt kommt, ist entscheidend, wie sie ihr Gegenüber wahrnimmt – auf deine Einstellung kommt es nicht an.
Egal, ob du aus der Ich- oder der Er-/Sie-Perspektive erzählst: Gib den Personen deiner Erzählung Namen!

Der Aufbau der Erzählung

Eine Erzählung besteht in der Regel aus drei Teilen: Einleitung, Hauptteil und Schluss.
- Die **Einleitung** steckt den Rahmen der Handlung ab; meist werden auch die Personen vorgestellt und Ort und Zeitpunkt des Geschehens genannt.
- Der **Hauptteil** führt in **mehreren Erzählschritten** zum Höhepunkt hin; das Geschehen wird in diesem Teil des Aufsatzes entfaltet. Am **Höhepunkt** findet die entscheidende Handlung statt, dieser muss deshalb anschaulich ausgestaltet und ansprechend erzählt werden. Der Höhepunkt kann auch als **Wendepunkt** gestaltet sein.
- Der **Schluss** löst die Handlung auf und rundet die Erzählung ab. Oft wird auch ein Ausblick auf die Zukunft gegeben.

Die Überschrift

Die Überschrift sollte auf **den Kerngedanken**, auf dem die Erzählung beruht, hinweisen, ohne zu viel zu verraten. Ganze Sätze sind meist als Überschrift ungeeignet, besser geeignet sind verkürzte Sätze oder Ausrufe.

Sprachlich-stilistische Mittel der Erzählung

Um am Höhepunkt Spannung zu erzeugen, solltest du bestimmte sprachlich-stilistische Mittel verwenden. Geeignet sind:

- **wörtliche Rede**, die das Geschehen anschaulich und lebendig wirken lässt,
- **Signalwörter**, die auf Wichtiges hinweisen (z. B. „plötzlich", „Was war das?"),
- **aussagekräftige Verben** und **Adjektive**, die das Geschehen exakt benennen und anschaulich machen,
- **Andeutungen und Vorausdeutungen**, die Ahnungen und Befürchtungen zum Ausdruck bringen,
- **Fragen** und **Ausrufe**, die den Leser in das Geschehen einbeziehen (z. B. „Was war das?"),
- **unvollständige Sätze** (**Ellipsen**), die den Leser die Spannung des Geschehens unmittelbar miterleben lassen (z. B. „Schon wieder!") und
- das **szenische Präsens**, also der Wechsel von der üblichen Erzählzeit Präteritum zu einer Erzählzeit, die den Leser unmittelbar am Geschehen beteiligt.

Außerdem solltest du immer in der **Aktiv-Form** schreiben, weil dadurch deutlich wird, was die Figuren tun. Die Erzählung wird so anschaulich und lebendig. Die Passiv-Form stellt das Ereignis selbst in den Vordergrund, was dazu führt, dass die Erzählung langweilig wirkt.

Zusammenfassung

Beim Erzählen ist zu beachten:

- In einer Erzählung musst du ein interessantes oder spannendes Ereignis darstellen. Dieses kannst du selbst erlebt haben. Möglicherweise ist es aber nur erfunden – von dir oder jemand anderem, dessen Text du nun umschreibst.
- Eine Erzählung kann aus der Ich- oder der Er-/Sie-Perspektive erzählt sein.
- Eine Erzählung besteht meist aus drei Teilen: der Einleitung, dem Hauptteil (mit Höhepunkt) und dem Schluss.
- Die Überschrift sollte den Kerngedanken der Erzählung wiedergeben, ohne zu viel von der Handlung zu verraten.
- Bestimmte sprachlich-stilistische Mittel helfen, den Höhepunkt anschaulich und spannend zu gestalten.

Wechsel der Erzählperspektive

In Erzählungen kommen verschiedene Personen vor. Jede Person nimmt das Geschehen aus ihrer eigenen Perspektive wahr. Oft decken sich diese Sichtweisen, oft kommt es aber zu unterschiedlichen Wahrnehmungen ein und desselben Ereignisses. Diese unterschiedlichen Wahrnehmungen werden durch den Wechsel der Erzählperspektive deutlich.

Ich-Erzählerin / Er- / Sie-Erzähler

Erzählung aus der Sicht

des Mädchens:	des älteren Herrn:
„Lisa ist so eine Angeberin: Mit ihrem neuen Mountainbike kann sie leicht schneller sein als ich. Aber ich werde es ihr zeigen. Ich werde das Rennen gewinnen! Koste es, was es wolle, – ich muss einfach schneller sein!“ ↓	„Wie die jungen Leute sich heutzutage anstrengen – das gefällt mir. Fast wie in der guten, alten Zeit. Beide kämpfen um den Sieg, das ist wahrer Sportsgeist. Dabei hat die mit ihrem neuen Rad schon einen klaren Vorteil. Aber die andere strengt sich umso mehr an, kein Wunder, dass sie schimpft.“ ↓
Ich-Erzählerin	Er-Erzähler

Umerzählen

Wenn du den Text des radelnden Mädchens aus der Ich-Perspektive umerzählen und dabei die Perspektive des Beobachters, des älteren Herrn, einnehmen sollst, musst du genau überlegen:

- Was kann der Beobachter wissen und woher hat er seine Informationen?
- Was kann er nicht wissen, wozu kann er in seiner Erzählung keine Angaben machen?
- Welcher Sachverhalt stellt sich für ihn als Außenstehenden möglicherweise anders dar als für die Ich-Erzählerin?

Wenn du die Aussagen des radelnden Mädchens und des älteren Herrn genau gelesen hast, kannst du Folgendes feststellen:

- Der Beobachter weiß nur, was er sieht: Für ihn handelt es sich bei der Wettfahrt um einen sportlichen Wettkampf, den er positiv bewertet. Er erkennt jedoch, dass ein Mädchen ein besseres Rad hat als die andere.
- Er kennt die Motive und Gedanken der Ich-Erzählerin nicht; er weiß nicht, wie diese ihre Konkurrentin einschätzt. Er kennt auch nicht die Namen der beiden Mädchen.
- Der Beobachter kann nicht wissen, dass zwischen den beiden Mädchen ein Machtkampf stattfindet, den das Mädchen mit dem älteren Rad unbedingt für sich entscheiden möchte. Er glaubt, es handle sich um einen fairen sportlichen Wettstreit.

Zusammenfassung

Beim Wechsel der Erzählperspektive ist zu beachten:

- Ein außenstehender Beobachter kennt die Gefühle und Motive der handelnden Personen nicht.
- Er kennt meist auch ihre Namen nicht.
- Er weiß nur, was er sieht oder hört: Dazu muss er die Mimik, Gestik und die Körperhaltung der Handelnden genau beobachten und gut zuhören.

Textsorte verändern

Wenn ein Text in eine Erzählung umgeformt werden soll, bedeutet das meist eine doppelte Schwierigkeit: Du musst die Textsorte ändern und zugleich der Erzählung alle die Elemente hinzufügen, die für eine Erzählung typisch sind. Oft musst du auch die Sprache dem Erzählstil anpassen. Das ist nicht immer ganz einfach, kann aber gelingen, wenn du dir klar machst, worin der gedankliche und inhaltliche Kern der Vorlage beruht.

Wie du bei der Veränderung der Textsorte vorgehen kannst, erfährst du an folgendem Beispiel:

Wilhelm Busch: Fink und Frosch

Im Apfelbaume pfeift der Fink
Sein: pinkepink!
Ein Laubfrosch klettert mühsam nach
Bis auf des Baumes Blätterdach
Und bläht sich auf und quackt: „Ja ja!
Herr Nachbar, ick bin och noch da!"

Und wie der Vogel frisch und süß
Sein Frühlingslied erklingen ließ,
Gleich muss der Frosch in rauhen Tönen
Den Schusterbass dazwischendröhnen.

„Juchheija heija!", spricht der Fink.
„Fort flieg ich flink!"
Und schwingt sich in die Lüfte hoch.
„Wat!", ruft der Frosch, „dat kann ick och!"
Macht einen ungeschickten Satz,
Fällt auf den harten Gartenplatz,
Ist platt, wie man die Kuchen backt,
Und hat für ewig ausgequackt.

Wenn einer, der mit Mühe kaum
Geklettert ist auf einen Baum,
Schon meint, dass er ein Vogel wär,
So irrt sich der.

Folgende Fragen solltest du dir nach mehrmaligem gründlichen Lesen des Gedichts stellen:
- Worum geht es in diesem Gedicht? Was ist seine Kernaussage?
- Wo liegt der Höhepunkt der Handlung? Welche Verse des Gedichts lassen sich der Einleitung, dem Hauptteil und dem Schluss deiner Erzählung zuordnen?
- Wie sind die Figuren charakterisiert?

Folgende Antworten könntest du festhalten:
- Das Gedicht handelt von einem Frosch, der sich selbst überschätzt und wie ein Vogel fliegen will. Am Ende stürzt er – wie zu erwarten – ab und stirbt.
- Der Höhepunkt der Handlung findet sich in den Versen 14–18, als der Frosch versucht, es dem Vogel gleichzutun, und dabei kläglich scheitert.
- Der Fink ist als Vogel ohne weitere Besonderheiten dargestellt, der Frosch jedoch ist überheblich, er überschätzt sich und sein Können.

Folgende Einzelheiten musst du für deine Erzählung ergänzen:
- die Gedanken und Gefühle der erzählenden Figur, die du in wörtlicher Rede wiedergeben solltest,
- Fakten wie Zeit und Ort des Geschehens.

Eine mögliche Aufgabenstellung lautet:
- Gib das Geschehen aus der Sicht des Finks in der Form der Erlebniserzählung wieder.

Deine Erlebniserzählung könnte so beginnen:

„Als ich im letzten Frühjahr auf meiner Lieblingsbirke saß und so vor mich hinträllerte, kam plötzlich ein Frosch heran. Doch statt wie andere Frösche im feuchten Gras hin und her zu springen, begann er plötzlich, den Stamm hochzuklettern. Ich glaubte nicht richtig zu sehen, doch er kam unter dauerndem Geschimpfe und Gequake immer höher. Stunden später hatte er dann meinen Ast ganz oben in der Birke erreicht und begrüßte mich ziemlich unfreundlich …“

Zusammenfassung

Bei der Veränderung der Textsorte ist zu beachten:
- Kläre zuerst, worum es in dem vorliegenden Text geht.
- Überlege dann, welcher Teil des Textes den Höhepunkt deiner Erzählung bilden muss und welche Teile für die Einleitung, den Hauptteil und den Schluss taugen.
- Kläre für dich die Gedanken und Gefühle der Figur, aus deren Perspektive du die Erzählung schreibst. Achte dabei genau darauf, welche Informationen die Erzählerfigur haben bzw. nicht haben kann.
- Schreibe dann deinen Text auf und beachte dabei genau die Kriterien, die für die Erzählung gelten.

Erzählen mit schildernden Elementen

Viele Erzählungen sind in einem besonders stimmungsvollen Umfeld angesiedelt. Der Besuch eines Volksfestes oder eines Weihnachtsmarktes oder unheimliche Situationen in der Natur sind besonders geeignet, die Stimmung, die dort herrscht, einzufangen und sie durch schildernde Elemente in deiner Erzählung zu beschreiben.

Was musst du bei einer Erzählung mit schildernden Elementen beachten?

Erzähle die Geschichte so, wie du es bereits gelernt hast. Die Kennzeichen der Erzählung gelten auch hier.

- Beachte also den dreiteiligen Aufbau, gestalte den Höhepunkt anschaulich aus, verwende aussagekräftige Verben und Adjektive, setze an passenden Stellen Signalwörter, Fragen und Ausrufe ein, steigere die Spannung durch Andeutungen und Vorausdeutungen, verwende an spannenden Stellen unvollständige Sätze und beim Höhepunkt das szenische Präsens.

An wichtigen Stellen im Hauptteil, z. B. beim Höhepunkt, musst du außerdem schildernde Elemente in deinen Aufsatz aufnehmen.

- Die Schilderung macht deine Erzählung anschaulich, sie bezieht sich jedoch nicht auf die Handlung, sondern stellt die Atmosphäre dar: Beim Schildern gibst du Eindrücke anschaulich wieder oder beschreibst die Umwelt durch sprachliche Bilder, Vergleiche oder Personifikationen. So werden Gefühle für den Leser nachvollziehbar.

Ein mögliches Thema zum „Erzählen mit schildernden Elementen" lautet:

- Erzähle aus der Sicht des Sohnes, was du letzte Nacht im Eittinger Moos erlebt hast.

> *Freising* (cg) Letzte Nacht musste eine Mutter mit ihren beiden minderjährigen Kindern eine schaurige Nacht im Eittinger Moos, einer Moorgegend bei Freising, durchleben. Nach einer Autopanne versuchte Frau S. mit ihren Kindern Thomas (14) und Marie (11) zu Fuß heimzukommen. Bei Frost und Nebel verirrten sie sich jedoch im Moor. Eine groß angelegte Suchaktion der Polizei, die der besorgte Familienvater auslöste, brachte erst am nächsten Morgen Erfolg: Spürhunde der Polizei fanden die drei völlig durchgefroren. Sie hatten erschöpft unter Fichten Schutz gesucht.

So unterscheidet sich die Schilderung von der Erzählung:

Die Schilderung muss sich bei dieser Aufgabenstellung auf die Moorlandschaft beziehen. Folgende Übersicht zeigt dir, worauf es beim Schildern ankommt:

In der Erzählung würdest du schreiben:	In der Schilderung schreibst du:
Im Moor war es stockfinster.	Nur der Mond schien und verwandelte die Büsche und Bäume in riesenhafte Ungeheuer, die ihre Arme nach uns ausstreckten.
Es war kalt und neblig.	Die Kälte kroch mir unter die Jeans und unter das Shirt. Mich fror ganz schrecklich. Auch der Nebel kam immer näher auf uns herab. Wie eine Käseglocke legte er sich über das Moor.
Wir kuschelten uns in einem Gebüsch aneinander.	Wir rückten ganz nah aneinander. Die Zweige raschelten über uns und schützten uns vor der Feuchtigkeit, vor Regen und Wind.

Zusammenfassung

Beim Erzählen mit schildernden Elementen ist zu beachten:

- Eine stimmungsvolle Atmosphäre unterstreicht das Erzählte.
- Erzähle deshalb zunächst deine Geschichte so, wie du es bereits gelernt hast.
- Schmücke dann deine Erzählung aus: Veranschauliche die Umgebung, Sinneseindrücke und Gefühle durch sprachliche Bilder, Vergleiche, Personifikationen und stimmungsvolle Adjektive.

Informieren

Wenn du dich gegenüber einer offiziellen Stelle (z. B. der Polizei, der Versicherung oder der Schulleitung) äußerst, musst du deine Ansprechpartner informieren.
Ebenso verhält es sich, wenn du anderen von einer Tätigkeit, die für diese nachvollziehbar sein soll, oder vom Inhalt eines Textes, eines Films oder einer Veranstaltung berichten sollst.
Grundsätzlich gilt: Wenn es nicht auf ein Erlebnis, sondern auf eine Sache ankommt, steht die Information im Vordergrund.

Sachlich schreiben

Wenn du andere informieren sollst, musst du den **Sachverhalt** genau, also sachlich und informativ, wiedergeben. Der Leser deines Textes interessiert sich nicht für deine Gedanken und Gefühle oder deine Bewertung eines Vorgangs oder eines Textes. Er möchte lediglich die **Fakten** kennen.
Beantworte dazu alle wichtigen **W-Fragen**, z. B.: Wer? – Wann? – Was? – Wo? – Wie? – Warum?
Verwende in informierenden Texten grundsätzlich den **Sachstil**.

Kennzeichen des Sachstils

- Es wird **keine Spannung** erzeugt – die **Sachinformation** steht im Vordergrund.
- Gedanken, Gefühle und Stimmungen werden nicht erzählt, sondern **genannt**.
- Es gibt **keine Ausrufe** und **keine wörtliche Rede**. Wichtige Aussagen werden in der indirekten Rede wiedergegeben.
- Umgangssprachliche Wendungen müssen unbedingt **vermieden** werden.
- Die Ausdrucksweise muss stets **sachlich und genau** sein. Eine **exakte Ausdrucksweise** und die Verwendung von **Fachbegriffen** ist deshalb wichtig.
- Ein **logischer Aufbau** ist einzuhalten: Wichtige Fakten gehören an den Anfang. Die Darstellung orientiert sich an der Chronologie des Geschehens. Vorausdeutungen und Nachträge sind nicht angebracht.
- Um Sachverhalte oder Ereignisse darstellen zu können, sind **Hypotaxen** (Satzgefüge) nötig. Achte dabei auf passende **Konjunktionen**, die das gewünschte Verhältnis von Haupt- und Nebensatz ausdrücken.
- Statt Adverbialsätzen sollten ab und zu **Adverbialien** verwendet werden.

In folgenden Aufsatzarten musst du den Leser informieren:

- im **Bericht** (z. B. Unfallbericht, Bericht für die Schülerzeitung),
- in der **Beschreibung** (z. B. Wegbeschreibung, Personenbeschreibung, Bildbeschreibung),
- in der **Textzusammenfassung** (z. B. einer Erzählung, einer Novelle),
- in der **Inhaltsangabe** (z. B. einer Kurzgeschichte, eines Jugendbuchs),
- im **Protokoll** (z. B. über eine Klassensprecherversammlung).

Zusammen-fassung

Beim Informieren ist zu beachten:

- Beim Informieren steht kein Erlebnis, sondern ein Sachverhalt im Mittelpunkt.
- Du nennst deshalb nur Fakten, beschreibst keine Gefühle oder Stimmungen. Auch Wertungen sind nicht angebracht.
- Wenn du informierst, musst du die W-Fragen beantworten: Wer? – Wann? – Was? – Wo? – Wie? – Warum?
- Bei allen informierenden Aufsatzformen musst du den Sachstil verwenden.
- Wörtliche Rede gibst du in der Form der indirekten Rede wieder.

Der Bericht

Der Bericht informiert über ein einmaliges Ereignis, er muss deshalb Fakten wiedergeben. Die Meinung des Schreibers oder von Menschen, die an diesem Ereignis beteiligt waren, gehören nicht in einen Bericht.
Jeder Bericht muss in einer sachlichen Sprache abgefasst sein. Wichtige Aussagen werden nicht in der Form der wörtlichen Rede, sondern in der indirekten Rede wiedergegeben. Für wertende Adjektive ist im Bericht kein Platz.

Zwei Arten des Berichts

Es gibt zwei Arten von Berichten: Die eine Gruppe von Berichten ist **angelehnt an das Polizeiprotokoll**. Dabei geht es darum, einen Sachverhalt für einen bestimmten Adressaten möglichst genau darzustellen. Berichte, die sich an diesem Muster orientieren, sind z. B. der Unfallbericht, der Bericht an eine Versicherung und der Bericht über die letzte Klassensprecherversammlung an die Schulgemeinschaft.
Die andere Gruppe **orientiert sich an Zeitungsberichten**. Die Adressaten sind dabei nicht genau bestimmt, es handelt sich aber um eine breitere Öffentlichkeit. Derartige Berichte sind: der Bericht für die Schülerzeitung, der Bericht über einen Wandertag oder einen Sportwettkampf.

Aufbau des Berichts

1. **Einleitung**
   Sie führt die Leser in die Situation ein und gibt eine **Überblicksinformation** über das Geschehen.
   Beantwortung der Fragen: Wo? – Wann? – Wer? – Was?
2. **Hauptteil**
   Hier wird der **Ablauf des Geschehens in zeitlicher Reihenfolge** ausführlich dargestellt.
   Beantwortung der Fragen: Was ist geschehen? Wie ist es geschehen? Warum ist es passiert?
3. **Schluss**
   Hier werden **das Ergebnis und die weiteren Folgen** des Geschehens aufgezeigt.
   Beantwortung der Frage: Welche Folgen hatte das Geschehen?

Das gemeinsame Kennzeichen aller Berichte ist, dass sie

- sachlich geschrieben und nicht spannend sind,
- keine Meinungen, sondern Fakten enthalten,
- Auskunft geben zu den Fragen: Wer? – Wann? – Was? – Wo? – Wie? – Warum?,
- ein Geschehen in der richtigen zeitlichen Reihenfolge wiedergeben,
- nichts Unwichtiges beinhalten,
- Fachbegriffe aufweisen, soweit diese nötig sind,
- im Präteritum geschrieben sind, da sie ein einmaliges Geschehen wiedergeben.

Zusammenfassung

Beim Berichten ist zu beachten:

- Der Bericht soll die Leser informieren. Er gibt deshalb nur Sachverhalte, keine Meinungen wieder.
- Es gibt zwei Arten von Berichten: den Bericht, der sich am Polizeibericht orientiert, und den Bericht, der dem Zeitungsbericht nachempfunden ist.
- Folgende Kennzeichen gelten für alle Berichte: Sie sind sachlich geschrieben und nicht spannend. Sie enthalten nur Fakten, keine Meinungen oder Wertungen. Berichte geben Auskunft zu Sachfragen: Wer? – Wann? – Was? – Wo? – Wie? – Warum?
- Berichte sind dreiteilig aufgebaut: Sie bestehen aus einer Einleitung (Wo? – Wann? – Wer? – Was?), dem Hauptteil (Was ist geschehen? Wie ist es geschehen? Warum ist es passiert?) und einem Schluss (Welche Folgen hatte das Geschehen?).
- Berichte sind im Präteritum geschrieben, da sie ein einmaliges, schon vergangenes Geschehen zum Inhalt haben.

Die Beschreibung

Auch die Beschreibung gehört zu den informierenden Aufsatzarten. In der Beschreibung darfst du deshalb nur Sachverhalte wiedergeben. Deine Meinung gehört nicht in eine Beschreibung. Jede Beschreibung muss im Sachstil abgefasst sein. Wörtliche Rede ist fehl am Platz, Adjektive dürfen immer nur beschreibend, nie wertend sein.

Häufige Aufsatzarten sind neben der Vorgangs-, der Gegenstands- und der Tierbeschreibung die Wegbeschreibung, die Personenbeschreibung und die Bildbeschreibung.

Die Wegbeschreibung

Hier erklärst du, wie jemand am besten an einen bestimmten Ort kommt:
- Gib die **Richtung** und die **Entfernungen** möglichst genau an.
- Nenne die **Straßennamen**, wenn du sie kennst.
- Beziehe dich auf **örtliche Besonderheiten** (Geschäfte, Kinos, Parkplätze usw.).
- Mache nur **verlässliche Ortsangaben** (z. B. Gebäude, Straßen), lass Überflüssiges weg.
- Äußere dich **sachlich**, knapp und genau.

Eine mögliche Aufgabenstellung, die eine Wegbeschreibung erfordert, lautet:
- Du hast jemanden, den du noch nicht so gut kennst, zu dir eingeladen. Leider kannst du sie oder ihn nicht selbst am Bahnhof abholen. Beschreibe ihr oder ihm den Weg zu dir.

Die Personenbeschreibung

Hier erläuterst du, wie jemand aussieht bzw. woran jemand zu erkennen ist:
- Gib zuerst **allgemeine Informationen** zu dieser Person (Geschlecht, Alter, Größe).
- Beschreibe dann die **äußere Erscheinung** (Gestalt, Kleidung, Haltung).
- Gehe dann auf **auffallende äußere Merkmale** ein, die **für diese Person typisch** sind und sie deutlich von anderen Personen unterscheiden (z. B. auffällige Haarfarbe, besonders große, gekrümmte Nase, kugelförmiger Bauch).

Eine mögliche Aufgabenstellung zur Personenbeschreibung lautet:
- Verfasse eine Personenbeschreibung deiner Deutschlehrerin (oder deines Deutschlehrers).

Die Bildbeschreibung

Hier erklärst du, wie ein bestimmtes Bild aussieht:

- Gib zuerst **allgemeine Informationen** zu dem Bild (Ölgemälde, Aquarell, Fotografie, Größe, Format, vorherrschende Farben, Dargestelltes).
- Beschreibe dann, **was auf dem Bild zu sehen ist** (z. B. eine Landschaft, eine Person, ein Tier).
- Gib an, **wo sich welche Bildelemente finden** (Vordergrund, Hintergrund, oben unten, links, rechts, im Zentrum).
- Gehe dann auf **auffallende Einzelheiten** dieses Bildes ein, die es von anderen Bildern unterscheidbar macht.

Eine mögliche Aufgabenstellung für die Bildbeschreibung lautet:

- Du hast ein Bild geerbt, möchtest es aber nicht behalten und lässt es daher versteigern. Du musst dem Versteigerungshaus eine genaue Beschreibung des Bildes liefern.

Sprachliche Gestaltung der Beschreibung

- Die Beschreibung gehört zu den **informierenden Aufsatzarten**, deine Meinung ist unerheblich.
- Du musst **Sachstil** und **Fachbegriffe** verwenden. Verben und Adjektive müssen den Sachverhalt genau treffen und dürfen keine Wertung enthalten.
- Gib bei einer Bildbeschreibung an, **wo sich welche Bildelemente finden** (Vordergrund, Hintergrund, oben unten, links, rechts, im Zentrum).
- Da es sich bei einer Beschreibung um einen Vorgang handelt, der wiederholbar ist, schreibst du im **Präsens**.

Zusammenfassung

Bei der Beschreibung ist zu beachten:

- Die Beschreibung gehört zu den sachlichen Aufsatzformen; sie soll die Leserinnen und Leser informieren.
- Bei der Wegbeschreibung musst du besonders auf Richtungsangaben und Besonderheiten achten, die unveränderbar sind.
- Bei der Personenbeschreibung musst du besonders die Kennzeichen herausarbeiten, die diese Person unverwechselbar machen.
- Bei der Bildbeschreibung musst du neben dem Bildinhalt auch auf das Bildformat und die Farbgebung eingehen.
- Verwende Fachbegriffe, treffende Nomen, Adjektive und Verben und schreibe immer im Präsens.

Die Textzusammenfassung

Die Zusammenfassung eines Textes ist keine Nacherzählung. Du sollst also die Geschichte oder den Sachtext nicht noch einmal erzählen, sondern die wichtigsten Inhalte in Kurzform wiedergeben. Die Textzusammenfassung gehört deshalb zu den informierenden Aufsatzarten.

Vorgehen bei der Textzusammenfassung

- **Lies** den Text erst **mehrmals gründlich** und mache dir klar, worum es geht.
- **Gliedere** den Text **in Sinnabschnitte** und arbeite die jeweiligen Inhalte heraus.
- **Kürze den Text**, indem du weniger Wichtiges (z. B. Beispiele) weglässt.
- Fasse dann den Text **mit eigenen Worten** zusammen.

Gestaltung der Textzusammenfassung

- **Vermeide es**, bei der Wiedergabe eines Textes **Spannung zu erzeugen**.
- Gib das Dargestellte **nicht chronologisch** wieder, sondern arbeite die **inneren Zusammenhänge** heraus. Verbinde dabei Zusammengehöriges durch Hypotaxen.
- Nenne die Fakten: **wichtige Personen**, **Figuren**, **Ereignisse** oder **Sachverhalte**.
- Verwende den **Sachstil**, gib wörtliche Rede in der Form der **indirekten Rede** wieder.
- Schreibe die Textwiedergabe immer im **Präsens**.

Beispiel für eine Textzusammenfassung

Der ursprüngliche Text lautet so:

Der „aufgeklärte Absolutismus“

Manche Herrscher wie Maria Theresia (1740–1780) und ihr Sohn Joseph II. (1765–1790) von Österreich sowie Friedrich II. (1712–1786) von Preußen machten die Gedanken der Aufklärung zu Grundsätzen ihres Handelns; sie herrschten nach dem Modell des „aufgeklärten Absolutismus“: So wurden in Österreich Verwaltung und Wirtschaft modernisiert und ein oberster Gerichtshof geschaffen. Leibeigenschaft und Frondienste wurden aufgehoben, die Gewerbefreiheit und die Schulpflicht eingeführt, die Kirche der staatlichen Aufsicht unterstellt. Ein Toleranzedikt garantierte allen Untertanen die freie Religionsausübung. Friedrich II. bezeichnete sich als „erster Diener des Staates“ und wollte „alles für das Volk, aber nichts durch das Volk" schaffen. Er ließ zahlreiche Rechts- und Verwaltungsreformen durchführen und kümmerte sich um den Ausbau seines Landes: Trockenlegung von Sümpfen, Anlage neuer Dörfer, Straßen und Kanäle, neue landwirtschaftliche Methoden und Anbau neuer Früchte (z. B. der Kartoffel), Förderung von Fabrikgründungen und neuer Industriezweige. Die verschiedenen Konfessionen, einschließlich der jüdischen, tolerierte der König mit den Worten, dass „ein jeder nach seiner Fasson" (seiner Eigenart) selig werden solle.

Der zusammengefasste Text lautet so:

Der „aufgeklärte Absolutismus"
Maria Theresia (1740–1780), ihr Sohn Joseph II. (1765–1790) von Österreich und Friedrich II. (1712–1786) von Preußen herrschen im Sinn des „aufgeklärten Absolutismus". Sie modernisieren die staatlichen Organe, die soziale Ordnung und die Wirtschaft. Die Kirche stellen sie unter staatliche Aufsicht. Alle Glaubensrichtungen, auch die jüdische, sind gleichberechtigt.

Zusammenfassung

Bei der Textzusammenfassung ist zu beachten:

- Bei der Textzusammenfassung informierst du über den Inhalt eines Textes.
- Wichtige Fakten, Personen oder Sachverhalte müssen genannt werden.
- Du musst die inneren Zusammenhänge des Dargestellten herausarbeiten.
- Die Textzusammenfassung wird im Sachstil abgefasst (Hypotaxen, indirekte Rede).
- Jede Textzusammenfassung steht im Präsens.

Die Inhaltsangabe

Mithilfe der Inhaltsangabe gibst du die Kernaussagen eines literarischen Textes so wieder, dass der Leser genau über den Inhalt dieses Textes Bescheid weiß. Dabei ist die Inhaltsangabe meist deutlich kürzer als der ursprüngliche Text.
Auch die Inhaltsangabe gehört zu den informierenden Aufsatzarten und wird im Sachstil geschrieben.

Die Bedeutung der Inhaltsangabe

Die Inhaltsangabe ist der Textzusammenfassung sehr ähnlich. Inhaltsangaben von Erzählungen, Kurzgeschichten, Filmen usw. sollen den Leser kurz und sachlich über den Inhalt des jeweiligen Textes (oder Films) **informieren**. Die Inhaltsangabe beschränkt sich auf die **Wiedergabe der wesentlichen Aspekte der Handlung**. Für eine ausschmückende Wiedergabe von Stimmungen und Empfindungen sowie für Wertungen ist in der Inhaltsangabe kein Platz.
Im Unterschied zur Nacherzählung darf die Inhaltsangabe beim Leser **keine Spannung erzeugen**.

Aufbau der Inhaltsangabe

Die Inhaltsangabe besteht aus zwei (manchmal drei) Teilen – der Einleitung (dem Basissatz) und der Inhaltswiedergabe (und evtl. dem Schluss).

- Die **Einleitung** informiert den Leser über den Kontext des Textes: Sie nennt in der Form des **Basissatzes** den Verfasser des Textes, den Titel und die literarische Gattung sowie die Entstehungszeit, die Hauptperson(en) und die Kernaussage des Textes.
- Im **Hauptteil** wird der Inhalt der Vorlage sachlich wiedergegeben.
- Wird ein **Schlussteil** verlangt, kannst du ein begründetes eigenes Urteil abgeben.

Vorgehen beim Abfassen einer Inhaltsangabe

- **Lies** den Text erst **mehrmals gründlich** und mache dir klar, worum es geht.
- **Gliedere** den Text **in Sinnabschnitte** und arbeite die jeweiligen Inhalte heraus.
- **Kürze den Text**, indem du weniger Wichtiges (z. B. Beispiele oder Nebenhandlungen) weglässt.
- Fasse den Text dann **mit eigenen Worten** zusammen.
- Formuliere einen passenden **Basissatz**, der als Einleitung am Anfang der Inhaltsangabe steht.

Die Gestaltung der Inhaltsangabe

- Du darfst bei der Inhaltsangabe **keine Spannung erzeugen**.
- Gib das Dargestellte **nicht chronologisch** wieder, sondern arbeite die **inneren Zusammenhänge** heraus. Verbinde dabei Zusammengehöriges durch Hypotaxen.
- Löse dich von der Vorlage und schreibe die Inhaltsangabe **in eigenen Worten**. Du darfst einzelne Sätze oder Teile des Textes keinesfalls **wörtlich** übernehmen.
- Nenne die Fakten: **wichtige Personen**, **Figuren**, **Ereignisse** oder **Sachverhalte**.
- Verwende den **Sachstil** und gib wörtliche Rede in der Form der **indirekten Rede** wieder.
- Schreibe die Inhaltsangabe immer im **Präsens**.

Zusammenfassung

Bei der Inhaltsangabe ist zu beachten:

- Bei der Inhaltsangabe informierst du über den Inhalt eines Textes oder Films. Für deine Gefühle und eine persönliche Wertung ist kein Platz.
- Die Inhaltsangabe ist zweiteilig (manchmal dreiteilig) aufgebaut: Im einleitenden Basissatz nennst du den Verfasser des Textes, den Titel und die literarische Gattung sowie Ort und Zeit der Handlung des Geschehens, die Hauptperson(en) und die Kernaussage des Textes. Im Hauptteil gibst du den Inhalt des Textes wieder. Im Schluss kannst du deine Meinung zur Geschichte angeben.
- Die Inhaltsangabe gibt Fakten wieder: Wichtige Sachverhalte und Personen müssen genannt, die inneren Zusammenhänge der Handlung herausgearbeitet werden.
- Die Inhaltsangabe wird im Sachstil abgefasst (Hypotaxen, indirekte Rede, sachliche Sprache).
- Die Inhaltsangabe steht immer im Präsens.

Das Protokoll

In offiziellen Sitzungen wird viel gesagt und manches vereinbart. Damit keine wesentlichen Aussagen und Beschlüsse in Vergessenheit geraten, werden die Sitzungsinhalte mitgeschrieben – protokolliert. Protokolle werden zu Bundestagssitzungen, Gerichtsverhandlungen, aber auch über Klassensprechersitzungen verfasst. Selbst über eine Unterrichtsstunde kann man ein Protokoll schreiben.

Zwei Arten des Protokolls

Man unterscheidet das Verlaufsprotokoll und das Ergebnisprotokoll.
Im **Verlaufsprotokoll** wird das Gesagte genau und in chronologischer Reihenfolge mitgeschrieben. Schriftlich festgehalten wird auch, wer etwas gesagt hat und wie die Anwesenden auf die Äußerungen reagiert haben.
Das **Ergebnisprotokoll** fasst in knapper Form die Ergebnisse von Sitzungen oder Besprechungen zusammen. Es ist wesentlich kürzer als das Verlaufsprotokoll.
Das **Unterrichtsprotokoll** (oder **Stundenprotokoll**) stellt eine Mischung aus Verlaufs- und Ergebnisprotokoll dar. Es werden der Verlauf sowie wichtige Ergebnisse einer Unterichtsstunde festgehalten.

Aufbau des Protokolls

- Im **Protokollkopf** werden Institution, Anlass, Datum sowie Zeit und Ort der Veranstaltung genannt. Außerdem gibt der Kopf Auskunft über die anwesenden und abwesenden Personen (meist mit Angabe des Verhinderungsgrundes) sowie über den Vorsitzenden der Veranstaltung und den Schriftführer.
- Die **Tagesordnung** listet die einzelnen Themen auf, die besprochen wurden und auf die in der Ausführung näher eingegangen wird.
- Am **Ende** des Protokolls bestätigen der Vorsitzende und der Schriftführer die Richtigkeit der Niederschrift durch ihre Unterschrift.

Sprachliche Gestaltung des Protokolls

- Protokolle werden im **Sachstil** verfasst. Sie geben nur Sachverhalte wieder, nicht Meinungen oder Beurteilungen des Protokollanten.
- **Satzgefüge** helfen, wichtige Inhalte oder Ergebnisse zu bündeln.
- Redebeiträge werden nie wörtlich, sondern – wenn sie besonders wichtig sind – in **indirekter Rede** wiedergegeben.
- Das Protokoll wird im **Präsens** oder im **Präteritum** geschrieben.

Beispiel für die Gestaltung eines Unterrichtsprotokolls:

Hans-Leinberger-Gymnasium Landshut   Schuljahr 2023/2024

Protokoll über die Geschichtsstunde der Klasse 8 A
am 17. 10 .2023

Ort:	Zimmer 213
Zeit:	8.00–8.45 Uhr
Anwesend:	31 Schülerinnen und Schüler der Klasse 8 A, Herr Maier
Abwesend:	Yvonne Weber (erkrankt)
Leiter:	Herr Maier
Protokollführerin:	Julia Enghofer
Thema der Stunde:	Ludwig XIV. als Herrscher
Tagesordnung:	1. „Ein König, ein Glaube, ein Gesetz“ 2. Die Rolle der Beamten

Zu Tagesordnungspunkt (TOP) 1:
…
Zu TOP 2:
…

________________________   ________________________

Lehrkraft   Protokollant

Zusammenfassung

Beim Protokoll ist zu beachten:

- Man unterscheidet zwei Arten des Protokolls: das Verlaufs- und das Ergebnisprotokoll. Das Unterrichts- oder Stundenprotokoll stellt eine Mischform dar.
- Auf die Einhaltung der üblichen Form ist zu achten.
- Protokolle werden im Sachstil verfasst – ohne persönliches Werturteil des Protokollführers. Wörtliche Rede wird in Form der indirekten Rede wiedergegeben.
- Protokolle werden im Präsens (oder im Präteritum) abgefasst.

Argumentieren

Um andere von der eigenen Meinung zu überzeugen, reicht es nicht, auf den eigenen Wünschen und Vorstellungen zu beharren – meist erreicht man damit das Gegenteil von dem, was man eigentlich will. Diese Erfahrung hat jeder selbst schon in Diskussionen gemacht, die nicht zum gewünschten Ergebnis geführt haben.
Wenn man seine Mitmenschen von einer Sache überzeugen will, braucht man gute Argumente und muss diese schlüssig vorbringen.

Anlässe zum Argumentieren

Es gibt viele Gelegenheiten, bei denen man argumentieren muss:
- gegenüber den Eltern, weil man in den Sommerferien eine teure Sprachreise unternehmen will,
- gegenüber dem Lehrer, den man dazu bringen will, auf die Deutschhausaufgabe zu verzichten, weil am folgenden Tag ein Mathe-Test ansteht,
- gegenüber der Schulleitung, weil die Klasse ins Schullandheim fahren will usw.

Oft muss man mündlich argumentieren, manchmal aber auch schriftlich, z. B. wenn man einen Leserbrief zur Einführung einer Tempo-30-Zone in seinem Wohngebiet schreibt und mit diesem andere Leser für das eigene Vorhaben gewinnen will.

Prinzip der Argumentation

Eine Argumentation soll andere Menschen überzeugen. Deshalb reicht es nicht, nur Behauptungen aufzustellen („Wenn ich die Sommerferien in London verbringen darf, werden meine Englischnoten besser"). Vielmehr muss man eine solche Behauptung gut begründen, was mit Hilfe von treffenden Argumenten (Begründungen) geschieht. Oft hilft ein zusätzliches Beispiel, die Richtigkeit der Behauptung zu veranschaulichen.

Aufbau einer Argumentation

Die einzelnen Schritte, in denen du deine Argumentation darlegen solltest, sind:

Behauptung → **Begründung** → **Beispiel**

Argumentationsschritt	Bedeutung	Beispiel
Die **Behauptung** nennt man auch **These**.	Das ist der Ausgangspunkt deiner Argumentation; was die These besagt, möchtest du erreichen oder akzeptiert wissen.	Ich möchte die nächsten Sommerferien in London verbringen, um meine Englischkenntnisse zu verbessern.
Die **Begründung** wird auch **Argument** genannt.	Mithilfe des Arguments willst du die Leser von der Richtigkeit und Wichtigkeit deiner These überzeugen. Es gibt verschiedene Arten von Argumenten: • Das **Praxisargument** stützt sich auf allgemein überprüfbare Beobachtungen oder Tatsachen. • Das **Autoritätsargument** beruft sich auf Fachleute, Statistiken, wissenschaftliche Werke usw. • Das **Evidenzargument** bezieht sich auf einleuchtende Beobachtungen und Erfahrungen.	• Mein Freund Janis war im letzten Jahr dort und hat jetzt viel bessere Noten in Englisch. • Sprachreisen ins Ausland werden sogar vom Kultusministerium zur Leistungssteigerung empfohlen. • Viele Sprachschulen verpflichten ihre Schüler, drei Wochen in England zu verbringen, um ihre Sprachkenntnisse zu verbessern.
Das **Beispiel** ist oft schon im Argument enthalten.	Das Praxisargument (vgl. oben) könnte als Beispiel für das Evidenz- oder das Autoritätsargument dienen.	Mein Freund Janis war im letzten Jahr dort und hat jetzt viel bessere Noten in Englisch.

Zusammenfassung

Beim Argumentieren ist zu beachten:

- Wenn du andere Menschen überzeugen willst, darfst du nicht nur Behauptungen aufstellen – du musst argumentieren.
- Eine stimmige Argumentation besteht aus Behauptung, Begründung und meist auch aus einem Beispiel bzw. einem Beweis.

Die begründete Stellungnahme

Wenn du zu einem allgemein interessierenden Thema eine fundierte Meinung hast, solltest du diese äußern. Wenn du das schriftlich machst und z. B. einen Leserbrief an eine Zeitung schreibst, kannst du in der Form der begründeten Stellungnahme deine Meinung darlegen.

Anlässe für eine begründete Stellungnahme

Bei der begründeten Stellungnahme handelt es sich um eine Form des **schriftlichen Argumentierens**. Diese ist z. B. angebracht, wenn du

- den Elternbeirat bittest, eure Klassenfahrt ins Schullandheim finanziell zu unterstützen,
- einen ortsansässigen Sportartikelhersteller bittest, deiner Schule Bälle für die Aktion „Bewegte Pause" kostenlos zur Verfügung zu stellen,
- einen Leserbrief an die Lokalredaktion deiner Zeitung schreibst und dich für eine Tempo-30-Zone vor der Schule aussprichst.

Vorarbeiten

Damit deine begründete Stellungnahme hieb- und stichfest ist, musst du dich sachkundig machen:

- **Sammle** dazu alle **Informationen**, an die du herankommst,
- schreibe dann alle Informationen, die dir als Argumente dienen können, in Form einer **ungeordneten Stoffsammlung** auf,
- **ordne die einzelnen Argumente** nach ihrer Zusammengehörigkeit,
- entscheide dich abschließend, welche Argumente du vorbringen und welche du lieber weglassen willst.

Formulierung einer These

Formuliere das, was du erreichen willst, in Form einer These (Behauptung, Anregung, Empfehlung oder Forderung).

Aufbau und Ausführung

Bei der schriftlichen Formulierung deiner begründeten Stellungnahme darfst du nicht mit der Tür ins Haus fallen und sofort deine Anregungen oder Forderungen nennen. Bemühe dich um einen sinnvollen Aufbau deines Textes.

- Formuliere zuerst eine **Einleitung**, die zum Problem hinführt.
- Nenne zu Beginn des **Hauptteils** deine **These**.
- Führe dann das **Argument** an, das deine These stützt. Noch wirkungsvoller ist es, mehrere Argumente anzuführen; achte dabei auf eine sinnvolle Reihenfolge. Du kannst mit dem stärksten Argument beginnen und dann zum schwächsten kommen – oder umgekehrt.
- Veranschauliche deine Argumente jeweils durch passende **Beispiele**.
- Wiederhole im **Schlussteil** mit Nachdruck die Wichtigkeit deiner These.

Sprachliche Gestaltung

Verwende bei der begründeten Stellungnahme einen **sachlichen Stil**, der dein Anliegen glaubhaft erscheinen lässt. Achte auf eine **logische Darstellung der Zusammenhänge**, verwende Hypotaxen, passende Konjunktionen, Adverbien und Fachbegriffe, die dich als Kenner der Thematik ausweisen. Schreibe die begründete Stellungnahme immer im **Präsens**.

Zusammenfassung

Bei der begründeten Stellungnahme ist zu beachten:

- Mache dich vor dem Schreiben sachkundig, sammle Informationen und ordne sie sinnvoll.
- Notiere alle Informationen, die dir als Argumente dienen können.
- Formuliere dein Anliegen in Form einer These.
- Gliedere die begründete Stellungnahme in Einleitung (Hinführung zum Thema), Hauptteil (Nennung der These, Ausführung der Argumente, Veranschaulichung durch Beispiele) und Schluss (nachdrückliche Betonung der Ausgangsthese).
- Verwende Sachstil (logische Satzverknüpfungen, passende Konjunktionen und Adverbien, Fachbegriffe).
- Die begründete Stellungnahme schreibt man im Präsens.

Die steigernde Erörterung

In der steigernden Erörterung sollst du einen Sachverhalt begründen. Deshalb musst du Argumente finden, die die in der Aufgabenstellung vorgegebene These stützen.
Diese Form der Erörterung nennt man lineare Erörterung oder steigernde Erörterung.

Formulierung des Themas

Um die steigernde Erörterung zu erkennen, musst du genau darauf achten, wie das Thema der Erörterung lautet: Eine steigernde Erörterung erfordert immer eine **Ergänzungsfrage** (auch **Wortfrage** genannt), z. B. **„Warum** ist es sinnvoll, einen Klassensprecher zu wählen?"
Im Erörterungsaufsatz sollst du nicht abwägen, ob es sinnvoll ist, einen Klassensprecher zu wählen, sondern warum es sinnvoll ist.
Achte genau auf die Aufgabenstellung, damit du nicht am Thema vorbeischreibst.

Stoffsammlung

Suche bei der Stoffsammlung möglichst viele Argumente, welche die in der Aufgabe **vorgegebene These stützen**. Solche Argumente können sein:

- Der Klassensprecher ist demokratisch gewählt – Demokratie kann man nicht früh genug einüben.
- Der Klassensprecher bringt die Meinung der gesamten Klasse vor, er ist deshalb persönlich unangreifbar.
- Der Klassensprecher ist für die Lehrer der erste Ansprechpartner in der Klasse.

Stoffordnung

Ordne dann deine Argumente so, dass **das gewichtigste Argument**, das den Leser der Erörterung schließlich überzeugen soll, **am Ende** steht.
„Warum ist es sinnvoll, einen Klassensprecher zu wählen?"

- Der Klassensprecher ist demokratisch gewählt – Demokratie kann man nicht früh genug einüben.
- Der Klassensprecher ist für die Lehrer der erste Ansprechpartner in der Klasse.
- Der Klassensprecher bringt die Meinung der gesamten Klasse vor, er ist deshalb persönlich unangreifbar.

Diesen Aufbau – vom schwächsten Argument zum stärksten – nennt man **Klimax** (Steigerung).

Anfertigen einer Gliederung

Übertrage die geordnete Stoffsammlung in eine Gliederung, **ergänze einen passenden Einleitungs- und Schlussgedanken**. Hinweise zur Gliederung findest du auf Seite 230.

Der Erörterungsaufsatz

Gestalte im Hauptteil deines Erörterungsaufsatzes die einzelnen Argumente anschaulich aus. Halte dich dabei an das Schema:

Behauptung → **Begründung** → **Beispiel**

Gestaltung von Einleitung und Schluss

Leite deinen Erörterungsaufsatz mit einem passenden Gedanken ein, der zum Thema hinführt (Einleitung). Im Schluss kannst du deine eigene Meinung oder mögliche Folgen darlegen, die sich aus deiner Erörterung für das behandelte Problem ergeben.

Sprachliche Gestaltung

Verwende in der Erörterung immer **Sachstil**, also Hypotaxen (Satzgefüge), passende Konjunktionen, Adverbien und Fachbegriffe. Schreibe im **Präsens**.

Zusammenfassung

Bei der steigernden Erörterung ist zu beachten:

- Eine steigernde Erörterung benötigt immer eine Ergänzungsfrage (Wortfrage).
- Lege eine Stoffsammlung an, in der du die Argumente sammelst, die die vorgegebene These stützen.
- Ordne die Argumente dann vom schwächsten zum stärksten (steigernder, klimaktischer Aufbau).
- Lege auf der Grundlage der geordneten Argumente eine Gliederung an.
- Schreibe auf der Grundlage deiner Gliederung den Erörterungsaufsatz. Begründe jede Behauptung und veranschauliche deine Argumentation durch ein passendes Beispiel.
- Schreibe sachlich und im Präsens.

Die Pro-und-Kontra-Erörterung

Die Pro-und-Kontra-Erörterung dient der vertieften Auseinandersetzung mit einem Thema. Du kannst dir dabei durch Abwägen von verschiedenen – auch sich widersprechenden – Argumenten eine durchdachte eigene Meinung bilden.
Diese Form der Erörterung nennt man die dialektische Erörterung oder Pro-und-Kontra-Erörterung.

Formulierung des Themas

Bei einer Pro-und-Kontra-Erörterung ist das Thema in der Form der **Entscheidungsfrage** oder **Satzfrage** gestellt, z. B.: „Ist es sinnvoll, in der Unterstufe einen Klassensprecher wählen zu lassen?“ Deine Aufgabe ist es, abzuwägen und dich für eine Zustimmung oder für eine Ablehnung dieser Frage zu entscheiden.

Erfassen des Themas

Um ein Problem zielgerichtet erörtern zu können, ist es notwendig, das Thema der Erörterung genau zu erfassen. Beim Thema „Ist es sinnvoll, in der Unterstufe einen Klassensprecher wählen zu lassen?“ geht es nicht um die Frage, ob das Amt des Klassensprechers sinnvoll ist, sondern nur darum, ob es sinnvoll ist, dass schon in der Unterstufe ein Klassensprecher gewählt wird.
Es heißt also genau aufzupassen und die **Aufgabenstellung genau zu lesen**, damit du dann nicht am eigentlichen Thema vorbei argumentierst.

Stoffsammlung

Suche bei der Stoffsammlung **möglichst viele Argumente**, die dafür oder dagegen sprechen, dass schon in der Unterstufe ein Klassensprecher gewählt wird.

Stoffordnung

Damit in deiner Erörterung keine Argumente doppelt vorkommen und damit du weißt, ob du für oder gegen die Wahl eines Klassensprechers in der Unterstufe schreiben sollst, musst du deine Argumente ordnen:

1. **Gegen die Wahl** eines Klassensprechers in der Unterstufe spricht:
   - Ein Klassensprecher ist verzichtbar, denn meist wird sowieso nur der Klassenclown gewählt.
   - Der Klassensprecher kümmert sich meist nur um seine eigenen Belange, nicht um die der Klasse.

2. **Für die Wahl** eines Klassensprechers in der Unterstufe spricht:
   - Der Klassensprecher ist demokratisch gewählt – Demokratie kann man nicht früh genug einüben.
   - Der Klassensprecher bringt die Meinung der gesamten Klasse vor, er ist deshalb persönlich unangreifbar.
   - Der Klassensprecher ist für die Lehrer der Ansprechpartner in der Klasse.

Die Stoffordnung ergibt, dass mehr und gewichtigere Argumente für die Wahl eines Klassensprechers in der Unterstufe sprechen als dagegen: Dies musst du in deiner Erörterung zum Ausdruck bringen.

Anfertigen einer Gliederung

Die geordnete Stoffsammlung ist die Grundlage für die Gliederung zu deiner Erörterung (zur Gliederung s. S. 231). Du musst jedoch noch einen **Einleitungsgedanken**, der zum Thema hinführt, und einen **Schlussgedanken**, in dem du abschließend deine eigene Meinung zusammenfasst, ergänzen. Nach dieser Gliederung schreibst du dann deinen Erörterungsaufsatz.

Die Argumentation

Im Erörterungsaufsatz musst du die einzelnen Argumente anschaulich ausgestalten. Dabei kannst du so vorgehen, wie du es bei der begründeten Stellungnahme gelernt hast: **Nenne deine Behauptung**, **begründe** sie und gib ein **Beispiel** für ihre Richtigkeit. **Einleitung** und **Schluss** runden den Aufsatz ab.

Sprachliche Gestaltung

Bei der Pro-und-Kontra-Erörterung musst du den **Sachstil** verwenden: Hypotaxen, passende Konjunktionen, Adverbien und Fachbegriffe. Schreibe im **Präsens**.

Zusammenfassung

Bei der Pro-und-Kontra-Erörterung ist zu beachten:

- Eine Pro-und-Kontra-Erörterung benötigt immer eine Entscheidungsfrage.
- Lies die Aufgabenstellung genau, kläre was das Thema der Erörterung beinhaltet.
- Lege eine Stoffsammlung an, in der du Pro-und-Kontra-Argumente sammelst.
- Ordne die Argumente und erstelle eine Gliederung.
- Schreibe nun auf der Grundlage deiner Gliederung den Erörterungsaufsatz. Führe zu jeder Behauptung eine Begründung und ein Beispiel an.
- Achte darauf, dass du dich sachlich äußerst. Schreibe im Präsens.

Eine Gliederung erstellen

Zu jedem Erörterungsaufsatz musst du eine Gliederung erstellen. Diese Gliederung hilft dir, den Aufsatz geordnet aufzuschreiben; sie hilft auch dem Leser, deinem Gedankengang zu folgen.

Unterschiedliche Gliederungstypen

Gliederungen zu einem Erörterungsaufsatz unterscheiden sich inhaltlich. Sie sind aber auch hinsichtlich ihres Aufbaus verschieden: Die Gliederung zu einer steigernden Erörterung ist im Hauptteil anders als die zu einer Pro-und-Kontra-Erörterung.

Aufbau der Gliederung

Die Gliederung der Erörterung besteht aus drei Hauptpunkten: **Einleitung, Hauptteil und Schluss**. Die Einleitung stimmt den Leser auf die Thematik ein, sie führt zum Hauptteil hin. Im Hauptteil findet die eigentliche Erörterung statt. Der Schluss rundet den Aufsatz ab.

Die Gliederung der steigernden Erörterung

An folgendem Beispiel siehst du, wie die Gliederung gestaltet sein kann:

„Warum ist es sinnvoll, einen Klassensprecher zu wählen?"

A	*Die Schulordnung sieht die Wahl eines Klassensprechers vor.*	*Einleitung*
B	*Warum ist es sinnvoll, einen Klassensprecher zu wählen?*	*Hauptteil: Themafrage*
	1. Einübung demokratischer Gepflogenheiten	*Argument 1*
	2. Der Klassensprecher als erster Ansprechpartner der Lehrkräfte	*Argument 2*
	3. Der Klassensprecher als Vertreter der Klasse	*Argument 3*
	4. Die Unangreifbarkeit des Klassensprechers	*Argument 4*
C	*Der Klassensprecher kann Veränderungen in der Schule bewirken.*	*Schluss*

Die Gliederung ist steigernd (klimaktisch) gestaltet; das wichtigste Argument des Hauptteils kommt als letztes.

Die Gliederung der Pro-und-Kontra-Erörterung

Das folgende Beispiel zeigt, wie eine Gliederung gestaltet sein kann:

„Ist es sinnvoll, in der Unterstufe einen Klassensprecher wählen zu lassen?“

A In allen Klassen wird ein Klassensprecher gewählt.	*Einleitung*
B Ist es sinnvoll, in der Unterstufe einen Klassensprecher wählen zu lassen?	*Hauptteil: Themafrage*
I. Argumente, die dagegen sprechen:	*Kontra-Argumente*
1. Meist wird der Klassenclown gewählt.	*Argument 1*
2. Der Klassensprecher kümmert sich meist nur um seine eigenen Belange, nicht um die der Klasse.	*Argument 2*
II. Argumente, die dafür sprechen:	*Pro-Argumente*
1. Der Klassensprecher ist demokratisch gewählt – Demokratie kann man nicht früh genug einüben.	*Argument 1*
2. Der Klassensprecher ist für die Lehrkräfte der erste Ansprechpartner in der Klasse.	*Argument 2*
3. Der Klassensprecher bringt die Meinung der gesamten Klasse vor, er ist deshalb persönlich unangreifbar.	*Argument 3*
C Klassensprecher sollte es auch künftig in allen Jahrgangsstufen geben.	*Schluss*

Auch diese Gliederung folgt in den Unterpunkten B I und B II jeweils dem steigernden Aufbau. In B I stehen die wenigeren Aspekte, denen man selbst nicht zustimmen kann, in B II stehen die Argumente, die man selbst unterstützt. Sie sind auch zahlreicher.

Zusammen-
fassung

Beim Erstellen einer Gliederung ist zu beachten:

- Jede Gliederung zu einer Erörterung ist dreigeteilt (Einleitung, Hauptteil, Schluss).
- Bei der steigernden Erörterung stehen im Hauptteil nur Argumente, die die These stützen.
- Bei der Pro-und-Kontra-Erörterung finden sich im Hauptteil Argumente für die These und solche, die dagegen sprechen. Im Sinne der Steigerung kommen in B I zuerst die Argumente, die man selbst für die schwächeren hält, in B II folgen die Argumente, denen man selbst zustimmt.

Interpretieren

Wenn man einen literarischen Text wirklich verstehen will, genügt es nicht, ihn zu lesen. Man muss sich mit ihm auseinandersetzen, überlegen, was er bedeuten und aussagen könnte – und man muss ihn schließlich deuten, interpretieren.
Dazu braucht es Vorarbeiten, diese können sein: den Aufbau des Textes betrachten, die Figuren charakterisieren, die Sprache untersuchen usw.
Bei einer gelungenen Interpretation decken sich die Ergebnisse der Untersuchung aus allen Teilbereichen.

Beim **Interpretieren** muss man verschiedene Teilaspekte eines Textes genau **untersuchen**.

Folgende Fragen solltest du dir stellen:

Zum Textinhalt
- Worum geht es in diesem Text? Was ist der Inhalt des Textes? Welches Thema wird behandelt?
- Wann und wo spielt die Handlung? Ist das für das Geschehen wichtig? Warum ist es wichtig bzw. unwichtig?
- Welchen Verlauf nimmt die Handlung?

Zur Überschrift
- Was sagt die Überschrift aus?
- Informiert sie über den Textinhalt oder erzeugt sie Spannung?
- Weist sie auf wichtige Personen oder Handlungen hin?

Zum Textaufbau
- Wie ist der Text aufgebaut? Ist er klar gegliedert?
- Gibt es eine Einleitung? Welche Funktion hat sie?
- Welche Sinnabschnitte kannst du feststellen? Wie lang sind sie? Welche Informationen über die Wichtigkeit der Handlung kannst du ihnen entnehmen?
- Besteht der Text nur aus einem Handlungsstrang oder gibt es eine oder mehrere Nebenhandlungen? In welchem Verhältnis zueinander stehen die Haupthandlung und die Nebenhandlung(en)?
- Wie ist der Höhepunkt angelegt? Ist er spannend, gut vorbereitet, erwartet oder plötzlich?
- Wie ist der Schluss gestaltet? Bringt er das Geschehen zu einem Abschluss oder bleibt der Ausgang offen? Enthält er eine entscheidende Aussage, die das Verständnis des Textes erleichtert?

Zur Charakterisierung der Figuren

- Welche Figuren kommen in diesem Text vor? Welche sind als Haupt-, welche als Nebenfiguren gestaltet?
- Was macht die Hauptfiguren zu Hauptfiguren, was die Nebenfiguren zu Nebenfiguren? Welche Funktion haben sie jeweils in diesem Text?
- Wofür stehen die Hauptfiguren? Welche Werte, welche Handlungsweisen vertreten sie?
- Passt ihr Handeln zu ihren Aussagen oder gibt es Widersprüche?

Zu sprachlichen Auffälligkeiten

- Welche Schlüsselwörter fallen auf? Worauf deuten sie hin?
- Welche Motive oder Leitmotive kommen in diesem Text vor?
- In welcher Stilebene ist der Text abgefasst? Herrscht Schriftsprache vor oder gibt es Passagen in Dialekt oder Umgangssprache? Welche Wirkung hat dies?
- Gibt es Auffälligkeiten in der Wortwahl? Worauf lassen sie schließen?
- Herrscht hypotaktischer oder parataktischer Stil vor? Welche Wirkung wird damit erzielt?
- Gibt es auffällige stilistische Mittel? Wofür stehen sie?
- Was zeigt der Gebrauch des Tempus?

Um zu einer abschließenden **Deutung** – einer Interpretation – des Textes zu kommen, muss man fragen:

- Wie kann man die einzelnen Untersuchungsergebnisse zusammenfügen?
- Stimmen sie in ihrer Kernaussage überein oder widersprechen sie sich?
- Stützt die Sprachanalyse die inhaltliche Analyse oder gibt es Widersprüche?

Zusammenfassung

Beim Interpretieren ist zu beachten:

- Um einen literarischen Text zu verstehen, musst du ihn nach bestimmten Aspekten untersuchen.
- Solche Aspekte können sein: der Inhalt des Textes, seine Überschrift und sein Aufbau. Außerdem müssen die vorkommenden Figuren und die sprachlichen Auffälligkeiten untersucht werden.
- Die Deutung (Interpretation) des Textes gründet sich auf diese Vorarbeiten.

Die erweiterte Inhaltsangabe

Die erweiterte Inhaltsangabe ist eine einfache Form der Interpretation. Dabei beschäftigt man sich nicht nur mit dem Inhalt eines poetischen Textes, sondern auch mit seiner Gestaltung. Diese ist vom Autor ganz bewusst gewählt und muss daher in die eigenen Überlegungen einbezogen werden, wenn man zu einer gut begründeten Deutung eines Textes kommen will.
Meist wird dir für die erweiterte Inhaltsangabe ein Prosatext vorgelegt.

Aufbau der erweiterten Inhaltsangabe

Die erweiterte Inhaltsangabe ist dreiteilig aufgebaut:
1. **Einleitung**: In der Form des Basissatzes, den du schon von der Inhaltsangabe kennst, nennst du Autor, Titel, Textsorte, Entstehungszeit und Thematik.
2. **Inhaltszusammenfassung**: Hier gibst du in sachlicher Sprache und in eigenen Worten den Inhalt des Textes wieder – genau wie bei der Inhaltsangabe.
3. **Beantwortung vorgegebener Erschließungsfragen**: In diesem Teil beantwortest du mehrere Teilfragen, die dir helfen, die Aussage des Textes zu verstehen.

Mögliche Aspekte der Erschließung

Im dritten Teil der erweiterten Inhaltsangabe werden dir verschiedene Einzelfragen vorgelegt, die du mithilfe deiner Textkenntnis beantworten sollst. Wichtig ist, dass du die Fragen ausführlich beantwortest und deine Aussagen überzeugend wirken. Dazu musst du entweder schlüssig argumentieren oder Stellen aus dem Text zitieren, die deine Aussage stützen. Folgende Aspekte können durch Fragen erschlossen werden:

- **Erzählperspektive**
  Aus welcher Sicht wird erzählt? Gibt es einen **auktorialen (allwissenden) Erzähler**, der über dem Geschehen steht, der über alles Bescheid weiß, die Gedanken und Gefühle aller Personen, die Vorgeschichte der Handlung und ihren Ausgang kennt, Schauplätze beliebig wechseln kann?
  Oder erzählt ein **Ich-Erzähler**, der das Geschehen aus seiner eigenen, begrenzten Sichtweise darstellt, der nur seine eigenen Gedanken und Gefühle, nicht die der anderen Personen kennt, der dem Leser das Gefühl vermittelt, selbst unmittelbar an der Handlung beteiligt zu sein?

- **Aufbau**
  Ist der Text **in Sinnabschnitte gegliedert** und welche Bedeutung haben diese jeweils?
  Ist das Geschehen **chronologisch** erzählt oder gibt es **Vorgriffe**, **Rückblenden** oder **Zeitsprünge**? Gibt es einen Anfang und ein Ende oder ist der **Schluss offen**?

- **Personen**
  Wie viele Personen kommen vor? Kann man **Hauptpersonen** und **Nebenfiguren** unterscheiden? Wie sind die Hauptpersonen **charakterisiert** (Alter, Geschlecht, Beruf, gesellschaftliche Stellung, Aussehen, Sprache, auffällige Charaktereigenschaften usw.)?

- **Sprachliche Gestaltung**
  Welche **Wortwahl** ist vorherrschend (gehobene Sprache, Alltagssprache, Umgangssprache, Dialekt, veraltete Wendungen)? Ist der **Satzbau** einfach (Parataxen, Einwortsätze, Ellipsen) oder komplex (Hypotaxen, verschiedene Satzarten)? Gibt es auffällige **rhetorische Figuren** (z. B. Inversion, Parallelismus, Chiasmus, Anapher, Wiederholungen, rhetorische Frage)?

- **Textsorte**
  Nach der gründlichen Untersuchung des Textes kannst du ihn einer bestimmten Textsorte zuordnen. Die Kennzeichen dieser Textsorte musst du am vorliegenden Text **nachweisen** können.
  Da dir bei der erweiterten Inhaltsangabe in der Regel ein Prosatext vorliegt, kommen folgende Textsorten in Frage: Märchen, Sage, Legende, Fabel, Parabel, Kalendergeschichte, Erzählung, Kurzgeschichte, Anekdote. Möglicherweise handelt es aber auch um einen Auszug einer Novelle oder eines Romans.

- **Wirkung auf den Leser**
  Wenn du die Wirkung auf den Leser beschreiben sollst, solltest du von dir selbst ausgehen: Wie wirkt der Text auf dich? Warum wirkt er so? Achte darauf, dass du **deine Meinung gut begründest**, nutze dazu die Vorarbeiten, die du bei den anderen Erschließungsfragen geleistet hast.

Zusammenfassung

Bei der erweiterten Inhaltsangabe ist zu beachten:

- Die erweiterte Inhaltsangabe baut auf der Inhaltsangabe auf.
- Die erweiterte Inhaltsangabe ist dreiteilig aufgebaut: Einleitung (Basissatz), Textzusammenfassung, Beantwortung vorgegebener Fragen.
- Die Fragen zum Text können sich beziehen auf: die Erzählperspektive, den Aufbau des Textes, Personen, die sprachliche Gestaltung und die Wirkung auf den Leser.

Literarische Figuren charakterisieren

Nicht alle Figuren, die in einer Erzählung, einem Roman oder einem Drama auftreten, wirken auf den Leser gleichermaßen sympathisch. Das liegt nicht nur an den persönlichen Vorlieben des Lesers, sondern vor allem daran, wie dem Leser eine Figur nahegebracht, beschrieben wird, und mit welchen Attributen sie ausgestattet ist. Dies herauszuarbeiten ist Ziel der literarischen Charakteristik.

Die Charakterisierung

Will man eine literarische Figur charakterisieren, muss man den Text genau lesen – er gibt alle Hinweise, die man benötigt. Aber Vorsicht: Nicht jede Aussage über eine Figur kann man unbesehen übernehmen. Schließlich kommt es darauf an, wer diese Aussage macht. Folgende Möglichkeiten gibt es:

1. **Der Erzähler charakterisiert eine Figur**: Er stellt die Figur vor, beschreibt ihr Äußeres, bewertet ihr Verhalten, erläutert ihre Beziehung zu anderen Figuren, beurteilt ihre intellektuellen und emotionalen Fähigkeiten usw.
2. **Andere Figuren aus dem Text charakterisieren diese Figur**: Sie beschreiben sie äußerlich, loben und kritisieren sie, vergleichen sie mit anderen, bewerten ihr Verhalten, respektieren ihre Eigenart, ihre Gefühle oder ignorieren sie.
3. **Die Figur charakterisiert sich selbst**: durch Aussagen über sich selbst, aber auch durch ihre Einstellung zu anderen Figuren sowie durch ihre Handlungen und ihre Verhaltensweise.

Mögliche Aspekte der Charakterisierung

Um eine literarische Figur charakterisieren zu können, muss man möglichst viele Informationen über sie sammeln. Diese sollte man dann nach Oberbegriffen ordnen, z. B.:

- Die **äußere Erscheinung** (Alter, Aussehen, Bekleidung usw.) sagt nicht viel über einen Menschen aus, aber sie prägt das Bild, das andere von ihm haben, und darf daher nicht vernachlässigt werden.
- Auch die **äußeren Lebensumstände** prägen eine Person und müssen genannt werden: Lebensweise, Wohn- und Arbeitsverhältnisse, Auftreten und Benehmen usw.
- Zu welchen **Mitmenschen** hat die zu charakterisierende Figur Kontakt? Gibt es eine Familie, Freunde, vielleicht auch Gegner, sogar Feinde? Wie sind diese gekennzeichnet und welches Licht werfen sie auf die Figur?
- Ebenso sind die **Äußerungen und Handlungen** einer Figur für ihre Charakterisierung wichtig. Was sagt sie, was tut sie? Was sind ihre Beweggründe? Was will sie erreichen oder verhindern? Wie verhält sie sich in kritischen Situationen? Wie spricht sie? Äußert sie sich eher sachlich oder emotional? Zeigt sie sich in ihrer Sprache als gebildet oder ungebildet, feinfühlig oder grob?

- Sehr wichtig sind die **Lebenserfahrungen**, die Biografie einer Person, ihr Lebenslauf. Was hat die Person bisher erlebt? Was hat sie zu dem gemacht, was sie heute ist? Welche Schicksalsschläge musste sie hinnehmen, welche Erfolge konnte sie feiern? Welche besonderen Erlebnisse prägen ihr jetziges Verhalten?

Niederschrift der Charakteristik

Eine literarische Charakteristik kann nie vollkommen objektiv sein, denn die Bewertung der einzelnen Charaktermerkmale ist immer durch den Betrachter geprägt. Trotzdem solltest du auf größtmögliche Objektivität und eine sachliche Darstellung achten. Vor allem musst du abwägen, wie verlässlich die Informationen sind.

Du kannst eine literarische Charakteristik dreiteilig anlegen:
1. **Einleitung**: Hinweise zu Verfasser, Titel und Entstehungszeit des Werkes
2. **Hauptteil**: Charakterisierung der Person (von der äußeren Erscheinung zu den charakterlichen Eigenarten)
3. **Schluss**: zusammenfassende Beurteilung der Person

Zusammenfassung

Bei der Charakterisierung literarischer Figuren ist zu beachten:
- Im Mittelpunkt einer literarischen Charakteristik steht eine Person aus einem dramatischen, lyrischen oder Prosawerk.
- Informationen über die Person bekommst du aus dem Text: Entweder geben der Erzähler oder andere Figuren Hinweise, oder die betreffende Person charakterisiert sich selbst.
- In die literarische Charakteristik sollten die äußere Erscheinung der Figur, ihre Lebensumstände, ihre Haltung zu den Mitmenschen sowie das, was sie sagt oder tut, einfließen. Wenn möglich, kann auch ihr Lebenslauf herangezogen werden.
- Eine literarische Charakteristik ist dreiteilig aufgebaut.

Literarische Texte

Im Deutschunterricht lernst du verschiedene literarische Texte kennen: Märchen, Sagen, Kurzgeschichten, Romane, Schauspiele, Balladen, Jugendbücher und andere mehr. Literarische Texte sind dichterische Texte; ein Autor hat sie erdichtet, also erfunden. Sie erheben nicht den Anspruch, ein Geschehen wiederzugeben, das sich wirklich ereignet hat – manchmal trifft das zu, meist jedoch nicht.
Literarische Texte findest du in allen Medien, im Buch, im Radio (z. B. das Hörspiel), im Fernsehen oder im Kino (wenn ein Buch verfilmt wird), aber auch in der Tageszeitung (oft in der Form des Fortsetzungsromans) und im Internet (z. B. wenn jemand Gedichte auf seine Homepage stellt).

Literatur

Die Literatur nennt man auch **Dichtung**. Literarische Texte sind Texte, die etwas Erfundenes, Erdichtetes zum Inhalt haben. Man teilt sie in drei große Gruppen:

- **Erzählende Texte**
  Diese sind oft in Alltagssprache geschrieben. Man nennt sie auch epische Texte oder **Prosatexte**. Dazu gehören Anekdoten, Kurzgeschichten, Erzählungen, Novellen und Romane. Erzählende Texte werden von einer **Erzählerfigur** wiedergegeben. Dieser Erzähler ist eine vom Autor erfundene Figur. Er kann unterschiedliche Sichtweisen einnehmen – je nachdem, was der Autor beabsichtigt: Die Erzählerfigur kann aus der Ich-Perspektive oder aus einer allwissenden Sicht erzählen, man spricht dann vom **Ich-Erzähler** oder vom **allwissenden** (auktorialen oder olympischen) **Erzähler**.

- **Dramatische Texte**
  Kurze dramatische Texte nennt man **Szenen**, längere **Schauspiele** (oder Dramen). Schauspiele kann man nach ihrem Inhalt unterscheiden: Sind sie lustig und haben einen guten Ausgang (Happy End), spricht man von **Lustspielen** oder Komödien. Thematisieren sie ein tiefgehendes Problem oder einen Konflikt und enden sie tragisch, spricht man von **Trauerspielen** oder Tragödien. Es gibt auch eine Mischform, dabei ist die Handlung meist witzig, hat aber einen tragischen Kern. Diese Form des Dramas nennt man **Tragikomödie**. Auch **Filme**, **Fernsehspiele** oder **Hörspiele** gehören zu den dramatischen Texten. Das entscheidende Kriterium, an dem man dramatische Texte erkennen kann, ist folgendes: Es gibt keinen Erzähler (wie z. B. im Roman); die Figuren sind die Träger der Handlung und sprechen in **Monologen** und **Dialogen**.

- **Lyrische Texte**
  Zu den lyrischen Texten gehören alle Arten von **Gedichten** (also auch das Sonett und die Ballade sowie Liedtexte). Gedichte erkennt man daran, dass sie anders als erzählende Texte nicht in Prosa, sondern in **gebundener Sprache** (in Versen, gegliedert nach Strophen) abgefasst sind. Gedichte **reimen** sich oft am Ende der Verse (Endreim), meist besitzen sie einen eigenen **Rhythmus**, häufig sind sie auch durch die Verwendung vieler **stilistischer Mittel** (Anapher, Inversion usw.) gekennzeichnet. Auf den ersten Blick erkennt man ein Gedicht am **Druckbild**, da ein Vers meist keine ganze Druckzeile füllt.

Literarische Texte

Erzählende Texte (Prosatexte)	Dramatische Texte (Szenen, Schauspiele)	Lyrische Texte (Gedichte)
↓	↓	↓
oft in Alltagssprache geschrieben, eine Erzählerfigur (Ich-Erzähler oder allwissender Erzähler) gibt das Geschehen wieder	es gibt keinen Erzähler, die Figuren sprechen in Monologen (Rede) und Dialogen (Gegenrede)	in gebundener Sprache (Verse, Rhythmus, Reim) verfasst
↓	↓	↓
Märchen, Sage, Schwank, Fabel, Legende, Anekdote, Kalendergeschichte, Erzählung, Kurzgeschichte, Novelle, Epos, Roman, Kinder- und Jugendbuch	Szene, Schwank, Schauspiel (Drama): Trauerspiel (Tragödie), Lustspiel (Komödie), Tragikomödie	Verse, Gedichte, Ode, Sonett, Ballade, Songtext, Volkslied

Zusammenfassung

Literarische Texte

- Literarische Texte sind erfundene Texte, man nennt sie auch Dichtung.
- Man unterscheidet erzählende Texte, dramatische Texte und lyrische Texte.
- Literarische Texte findet man in allen Medien: in Büchern, im Hörfunk, im Fernsehen, in Kinofilmen, in der Tageszeitung und im Internet.

Kurzgeschichte

Die Kurzgeschichte ist eine relativ junge Gattung kurzer Prosa. Erst nach dem Zweiten Weltkrieg kam sie aus den USA nach Deutschland, wo sie gleich von vielen Autoren der Kriegsgeneration aufgegriffen wurde.

Herkunft und Entstehung

In den USA gab es schon seit dem Ende des 19. Jahrhunderts die Form der kurzen Geschichten, der sog. **short storys**. Nach dem Ende des Zweiten Weltkriegs kam amerikanisches Gedankengut nach Deutschland, darunter auch die short story. Vorbildhaft wirkten die short storys von **Ernest Hemingway** (1899–1961), z. B. Alter Mann an der Brücke, Schnee auf dem Kilimandscharo. Deutsche Autoren der unmittelbaren Nachkriegszeit wie Heinrich Böll, Wolfgang Borchert, Wolfdietrich Schnurre und Ilse Aichinger griffen diese Form auf und schufen eine neue Literaturgattung: die moderne deutsche Kurzgeschichte.
Die Kurzgeschichte entsprach den Bedürfnissen der Zeit nach 1945. Papier war knapp und wurde von den alliierten Besatzungsmächten rationiert; es war sehr viel leichter, in Zeitungen kurze Geschichten zu publizieren, als umfangreiche Romane zu veröffentlichen. Dazu kam die Stimmungslage:
Die Autoren waren vom Kriegsgeschehen ausgebrannt und nur selten in der Lage, umfassende Romane zu schreiben. Auch die lesende Bevölkerung, die mit dem Wiederaufbau Deutschlands beschäftigt war, las lieber kurze Texte als lange. So war der Zeitpunkt ideal für die Entstehung der neuen Gattung „Kurzgeschichte“.

Bauform

Die Kurzgeschichte hat, wie ihr Name schon sagt, einen geringen Umfang – oft nur eine oder zwei Druckseiten. Sie zeigt nur einen entscheidenden Ausschnitt (Schicksalsbruch) aus dem Leben des Protagonisten; **Einleitung und Schluss fehlen meist**. Die Handlung ist auf das Wesentliche beschränkt, der Leser bleibt oft verunsichert und ratlos zurück.

Thematik

Kurzgeschichten deutscher Autoren aus der unmittelbaren Nachkriegszeit zeigen das Leben der Menschen im zerstörten Deutschland, ihre Situation als Kriegsheimkehrer oder – in der Rückblende – ihre Verhaltensweisen oder Erlebnisse im Krieg.

Die **Aufarbeitung der unmittelbaren** Vergangenheit stand bei den frühen Kurzgeschichten im Vordergrund.
Neuere Kurzgeschichten thematisieren vor allem aktuelle gesellschaftsrelevante Themen wie etwa künstliche Intelligenz oder den Klimawandel und regen eine individuelle Stellungnahme der Leser an.
Wichtig ist, dass die Autoren der Kurzgeschichte keine Lösungen anbieten wollen (oder können). Ihr Ziel ist es, Probleme und Krisensituationen aufzuzeigen und literarisch zu gestalten.

Darstellung der Figuren

Meist treten in Kurzgeschichten nur wenige Personen auf. Diese sind keine herausragenden Charaktere, sondern als **Durchschnittsmenschen**, die sich an einem **Wendepunkt ihres Lebens** befinden, typisiert dargestellt. Die Hauptpersonen sind oft einfache Menschen, die der kleinbürgerlichen Welt entstammen und als passive Helden ihrem Schicksal ausgeliefert sind.

Sprache

Die Autoren verwenden eine **einfache**, **betont sachliche und ungekünstelte Alltagssprache**, die dem Inhalt der Geschichte entspricht. Oft prägt Umgangssprache die Figurenrede, die erlebte Rede und den inneren Monolog und führt so zu einer kritischen Identifikation der Leser mit den Figuren und dem Inhalt der Kurzgeschichte.

Zusammenfassung

Kennzeichen der Kurzgeschichte

- Die Kurzgeschichte stammt aus den USA, wo sie als short story schon seit Jahrzehnten etabliert war, bevor sie nach 1945 nach Deutschland kam.
- Deutsche Autoren wie Heinrich Böll, Wolfgang Borchert, Ilse Aichinger und andere nahmen die Form auf und verwendeten sie für Themen, die sich meist mit der deutschen Zeitgeschichte beschäftigten.
- Die Kurzgeschichte ist gekennzeichnet durch einen offenen Anfang und einen offenen Schluss.
- Die Personen der Kurzgeschichte sind meist typisierte Durchschnittsmenschen.
- Kurzgeschichten sind meist in Alltags- oder Umgangssprache abgefasst.

Erzählung

Du kennst die Erzählung als Aufsatzform und hast selbst schon einige Erzählungen geschrieben, z. B. eine Erlebnis- oder eine Fantasieerzählung.
Doch auch bekannte Schriftstellerinnen und Schriftsteller schreiben Erzählungen, die den von dir verfassten teilweise recht ähnlich sind.

Herkunft und Entstehung

Schon immer haben sich die Menschen Geschichten erzählt – wahre und erfundene, glaubhafte und fantastische, spannende und aufregende. Seit dem 18. Jahrhundert werden solche **Geschichten** als Erzählungen **aufgeschrieben**. Auch in unserer Zeit schreiben viele bekannte Dichter Erzählungen.

Erzählungen von bekannten Schriftstellern sind z. B.:
- Der Verbrecher aus verlorener Ehre (1786) von Friedrich Schiller,
- Michael Kohlhaas (1808) von Heinrich von Kleist,
- Aus dem Leben eines Taugenichts (1826) von Joseph von Eichendorff,
- Brigitta (1844/47) von Adalbert Stifter,
- Die verlorene Ehre der Katharina Blum (1974) von Heinrich Böll,
- Das Muschelessen (1990) von Birgit Vanderbeke.

Auch im Bereich der Jugendliteratur gibt es eine Vielzahl von Erzählungen, z. B.:
- Der Menschenfresser (1988) von Klaus Kordon,
- Familie Habakuk und die Ordumok-Gesellschaft (1993) von Ulrich Karger,
- Die Sehnsucht fährt schwarz (1996) von Rafik Schami.

Kennzeichen

Literarische Erzählungen sind den Erzählungen, die du in der Schule schreibst, recht ähnlich. Sie sind in drei Teile gegliedert, in **Einleitung**, **Hauptteil und Schluss**; im Hauptteil findet sich der Höhepunkt. Sie gleichen dem **Roman**, sie sind aber meist viel kürzer. Außerdem bestehen sie nur aus **einem Handlungsstrang**, es gibt also nur eine Haupthandlung, keine Nebenhandlungen. Sie kommen auch mit weniger Personen aus als der Roman und ereignen sich in einem kürzeren, überschaubareren Zeitraum.
Anders als Fabel, Parabel und Legende wollen sie keine Lehre vermitteln, anders als der Novelle fehlt ihnen das Leitmotiv und die „unerhörte Begebenheit".

Personen

Die wenigen Personen, die in einer Erzählung vorkommen, stehen meist in einem sehr engen Verhältnis zueinander, was durch die einsträngige Handlung bedingt ist. Sie sind zwar in der Regel als **Charaktere** angelegt (nicht als Typen mit funktionaler Bedeutung), die Lesenden lernen sie aber nur in bestimmten Situationen kennen. Ein umfassendes Charakterbild wie im Roman entsteht dadurch selten.

Sprache

In der **Erzählerrede** verwenden die Autorinnen und Autoren die Sprachform, die für die jeweilige Entstehungszeit kennzeichnend ist: eine stilisierte, gehobene Sprache im 18. und 19. Jahrhundert, eine betont sachliche und ungekünstelte Alltagssprache in der zweiten Hälfte des 20. Jahrhunderts. Eine Häufung von sprachlich-stilistischen Mitteln wie im Drama oder in der Lyrik ist nicht feststellbar. Die Figuren sprechen so, wie es ihrer **sozialen Stellung** und ihrem **Bildungsstand** entspricht.

Zusammenfassung

Kennzeichen der Erzählung

- Die literarische Gattung Erzählung gibt es seit dem 18. Jahrhundert. Doch auch davor haben sich die Menschen in mündlicher Form Geschichten erzählt.
- Die Erzählung ist dreiteilig aufgebaut, sie besteht aus Einleitung, Hauptteil (mit Höhepunkt) und Schluss.
- Die literarische Erzählung ähnelt dem Roman, ist aber meist kürzer und nur auf eine Handlung beschränkt.
- Die Personen der Erzählung sind meist Menschen aus dem Alltag, die in ein besonderes Ereignis verwickelt werden.
- Die literarische Erzählung ist in der Regel in der Alltagssprache ihrer Entstehungszeit abgefasst.

Novelle

Der Begriff „Novelle“ stammt aus dem Italienischen und bezeichnet eine Prosaerzählung von mittlerem Umfang.
Kennzeichnend für die Novelle, die auch in Deutschland zu einer eigenständigen literarischen Form geworden ist, ist die Konfrontation eines Menschen mit einem schicksalhaften Ereignis.

Herkunft und Entstehung

Ihren Ursprung hat die Novelle in der Renaissance. Der erste Novellendichter war **Giovanni Boccaccio** (1313–1375), der schon 1348 die Novellensammlung „Decamerone“ (dt. „Zehntagewerk“) veröffentlichte. Daraufhin wurden **Novellenzyklen** in ganz Europa populär. In Deutschland war Johann Wolfgang von Goethe der erste Dichter eines beachteten Novellenzyklus, der „Unterhaltungen deutscher Ausgewanderten“ (1795). In der Folgezeit wurde der Novellenzyklus von der Einzelnovelle abgelöst.

Kennzeichen

Die Novelle ist eine **Prosaerzählung** mittleren Umfangs. Ihr Inhalt ist auf das Wesentliche verdichtet und zeigt einen zentralen Konflikt, einen Zusammenstoß von Mensch und Schicksal, Realem und Außergewöhnlichem. Nach Goethes Definition steht eine „sich ereignete unerhörte Begebenheit“ im Mittelpunkt der Novelle.
Die Handlung verläuft geradlinig und weist eine geschlossene Form auf, die durch **Leitmotive**, das **Dingsymbol** und **Straffungen** der Handlung erreicht wird. Damit ist die Novelle dem Drama ähnlich: geraffte Exposition, Steigerung, konzentriert herausgearbeiteter Höhe- und Wendepunkt, Abfall und Abklingen der Handlung als ahnungsvolle Andeutung des Schicksals.

Das Dingsymbol

Ein wichtiges Kennzeichen der Novelle ist die Existenz eines Dingsymbols. Es steht symbolisch für den **Umschwung der Handlung** und stammt aus Boccaccios „Decamerone“. In der 9. Geschichte des 5. Tages wird erzählt, wie ein Ritter aus Liebe zu einer adligen Dame, für die er sein Vermögen verschwendet hat, als letzten Besitz seinen Falken als Speise vorsetzt. Dadurch ist sie so gerührt, dass sie in eine Heirat einwilligt und den Ritter zum Herrn über ihr gesamtes Vermögen macht.
Seitdem wird das Vorhandensein eines „Falken“, also eines Dingsymbols, als wichtiges Kennzeichen einer Novelle angesehen.

Bedeutung der Personen

Bei der Novelle steht die **Handlung** im Vordergrund. Personen, Dinge und Charaktere sind nur soweit berücksichtigt, als sie Träger oder Mittel des Hauptereignisses sind. Damit befindet sich die Novelle in deutlichem Gegensatz zum Roman, der eine (oder mehrere Personen) in den Mittelpunkt stellt.

Bekannte Autoren und ihre Novellen

Bekannte Verfasser von Novellen in der deutschen Literatur sind zum Beispiel:
- Conrad Ferdinand Meyer: Das Amulett (1873), Der Schuss von der Kanzel (1878)
- Eduard Mörike: Mozart auf der Reise nach Prag (1856)
- Theodor Storm: Immensee (1849), Aquis submersis (1876), Der Schimmelreiter (1888)
- Gottfried Keller: Die Leute von Seldwyla (Novellenzyklus 1855/56)
- Annette von Droste-Hülshoff: Die Judenbuche (1842)
- Thomas Mann: Gladius Dei (1902), Tonio Kröger (1903), Der Tod in Venedig (1912)
- Stefan Zweig: Sternstunden der Menschheit (1927)
- Martin Walser: Ein fliehendes Pferd (1978)
- Uwe Timm: Die Entdeckung der Currywurst (1993)
- Günter Grass: Im Krebsgang (2002)
- Hartmut Lange: Das Haus in der Dorotheenstraße (2013)

Im 19. Jahrhundert – der Blütezeit der deutschen Novelle – erlangte **Paul Heyse** durch seine Novellen und die von ihm verfasste Novellentheorie großes Ansehen. Er wurde als Dichterfürst und Nachfolger Goethes gefeiert und erhielt 1910 als erster deutscher Autor literarischer Werke den **Nobelpreis für Literatur**.

Zusammenfassung

Kennzeichen der Novelle

- Die literarische Gattung Novelle hat ihren Ursprung in der Renaissancedichtung Giovanni Boccaccios („Decamerone").
- Die Novelle ist eine Erzählung mittleren Umfangs, in der in verdichteter Weise der Zusammenprall von Mensch und Schicksal dargestellt ist. Dabei steht die Handlung im Mittelpunkt, nicht der Mensch.
- Ein wichtiges Kennzeichen der Novelle ist das Dingsymbol, das symbolisch für den Umschwung der Handlung steht.

Epos

Das Epos ist eine umfangreiche Verserzählung, die in der Antike und im Mittelalter üblich war. Das Epos ist damit eine Vorstufe zum Roman, der in Prosa geschrieben ist.

Das antike Epos

In der Antike war das Epos eine verbreitete Gattung, die aus verschiedenen Kulturkreisen bekannt ist.
Für die europäische Dichtung wurden die Epen Homers wichtig. **Homer** war ein sagenhafter griechischer Dichter um 750 v. Chr., von dem man nicht weiß, ob er wirklich gelebt hat oder ob andere Autoren den Namen als Pseudonym verwendet haben. Unter seinem Namen sind zwei Epen erhalten: In der **Ilias** wird der Kampf der Griechen gegen die Trojaner geschildert. Die **Odyssee** handelt von der abenteuerlichen, zehnjährigen Rückkehr des griechischen Helden Odysseus nach Ithaka.
In der römischen Antike nahm der Dichter **Vergil** (70–19 v. Chr.) in seinem Epos **Aeneis** Inhalte und Motive der Epen Homers auf. Vergil beschreibt die Irrfahrten des trojanischen Königssohns Aeneas, der, aus seiner brennenden Heimatstadt geflohen, auf Umwegen die Landschaft Latium in Mittelitalien erreicht. Dort soll der Sage nach von seinen Nachfahren Romulus und Remus die Stadt Rom gegründet worden sein. Vergil gestaltete mit seinem Epos den Gründungsmythos Roms.

Das mittelalterliche Epos

Um 1200 werden im deutschsprachigen Raum erste Epen in der Volkssprache aufgeschrieben. Diese kann man nach Inhalt, Gestaltung der Personen und vorherrschender Wertewelt unterscheiden:
Das **Heldenepos** ist oft von unbekannten Verfassern aufgeschrieben. Es lehnt sich in Stoff- und Motivwahl an die alten germanischen Heldensagen an. Das Heldenepos zeugt von einer archaischen Welt, in der rohe Gewalt herrscht. Das **Nibelungenlied** kann als Beispiel für das Heldenepos gelten.
Das **höfische Epos** stellt einen Ritter in den Mittelpunkt, der sich bewähren muss, um als würdiges Mitglied der Hofgesellschaft anerkannt zu werden. Thematisiert werden ritterliche Lebensführung, Werte und Tugenden, vor allem die Treue zu Gott und zu seinem Lehnsherrn. Darüber hinaus muss ein Ritter im Kampf Tapferkeit, gegenüber den Frauen gesittetes Benehmen und im Umgang mit Schwächeren und Hilfsbedürftigen Mitleid und Erbarmen zeigen. Das Ideal des höfischen Epos ist der „miles christianus", der an den christlichen Werten orientierte Streiter im Namen Gottes.
Wichtige höfische Epen sind **Erec** und **Iwein** von Hartmann von Aue, **Parzival** von Wolfram von Eschenbach sowie **Tristan und Isolde** von Gottfried von Straßburg.

Hartmann von Aue: Erec

„Erec" ist dem gleichnamigen Werk des französischen Dichters Chrestien de Troyes nachgedichtet. Hartmann schildert die Spannung des Protagonisten zwischen Lebens- und Liebesgenuss (Minne) und den der Gesellschaft verpflichteten ritterlichen Tugenden.
Der Aufbau des Werks ist zweiteilig: In der Vorgeschichte wird Erec von einem Zwerg in seiner ritterlichen Ehre gekränkt. Um diese Schmach wettzumachen, kämpft er während eines Turniers gegen den Herrn des Zwergen und gewinnt die schöne Enite zur Frau.
Weil Erec seine Frau unmäßig liebt, vernachlässigt er seine ritterlichen Pflichten. Als Enite ihn daran erinnert, macht er sich auf den Weg, seine ritterlichen Qualitäten aufs Neue zu beweisen. Die Herausforderungen, die Erec zu bestehen hat, schildert die eigentliche Erzählung.

Zusammenfassung

Kennzeichen des Epos

- Das Epos ist als umfangreiche Verserzählung aus Antike und Mittelalter der Vorläufer des Prosaromans, wie man ihn heute kennt.
- Noch heute bekannte Epen aus der Antike sind Ilias, Odyssee und die Aeneis.
- Bei den mittelalterlichen Epen unterscheidet man das Heldenepos (z. B. Nibelungenlied) und das höfische Epos (z. B. Erec, Iwein, Parzival und Tristan und Isolde).

Roman

Romane gehören zu den Großformen der epischen Gattung. Sie thematisieren nicht nur einzelne Ereignisse, sondern verfolgen einen Helden auf seinem Lebensweg. Sie beziehen auch seine Umwelt, die historische Realität und die allgemeine Stimmungslage in die Darstellung mit ein.

Herkunft und Entstehung

Zwar gab es schon im Mittelalter Romane – das Heldenepos und das höfische Epos. Doch bis ins 18. Jahrhundert war der Roman verpönt als einfache, ja minderwertige Gattung der Literatur. Erst durch Goethes Briefroman „Die Leiden des jungen Werther“ wurde der Roman zu dem, was er heute ist – zur wichtigsten literarischen Gattung.

Kennzeichen

Der Roman ist eine umfangreiche Erzählung mit mehreren Handlungssträngen. Er umfasst meist eine längere Zeitspanne (mehrere Wochen, Monate oder Jahre) und zeigt eine Vielzahl von Personen. Im Unterschied zu anderen, kürzeren Prosatexten wird im Roman eine eigene Welt entworfen.

Romantypen

Im Laufe der Jahrhunderte haben sich verschiedene Romantypen herausgebildet, die nach Wirkabsicht und Inhalt unterschieden werden können. Folgende Typen sind besonders wichtig:

- **Literarischer Roman** (hoher literarischer Anspruch, in Buchform veröffentlicht),
- **Unterhaltungsroman** (meist Darstellung von Alltagssituationen, kein literarischer Anspruch, in Buchform veröffentlicht),
- **Heftchenroman** (einfacher Unterhaltungsroman, meist um eine wiederkehrende Hauptfigur kreisend, an Kiosken erhältlich),
- **Fortsetzungsroman** (meist ein Unterhaltungsroman, der über einen längeren Zeitraum kapitelweise in einer Tageszeitung veröffentlicht wird),
- **Jugendroman** (meist aus der Sicht eines Jugendlichen zu Themen geschrieben, die Jugendliche interessieren, oft mit literarischem Anspruch).

Untersuchungsaspekte

Um einen Roman zu verstehen und deuten zu können, solltest du folgende Aspekte genau untersuchen:

- **Ich-Erzähler oder Er-/Sie-Erzähler**
  Ein Roman kann aus der Ich- oder der Er-/Sie-Sicht verfasst sein. Der **Ich-Erzähler** ist eine eigenständige Figur aus der Welt des Romans. Er schreibt aus seiner Sicht, andere Personen werden aus einer Außenperspektive dargestellt; ihre Gedanken und Beweggründe kann der Ich-Erzähler nur erahnen. Der **Er-/Sie-Erzähler** kann zum Personal des Romans gehören, er stellt die Handlung aus der Außen- oder der Innenperspektive dar.
- **Erzählverhalten**
  Der Autor entscheidet, aus welchem Blickwinkel der Erzähler die Romanhandlung wiedergibt. Folgendes Erzählverhalten kannst du unterscheiden: **Auktoriales Erzählverhalten**: Der allwissende Erzähler ist vom Geschehen unabhängig; er greift kommentierend in die Handlung ein.
  Personales Erzählverhalten: Der Erzähler steht scheinbar mitten im Geschehen, er nimmt die Sichtweise einer oder mehrerer Figuren ein. Der Leser erlebt das Geschehen aus der Perspektive dieser Figur(en).
  Neutrales Erzählverhalten: Der Erzähler verzichtet auf jede individuelle Sichtweise. Er gibt die Geschehnisse scheinbar objektiv wieder.
- **Erzählzeit und erzählte Zeit**
  Die **Erzählzeit** ist die Zeit, die der Leser benötigt, den Roman zu lesen. Die **erzählte Zeit** umfasst die Dauer des Erzählten. Meist ist die Erzählzeit wesentlich kürzer als die erzählte Zeit.
  Um die zeitlichen Verhältnisse in seinem Sinn zu organisieren, kann der Erzähler zu folgenden Möglichkeiten greifen: **zeitraffendes Erzählen** (Auslassungen), **zeitdehnendes Erzählen** (ausführliches Erzählen) und **zeitdeckendes Erzählen** (Handlung und Erzählung der Handlung sind gleich lang).

Zusammenfassung

Kennzeichen des Romans

- Der Roman gehört zu den epischen Großformen. Seine Handlung erstreckt sich über einen längeren Zeitraum. Es kommen viele Personen vor.
- Man unterscheidet verschiedene Romantypen: literarischer Roman, Unterhaltungsroman, Heftchenroman, Fortsetzungsroman, Jugendroman.
- Bei der Untersuchung eines Romans sollten folgende Aspekte besonders beachtet werden: Erzählperspektive, Erzählverhalten und Gestaltung der Zeit.

Drama (Schauspiel)

Schauspiele sind Bühnenstücke, deren Text in geschriebener oder gedruckter Fassung vorliegt. In der Schule werden oft nur diese Texte gelesen. Um ein Drama aber wirklich zu verstehen, sollte man sich auch Gedanken darüber machen, wie es auf der Bühne wirkt oder wirken könnte.

Herkunft und Entstehung

Das Theater gab es schon im **antiken Griechenland**. Zu Ehren des Gottes Dionysos wurden alljährlich im Frühjahr neue Stücke in der Form von Dichterwettkämpfen aufgeführt. Im Mittelalter geriet diese Tradition in Vergessenheit. In den **christlichen Osterprozessionen**, die an verschiedenen Stationen des Leidenswegs Christi Halt machten, um die Leidensgeschichte in Spielszenen anschaulich zu machen, wurde das Theater ein zweites Mal entdeckt. Lange Zeit zogen dann **fahrende Schauspielertruppen** durch Europa, um auf Jahrmärkten oder zu besonderen Anlässen ihre Stücke vor Publikum zu spielen. Erst seit dem 18. Jahrhundert entstanden in größeren Städten **feste Theaterbauten**, in denen die Schauspieler auftreten konnten. Nun wurden auch die Dramentexte immer wichtiger: Bekannte Dichter wie Lessing, Goethe und Schiller schrieben Dramen, die das Publikum nicht nur belustigen, sondern auch zum Nachdenken über **politische, moralische und weltanschauliche Fragen** bewegen sollten.

Kennzeichen

Dramen sind zur Aufführung bestimmt. Schauspieler übernehmen die Rollen der Figuren. In **szenischem Spiel**, **Monolog** (Selbstgespräch einer Person) und **Dialog** (Gegenrede mit mehreren Personen) entfaltet sich die Handlung. Im Mittelpunkt der Handlung steht ein bestimmtes Problem (**Konflikt**), das der Held des Stückes lösen muss. Dabei setzt er sich mit den anderen Figuren des Dramas auseinander. Diese Figuren stehen in einem bestimmten Verhältnis zueinander, sie sind z. B. Freunde oder Gegner des Helden. Man spricht von **Figurenkonstellation**.

Das Drama wird üblicherweise in drei bis fünf **Akte** oder Aufzüge (Hauptabschnitte des Dramas zwischen zwei Vorhängen) unterteilt, die sich wiederum in mehrere **Szenen** oder Auftritte untergliedern. Meist beginnt eine neue Szene, wenn die Personen auf der Bühne ganz oder teilweise wechseln.

Aufführungen von Dramen werden von Regisseuren vorbereitet. Sie entwickeln – gemeinsam mit den Schauspielern – Möglichkeiten, wie der Text, der ja nur auf dem Papier steht, in szeni-sches Spiel umgesetzt werden kann. Hierbei achten sie u. a. auf die **Regieanweisungen** im Stück, d. h. auf die Angaben des Autors zur Umsetzung des Stücks auf der Bühne.

Typen

Der Begriff **Drama (Schauspiel)** ist wertneutral. Er sagt nichts über die Charakterisierung der Figuren, den Inhalt oder den Ausgang des Stücks aus. Dazu werden folgende Unterscheidungen verwendet:

- **Komödie (Lustspiel)**: Bühnenstück mit komischem, lustigem oder heiterem Inhalt. Scheinbar allgemein verbindliche Werte werden als lächerlich dar-, menschliche Schwächen bloßgestellt. Häufige Themen sind das Missverhältnis von Sein und Schein, veraltete gesellschaftliche Umgangsformen oder das Fehlverhalten eines Einzelnen.
- **Tragödie (Trauerspiel)**: Bühnenstück mit tragischem Inhalt. Darstellung eines Konflikts, der mit dem Untergang des Helden eine Lösung findet. Häufig muss sich der Held zwischen zwei Wertsystemen entscheiden. Oft entsteht die Wirkung durch die tragische Handlung, aber auch durch eine angemessene, pathetische Sprache.
- **Tragikomödie (Mischform aus Tragödie und Komödie)**: Schauspiel, das tragische und komische Elemente miteinander verbindet. Komische Motive und Situationen verstärken die Tragik der Gesamthandlung. Dies fördert den Realitätsgehalt, da das Nebeneinander von tragischen und komischen Elementen menschlichen Erfahrungen entspricht.

Zusammenfassung

Kennzeichen des Dramas

- Die Anfänge des Dramas liegen im antiken Griechenland.
- Dramen sind Texte, die zur Aufführung bestimmt sind. In Monologen und Dialogen treiben die Personen die Handlung voran.
- Ein Drama ist meist in drei oder fünf Akte und mehrere Szenen gegliedert.
- Man unterscheidet die Tragödie, Komödie und Tragikomödie.

Lyrische Texte

Lyrik ist die Literaturgattung, mit der die meisten Menschen schon sehr früh in Kontakt kommen, denn die Strophen eines Kinderliedes unterscheiden sich eigentlich nur durch ihre Melodie von den Strophen eines Gedichts. Dennoch muss du über einige Kenntnisse verfügen, um lyrische Texte sinnvoll lesen und Form und Inhalt eines Gedichts aufeinander beziehen zu können.

Vieles, was du wissen musst, um ein Gedicht zu interpretieren, hast du bereits in der fünften und sechsten Klasse gelernt. Du weißt zum Beispiel, was ein Reimschema ist und kennst die folgenden wichtigen Endreime.

- **Paarreim**: Zwei aufeinanderfolgende Verse reimen miteinander (aabb).
- **Kreuzreim**: Jeder zweite Vers reimt miteinander (abab).
- **Umarmender Reim**: Der erste und der vierte Vers reimen miteinander (abba).
- **Schweifreim**: Wechsel aus Paarreim und umarmendem Reim (aabccb).

Manchmal kommt in Gedichten auch ein Vers vor, der mit keinem anderen reimt und dadurch besonders hervorgehoben ist. Man nennt solch einen Vers, der aus dem Reimschema herausfällt, eine **Waise** (Darstellung: x).

Es gibt darüber hinaus aber noch weitere Gesichtspunkte, die für die Beschreibung eines Gedichts bedeutsam sind. Auf den folgenden Seiten kannst du dein Wissen erweitern und mehr über die verschiedenen Formen von Gedichten erfahren und weitere wichtige Stilmittel kennenlernen.

Lyrische Formen

Haiku

Der Begriff *Haiku* bezeichnet eine Gedichtform japanischen Ursprungs. Sie gilt als die kürzeste Gedichtform der Welt. In der deutschen Sprache haben sich weitgehend dreizeilige Haikus durchgesetzt. Das Besondere daran ist, dass die **Anzahl** der **Silben** pro Zeile **festgelegt** ist. Die erste Zeile besteht aus 5 Silben, die zweite Zeile besteht aus 7 Silben und die dritte Zeile besteht wieder aus 5 Silben. Thematisch orientiert sich das Haiku an Momentaufnahmen. In ihm werden Eindrücke einer Situation geschildert:

Die Sonne geht auf.
Noch frisch ohne Grau die Welt.
So soll sie bleiben.

Schüttelreim

Der Schüttelreim ist eine Gedichtform, bei der, wie der Name schon sagt, die **Endreime durcheinander geschüttelt** wurden. Die beiden letzten Wörter zweier Verse reimen sich. Außerdem haben das letzte Wort des ersten Verses und das vorletzte Wort des zweiten Verses, aber auch das vorletzte Wort des ersten Verses und das letzte Wort des zweiten Verses den gleichen Anfangsbuchstaben.
Bei einem Schüttelreim handelt es sich meistens, aber nicht immer um einen witzigen Zweizeiler. Erich Mühsam hat viele solcher Schüttel-reime geschrieben, hier einige Beispiele.

Mit einem starken Schweden ringen,
ist nicht so leicht wie Reden schwingen.

Ich bürste in dem Rosenhain
den Rock mir und die Hosen rein.

An der Liebe Niederlagen
läßt der Dichter Lieder nagen.

Wenn mein Hund zu bellen droht,
geb ich ihm Sardellenbrot.

Man soll sich nicht in Häuschen laben,
wo die Bewohner Läuschen haben.

Erich Mühsam (1878–1934)

Das Metrum

Neben dem Jambus und Trochäus, die du schon kennst, gehören auch der Daktylus und der Anapäst zu den wichtigsten Metren.

Daktylus

Beim Daktylus folgen auf eine betonte Silbe zwei unbetonte Silben. Der Vers beginnt häufig mit einer unbetonten Silbe. Diese Silbe am Versanfang nennt man Auftakt. Den Daktylus kann man schematisch folgendermaßen darstellen:

x x́ x x x́ x x x́ x x x́

Goethes Ballade *Totentanz* ist beispielsweise in Daktylen verfasst. Hier passt dieses Metrum auch besonders gut, denn in der Ballade geht es um tanzende Gespenster, und der Daktylus ist einem Dreivierteltakt, dem Walzertakt, sehr ähnlich. Lies die ersten Strophen aus Goethes Ballade.

Der Türmer, der schaut zu mitten der Nacht
Hinab auf die Gräber in Lage;
Der Mond, der hat alles ins Helle gebracht:
Der Kirchhof, er liegt wie am Tage.
Da regt sich ein Grab und ein anderes dann:
Sie kommen hervor, ein Weib da, ein Mann,
in weißen und schleppenden Hemden.
Das reckt nun, es will sich ergötzen sogleich,
Die Knöchel zur Runde, zum Kranze,
So arm und so jung und so alt und so reich;
Doch hindern die Schleppen am Tanze.
Und weil nun die Scham hier nun nicht weiter gebeut,
Sie schütteln sich alle: da liegen zerstreut
Die Hemdlein über den Hügeln.
...

Johann Wolfgang von Goethe (1749–1832)

Anapäst

Beim Anapäst folgt auf zwei unbetonte Silben eine betonte Silbe. Der Anapäst kommt seltener vor als der Daktylus. Hier ein Vers aus einem Gedicht von Friedrich Hölderlin (1770–1843):

Wie mein Glück, ist mein Lied.
x x x́ x x x́

Stilmittel

Neben sprachlichen Bildern (Vergleiche, Metaphern, Personifikationen) und den Reimen, gibt es weitere Stilmittel, die vor allem die **klangliche Wirkung** eines Gedichts beeinflussen.

Anapher

Bei einer Anapher wird mindestens ein **Wort** am Versanfang **wiederholt**. Häufig steigert dieses Stilmittel die Eindringlichkeit des Gesagten. Lies die erste Strophe aus Theodor Storms Gedicht *Die Nachtigall*.

Das macht, es hat die Nachtigall
Die ganze Nacht gesungen;
Da sind von ihrem süßen Schall,
Da sind in Hall und Widerhall
Die Rosen aufgesprungen.

Theodor Storm (1817–1888)

Alliteration

Von einer Alliteration spricht man, wenn sich der **Anfangsbuchstabe** der Wörter **wiederholt** (**w**ogende **W**ellen, **gr**üne **Gr**äser, **w**ildes **W**asser). Der Klang und somit auch der Fluss eines Gedichts werden durch Verwendung einer Alliteration häufig einheitlicher, wie etwa in diesem Vers von Josef von Eichendorff:

Schweigt der Menschen **l**aute **L**ust.

Akkumulation

Die Akkumulation ist eine **Anhäufung** von **Begriffen**, die inhaltlich zusammengehören. Die Verwendung der Akkumulation lenkt die Aufmerksamkeit der Leser oder Hörer auf das entsprechende Wortfeld und hebt es damit aus dem Kontext hervor. *Über Bergen, Fluß und Talen…* In diesem Beispiel aus einem Gedicht Eichendorffs gehören die Begriffe inhaltlich zusammen, da es sich in jedem Fall um ein Landschaftselement handelt.

Onomatopoesie

Onomatopoesie ist ein anderes Wort für **Lautmalerei**. Lautmalerisch sind Wörter dann, wenn sie klingen, wie das, was sie bedeuten, z.B. *knacken*, *muhen*, *miauen*.

Klimax

Wird eine Aussage in ihrer **Intensität gesteigert**, spricht man von einer Klimax. Die Klimax in dem Zitat Caesars „Ich kam, sah und siegte" ist sicherlich die bekannteste. Caesar hat mit dem Einsatz dieses Stilmittels nicht nur einen Spannungsbogen erzeugt, sondern durch die Steigerung seine Fähigkeiten und Verdienste betonen wollen.

Neologismus

Bei einem Neologismus handelt es sich um eine **Wortneuschöpfung**. Hier werden entweder Wörter völlig neu erfunden oder alte Wörter erhalten eine neue Bedeutung. Lewis Caroll hat in seinem Gedicht *Der Jabberwocky* sein Können auf dem Gebiet der Wortneuschöpfungen unter Beweis gestellt.
Christian Enzensberger hat das Gedicht, das fast vollständig aus unbekannten Wörtern besteht, übersetzt. Lies diesen Auszug aus der Übersetzung:

Verdaustig war's, und glaße Wieben
rotterten gorkicht im Gemank.
Gar elump war der Pluckerwank,
und die gabben Schweisel frieben.

Zusammenfassung

Kennzeichen lyrischer Texte

- Wenn du ein Gedicht untersuchst, musst du genau erklären können, auf welche Weise eine bestimmte Wirkung erzielt wird und warum Form und Inhalt zueinander passen.
- Achte auf das Metrum (z. B. Daktylus, Anapäst).
- Achte auf Stilmittel (z. B. Alliterationen, Akkumulationen, Onomatopoesie, Klimax und Neologismen).

Sonett

Das Sonett ist eine Gedichtform, die in Bauart und inhaltlicher Gestaltung strengen Gesetzmäßigkeiten unterliegt. Zwar werden auch heute noch Sonette geschrieben, seine Blütezeit hatte diese Form aber im Barock (um 1600–1720).

Lebensgefühl im Zeitalter des Barock

Das Lebensgefühl der Menschen im Zeitalter des Barock ist in den politischen und gesellschaftlichen Verhältnissen des 17. Jahrhunderts begründet. Die nicht enden wollenden Kämpfe des Dreißigjährigen Krieges (1618–1648) brachten Zerstörungen und Verwüstungen und den Menschen unsägliches Leid. Pessimismus und Todesangst waren die beherrschenden Gefühle dieser Zeit. Ihnen setzten die Menschen ihren Lebenshunger entgegen. Man wollte den Augenblick nutzen und stellte dem Pessimismus das „Carpe diem" (pflücke den Tag, koste den Tag voll aus) entgegen. Diese Spannung zwischen Todesangst und Lebenslust, zwischen dem Bewusstsein der Vergänglichkeit des Lebens (Memento mori: Bedenke, dass du sterben musst) und der Weltbejahung drückt sich in der Literatur des Barock aus. Man spricht in diesem Zusammenhang von barocker Antithetik (Gegensätzlichkeit). Noch heute bekannte barocke Sonette stammen von Martin Opitz und Andreas Gryphius.

Kennzeichen des Sonetts

Besonders das Sonett brachte die barocke Antithetik zum Ausdruck.

- Das Sonett besteht aus 14 Versen, die in zwei vierzeilige Strophen (**Quartette**) und zwei dreizeilige Strophen (**Terzette**) untergliedert sind. Gedankliche Gegensätze werden durch den Wechsel von den Quartetten zu den Terzetten besonders deutlich: So können z. B. Frage und Antwort, Problem und Lösung einander gegenübergestellt werden.
- Die Reimstruktur unterstützt diese Zweiteilung. Viele Sonette kommen mit vier verschiedenen Reimen aus: abba in den Quartetten, meist ccd und eed in den beiden Terzetten. Doch auch andere Reimfolgen sind möglich.
- Als Versform ist im Sonett des Barock der **Alexandriner** vorherrschend. Es handelt sich dabei um einen sechshebigen Jambus mit einer Mittelzäsur (Einschnitt, Pause) nach der dritten Hebung, der die Antithetik des Dargestellten verdeutlicht: x x́ x x́ x x́ || x x́ x x́ x x́.
- Für das barocke Sonett ist die Verwendung von sprachlichen Bildern wie Vergleich und Metapher typisch.

Beispiel für ein barockes Sonett

Andreas Gryphius: Abend

1. Quartett	Der schnelle Tag ist hin. Die Nacht schwingt ihre Fahn	a
	Und führt die Sternen auf. Der Menschen müde Scharen	b
	Verlassen Feld und Werk. Wo Tier und Vögel waren,	b
	Traurt itzt die Einsamkeit. Wie ist die Zeit vertan!	a
2. Quartett	Der Port naht mehr und mehr sich zu der Glieder Kahn.	a
	Gleich wie dies Licht verfiel, so wird in wenig Jahren	b
	Ich, du, und was man hat, und was man sieht, hinfahren.	b
	Dies Leben kömmt mir vor als eine Rennebahn.	a
1. Terzett	Lass, höchster Gott, mich doch nicht auf dem Laufplatz gleiten!	c
	Lass mich nicht Ach, nicht Pracht, nicht Lust, nicht Angst verleiten!	c
	Dein ewig heller Glanz sei vor und neben mir!	d
2. Terzett	Lass, wenn der müde Leib entschläft, die Seele wachen,	e
	Und wenn der letzte Tag wird mit mir Abend machen,	e
	So reiß mich aus dem Tal der Finsternis zu Dir!	d

Metrum

Der	schnel	le	Tag	ist	hin.		Die	Nacht	schwingt	ih	re	Fahn.
x	x́	x	x́	x	x́	||	x	x́	x	x́	x	x́

Zusammen-fassung

Kennzeichen des Sonetts

- Das Sonett ist geeignet, die Antithetik des Lebens im Barock darzustellen.
- Es besteht aus vier Strophen: zwei Quartetten und zwei Terzetten.
- Das Versmaß des barocken Sonetts ist der sechshebige Jambus mit Mittelzäsur, Alexandriner genannt.

Ballade

Die Ballade ist ein Erzählgedicht, das ein ungewöhnliches Ereignis spannend und auf das Wesentliche reduziert erzählt. Somit werden die drei Grundgattungen der Dichtung vereint: epische Erzählweise, dramatische Gestaltung und lyrische Stimmung.

Der Begriff „Ballade“

Das Wort „Ballade“ stammt aus Südfrankreich und bezeichnete ursprünglich ein Lied, das beim Tanzen gesungen wurde. Der Begriff wurde später auch im deutschen Sprachraum heimisch, stand nun aber für ein meist dämonisch-spukhaftes, häufig tragisches Geschehen aus Geschichte, Mythologie oder Sage.

Kennzeichen

Balladen sind in Strophen und Verse gegliedert, meist verfügen sie über Endreime und einen bestimmten Sprechrhythmus. Dies und der häufig vorkommende Refrain zeigen, dass es sich bei Balladen um **Gedichte** handelt. Aber im Gegensatz zu vielen anderen Gedichten, die in erster Linie Gefühle, Stimmungen und persönliches Erleben ausdrücken wollen, wird in der Ballade **ein Geschehen erzählt**. Man spricht deshalb von Geschichten in Gedichtform, sogenannten „Erzählgedichten“. Doch die Ballade trägt auch **dramatische Elemente** in sich: kurze Regieanweisungen, Monologe und Dialoge der Figuren in wörtlicher Rede sowie Spannungssteigerung am Höhepunkt. Eine gute Ballade enthält die Elemente aller drei literarischen Gattungen. **Goethe** spricht deshalb von der Ballade als vom „Ur-Ei“ aller drei Grundarten der Poesie.

Nach Goethes Definition ist die Ballade das „Ur-Ei“ der Poesie: Sie enthält lyrische, dramatische und epische Elemente.

Volksballaden

Balladen wurden ursprünglich durch Vortrag oder Gesang mündlich überliefert. Sie haben Ähnlichkeit mit der Moritat der Bänkelsänger, also berufsmäßiger Sänger, die ihre Lieder auf den Jahrmärkten vortrugen. Die ursprünglichen Verfasser dieser **Volksballaden** sind unbekannt.

Kunstballaden

Im 18. Jahrhundert begannen Dichter Balladen zu schreiben, die den Volksballaden recht ähnlich waren. Sie entnahmen ihre Stoffe der Geschichte oder gestalteten alte Sagen und Schwänke neu. Der Dichter Gottfried August Bürger schuf mit **Lenore** 1773 die erste Kunstballade; bald folgten ihm zahlreiche andere Dichter wie Johann Wolfgang von Goethe und Friedrich Schiller. Während Goethe sich Mythen und Natursagen als Vorbilder wählte, wählte Schiller seine Stoffe aus der Geschichte. Im 19. Jahrhundert galt es als modern, Balladen zu schreiben; noch heute kennt man viele Balladen aus dieser Zeit, z. B. von Gottfried Keller und Conrad Ferdinand Meyer, von Heinrich Heine (Die Lore-Ley, Belsatzar) und Theodor Fontane (Die Brücke am Tay, Archibald Douglas).

Beispiel für eine Ballade

Theodor Fontane: Herr von Ribbeck auf Ribbeck im Havelland

Herr von Ribbeck auf Ribbeck im Havelland,
Ein Birnbaum in seinem Garten stand,
Und kam die goldene Herbsteszeit
Und die Birnen leuchteten weit und breit,
Da stopfte, wenn's Mittag vom Turme scholl,
Der von Ribbeck sich beide Taschen voll,
Und kam in Pantinen ein Junge daher,
So rief er: „Junge, wiste 'ne Beer?“
Und kam ein Mädel, so rief er: „Lütt Dirn,
Kumm man röwer, ick hebb 'ne Birn.“

Episches Element: Erzählerbericht

Lyrische Elemente: Strophen, Verse, Endreime, rhythmisierte Sprache, Inversion

Dramatisches Element: Figurenrede

Balladentypen

Zu verschiedenen Themen entstanden im Laufe von Jahrhunderten verschiedene Balladentypen, z. B.

- die **naturmagische (numinose) Ballade** (besonders im 18. und 19. Jahrhundert, Goethe: „Der Erlkönig"),
- die **Ideenballade** (Schiller: „Die Bürgschaft", „Der Handschuh", „Die Glocke"),
- die **soziale Ballade** (Heinrich Heine: „Die schlesischen Weber"),
- die **Technikballade** (Theodor Fontane: „Archibald Douglas"),
- die **gesellschaftspolitische Ballade** (Bertolt Brecht: „Von des Cortez Leuten", Günter Grass: „Die Ballade von der schwarzen Wolke", Wolf Biermann: „Ballade vom preußischen Ikarus").

Zusammenfassung

Kennzeichen der Ballade

- Der Begriff „Ballade" kommt aus dem Französischen und steht ursprünglich für ein Tanzlied.
- Die deutsche Ballade vereint nach der Definition Goethes die Kennzeichen aller drei großen literarischen Gattungen in sich: lyrische, dramatische und epische Elemente.
- Man unterscheidet die Volksballade, deren Verfasser man nicht kennt, und die Kunstballade, die im 18. Jahrhundert aufkam und einem bestimmten Autor zuzurechnen ist, der den Ton der Volksballade nachahmt.
- Zur Kunstballade gehören die naturmagischen Balladen, die Ideenballade, die soziale und die Technikballade sowie die sozialkritischen Balladen.

Jugendliteratur

Jugendliteratur ist Literatur, die für Jugendliche geschrieben ist und die Lebenswelt der Jugendlichen zum Thema hat. Die ältere Jugendliteratur wollte die Jugend durch Vorbilder oder abschreckende Beispiele erziehen, in der modernen Jugendliteratur geht es um die Darstellung der Lebenswirklichkeit von Jugendlichen, um deren Sorgen, Nöte und Hoffnungen.

Ältere Jugendliteratur

Jugendliteratur gibt es seit dem 18. Jahrhundert, dem Zeitalter der Aufklärung. Damals dachte man, man könne die Jugendlichen **zu anständigen Mitgliedern der Gesellschaft erziehen**, wenn man ihnen in Büchern von positiv gezeichneten Romanfiguren berichtet; diese Helden sollten als **Vorbilder** wirken. Umgekehrt nahm man an, dass man durch negativ dargestellte Figuren die Jugendlichen vor einem schlimmen Lebenswandel durch **Abschreckung** bewahren könnte. Die Comics von Max und Moritz und Struwwelpeter stammen aus dem 19. Jahrhundert, wollen aber ebenfalls die Leser belehren.
Neben moralischen Jugendbüchern gab es auch viele **Abenteuerromane** (z. B. Friedrich Gerstäcker: Die Flusspiraten des Mississippi, James Fenimore Cooper: Lederstrumpf), die darauf zielten, dass sich Jugendliche mit dem Helden identifizieren. Diese Jugendromane wollten unterhalten.

Moderne Jugendliteratur

Nach 1945 erkannten immer mehr Autoren, dass die Jugendliteratur auch andere Aufgaben wahrnehmen sollte. Seitdem entstanden viele historische und (gesellschafts-)kritische Jugendromane sowie solche, die Alltagssituationen zum Inhalt haben. Folgende Themen werden in modernen Jugendbüchern häufig behandelt:

- das Leben in der **Patchwork-Familie** (Kirsten Boie: Man darf mit dem Glück nicht drängelig sein),
- **Probleme mit Eltern**, **Geschwistern und Freunden** (Henning Mankell: Die Reise ans Ende der Welt, Jochen Till: Der Junge Sonnenschein, Brigitte Blobel: Herzsprung, Nina Petrick: Die Regentrinkerin),
- die Rolle als **Außenseiter** (Benjamin Lebert: Crazy, Rudolf Herfurtner: Mensch Karnickel),
- **Gewalt in der Schule und in der Familie** (Morton Rhue: Die Welle, Kirsten Boie: Nicht Chicago. Nicht hier, Eloy Moreno: Unsichtbar),
- **Freundschaft**, **erste Liebe** (Andreas Steinhöfel/Anja Tuckermann: David Tage – Mona Nächte, Liina Talvik: Voll ins Herz und voll daneben),
- **Rassismus und Diskriminierung** (XiXI Tian: Hier ist es immer noch schön)
- **Essstörungen** (Antje Döhring: Weniger, Jana Frey: Luft zum Frühstück)
- **Krankheit und Tod** (John Green: Das Schicksal ist ein mieser Verräter, Jenny Downham: Bevor ich sterbe)
- **Umwelt und Kernkraft** (Gudrun Pausewang: Die letzten Kinder von Schewenborn, Die Wolke),

- **Drogen** (Ilse Kleberger: Die Nachtstimme, Anatol Feid: Alles Lüge),
- **Religion und Sekten** (Irma Krauß: Esthers Angst),
- **Rechtsradikalismus** (Jan de Zanger: Dann eben mit Gewalt, Margret Steenfatt: Hass im Herzen),
- **Nationalsozialismus** (Myron Levoy: Der gelbe Vogel),
- **Dritte Welt** (Gudrun Pausewang: Die Not der Familie Caldera).

In historischen Romanen (z. B. Harald Parigger: Der schwarze Mönch) werden Jugendliche mit dem Leben in vergangenen Zeiten konfrontiert und können dadurch ihre eigene Situation besser einschätzen.
Alle diese Bücher – meist Romane und Erzählungen – gehen kritisch mit der Situation der Jugendlichen in ihrer Lebenswelt um und regen so zur Auseinandersetzung mit den bestehenden Verhältnissen an. Moralisierende Texte und solche, die fertige Lösungen anbieten, gibt es nur noch im Bereich der schlichteren Jugendunterhaltungsliteratur.

Darstellung der Hauptperson

In der modernen Jugendliteratur gibt es **keine Helden**. Die Hauptpersonen sind Jugendliche, oft Mädchen, aber auch Jungen. Sie haben Probleme, Selbstzweifel, Stärken, Schwächen und Zukunftsträume. Die Geschichten werden oft aus der Sicht der Hauptperson geschrieben, was die Möglichkeit bietet, sich mit ihr zu identifizieren. Gezeigt wird, wie die Jugendlichen sich Gleichaltrigen und Erwachsenen gegenüber verhalten, wie sie mit ihrer Situation umgehen, wie sie Möglichkeiten der Problemlösung austesten, was sie stark macht, wie sie ihre Ziele erreichen oder woran sie scheitern.

Zusammenfassung

Kennzeichen der Jugendliteratur

- Jugendliteratur ist für Jugendliche geschrieben.
- Die ältere Jugendliteratur (18., 19. und beginnendes 20. Jahrhundert) wollte die Jugendlichen durch positive Vorbilder oder Abschreckung zu guten Staatsbürgern erziehen.
- Die moderne Jugendliteratur (nach 1945) thematisiert die Lebenssituation von Jugendlichen und nimmt dabei meist deren Sichtweise ein.

Sachliche Texte

In der Schule arbeitest du mit verschiedenen Textsorten: Neben literarischen Texten greifst du mehr und mehr auf Texte sachlichen Inhalts zurück, mit deren Hilfe du dich informieren kannst. Das Lehrbuch (z. B. in Biologie oder Geschichte) gibt dir in Sachtexten Auskunft zu Sachfragen. Auch in den modernen Massenmedien Zeitung, Hörfunk, Fernsehen und Internet findest du Texte, denen du Informationen entnehmen kannst. Oft wollen Texte in Medien, z. B. Redetexte und Texte der Werbung, eine bestimmte Wirkung erreichen, man bezeichnet sie deshalb auch als appellative Texte.

Sachtexte

Sachtexte sind **sachlich geschrieben** und haben **eine Sache zum Thema**. Sie beziehen sich auf die Wirklichkeit. Ein Sachtext im Geschichtsbuch berichtet z. B. über die absolutistische Herrschaftsform König Ludwigs XIV. von Frankreich. In solchen Texten stehen nur **Sachverhalte**, Erfundenes und Erdachtes hat in einem Sachtext nichts zu suchen. Sachtexte sind häufig in wissenschaftlicher Sprache, manchmal aber auch in Alltagssprache geschrieben.

Texte in Medien

In den Massenmedien **Hörfunk** und **Fernsehen** trifft man neben den Inhalten von literarischen Texten (Hörspiel und Fernsehspiel bzw. Film) auch auf Sachtexte – allerdings sind sie hier dem Medium angepasst: Sie bilden die Grundlage für informative Berichte und Reportagen.
In allen Massenmedien finden sich zudem ganz aktuelle Informationen, vor allem im **Internet** und in **Tageszeitungen**. Diese bedienen sich besonderer Textformen – je nachdem, ob es sich um kurze oder ausführliche Sachinformationen (z. B. Zeitungsartikel), um Meinungen oder Stellungnahmen (z. B. Kolumnen oder Blogbeiträge) handelt.

Redetexte

Auch Redetexte gehören zu den Sachtexten. Sie sind in ihrer Aussage zwar **nicht immer sachlich** (sondern oft persönlich gefärbt, manchmal sogar polemisch), doch sie beziehen sich auf eine **Sache** und haben nicht die Dichtung zum Inhalt. Redetexte haben **appellativen Charakter**, sie wollen also die Zuhörer beeinflussen. Deshalb müssen Redetexte immer ganz genau auf ihre Funktion hin untersucht werden.

Werbetexte

Auch Werbetexte, die oft mit Abbildungen kombiniert werden, wollen die Menschen nur in zweiter Linie informieren. Vorrangig geht es darum, den Leser oder Betrachter **zum Kauf eines bestimmten Produkts** anzuregen.

Sachliche Texte

Sachtexte	Zeitungstexte	Redetexte	Werbetexte
oft in Fachsprache, manchmal in Alltagssprache geschrieben	den Regeln der verschiedenen Zeitungstextsorten entsprechend geschrieben	in sachlicher und appellativer Sprache geschrieben, teilweise umgangssprachlich	meist in appellativer Sprache geschrieben
Schulbuchtexte, Lexikonartikel, Sachtexte in den verschiedenen Medien, Sachbuch, Jugendsachbuch, Jugendlexikon, Artikel im Internet	z. B. Nachricht, Bericht, Reportage, Kommentar, Rezension, Glosse, Leserbrief	z. B. Wahlkampfrede, Gerichtsrede, Rede zu den verschiedensten Anlässen	z. B. Werbetexte in den verschiedenen Medien

Zusammenfassung

Sachliche Texte

- Sachliche Texte sind Texte, die sich auf die Wirklichkeit beziehen.
- Viele Sachtexte sind sachlich geschrieben und wollen über bestimmte Sachverhalte informieren (z. B. im Lexikon, in Sachbüchern und im Internet).
- Andere Sachtexte wollen appellieren, d. h. den Leser zu einer bestimmten Handlung auffordern (z. B. Redetexte, Werbetexte).
- Sachtexte sind meist in einer sachlichen, manchmal auch in einer appellativen Sprache geschrieben.

Redetexte

Redetexte sind die schriftlichen Grundlagen mündlicher Vorträge. Natürlich muss eine Rede nicht erst schriftlich ausformuliert sein, häufig ist das jedoch der Fall. Die meisten Reden werden nicht frei gehalten, sondern mehr oder weniger abgelesen.

Herkunft der Rede

Die Rede stammt aus dem **antiken Griechenland**. Die Beherrschung der Redekunst (**Rhetorik**) war der Inbegriff von Bildung. Die **Römer** übernahmen die rhetorischen Grundmuster, weshalb viele rhetorische Begriffe auf Latein überliefert sind. Im **Mittelalter** gehörte die Rhetorik neben der Grammatik und der Dialektik zu den Fächern des sogenannten Trivium, das neben dem Quadrivium (Arithmetik, Geometrie, Astronomie und Musik) Teil der an den Universitäten gelehrten sieben freien Künste (septem artes liberales) war. Am Beispiel von politischen und Gerichtsreden, die als vorbildlich galten, studierten die Redner, wie es gelingen könnte, den eigenen Standpunkt wirkungsvoll zu vertreten.

Redeabsicht

In guten Reden ist **nichts dem Zufall überlassen**. Jeder Satz, jedes Wort, ja jede Betonung ist durchdacht, gewollt und stützt die Aussageabsicht. Ebenso verhält es sich mit Mimik und Gestik des Redners, auch sie sollen die Reaktion des Publikums beeinflussen. Das gilt für besonders intensiv vorbereitete Reden, aber auch für Gelegenheits- und Stegreifreden: Jeder gute Redner hat seine Zuhörer im Blick und reagiert auf sie.

Analyse von Redetexten

Bei der Analyse von Reden sind diese Reaktionen, die auch von der Redesituation, vom Interesse oder Desinteresse des Publikums, von seiner Begeisterungsfähigkeit, seiner Zustimmung oder seiner ablehnenden Haltung abhängen, nebensächlich. Es gilt der **Redetext**, der schriftlich fixiert ist.
Reden können im Prinzip nach den gleichen Kriterien untersucht werden wie andere Texte auch. Untersucht werden sollten:

- **das Thema und der Inhalt der Rede**. Deshalb ist der Aufbau der Rede von Bedeutung, es kann auch eine Einteilung in Sinnabschnitte vorgenommen werden, ebenso sollen Schlüsselbegriffe und auffällige rhetorische Figuren herausgearbeitet werden.
- **die Argumentation des Redners**: Ist sie sachlich und schlüssig oder weitschweifig? Geht sie gar am Thema vorbei?
- **die Intention des Redners**: Will er überzeugen oder überreden? Will er einen Sachverhalt darlegen oder einen Standpunkt vertreten? usw.

Folgende rhetorische Figuren kommen in Reden oft vor:

Allusion	Anspielung	*Sie wissen ja, was ich damit meine.*
Anrede	Hinwendung an die Zuhörer	*Sehr geehrte Damen und Herren!*
Antithese	Gegenüberstellung von Gegensätzlichem	*groß und klein*
Asyndeton	Gleichrangige Fügung von Wörtern oder Sätzen	*Sie kennen meine Meinung, ich habe sie schon des Öfteren dargelegt, ich wiederhole sie trotzdem gerne.*
Correctio	Verbesserung (zur Verdeutlichung der Aussage)	*Eindringlich, ja beschwörend muss ich Ihnen sagen…*
Ellipse	Grammatisch unvollständiger Satz	*Ende gut, alles gut.*
Inversion	Veränderung der üblichen Wortstellung	*Allein kommt ein Unglück selten.*
Ironie	Das Gegenteil von dem, was gesagt wird, ist gemeint.	*Du bist mir ja ein schöner Freund!*
Klimax	Steigerung	*Er kam, sah und siegte.*
Parallelismus	Gleiche Satzstellung in aufeinanderfolgenden Sätzen	*„Friede den Hütten, Krieg den Palästen“ (Georg Büchner)*
Parenthese	Einschub	*Das ist – kurz gefasst – meine Meinung.*
Rhetorische Frage	Nur scheinbare Frage, deren Antwort bereits feststeht	*Wer möchte nicht in Frieden leben?*
Tautologie	Bereits Gesagtes wird durch ein sinnverwandtes Wort wiederholt.	*voll und ganz*
Wiederholung	Mittel der Intensivierung	*Ich glaube fest, ganz fest daran.*

Zusammenfassung

Kennzeichen des Redetextes

- Die Redekunst (Rhetorik) stammt aus dem antiken Griechenland. Damals galt sie als Zeichen der Bildung.
- Heute werden wichtige Reden aufgeschrieben und dann mehr oder weniger abgelesen. Redetexte können also wie schriftliche Texte untersucht werden.
- Bei der Analyse eines Redetextes muss auf den Aufbau und den Inhalt der Rede sowie auf die Argumentation und die Intention des Redners eingegangen werden.
- Rhetorische Mittel unterstützen die Wirkung jeder Rede.

Zeitungstexte

Wenn du die Zeitung zur Hand nimmst, willst du dich zum einen über aktuelle Ereignisse und Entwicklungen informieren. Hierzu dienen die informierenden Textsorten der Zeitung: Nachricht, Bericht, Reportage und Interview. Zum anderen erwartest du von Zeitungen Einschätzungen, wie einzelne Ereignisse zu beurteilen sind. Dies geschieht in den meinungsbildenden Textsorten der Zeitung. Damit du dir von vornherein darüber klar bist, welche Zielrichtung ein Text hat, werden zumindest in Abonnementzeitungen informierende und meinungsbildende Textsorten optisch und/oder räumlich getrennt.

Meinungsbildende Textsorten

- **Kommentar**: In Kommentaren besprechen Journalisten Themen des Tagesgeschehens, indem sie **Hintergründe und Zusammenhänge** aufzeigen und deren Bedeutung darstellen. Sie legen den eigenen Standpunkt sachlich, u. U. auch provokativ dar und versuchen andere Meinungen zu widerlegen. Manche Kommentare haben appellativen Charakter. Da sie persönliche Meinungsäußerungen von Journalisten sind, werden sie mit Initialen (= Anfangsbuchstaben) oder Namen gekennzeichnet. Eine Sonderform des Kommentars ist der **Leitartikel**. Er kommentiert ein Ereignis, das von der Redaktion als besonders wichtig angesehen wird.

- **Rezension (Kritik)**: Die Rezension findet man im Kulturteil (Feuilleton) der Zeitung. Besprochen werden **Werke der Kunst und Literatur**, z. B. Bücher, Fernsehsendungen, Filme, Theateraufführungen, Ausstellungen und Konzerte. Die Rezension gibt die Meinung des Kritikers wieder, sie ist somit subjektiv, aber nicht willkürlich, da sie sich auf fundierte Sachkenntnisse gründet. Der Kritiker informiert die Leser über den Inhalt eines Werkes, interpretiert dessen Sinn, beurteilt die Qualität und vergleicht es mit anderen Werken. Die Leser sollen sich mit Hilfe der Kritik eine eigene Meinung bilden.

- **Glosse**: Glossen sind oft polemisch und **satirisch formulierte Kurzkommentare** zu aktuellen Ereignissen, menschlichen Schwächen und Missständen. Thematisch ist die Glosse keinen Beschränkungen unterworfen. Sie ist umso gelungener, je einfallsreicher und sprachgewandter der Autor das Thema abhandelt. So sind Glossen durch ihren kunstvollen Aufbau – sie gipfeln häufig in einer **Schlusspointe** –, die Verwendung von origineller Sprache und rhetorischen Mitteln gekennzeichnet.

Sachlich-informierende Textsorten

- **Meldung**, **Nachricht**: Wenn auch der Begriff Nachricht häufig bedeutungsgleich mit Information, Meldung verwendet wird, so folgt die Textsorte Nachricht, wie wir sie in der Zeitung finden, streng umrissenen Richtlinien. Die Nachricht beschränkt sich auf eine knappe Darstellung eines Sachverhalts. Das Wichtigste steht in der Überschrift (Schlagzeile) und im ersten Satz, der den Nachrichtenkern (Beantwortung der W-Fragen: Wer? Was? Wann? Wo? Wie? Warum?) enthält und den Lesern eine grundlegende Information bietet. Im weiteren Text folgen Zusatzinformationen mit abnehmender Bedeutung. Dieser Aufbau von Nachrichten, der vom Allgemeinen zum Besonderen führt, wird als **Lead-Stil** bezeichnet.

- **Bericht**: Der Bericht informiert sachlich und objektiv über aktuelle Ereignisse. Der knappen Nachricht werden im Bericht weitere Informationen hinzugefügt, um **Zusammenhänge** aufzuklären und **Hintergründe** aufzuzeigen. Der Bericht darf keine persönlichen Wertungen des Berichterstatters enthalten.

- **Reportage**: Eine Reportage ist eine informierende Textsorte der Zeitung, in die jedoch **persönliche Erfahrungen** des Journalisten einfließen. Der Journalist arbeitet „vor Ort", sammelt Informationen, befragt Betroffene und Augenzeugen und fängt die Atmosphäre ein. Die Reportage beginnt häufig mit einem originellen **Aufhänger**, der die Leser aufmerksam machen soll. **Erzählerische Elemente** (z. B. wörtliche Rede) und **atmosphärische Schilderungen** erhöhen die Anschaulichkeit, sodass die Leser das Geschehen mitempfinden können.

- **Interview**: Ein Interview ist ein **gedrucktes Gespräch** eines Journalisten mit einer Person des öffentlichen Lebens. Ziel des Interviews ist es, ausführlichere Informationen zu Sachverhalten oder eine persönliche Meinungsäußerung des Befragten zu erhalten.

Zusammenfassung

Kennzeichen des Zeitungstextes

- Zeitungstexte werden nach sachlich-informierenden und meinungsbildenden Texten unterschieden.
- Zu den meinungsbildenden Texten gehören Kommentar, Rezension und Glosse.
- Zu den sachlich-informierenden Texten gehören Meldung, Nachricht, Bericht, Reportage und Interview.

Werbetexte

Werbung will Aufmerksamkeit erzeugen und den Adressaten überreden, ein bestimmtes Produkt zu kaufen oder eine angebotene Dienstleistung in Anspruch zu nehmen. Werbetexte findest du in allen Medien – gedruckt, gesprochen, visualisiert.

Werbung soll Aufmerksamkeit erregen

Der potenzielle Käufer muss zuerst auf ein Produkt aufmerksam gemacht werden. Dies ist nicht immer einfach, denn in der allgemeinen **Werbeflut** geht häufig eine einzelne Werbung unter. Außerdem beachten die meisten Menschen Werbung für Artikel, die sie bereits besitzen (z. B. Fernseher, Waschmaschine), in der Regel wenig.
Werbefachleute versuchen deshalb mit viel Raffinesse, **Aufmerksamkeit** zu erregen: Da viele Menschen nicht gewillt oder in der Lage sind, einen längeren Werbetext zu lesen, werden die Texte immer kürzer, die Bildkomposition wird immer wichtiger.
Werbung muss **einprägsam** sein: durch auffallende Bilder, durch kurze prägnante Texte, sogenannte Slogans, und durch häufige Wiederholung.

Der Slogan

Der Begriff „Slogan" kommt aus dem Schottischen und bedeutet so viel wie „Schlachtruf". Heute ist der Slogan der **Schlachtruf der Werbung**: Es soll jedoch kein Gegner eingeschüchtert, sondern ein potenzieller Käufer angesprochen werden – der Slogan soll ihm nicht mehr aus dem Kopf gehen, er soll sich stets daran erinnern, sodass er schließlich das beworbene Produkt kauft. Die Kaufentscheidung soll jedoch unbewusst erfolgen und die Menschen sollen das Gefühl haben, dass sie das Produkt unbedingt brauchen.

Wie Werbung funktioniert

Die AIDA-Formel, die Ende des 19. Jahrhunderts für Verkaufsgespräche entwickelt wurde, beschreibt, wie Werbung auf die Menschen wirken soll. AIDA bedeutet Folgendes:

A	Attention	Die Aufmerksamkeit des Betrachters soll geweckt werden,	z. B. durch „Hingucker": Kinder, Tiere, nackte Haut.
I	Interest	Das Interesse des Betrachters an der Sache soll angesprochen werden,	z. B. durch unerwartete Zusammenhänge, Andeutungen, rätselhafte Aufmachung.
D	Desire	Das Verlangen des Betrachters, der Kaufwunsch, soll geweckt werden,	z. B. durch rationale Gründe (Vorzüge des Produkts) oder durch irrationale Gründe (Image, Statussymbol, Ängste).
A	Action	Der Betrachter soll zum Handeln, zum Kauf des Produkts angeregt werden,	z. B. durch Aufforderung, Sonderangebote.

Sprachliche Mittel der Werbung

Um Aufmerksamkeit zu erregen und einprägsam zu sein, muss sich die Werbesprache von der Alltagssprache unterscheiden. Werbetexter setzen dabei auf auffällige rhetorische Figuren, z. B.:

- **Neologismus** (Wortneuschöpfung): *Der Powerstoff mit Sauerstoff* (für ein Erfrischungsgetränk)
- **Apostrophe** (direkte Anrede des Lesers): *Aufwachen!* (für T-Mobile)
- **Ellipse** (unvollständiger Satz): *Mit Sicherheit mehr vom Fahren* (für den ADAC)
- **Anglizismus** (Verwendung englischer Begriffe): *SMART SURFER* (für web.de)
- **Wortspiel**: *BILD Dir Deine Meinung!* (für die Bild-Zeitung)
- **Modewörter**: *Schmeckt unverschämt cool und soft* (für einen Kinder-Riegel)
- **Anspielung**: *Deutschland ist Weltmeister* (für einen PC-Virenscanner)
- **Übertreibung**: *Nichts ist unmöglich!* (für eine Automarke)
- **Alliteration**: *Bitte ein bit!* (für eine Biermarke)
- **Reim**: *Haribo macht Kinder froh* (für Gummibärchen)
- **Trikolon** (Dreiergruppe): *Chancen. Bildung. Perspektiven.* (für das Abendgymnasium Offenbach)
- **Paradoxon** (scheinbar Widersinniges): *Das einzige Girokonto, das zahlt statt kostet.* (für eine Bank)

Zusammenfassung

Kennzeichen des Werbetextes

- Werbetexte gibt es in allen Medien: in der Zeitung, im Fernsehen, im Rundfunk, im Internet usw.
- Der wichtigste Bestandteil des Werbetextes ist der kurze, einprägsame Slogan. Er soll nach der AIDA-Formel die Menschen zum Kauf animieren.
- Die Werbesprache bedient sich häufig auffallender rhetorischer Mittel.

Medien

Medien (Singular: das Medium) sind Hilfsmittel zur Übermittlung von Unterhaltung und Information.
In Lehrbüchern, Sachbüchern und Lexika kannst du Sachfragen klären. In den Massenmedien Zeitung, Rundfunk, Fernsehen und Internet findest du Texte (oder Sendungen), denen du stets aktuelle Informationen entnehmen kannst.
Oft dienen Massenmedien auch als Kommunikationsplattform (z. B. Leserbrief, Social Media).

Buch

Das Buch ist das älteste Medium. Schon im Mittelalter haben Mönche in Klosterstuben die Bibel, philosophische Werke oder Ratgeber für den Alltag (z. B. über den Gebrauch von Heilkräutern) abgeschrieben. Der technische Fortschritt – von der **Erfindung des Buchdrucks** im 15. bis hin zum **Computersatz** im 20. Jahrhundert – hat die Herstellung von Büchern ständig verbilligt, was zu einer unüberschaubaren Anzahl von Büchern (zu allen Themen, in aller Welt) geführt hat.

Zeitung

Zeitungen gibt es seit dem 18. Jahrhundert. Erst erschienen sie unregelmäßig, dann oft monatlich. Heute kennen wir vor allem **Tages- und Wochenzeitungen**. Sie verwenden besondere Textformen – je nachdem, ob es sich um kurze oder ausführliche Sachinformationen, um Meinungen oder Stellungnahmen handelt.

Hörfunk, Film und Fernsehen

In den Massenmedien trifft man auf die Inhalte von literarischen Texten und Sachtexten. Ein literarischer Text kann für den Rundfunk als **Hörspiel**, für das Fernsehen als **Fernsehspiel** aufbereitet sein. Viele Stoffe werden nur als **Drehbücher** für Filme verfasst. Mit Sachtexten verhält es sich ebenso: Sie bilden die Grundlage für informative Rundfunk- oder Fernsehsendungen.

Internet

Die aktuellsten Informationen findet man im Internet. Die **Nachrichtenseiten** vieler Provider werden ständig aktualisiert, auch die **Homepages** der Fernsehsender oder Zeitungsverlage sind immer auf dem neuesten Stand – und damit den Nachrichtensendungen in Rundfunk und Fernsehen meist weit voraus. Viele Sachinformationen kann man auf privaten Homepages und in Onlinelexika finden. Doch das Internet bietet noch mehr: Über soziale Medien, den sogenannten **Social-Media-Plattformen**, kann man sich mit anderen austauschen, Bilder und Videos posten, Fragen stellen und Hilfe suchen.

Der **Kommunikation** sind somit kaum noch Grenzen gesetzt. Da jedoch jedermann im Internet veröffentlichen kann, ist die Richtigkeit der Information und Auskünfte keineswegs gesichert. Deshalb empfiehlt es sich, Informationen aus dem Internet kritisch zu überprüfen, z. B. mithilfe unterschiedlicher Quellen aus verschiedenen Medien.

Medien

Buch	Zeitung	Hörfunk, Film, Fernsehen	Internet
↓	↓	↓	↓
Unterhaltung, Information, Kommunikation			
↓	↓	↓	↓
Sachliteratur, Fachliteratur, Belletristik, „Hohe Literatur", Kinder- und Jugendliteratur	Tageszeitungen, Wochenzeitungen, Boulevardzeitungen, Abonnementzeitungen, Zeitschriften, Magazine	Nachrichten, Berichte, Hörspiel, Fernsehspiel, Serie	Homepage, Blog, Chat, Podcast, Social Media

Zusammenfassung

Medien

- Medien sind Hilfsmittel zur Übermittlung von Unterhaltung und Information.
- Das traditionelle Medium ist das Buch; es ist bis heute auch das zuverlässigste.
- Die modernen Massenmedien – Zeitung, Hörfunk, Fernsehen, Film und Internet – dienen der Unterhaltung und liefern schnell aktuelle Informationen.
- Die Massenmedien, insbesondere die sozialen Medien, fördern auch die Kommunikation zwischen den Menschen.

Buch und Buchmarkt

Bücher entstehen nicht am Schreibtisch eines einsamen Dichters. Dieser schreibt allenfalls einen Text, der später zu einem Buch wird. Doch bis es so weit ist, sind Verleger, Lektoren, Hersteller, Vertriebsleiter und viele andere Helfer nötig, dem „Rohmaterial" Text eine Form zu geben, die Buchhändler akzeptieren und Leser kaufen.

Die Buchidee

Bis ein neues Buch erscheint, dauert es Monate, manchmal Jahre. Am Anfang steht aber immer die Idee, gerade dieses Buch zu schreiben. Diese Idee kann von Autorinnen und Autoren stammen, der sich einen Verlag sucht, der das Buch mit ihm macht; das ist häufig bei literarischen Werken der Fall. Sie kann aber auch vom **Verlag** kommen, der dann nach einem geeigneten Autor Ausschau hält. Oft trägt das Interesse der **Öffentlichkeit** zum Erscheinen eines aktuellen Sachbuchs bei (z. B. einer Biografie über einen neuen Papst, einer Darstellung der letzten Fußballweltmeisterschaft usw.).

Autor und Lektor

Der Autor schreibt das Buch, oft wählt er auch geeignete Abbildungen aus. Er arbeitet eng mit dem Lektor (oder Redakteur) zusammen, der den fertigen Text, das **Manuskript**, aus der Sicht des Verlags und der Leser beurteilt. Der Lektor kümmert sich um die sprachliche Gestaltung und bringt möglicherweise Korrekturen an. Er greift auch in die Gliederung ein und achtet auf den Gesamtumfang des Werkes.

Herstellung und Vertrieb

Aufgabe des Herstellers ist es, zusammen mit dem Lektor ein Manuskript und die zugehörigen Abbildungen in eine **passende Buchform** zu bringen. Folgende Fragen müssen dabei geklärt werden: Wie viele Seiten soll das Buch umfassen? Welche Schrifttype und welche Schriftgröße ist angemessen? Soll das Buch in Farb- oder Schwarzweißdruck hergestellt werden? Welche Abbildungen sollen eingefügt werden? Wie soll es gebunden werden? usw. Alle diese Fragen wirken sich auf den **Preis des Buchs** aus, deshalb müssen auch diejenigen gehört werden, die mit dem Vertrieb des Buchs beauftragt sind. Sie wissen, was das Buch kosten darf, um Käufer zu finden, welche äußere Aufmachung der Leser erwartet usw. Letztlich muss auch die **Auflagenhöhe** festgelegt werden, denn: Je höher die Auflage, desto niedriger sind die Kosten pro Buch. Allerdings muss die Auflage realistisch eingeschätzt werden, damit alle gedruckten Exemplare verkauft werden können.

Satz und Druck

Sind alle diese Fragen geklärt, wird der Text gesetzt. Texte werden auf die **Druckseiten** verteilt, Abbildungen eingefügt. Es erfolgt der **„Umbruch"**. Autor, Lektor und Korrektor überprüfen die **Druckfahnen** auf sachliche und sprachliche Richtigkeit. Danach wird das Buch gedruckt, gebunden und ausgeliefert.

Buchmessen

Buchmessen gibt es seit dem 16. Jahrhundert. Auf ihnen können sich Buchhändler und Grossisten einen Überblick über Neuerscheinungen verschaffen und Einkäufe tätigen. Buchmessen dienen aber auch der Kommunikation aller am Buchmarkt Tätigen: Verleger knüpfen Kontakte zu Autoren und umgekehrt, Leser können sich informieren und anwesende Autoren kennen lernen, Autoren präsentieren sich in Lesungen einer breiteren Öffentlichkeit. Die größten Buchmessen im deutschsprachigen Raum sind die **Frankfurter Buchmesse**, die jährlich im Herbst in Frankfurt am Main veranstaltet wird, und die **Leipziger Buchmesse**, die jährlich im Frühjahr in Leipzig stattfindet.

Rezensionen, Bestenlisten

Der **Information der Leser** und der **Verkaufsförderung** dienen auch Rezensionen und Bestenlisten. Rezensionen, also Buchkritiken, erscheinen im Feuilleton von Tages- und Wochenzeitungen sowie in vielen Zeitschriften und Magazinen. Dabei werden neu erschienene Bücher von kundigen Redakteuren oder Fachwissenschaftlern besprochen – kritisiert oder gelobt. Die in Zeitschriften erscheinenden Bestenlisten geben die Rangfolge der Bücher anhand der Verkaufszahlen wieder; auch dies ist für viele Leser ein Lese- und Kaufanreiz.

Zusammenfassung

Buch und Buchmarkt

- Bücher entstehen in Gemeinschaftsarbeit zwischen Autor und Verlag. Besondere Aufgaben kommen dabei dem Lektor, dem Hersteller und dem Vertriebsleiter zu.
- Buchhandlungen und Internet-Buchhändler werben für Bücher (meist in Zusammenarbeit mit dem Verlag) und vertreiben diese.
- Buchmessen, Rezensionen und Bestenlisten informieren über Neuerscheinungen und Bestseller, sie wecken dadurch den Kaufwunsch.

Zeitung

Zeitungen gehören zu den Massenmedien, da sie in großen Auflagen gedruckt oder auch digital verbreitet werden. In den letzten Jahren und Jahrzehnten haben neben Zeitungen auch Hörfunk, Fernsehen und Internet einen festen Platz eingenommen. Sie informieren die Menschen meist schneller als die gedruckte Zeitung. Leserinnen und Leser schätzen es dennoch, nicht nur kurze Nachrichten zu erhalten, sondern umfassend informiert zu werden und diese Informationen später noch einmal nachlesen zu können.

Zeitungstypen

Bei den Tageszeitungen kann man **regionale** und **überregionale** sowie die **Boulevardzeitung** und die **Abonnementzeitung** unterscheiden.

- **Boulevardzeitungen** (von franz. *boulevard = Straße*) sind Zeitungen, die überwiegend auf der Straße, an **Zeitungsständen** und **Kiosken**, verkauft werden. Um die Aufmerksamkeit der potenziellen Leser (und Käufer) zu erregen, bedienen sich Boulevardzeitungen **reißerischer Überschriften** und **plakativer Fotos**. Die Berichterstattung orientiert sich in Inhalt und Sprache an dem, was die Leser wünschen: die politischen und wirtschaftlichen Themen in Kürze, dazu Informationen über die High Society, über Skandale von Stars und Sternchen, Sportnachrichten, die oft auch das Privatleben der Sportler einbeziehen, sowie anschauliche Berichte über aktuelle Kriminalfälle. Politische Themen stehen hintan, meist werden sie aus der Sicht des Lesepublikums vereinfacht wiedergegeben.
  Bekannte Boulevardzeitungen sind BILD (bundesweit), AZ und tz (München), Berliner Kurier (Berlin), Express (Köln) usw.

- **Abonnementzeitungen** werden zwar auch „auf der Straße" verkauft, in der Mehrzahl aber **direkt an den Leser geliefert**, der die Zeitung langfristig bestellt (abonniert) hat und sie morgens in seinem Briefkasten findet. Von den meisten Abonnementzeitungen gibt es heute auch digitale Ausgaben. Abonnementzeitungen gelten als **seriöse Zeitungen**, weil sie nicht auf reißerische Aufmacher angewiesen sind. Ihre Berichterstattung geht tiefer, die Kommentare sind fundierter, der Informationsgehalt ist höher als bei den Boulevardblättern. Das entspricht den Interessen der Abonnenten. Auch die Themen der Berichterstattung verschieben sich: Die Leser der Abonnementzeitung erwarten neben genauer Information auch Hintergrundwissen zu tagesaktuellen Fragen. Sie interessieren sich auch für wirtschaftliche Aspekte und kulturelle Fragen.
  Wichtige Abonnementzeitungen sind die Süddeutsche Zeitung (München), die Frankfurter Allgemeine Zeitung (Frankfurt), Die Welt (Berlin) und die taz (Berlin).

Aufbau einer Zeitung

Tageszeitungen sind in **Sachgebiete** (**Ressorts**) gegliedert. Auf Seite 1 stehen die neuesten Nachrichten, dann folgt der politische Teil, der aus Nachrichten, Berichten und Kommentaren besteht. Dabei trennen die verschiedenen Zeitungen meist nach Innen- und Außenpolitik. Im Inneren der Zeitung finden sich die Texte nach Ressorts gegliedert: Wirtschaft, Kultur, Unterhaltung, Lokales, Sport und Anzeigen. Werbung enthalten alle Teile der Zeitung.

Zusammenfassung

Kennzeichen der Zeitung

- Zeitungen gehören wie Hörfunk, Fernsehen und Film zu den Massenmedien.
- Man unterscheidet regionale, überregionale, Boulevard- und Abonnementzeitungen.
- Boulevardzeitungen werden oft wegen ihrer reißerisch aufgemachten Titelseite gekauft. Sie geben Sachinformationen zu politischen und wirtschaftlichen Themen in knapper Form; vergleichsweise ausführlich behandeln sie unterhaltsame Themen aus den Bereichen Sport, Fernsehen, Film, Gesellschaft.
- Abonnementzeitungen werden vom Leser bestellt und ins Haus gebracht oder digital abgerufen. Sie informieren genauer über aktuelle Vorgänge und Hintergründe.
  Die Unterhaltung der Leser ist nicht Hauptzweck.

Hörfunk und Fernsehen

Der Rundfunk (Hörfunk und Fernsehen) ist ein Medium des 20. Jahrhunderts. Er basiert auf den Errungenschaften des technischen Fortschritts und lässt durch Ton und bewegte Bilder die Menschen unmittelbarer an den Geschehnissen teilhaben, als dies den Zeitungen möglich ist.

Entstehung von Hörfunk und Fernsehen

Die Entdeckung der elektromagnetischen Wellen durch den Physiker Wilhelm Hertz 1888 ermöglicht es den Sendeanstalten, akustische und optische Signale zu versenden, die von einem Empfänger (Radio- oder Fernsehgerät) wieder hör- und sehbar gemacht werden. Schon während des Ersten Weltkriegs wurden Radiosendungen an die deutsche Westfront gesendet. Dabei handelte es sich um Musikübertragungen, die den Durchhaltewillen der Soldaten fördern sollten. **1920** gingen die **ersten öffentlichen Radiosendungen** über den Äther, **1930** wurden **erste Fernsehsendungen** ausgestrahlt. Der Zweite Weltkrieg unterbrach diese rasante Entwicklung, die erst zu Beginn der 50er-Jahre wieder aufgenommen wurde. Das Jahr **1952** gilt als das **Geburtsjahr des Fernsehens in Deutschland**. Die Sendungen wurden in Schwarz-Weiß ausgestrahlt, erst 1967 gab es erste Übertragungen in Farbe. Inzwischen setzen schon viele Sender bei der Ausstrahlung ihrer Programme die digitale Technik ein.

Öffentlich-rechtliche und private Sender

In den ersten Jahrzehnten unterstanden alle Sendeanstalten der **öffentlichen Kontrolle**. Damit sollte eine **ausgewogene Berichterstattung** gewährleistet werden, die alle Bevölkerungsgruppen gleichermaßen anspricht und den **Bildungsauftrag** der mit öffentlichen Geldern finanzierten Sendeanstalten erfüllt. Anfangs gab es nur ARD und ZDF sowie die regionalen Dritten Programme.
Erst **1984** wurden auf Beschluss des Deutschen Bundestages auch **private Fernsehsender** wie RTL, SAT 1 u.a. zugelassen, die sich durch Werbung finanzieren.
Heute kennt man zwei Arten von privatem Fernsehen: **Free-TV** und **Pay-TV**. Bei Free-TV handelt es sich um Sendungen, die jeder kostenlos ansehen kann. Pay-TV setzt ein Abonnement bei einer Fernsehgesellschaft voraus und erfordert manchmal ein technisches Gerät, den Dekoder, das den Empfang der Sendungen nach Zahlung einer Nutzungsgebühr ermöglicht. Ebenfalls bieten die meisten Fernsehsender einen Streaming-Dienst an, sodass man das Fernsehprogramm auch live im Internet verfolgen kann. Allerdings bestehen auch hier Unterschiede zwischen frei zugänglichen und kostenpflichtigen Streaming-Angeboten.

Aufgaben von Hörfunk und Fernsehen

Die Gemeinsamkeiten von Hörfunk und Fernsehen liegen im Bereich ihrer Aufgaben.
Beide Medien wollen informieren und unterhalten, dienen der Meinungsbildung und bieten der Werbung eine Plattform. Folgende **Sendeformate** erfüllen diese Aufgaben:

- **Information**: Nachrichten, Reportagen, Schulfunksendungen.
- **Meinungsbildung**: Magazine zu politischen und gesellschaftlichen Themen, Diskussionsrunden, Interviews.
- **Unterhaltung**: Filme, Fernsehfilme, Serien, Shows, Quizsendungen, Musiksendungen, Sportübertragungen, Talkshows usw.
- **Werbung**: Werbespots, Verkaufssendungen (im privaten Fernsehen).

Daneben gibt es auch eigene Sendungen für Kinder und Jugendliche. Der Vorrat an Sendeformaten ist schier unerschöpflich und es kommen immer wieder neue hinzu. In den 80er- und 90er-Jahren erlebten die **Fernseh-Talkshows** und die **Soaps** einen Boom, derzeit laufen auf vielen Kanälen sogenannte **Telenovelas**, Fortsetzungsgeschichten, die meist aus der Sicht der weiblichen Hauptperson erzählt werden und für ein jüngeres Publikum konzipiert sind.

Das Hörspiel

Schon in den 50er-Jahren, vor der Einführung des Fernsehens, wurde eine **literarische Gattung** speziell für den Hörfunk entwickelt: das Hörspiel. Dabei sprechen Figuren – ähnlich wie im Drama – in **Monologen** und **Dialogen**. Für die Information der Zuhörer und die Stimmung, die erzeugt werden soll, sorgen **Musik** und **Geräusche**. Viele bekannte Autoren nutzten das Medium und schrieben Hörspiele oder bereiteten Texte (Dramen, Kurzgeschichten) als Hörspiele auf, z. B. Wolfgang Borchert (Draußen vor der Tür), Friedrich Dürrenmatt (Die Panne) und Ingeborg Bachmann (Der gute Gott von Manhattan).

Podcast

Ein Podcast ist eine Serie von meist abonnierbaren Mediendateien (Audio oder Video) über das Internet.
Anfangs wurden Podcasts vor allem über Smartphones gehört. Ein einzelner Podcast besteht aus einer Serie (Episoden) von Medienbeiträgen (beispielsweise Mitschnitte von Radiosendungen, Interviews, automatisch vorgelesene Zeitungsartikel, Musiksendungen usw.).

Zusammenfassung

Kennzeichen von Hörfunk und Fernsehen

- Die Anfänge des Mediums Rundfunk liegen zu Beginn des 20. Jahrhunderts.
- Seit 1984 gibt es in Deutschland neben öffentlich-rechtlichen auch private Sender, die ihre Sendungen teilweise in der Form des Pay-TV vermarkten.
- Information, Unterhaltung, Meinungsbildung und Werbung sind die Aufgaben aller Hörfunk- und Fernsehprogramme.
- Hörfunk und Fernsehen bringen immer neue Sendeformate hervor.

Szenische Verfahren der Interpretation

Verschiedene Menschen, die einen Text lesen, verstehen diesen jeweils ganz anders. Das hat mit der eigenen Lebenswirklichkeit zu tun: Frischverliebte lesen und interpretieren eine Liebesgeschichte anders als jemand, der sich gerade in der Trennungsphase befindet. Das zeigt, dass es beim Verstehen eines Textes nicht nur darauf ankommt, was geschrieben ist, sondern auch darauf, wie der Leser auf das Geschriebene reagiert.

Beim szenischen Interpretieren ist es wichtig, die Handlung, die Figuren, die Umgebung usw. für sich selbst zu erschließen: zu überlegen, was eine Figur tut, wie sie es tut, warum sie es tut, welche Alternativen sie hätte, in welcher Umgebung sie es tut usw.
Es gibt verschiedene Möglichkeiten des szenischen Interpretierens, die auf alle literarischen Texte und Textsorten (Gedichte, Szenen, Dramenauszüge und Prosatexte) angewendet werden können.

Bildliches Gestalten

- **Fotostory**: Bei der Fotostory wird ein literarischer Text in der Form von einzelnen Fotos wiedergegeben. Die Anzahl der Fotos ist nicht vorgegeben. Entscheidend ist, dass die Kernstellen des Textes durch einzelne Fotos dargestellt sind.
  Deine Interpretationsleistung bei der Fotostory besteht darin, dass du die wichtigen Szenen herausfindest und so darstellst, wie du den Text verstehst.

- **Standbilder**: Auch dabei werden wichtige Einzelszenen aus einem literarischen Text bildlich dargestellt. Folgendermaßen geht man vor: Ein Schüler (der Regisseur) gruppiert hinter einem Vorhang die Personen, die er für die Szene benötigt. Er ordnet sie so an, wie er sie in dieser Szene sieht. Er gibt ihnen auch Anweisungen bezüglich Mimik, Gestik und Körperhaltung. Wenn alle so stehen, wie der Regisseur es möchte, wird die Szene eingefroren, niemand darf seine Haltung verändern. Nun wird der Vorhang beiseitegeschoben und die Mitschüler haben einen freien Blick auf dieses Standbild und können es diskutieren.
  Interessant ist es, zwei Gruppen gleichzeitig zur gleichen Szene ein Standbild bauen zu lassen. Dabei werden die Unterschiede im Verständnis der Szene für alle Betrachter deutlich. Hilfreich ist es, die gebauten Standbilder zu fotografieren – so kann man sie nachher in der Klasse diskutieren.

Körperliche Darstellung

- **Kleidung**: Für die Vorstellung, die ein Leser von einer literarischen Figur hat, ist deren Kleidung oft ganz wichtig. Es ist deshalb sinnvoll, von verschiedenen Gruppen Vorschläge zur Bekleidung einer Person erarbeiten zu lassen. Überzeugend wirken diese Vorschläge meist dann, wenn dementsprechende Kleidungsstücke vorhanden sind und von einem Schüler, der in die Rolle der literarischen Figur schlüpft, vorgestellt werden können.

- **Mimik, Gestik und Körperhaltung**: Auch die Mimik, Gestik und Körperhaltung einer Figur sagen etwas aus über ihren Charakter bzw. über ihre Befindlichkeit in einer bestimmten Situation. Es dient also der Interpretation, eine literarische Figur in einer bestimmten Situation darzustellen – vielleicht könnt ihr diese fotografieren und gemeinsam auswerten.

Szenische Darstellung

- **Sprechweise**: Oft kann man sich einer literarischen Figur annähern, wenn man ihre Texte spricht. Dabei solltest du verschiedene Sprechweisen ausprobieren: flüstern, schreien, singen, normal, abgehackt, erstaunt, entrüstet, verärgert sprechen usw. Oft bekommt der geschriebene Text dabei einen ganz neuen Sinn.

- **Rolleninterview**: Ihr könnt auch einen Mitschüler in die Rolle versetzen, in der sich die literarische Figur befindet. Stellt ihm dann Fragen, sodass ihr alles das erfahrt, was ihr wissen wollt. Wichtig ist nur, dass euer Mitschüler mitspielt und antwortet. Ihr werdet überrascht sein, was ihm alles einfällt und welches neue Licht das auf die literarische Figur wirft.

- **Pantomime**: Spielt das Geschehen als Pantomime, stumm, ohne Worte nach. Ihr werdet erstaunt sein, wie die Handlung auf euch wirkt.

Zusammenfassung

Szenische Verfahren der Interpretation

- Szenische Verfahren der Interpretation helfen, sich einer Figur anzunähern.
- Indem ihr Kernszenen fotografiert oder als Standbilder nachstellt, könnt ihr erkennen, wo die Handlungsschwerpunkte des Textes liegen.
- Die körperliche und szenische Darstellung eines Textes oder einer Textstelle helfen euch, das Verhalten einer Figur oder ihre Beweggründe zu verstehen bzw. ihren Charakter zu ergründen.

Ein Kurzreferat halten

Wenn du ein Kurzreferat halten sollst, musst du deine Mitschüler über einen Sachverhalt, eine Person, ein Ereignis, eine Stadt, ein Land, eine Sportart usw. informieren. Dein Referat muss also Sachinformationen enthalten, persönliche Wertungen sind - zumindest im Hauptteil - nicht angebracht.

Wie solltest du vorgehen, um ein Referat zu erarbeiten, und was musst du bei deinem Vortrag beachten? Folgende Überlegungen solltest du anstellen und die genannten Regeln einhalten.

Vorbereitung

- Um welches Thema soll es in meinem Referat gehen? Was will ich meinen Mitschülern dazu berichten?
  Ich muss mich in Büchern und im Internet kundig machen und eine Stoffsammlung anlegen.
- In welcher Reihenfolge will ich erzählen?
  Ich muss meinen Stoff sinnvoll gliedern.

Aufbau des Referats

1. **Einleitung:**
   Ich muss meine Zuhörer für mein Thema interessieren, muss sie fesseln, damit sie mir zuhören.
2. **Hauptteil:**
   Ich muss meine Mitschüler informieren. Also: Ich bleibe sachlich und referiere nur, was zu meinem Thema gehört, ich lasse mich auch durch Zwischenfragen nicht ablenken.
3. **Schluss:**
   Ich muss meine Ausführungen abrunden, also das Referat sinnvoll beenden. Ich kann hier meine eigene Meinung zum Thema erwähnen oder über eigene Erfahrungen berichten. Ich darf nicht mit dem Satz „So, das wars“ aufhören.

Veranschaulichung

- Kann ich mein Referat ausschmücken?
  Ja, ich sollte Anschauungsmaterial verwenden (z. B. Fotos mitbringen, eine Skizze an die Tafel zeichnen, eine Overheadfolie oder ein Plakat vorbereiten oder Audios vorspielen.)
  Aber Vorsicht: Der „Schmuck“ ist nicht alles, ein gutes Referat kann auch ohne auskommen!

Verhalten des Referierenden

- Wie soll ich mich verhalten?
  Stimmeinsatz, Gestik und Mimik sind sehr wichtig. Ich muss laut genug sprechen, um von allen Mitschülern verstanden zu werden, darf nicht zu schnell sprechen, auch wenn ich aufgeregt bin. Grimassen schneiden und Füße auf das Pult legen lenkt die Mitschüler vom Zuhören ab. Aber: Ich kann mir meist aussuchen, ob ich sitzen oder stehen will.

Dauer des Referats

- Wie lange soll ein Referat dauern?
  Im Normalfall sprichst du die Dauer deines Referats mit der entsprechenden Lehrkraft ab. Oft sind Referate von ca. 10 Minuten üblich.

Vortragsart

- Was heißt „frei sprechen"?
  Ich darf keinen ausformulierten Text verwenden – nicht zu Hause (um alles auswendig zu lernen) und nicht vor der Klasse (die Gefahr des Ablesens ist zu groß)! Erlaubt ist lediglich ein Stichwortzettel, auf dem die wichtigsten Begriffe meines Referates stehen – sozusagen als Gedächtnisstütze.

Sprich mit deiner Lehrerin oder deinem Lehrer vor deinem Referat genau ab, was erwartet wird – das erspart dir unliebsame Überraschungen!

Zusammenfassung

Ein Kurzreferat halten

- Wenn du ein Kurzreferat halten sollst, musst du dieses gut planen, Informationen zusammentragen, eine Stoffsammlung und eine Gliederung anlegen.
- Suche Materialien, mit deren Hilfe du dein Referat veranschaulichen kannst.
- Halte einen informativen Vortrag von ungefähr 10 Minuten. Achte dabei auf eine passende Mimik, Gestik und Körperhaltung.
- Sprich frei – lies nichts ab, lerne auch den Vortragstext nicht auswendig. Nimm höchstens einen Stichwortzettel zu Hilfe.

Sachtexte lesen

Wenn du dich über ein bestimmtes Thema informieren willst, musst du einen Sachtext lesen. Einen Sachtext kannst du an verschiedenen Merkmalen erkennen: Er informiert über ein bestimmtes Thema (z. B. *Vulkane, Haltung von Zierfischen …*). Es kommen häufig Fachwörter darin vor. Mitunter liefern Tabellen, Diagramme oder Abbildungen zusätzliche Informationen.

Damit du dir einen Überblick über die **Informationen** verschaffen kannst, die in einem Sachtext enthalten sind, ist es wichtig, dass du beim Lesen **systematisch** vorgehst.

- Lies den Text durch und kläre, über welches **Thema** der Text Auskunft gibt.
- Umkreise mit Bleistift alle Wörter, die du nicht verstehst.
- Kläre die Wörter mithilfe eines Lexikons oder recherchiere im Internet.
- Schreibe die Erklärung an den **Rand** des Textes.
- Lies den Text noch einmal gründlich durch und **unterstreiche** dabei die **Textstellen**, die Antwort auf die **W-Fragen** geben. Achte darauf, dass du nicht zu viel unterstreichst, da du sonst schnell den Überblick verlierst.
- Unterstreiche mit einem Textmarker oder einem Buntstift **Schlüsselbegriffe**. Schlüsselbegriffe sind Wörter, ohne die der Text nicht verständlich wäre.
- Unterteile den Text in **Sinnabschnitte** und notiere am Rand für jeden Sinnabschnitt eine **Zwischenüberschrift**. Oft liefern Absätze im Text einen Hinweis auf den Beginn eines neuen Sinnabschnittes. Du darfst dich aber nicht darauf verlassen. Du solltest außerdem darauf achten, an welchen Stellen der Text zum Beispiel auf eine andere W-Frage antwortet, wo er zusätzliche Informationen liefert usw.
- Überlege dir, **warum** der Text **geschrieben** wurde. Soll der Text nur informieren oder verfolgt der Autor ein Ziel? So könnte zum Beispiel ein Sachtext über Dinosaurier darüber informieren, wann und wie die Dinosaurier lebten, ein Text über das Waldsterben könnte die Leser zusätzlich dazu aufrufen, auf ihr eigenes Verhalten in Bezug auf Umweltschutz zu achten.

Zusammenfassung

Sachtexte lesen

- Der Sachtext erzählt keine Geschichte, sondern informiert in sachlicher Sprache zu einem bestimmten Thema.
- Einen Sachtext erkennst du häufig auch an den verwendeten Fachwörtern.
- In einem Sachtext werden Fakten häufig durch Abbildungen und Diagramme dargestellt.
- Wenn du mit einem Sachtext arbeitest, solltest du nur die wichtigsten Aussagen und die Schlüsselbegriffe hervorheben.

Diagramme auswerten

Diagramme in Sachtexten liefern oft zusätzliche Infomationen zu einem Thema. Man unterscheidet vor allem die folgenden **Typen** von Diagrammen: das **Säulendiagramm**, das **Balkendiagramm**, das **Kreis-** oder **Tortendiagramm**, das **Kurven-** oder **Liniendiagramm** und das **Flussdiagramm**. Die ersten vier Diagramme eignen sich besonders, um Informationen darzustellen, die etwas mit Zahlen zu tun haben, das Flussdiagramm wird häufig verwendet, um einen Prozess, einen Arbeitsablauf oder Vorgang zu veranschaulichen.

Säulendiagramm

Um das Ergebnis einer Schülersprecherwahl darzustellen, eignet sich das **Säulendiagramm**.

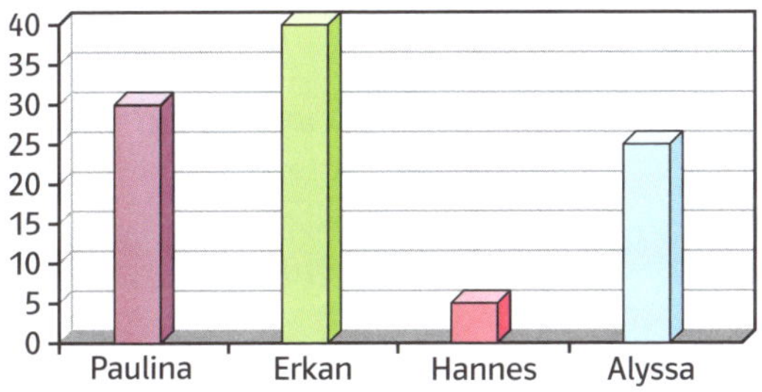

Bei diesem Diagramm kannst du auf der waagrechten Achse ablesen, welche Säule zu welchem Kind gehört, auf der senkrechten Achse kannst du sehen, wie viel Prozent der Stimmen wer bekommen hat. Das Säulendiagramm zeigt also, dass Hannes fünf Prozent der Stimmen, Alyssa 25 Prozent, Paulina 30 Prozent und Erkan 40 Prozent der Stimmen bekommen hat.

Balkendiagramm

Auch das **Balkendiagramm** eignet sich zur Darstellung des Wahlausgangs.
Hier kann man der waagrechten Achse entnehmen, wie viel Prozent der Stimmen auf wen entfallen, die senkrechte Achse zeigt, zu wem der jeweilige Balken gehört.

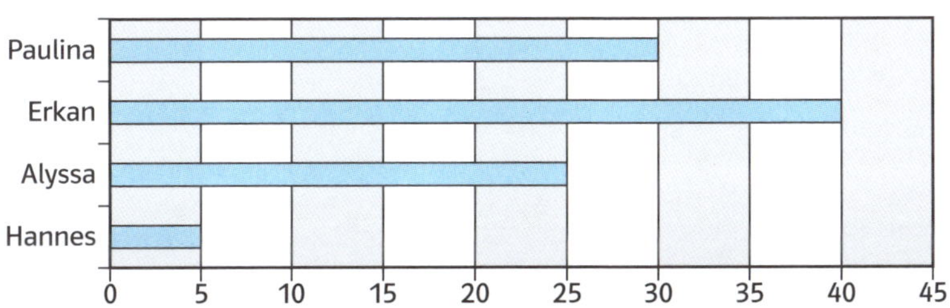

Hier kann man der waagrechten Achse entnehmen, wie viel Prozent der Stimmen auf wen entfallen, die senkrechte Achse zeigt, zu wem der jeweilige Balken gehört.

Kreis- oder Tortendiagramm

Ebenso könnte man die Schülersprecherwahl mithilfe eines **Kreis-** oder **Tortendiagramms** darstellen.

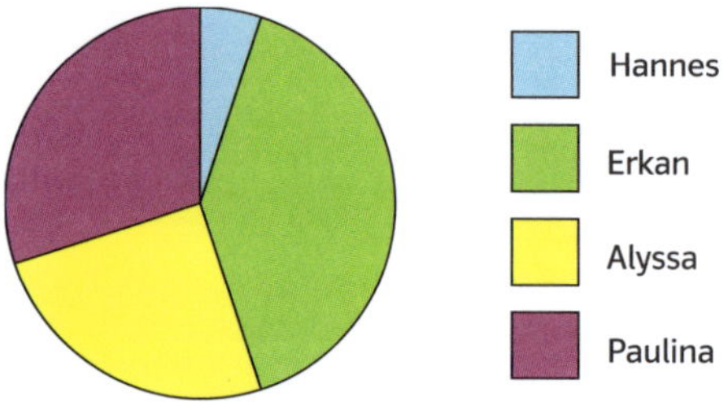

Auch hier kann man auf den ersten Blick erkennen, wie die Stimmen auf die Kandidaten verteilt wurden. Den unterschiedlichen Namen sind unterschiedliche Farben im Diagramm zugeordnet. Je größer der Anteil am Kreis ist, desto größer ist auch der Anteil der Stimmen.

Das Kurven- oder Liniendiagramm

Das **Kurven-** oder **Liniendiagramm** wird meist dann eingesetzt, wenn eine Entwicklung dargestellt werden soll. Durch Linien lassen sich auf engstem Raum Informationen zu mehreren Untersuchungsobjekten unterbringen, die du dann miteinander vergleichen kannst.

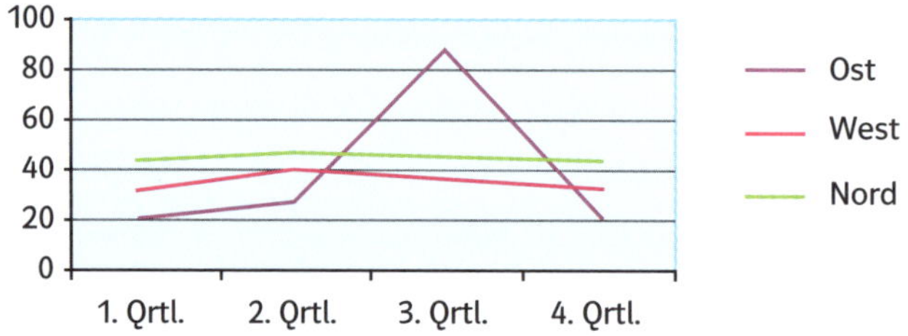

Hier werden die Verkaufszahlen von Fahrrädern in mehreren Landesteilen miteinander verglichen. Den verschiedenen Landesteilen sind unterschiedliche Farben zugeordnet. Auf der waagrechten Achse kannst du den Zeitraum (1.–4. Quartal) ablesen. Auf der senkrechten Achse wird angegeben, wie viele der Befragten im jeweiligen Zeitraum ein Fahrrad gekauft haben.

Flussdiagramm

Um zum Beispiel darzustellen, wie man eine Schülersprecherwahl vorbereitet, eignet sich das **Flussdiagramm**.

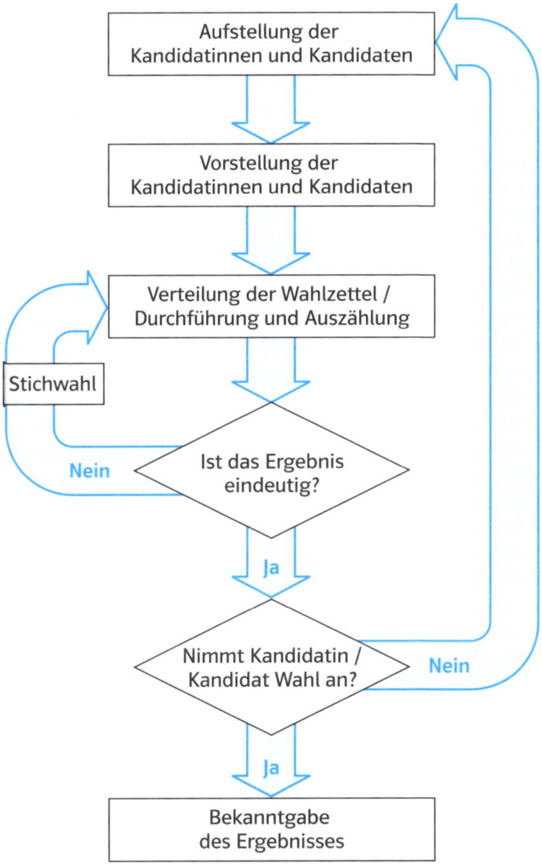

Bei einem Flussdiagramm kann man genau erkennen, welche Schritte aufeinanderfolgen und wie mit dem jeweiligen Ergebnis umzugehen ist. Man kann dem Diagramm beispielsweise entnehmen, dass nach der Vorstellung der Kandidatinnen und Kandidaten die Wahlzettel verteilt werden und die Wahl durchgeführt wird. Man erfährt, was zu tun ist, wenn das Wahlergebnis eindeutig ist, aber auch, wenn dies nicht der Fall ist.

Informationen finden (Internet)

Wenn du Informationen suchst, die das Fach Deutsch betreffen, solltest du immer zuerst in deinem Schulbuch oder in deinen Heften nachlesen – vieles, was du benötigst, findest du dort. Solltest du neue Informationen suchen, kannst du in Wörterbüchern, Sachbüchern oder Lexika nachschlagen. Der schnellste – aber manchmal auch der unsicherste – Weg zu aktuellen Informationen führt über das Internet.

Suchmaschinen helfen dir beim Auffinden von Informationen. Wenn du eine Suchmaschine aufrufst, musst du nur den gesuchten Hauptbegriff eingeben – und du bekommst eine Vielzahl von Internetseiten genannt, die diesen Begriff beinhalten.
Eine der meist genutzten Suchmaschinen ist google (www.google.de). Unter dieser Adresse werden dir alle wichtigen Internetseiten zu dem gesuchten Begriff aufgelistet.
Bei der Suche nach dem Begriff „Roman“ erscheint z. B. folgende Anzeige:

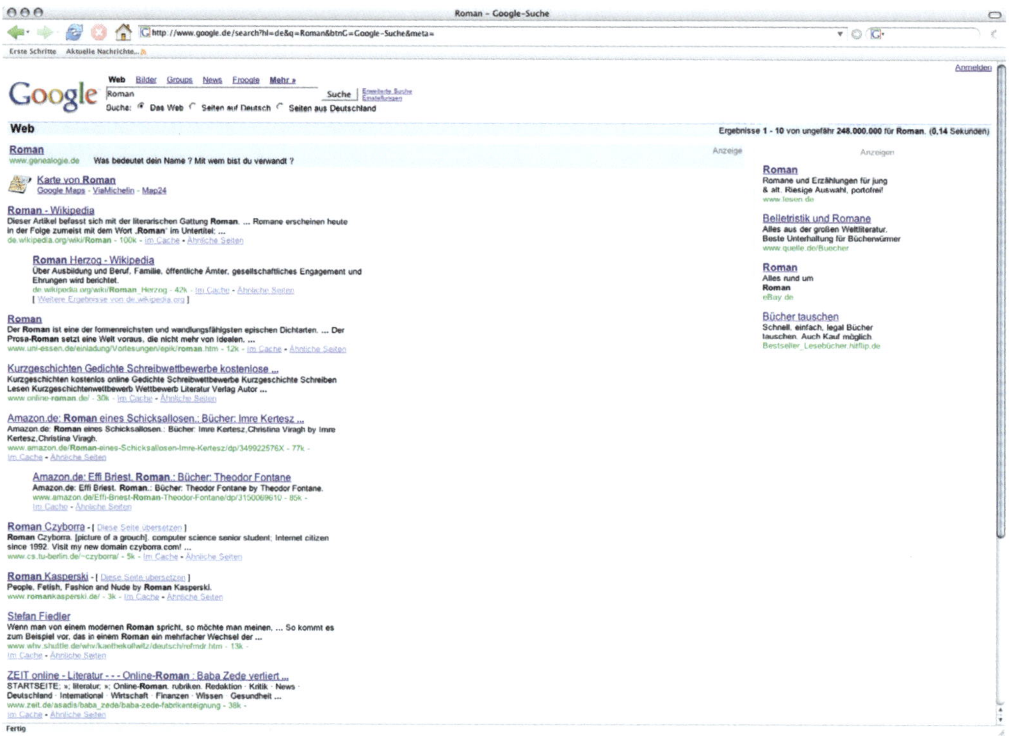

Neben Google gibt es noch viele weitere Suchmaschinen wie Yahoo, Duckduckgo, Bing, Metager, Helles Köpfchen usw.
Die verschiedenen Suchmaschinen setzen auf unterschiedliche Zielgruppen und haben alle verschiedene Vor- und Nachteile.

Daneben kannst du in den Homepages großer Verlage oder in allgemeinen Onlinelexika fündig werden, z. B.:

http://www.suhrkamp.de
http://www.dtv.de

http://www.wikipedia.de

Du findest bei deiner Internetsuche auch viele private Seiten – hier ist jedoch besondere Vorsicht geboten: Manche Seiten sind kostenpflichtig, andere oft fehlerhaft.
Viele wertvolle Hinweise zur Suche im Internet findest du unter:

http://www.suchfibel.de

Zusammenfassung

Informationen finden: Die Suche im Internet

- Im Internet kannst du viele Informationen zum Fach Deutsch finden.
- Sinnvoll ist es, den Hauptbegriff deiner Suche (den du später verfeinern kannst) in eine große Suchmaschine oder ein Onlinelexikon einzugeben. Dann erhältst du viele Internetadressen, die dir weiterhelfen können.
- Achte darauf, dass die Informationen nicht kostenpflichtig sind; vertraue nicht jedem Eintrag im Internet, sondern überprüfe die Informationen mindestens mit Hilfe einer weiteren Internetseite.

Zitieren

Bei manchen Aufsatzformen wie der Erörterung, der Interpretation, der erweiterten Inhaltsangabe und der Charakterisierung ist es nötig, dass du Passagen aus dem Originaltext wiedergibst, um durch diese Textbelege deine Behauptung oder deine Meinung zu stützen. Wenn du besondere Gedanken, Begriffe, Wendungen oder ganze Sätze aus einem anderen Text übernimmst, zitierst du. Beim Zitieren darfst du aber nicht einfach abschreiben; du musst dich an die allgemeinen Regeln des Zitierens halten.

Folgende Möglichkeiten der Textübernahme aus einem anderen Text gibt es (alle Textbeispiele beziehen sich auf das Schauspiel „Andorra" von Max Frisch):

- **Nachgestelltes Zitat** (in Klammern)
  Barblin weist den Soldaten, der sie begafft, ab („Wenn du nicht die ganze Zeit auf meine Waden gaffst, dann kannst du ja sehen, was ich mache", S. 7).

Beim Herkunftsnachweis eines Zitats, der immer in einer Klammer steht, verwendet man die Abkürzungen *S.* (für „Seite"); wenn im Text auch die Zeilen oder Verse nummeriert sind, gibt man auch diese an: *Z.* (für „Zeile") oder *V.* (für „Vers"). Im Drama orientiert man sich oft auch an Akten (I, II, III usw.) und Szenen (1, 2, 3 usw.).
Findet sich der Originaltext in einer einzigen Zeile, schreibt man z. B. Z. 13; reicht er in die nächste Zeile, schreibt man Z. 13 f. (*f.* steht für „folgende [Zeile]"). Reicht der Text über mehrere Zeilen, schreibt man entweder Z. 13–16 oder Z. 13 ff. (*ff.* für „folgende [Zeilen]").

- **Nachgestelltes Zitat** (nach Doppelpunkt)
  Barblin weist den Soldaten, der sie begafft, ab: „Wenn du nicht die ganze Zeit auf meine Waden gaffst, dann kannst du ja sehen, was ich mache." (S. 7)

- **In den Satz einbezogenes Zitat**
  Barblin weist den Soldaten mit der Aufforderung, er solle „nicht die ganze Zeit auf [ihre] Waden gaff[en]", ab (S. 7).

Wenn du in einem Zitat Wörter oder Teile davon veränderst, musst du dies durch eine eckige Klammer kenntlich machen.

- **Zitierung einzelner Wörter**
  Barblin weist den Soldaten mit den Worten, er solle sie nicht „angaffen" (S. 7), ab.

- **Sinngemäße Übernahme** (Paraphrase)
  Barblin weist den Soldaten, dem sie vorwirft, er würde ihr nachstellen (nach S. 7), ab.

- **Der Verweis**
  Barblin weist den Soldaten ab. Es ist ihr lästig, dass er sie begafft und ihr nachstellt (vgl. S. 7).

Bei der sinngemäßen Übernahme und beim Verweis wird keine Textstelle wörtlich zitiert. Trotzdem liegt den Aussagen eine Textstelle zugrunde, die man nennen muss. Dies geschieht, indem man auf diese mit den Kürzeln *vgl.* (für „vergleiche"), *nach* oder *s.* (für „siehe") hinweist.

Folgende Gefahren beim Zitieren solltest du kennen:

- **Zu viele Zitate**: Ein Aufsatz besteht aus so vielen Zitaten, dass die Gedanken und Ausführungen des Verfassers dahinter verschwinden.
  In einer Erörterung oder in einem Interpretationsaufsatz sollen in erster Linie die gedanklichen Leistungen des Verfassers wiedergegeben werden. Nur besonders wichtige oder umstrittene Aussagen des Verfassers werden durch Zitate belegt.

- **Keine Zitate**: Du verzichtest in deiner Arbeit auf jeden Beleg in Form von Zitaten. Dadurch kann der Eindruck entstehen, dass du den Text, über den du schreibst, nicht oder nicht genau kennst.

Zusammenfassung

Zitieren

- Um deine Ausführungen nachvollziehbar zu machen, musst du oft zitieren. Beim Zitieren fügst du ein Wort oder ganze Sätze aus dem Originaltext in deine Arbeit ein. Beim indirekten Zitat (Paraphrase, Verweis) gibst du nur einen (nichtwörtlichen) Hinweis auf den Originaltext.
- Achte darauf, nur die nötigen Textstellen zu zitieren, übertreibe aber nicht.

Wissenstest

1 Wann muss ein Komma verwendet werden?

2 Was muss man sich zur Schreibung des *i*-Lautes in Fremdwörtern merken?

3 Was versteht man unter dem Begriff „flektieren"?

4 Welche zwei Arten des Flektierens gibt es?

5 Wie unterscheidet man transitive und intransitive Verben?

6 Was kennzeichnet reflexive Verben?

7 Was drückt der Konjunktiv I aus?

8 Wann verwendet man Konjunktiv II?

9 Nach welchen grammatikalischen Merkmalen lassen sich Nomen (Substantive) bestimmen?

10 Was versteht man unter einem Homonym?

11 Welche Pronomen (Fürwörter) kennst du?

12 Was versteht man unter „Hypotaxe"?

13 Was versteht man unter „Parataxe"?

14 Was kennzeichnet den Relativsatz?

15 Was ist ein Konjunktionalsatz?

16 Was ist ein Infinitivsatz?

17 Was versteht man unter einem Partizipialsatz?

18 Welche verschiedenen Adverbialsätze gibt es und was geben sie an?

19 Was ist ein Attributsatz?

20 Was versteht man unter einem Subjektsatz?

21 Was versteht man unter einem Objektsatz?

22 Welche Satzglieder kann man unterscheiden?

23 Welche vier Objekte gibt es im Deutschen?

24 Bei der Erzählung unterscheidet man die Ich- und die Er-/Sie-Perspektive. Welche Vorzüge und welche Nachteile haben die beiden Erzählperspektiven?

25 Wie ist eine Erzählung aufgebaut?

26 Welche sprachlichen Mittel sollten in einer Erzählung verwendet werden?

27 Worauf musst du achten, wenn du einen Text umerzählen, also die Textsorte verändern sollst?

28 Welche Aspekte muss man beim Schildern noch stärker hervorheben als beim Erzählen?

29 Was sind die Kennzeichen des Sachstils?

30 Wie ist der Bericht aufgebaut?

31 Was muss man bei einer Textzusammenfassung beachten?

32 Welche Fakten muss der Basissatz der Inhaltsangabe nennen?

33 Welche Arten des Protokolls kann man unterscheiden?

34 Welche Argumentationsschritte muss man unterscheiden?

35 Woran erkennst du, ob du eine steigernde oder eine Pro-und-Kontra-Erörterung schreiben sollst?

36 Welche Aspekte solltest du bei einer Textinterpretation untersuchen?

37 Aus welchen Teilen besteht die erweiterte Inhaltsangabe?

38 Welche Aspekte musst du bei der Charakterisierung einer literarischen Figur beachten?

39 Welche drei Hauptgattungen der Literatur unterscheidet man?

40 Wodurch ist die moderne deutsche Kurzgeschichte gekennzeichnet?

41 Was sind die Kennzeichen einer Erzählung?

42 Was ist das Besondere an der Novelle?

43 Welche Formen des mittelalterlichen Epos kann man unterscheiden?

44 Welche verschiedenen Romantypen gibt es?

45 Welche Aspekte sollte man bei der Analyse eines Romans untersuchen?

46 Welche drei Typen des Dramas kann man unterscheiden?

47 Welches sind die vier wichtigsten Versfüße?

48 Welche vier Arten von Endreimen sind besonders wichtig?

49 Was sind die wichtigsten Kennzeichen des barocken Sonetts?

50 Was meinte Goethe damit, als er die Ballade das „Ur-Ei" der Dichtung nannte?

51 Was besagen die Begriffe „Volksballade" und „Kunstballade"?

52 Was sind die Kennzeichen des Sachstils?

53 Welche Aspekte solltest du bei der Analyse eines Redetextes untersuchen?

54 Welche zwei grundlegend verschiedene Arten von Zeitungstexten kann man unterscheiden?

55 Was versteht man in der Werbung unter der AIDA-Formel?

Lösung 1

Das Komma muss in folgenden Fällen verwendet werden:

- zwischen Haupt- und Nebensatz,
- bei Aufzählungen, wenn keine Konjunktion steht,
- bei Einschüben,
- bei Ausrufen und Anreden, die vom übrigen Satz abgetrennt werden.

Lösung 2

In Fremdwörtern schreibt man immer *i*, wo man *ie* oder *ieh* erwarten würde. Die einzige Ausnahme ist das Wort „Quartier".

Lösung 3

„Flektieren" heißt verändern.
Manche Wortarten wie Nomen (Substantive), Artikel, Adjektiv, Numerale, Pronomen und Verb kann man flektieren, andere nicht (Adverb, Präposition, Konjunktion und Interjektion).

Lösung 4

Man kann konjugieren und deklinieren.
Verben werden nach Person und Numerus, Tempus und Genus verbi verändert (konjugiert).
Substantive/Nomen, Artikel, Adjektive, Numerale und Pronomen werden nach Kasus, Numerus und Genus verändert (dekliniert).

Lösung 5

Transitive Verben benötigen ein Akkusativobjekt, z. B. „Tim hat seine Freunde eingeladen."
Intransitive Verben ziehen nicht zwangsläufig ein Objekt nach sich, z. B. „Ich arbeite (an meinem Referat)."
Manche Verben sind transitiv und intransitiv, z. B. „Ich lerne (Deutsch)."

Lösung 6

Reflexive Verben haben immer ein Reflexivpronomen bei sich: „Ich beeile mich."

Lösung 7

Der Konjunktiv I wird für Wünsche, Aufforderungen und Ausrufe sowie für die indirekte Rede verwendet:
„Man nehme drei Eier."
„Tamara versicherte, sie habe die Pizza genau nach Rezept gemacht."

Lösung 8

Den Konjunktiv II verwendet man, wenn man ein nicht wirkliches Geschehen oder einen höflichen Wunsch ausdrücken will bzw. bei unerfüllbaren Wünschen und in Konditionalsätzen:
„Könntest du mir bei der Mathematikaufgabe helfen?"
„Wenn ich dir helfen könnte, hätte ich es getan."

Lösung 9

Substantive/Nomen lassen sich bestimmen nach
- Genus (grammatikalisches Geschlecht),
- Numerus (Zahl) und
- Kasus (Fall).

Lösung 10

Homonyme sind gleichlautende Wörter mit verschiedener Bedeutung. Oft kann man ihre Bedeutung aufgrund des Artikels herausfinden:
die Steuer = Abgabe; das Steuer = Lenkvorrichtung

Lösung 11

Pronomen sind:
- das Personalpronomen (persönliches Fürwort: *ich, du, wir*),
- das Possessivpronomen (besitzanzeigendes Fürwort: *mein, dein, unser*),
- das Demonstrativpronomen (hinweisendes Fürwort: *der, dieser, jener*),
- das Reflexivpronomen (rückbezügliches Fürwort: *mich, dich, sich*),
- das Relativpronomen (bezügliches Fürwort: *der, welcher*),
- das Interrogativpronomen (Fragefürwort: *wer, was, welcher, was für ein*),
- das Indefinitpronomen (unbestimmtes Fürwort: *jemand, niemand, einige, irgendetwas*).

Lösung 12

„Hypotaxe" ist der Fachbegriff für „Satzgefüge".
Unter Hypotaxe versteht man die Verbindung eines Hauptsatzes mit einem oder mehreren Nebensätzen, z. B.: „Die nächsten Sommerferien verbringe ich in einer Gastfamilie in England, weil ich meine Sprachkenntnisse verbessern will."

Lösung 13

„Parataxe" ist der Fachbegriff für „Satzreihe".
Unter Parataxe versteht man die Verbindung eines Hauptsatzes mit einem anderen Hauptsatz, z. B.: „Die nächsten Sommerferien verbringe ich in einer Gastfamilie in England, denn ich will meine Sprachkenntnisse verbessern."

Lösung 14

Der Relativsatz ist ein Nebensatz. Er wird durch ein Relativpronomen (oft mit einer Präposition verbunden) oder ein Relativadverb eingeleitet.
Der Relativsatz ist meist ein Attributsatz: „Der blaue Füller, der sich in Svens Federmäppchen befindet, gehört mir."

Lösung 15

Der Konjunktionalsatz ist ein Nebensatz, der durch eine unterordnende Konjunktion eingeleitet wird.
Konjunktionalsätze sind Adverbialsätze, sie stehen im Satz anstelle der adverbialen Bestimmung:
„Als ich beim Eislaufen am See war, traf ich dort fast die ganze Klasse."

Lösung 16

Der Infinitivsatz ist ein Nebensatz, der durch eine Erweiterung aus dem reinen Infinitiv gebildet wird. Man spricht auch vom satzwertigen Infinitiv oder vom erweiterten Infinitiv.
Der Infinitivsatz kann durch Komma vom Hauptsatz abgetrennt werden, muss aber nicht.
„Es macht mir Spaß(,) den neuen Fantasyroman zu lesen."

Lösung 17

Der Partizipialsatz ist ein Nebensatz, der durch eine Erweiterung aus dem reinen Partizip gebildet wird. Man spricht auch von der Partizipialgruppe oder dem Partizipsatz.
Der Partizipialsatz kann durch Komma vom Hauptsatz abgetrennt werden, muss aber nicht.
„Laut über seine Mitschüler lachend(,) ging Sebastian auf den Pausenhof."

Lösung 18

Man unterscheidet
- den Temporalsatz (Zeit),
- den Modalsatz (Art und Weise),
- den Instrumentalsatz (Mittel),
- den Kausalsatz (Grund),
- den Konditionalsatz (Bedingung),
- den Konzessivsatz (Einräumung),
- den Konsekutivsatz (Folge),
- den Finalsatz (Zweck),
- den Adversativsatz (Gegensatz) und
- den Lokalsatz (Ort).

Lösung 19
Der Attributsatz ist ein Nebensatz, der anstelle eines Attributs steht. Oft handelt es sich dabei um einen Relativsatz:
„Das Rathaus, das unter Denkmalschutz steht, wird von vielen Touristen fotografiert."

Lösung 20
Der Subjektsatz ist ein Nebensatz, der die Satzgliedstelle des Subjekts einnimmt.
Nach dem Subjektsatz kann man genauso wie nach dem Subjekt fragen: wer oder was?
„Dass ich in Musik gute Noten bekomme, ist mir sehr wichtig."

Lösung 21
Der Objektsatz ist ein Nebensatz, der die Satzgliedstelle des Objekts einnimmt.
Nach dem Objektsatz kann man genauso wie nach dem Objekt fragen: wen oder was?
„Mein Lehrer glaubt daran, dass ich in Musik sehr gut bin."

Lösung 22
Es gibt unverzichtbare Satzglieder, ohne die kein vollständiger Satz gebildet werden kann: das Subjekt und das Prädikat.
Daneben gibt es Satzglieder, auf die auch verzichtet werden kann: das Objekt, das Adverbiale und das Attribut.

Lösung 23
Im Deutschen kennt man das Genitivobjekt, das Dativobjekt, das Akkusativobjekt und das Präpositionalobjekt.

Lösung 24
Ich-Perspektive: klingt persönlicher, der Leser ist unmittelbarer am Erlebnis beteiligt, aber der Blickwinkel ist eingeschränkt: Du weißt nur das, was das Erzähler-Ich weiß.
Er-/Sie-Perspektive: erzählt aus der Sicht eines Unbeteiligten. Du betrachtest alle Personen der Erzählung von außen.

Lösung 25
Jede gelungene Erzählung besteht aus drei Teilen:
- Einleitung,
- Hauptteil (mit Höhepunkt) und
- Schluss.

Das eigentliche Geschehen wird im Hauptteil erzählt. Die Einleitung führt zum Hauptteil hin, der Schluss rundet die Erzählung ab.

Lösung 26
Du solltest für eine gelungene Erzählung die wörtliche Rede verwenden, Signalwörter, aussagekräftige Verben und Adjektive benutzen, durch Andeutungen und unvollständige Sätze am Höhepunkt die Spannung steigern und das szenische Präsens verwenden.

Lösung 27
Bei der Veränderung der Textsorte musst du die Kernaussage beibehalten.
Du musst dich deshalb fragen:
- Worum geht es in diesem Text? Was ist seine Kernaussage?
- Wo liegt der Höhepunkt? Welche Teile des Textes lassen sich der Einleitung und dem Schluss zuordnen?
- Wie sind die Figuren charakterisiert?

Lösung 28
Bei der Schilderung kommt es darauf an, dass die Umgebung anschaulich dargestellt wird. Auch die Sinneseindrücke müssen durch sprachliche Bilder, Vergleiche, Personifikationen und stimmungsvolle Adjektive wiedergegeben werden.

Lösung 29
Sachstil verwenden heißt, Sachverhalte exakt zu beschreiben.
Dies gelingt,
- indem du Gefühle und Stimmungen nicht erzählst, sondern nennst,
- keine wörtliche Rede und keine umgangssprachlichen Ausdrücke, sondern Fachbegriffe verwendest,
- einen logischen Aufbau einhältst,
- Hypotaxen bildest, Konjunktionen und Adverbialen verwendest.

Lösung 30
Der Bericht ist eine sachliche Aufsatzform.
- Die Einleitung führt den Leser in die Situation ein und gibt eine Überblicksinformation über das Geschehen.
- Im Hauptteil wird der Ablauf des Geschehens in chronologischer Folge ausführlich dargestellt.
- Im Schlussteil werden das Ergebnis und die Folgen des Geschehens genannt.

Lösung 31

Bei der Textzusammenfassung

- darf man keine Spannung erzeugen,
- muss man die inhaltlichen Zusammenhänge herausarbeiten,
- muss man wichtige Personen, Ereignisse und Sachverhalte nennen,
- Sachstil verwenden und
- im Präsens schreiben.

Lösung 32

Der Basissatz der Inhaltsangabe nennt die wichtigsten Fakten:

- den Namen des Verfassers,
- den Titel des Textes,
- die literarische Gattung,
- die Entstehungszeit,
- die Hauptpersonen und
- die Kernaussage des Textes.

Lösung 33

Man unterscheidet

- das Verlaufsprotokoll, das das Gesagte in chronologischer Reihenfolge festhält, und
- das Ergebnisprotokoll, das nur die Ergebnisse von Besprechungen wiedergibt.

Daneben gibt es noch

- das Unterrichtsprotokoll, eine Mischform aus Verlaufs- und Ergebnisprotokoll.

Lösung 34

Eine einfache Argumentation kommt mit drei Argumentationsschritten aus:

- Behauptung (These),
- Begründung (Argument) und
- Beispiel.

Lösung 35

Bei der Unterscheidung der steigernden und der Pro-und-Kontra-Erörterung musst du genau auf die Fragestellung achten.
Die steigernde Erörterung wird immer durch eine Ergänzungsfrage (Wortfrage) eingeleitet: „Warum …?“
Die Pro-und-Kontra-Erörterung wird immer durch eine Entscheidungsfrage (Satzfrage) eingeleitet: „Ist es sinnvoll, dass …?“

Lösung 36

Bei der Textinterpretation musst du dich genau mit dem Text auseinandersetzen, ihn erschließen, um ihn dann interpretieren zu können.
Wichtige Aspekte sind dabei: Überschrift, Textinhalt, Textaufbau, Charakterisierung der Personen, sprachliche Auffälligkeiten.

Lösung 37

Die erweiterte Inhaltsangabe besteht aus drei Teilen:
- Einleitung (als Basissatz),
- Inhaltszusammenfassung,
- Beantwortung der vorgegebenen Erschließungsfragen.

Lösung 38

Eindrücke über eine literarische Figur bekommt man, wenn man sich mit folgenden Aspekten auseinandersetzt:
- äußere Erscheinung,
- Lebensumstände,
- Verhältnis zu den Mitmenschen,
- Äußerungen und Handlungen der literarischen Figur,
- ihre Lebenserfahrungen.

Lösung 39

Man teilt die Literatur in folgende Hauptgattungen:
- erzählende Texte (Epik, Prosa),
- dramatische Texte (Schauspiele, Szenen) und
- lyrische Texte (Gedichte, Balladen).

Lösung 40

Die moderne deutsche Kurzgeschichte existiert als Gattung erst seit 1945. Sie ist durch folgende Merkmale gekennzeichnet:
- Einleitung und Schluss fehlen meist,
- die Personen sind als Durchschnittsmenschen gekennzeichnet,
- die Handlung zeigt einen Wendepunkt im Leben der Hauptperson,
- die Sprache ist einfach und alltäglich.

Lösung 41
Die Erzählung ist dem Roman ähnlich, jedoch kürzer. Das sind ihre Kennzeichen:
- Einteilung in Einleitung, Hauptteil und Schluss,
- nur ein Handlungsstrang,
- nur wenige Personen (als Charaktere gekennzeichnet),
- meist in gehobener Sprache abgefasst.

Lösung 42
Die Novelle ist eine Erzählung mittleren Umfangs, die in konzentrierter Form das Hereinbrechen des Schicksals auf einen Menschen zeigt. Dabei steht aber nicht der Mensch im Mittelpunkt der Darstellung, sondern die Handlung.

Lösung 43
Im Mittelalter kennt man zwei Formen des Epos: das Heldenepos und das höfische Epos.
Das Heldenepos ist die ältere Form, seine Dichter kennt man nicht.
Das höfische Epos thematisiert die Lebenswelt der christlichen Ritter; bekannte Dichter sind Hartmann von Aue, Wolfram von Eschenbach und Gottfried von Straßburg.

Lösung 44
Je nach Qualität, Erscheinungsform und Zielgruppe des Romans unterscheidet man folgende Typen:
- literarischer Roman,
- Unterhaltungsroman,
- Heftchenroman,
- Fortsetzungsroman,
- Jugendroman.

Lösung 45
Bei der Romananalyse gibt es eine Vielzahl von Untersuchungsaspekten, z. B.:
- Ist der Roman aus der Sicht eines Ich-Erzählers oder eines Er-/Sie-Erzählers geschrieben?
- Welches Erzählverhalten ist feststellbar: auktoriales, personales oder neutrales Erzählverhalten?
- Wie ist das Verhältnis von Erzählzeit und erzählter Zeit?

Lösung 46
Folgende drei Typen des Dramas kann man unterscheiden:
- die Komödie (Lustspiel), ein Bühnenstück mit komischem, lustigem oder heiterem Inhalt,
- die Tragödie (Trauerspiel), ein Bühnenstück mit tragischem Inhalt, und
- die Tragikomödie, eine Mischform aus Tragödie und Komödie, die tragische und komische Elemente miteinander verbindet.

Lösung 47

Den meisten deutschen Gedichten liegt einer dieser Versfüße zugrunde:

- Jambus xx́ (unbetont - betont),
- Trochäus x́x (betont - unbetont),
- Daktylus x́xx (betont - unbetont - unbetont),
- Anapäst xxx́ (unbetont - unbetont - betont)

Lösung 48

Folgende Endreime sind im Deutschen besonders wichtig:

- Paarreim (aabb),
- Kreuzreim (abab),
- umarmender Reim (abba),
- Schweifreim (aabccb).

Lösung 49

Die wichtigsten Kennzeichen des barocken Sonetts sind:

- Es besteht aus 14 Versen, untergliedert in zwei Quartette und zwei Terzette.
- Es ist meist im Alexandriner (sechshebiger Jambus mit Mittelzäsur) verfasst.
- Das Reimschema ist oft abba abba ccd eed.

Lösung 50

Goethe wollte mit dem Begriff vom „Ur-Ei" ausdrücken, dass die Ballade Elemente aller drei großen literarischen Gattungen enthält:

- die Gliederung in Strophen und Verse (aus der Lyrik),
- das Schwergewicht auf der äußeren Handlung (aus der Epik),
- die Verwendung von Monologen und Dialogen (aus der Dramatik).

Lösung 51

Balladen wurden ursprünglich mündlich überliefert, ihre Verfasser sind unbekannt - dies ist typisch für die Volksballaden.

Im 18. Jahrhundert ahmten Dichter wie Gottfried August Bürger oder Johann Wolfgang von Goethe und Friedrich Schiller die Volksballaden in Ton und Inhalt nach: Die Kunstballade war entstanden.

Lösung 52

Sachstil darf keine Spannung erzeugen, wörtliche Rede ist nicht angebracht, Fachbegriffe sollten verwendet werden, ebenso Satzgefüge (Hypotaxen).

Sachstil wird in informierenden Aufsatzformen verwendet, wenn es darauf ankommt, nicht Gefühle und Stimmungen, sondern Sachverhalte auszudrücken.

Lösung 53

Redetexte können wie andere Texte auch untersucht werden.
Wichtige Aspekte sind:

- Thema und Inhalt der Rede (worüber wird gesprochen?),
- die Argumentation des Redners (argumentiert der Redner sachlich, schlüssig, weitschweifig usw.?) und
- die Intention des Redners (will er überreden, überzeugen oder informieren?).

Lösung 54

Im redaktionellen Teil einer Zeitung gibt es eine Vielzahl von Textsorten.
Ein grundlegender Unterschied besteht zwischen den meinungsbildenden Textsorten (Kommentar, Rezension, Glosse) und den sachlich-informierenden Textsorten (Meldung, Nachricht, Bericht, Reportage, Interview).

Lösung 55

Die AIDA-Formel beschreibt, wie Werbung auf Menschen wirken soll:

A – Attention: Die Aufmerksamkeit des Betrachters soll geweckt werden.
I – Interest: Das Interesse des Betrachters soll angesprochen werden.
D – Desire: Der Kaufwunsch soll geweckt werden.
A – Action: Der Betrachter soll das Produkt kaufen.

9./10. Klasse

Sprachgeschichte und Dialekt

Beim Sprechen und Schreiben verwendet man die Sprache ganz selbstverständlich, meist ohne über sie nachzudenken. Dabei ist es keineswegs selbstverständlich, dass die deutsche Sprache so ist, wie wir sie heute gebrauchen. Unsere Sprache hat sich aus Vorformen des heutigen Deutsch entwickelt und ist auch nicht einheitlich - denke nur an die verschiedenen Dialekte. Unsere Sprache entwickelt sich immer weiter, z. B. weil neue Wörter - meist aus dem Englischen - hinzukommen.

Die Entwicklung des Wortschatzes

Die Form der deutschen Sprache, die heute in Deutschland und dem benachbarten deutschsprachigen Ausland (Österreich, Schweiz und Luxemburg sowie in manchen Gegenden Frankreichs, Dänemarks, Italiens usw.) gesprochen wird, nennt man Neuhochdeutsch. Diese Sprachform hat Vorläufer: das **Germanische**, das **Althochdeutsche** (ca. 750–1050) und das **Mittelhochdeutsche** (ca. 1050–1350).

- **Erbwort**
  Als Erbwörter bezeichnet man die Wörter, die **sozusagen „schon immer" zur deutschen Sprache gehören**, die also meist auf germanische, alt- oder mittelhochdeutsche Begriffe zurückgehen, z. B. König, Wagen, Pferd, Bruder, Vater, Frau.

- **Lehnwort**
  Lehnwörter wurden **aus anderen Sprachen entlehnt**, also übernommen. In Schreibweise, Aussprache und Grammatik sind sie **dem Deutschen angepasst**. Viele Lehnwörter der deutschen Sprache stammen aus dem Lateinischen.

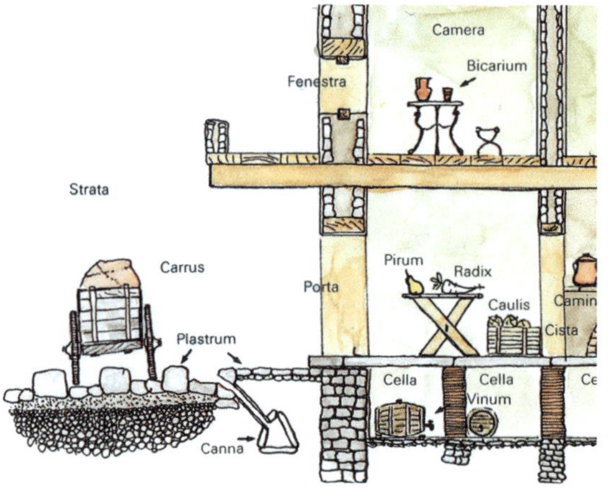

- **Fremdwort**
  Zwischen dem 17. und 19. Jahrhundert kamen viele Wörter **aus dem Französischen** zu uns. Das lag daran, dass die französische Kultur für Deutschland lange Zeit Vorbildcharakter hatte bzw. dass durch die Herrschaft Napoleons über Europa ein enger Kontakt zu Frankreich entstand. Viele Wörter, die wir noch heute ganz selbstverständlich benutzen, stammen aus dem Französischen: z. B. Blamage, Café, Niveau, Garage, Toilette, Service, Nougat. In jüngerer Vergangenheit werden viele Wörter **aus dem Englischen** in der deutschen Sprache verwendet. Manche davon sind bereits nach Lautstand, Betonung und Schreibung eingedeutscht (z. B. Ketchup bzw. Ketschup), andere werden immer noch als fremd empfunden (Download, E-Mail, Handout, Mountainbike). Die Grenzen sind dabei fließend.

Dialekt

Der Dialekt (die Mundart) ist **von Region zu Region unterschiedlich**. Sagt man in Süddeutschland „Bub" oder „Bua", spricht man im Norden vom „Jungen". Der Dialekt ist oft vielfältiger als die vereinheitlichte Hochsprache. Der Dialekt kann gesprochen werden; wenn man schreibt, sollte man sich an die Hochsprache halten.

Die Bezeichnungen für *Junge* in den Mundarten des ehemaligen deutschen Sprachgebiets

Zusammenfassung

Sprachgeschichte und Dialekt

- Die deutsche Sprache entwickelte sich aus dem Germanischen über das Alt- und Mittelhochdeutsche zum Neuhochdeutschen, das wir heute gebrauchen.
- Erb- und Lehnwörter weisen noch auf die Vorformen hin.
- Auch heutzutage bereichern neue Wörter (Fremdwörter) die deutsche Sprache.
- Der Dialekt ist die Mundart, die in verschiedenen Regionen gesprochen wird.

Fach- und Sondersprachen, Wortbedeutung

Fachsprache wird von Fachleuten verschiedener Disziplinen verwendet und dient der präzisen Verständigung im jeweiligen Fachbereich.
Sondersprachen entwickeln sich innerhalb verschiedener Bevölkerungsgruppen und dienen der Identifikation mit dieser Gruppe bzw. der Abgrenzung zu anderen Gruppen. Sowohl die Fach- als auch die Sondersprachen gründen auf der Hoch- und der Umgangssprache und beziehen jeweils eigene Begrifflichkeiten mit ein.

Hochsprache und Umgangssprache

Im Deutschen wird zwischen Hoch- und Umgangssprache unterschieden. **Hochsprache** ist die Standard- oder Schriftsprache, die man verwenden sollte, wenn man öffentlich auftritt oder Briefe an Ämter schreibt. Auch sachliche Texte, z. B. in der Zeitung, sind meist in Hochsprache abgefasst. **Umgangssprache** orientiert sich an der Hochsprache, beachtet aber deren Regeln nicht immer. Umgangssprache ist die Sprache, die man gepflegt spricht.

Fachsprache

Die Fachsprache zeigt an, dass es in den verschiedenen Bereichen unserer Gesellschaft einen hohen Grad an Spezialisierung gibt. **Fachleute** der verschiedenen Berufe oder Disziplinen verständigen sich in ihrer jeweiligen Fachsprache, da sie sich damit **besonders präzise ausdrücken** können. Fachsprache unterscheidet sich besonders durch ihren Wortschatz von der Hochsprache. Beispiele für Fachsprachen: Computersprache, Sprache des Sports oder der Popmusik, Jägersprache.
Fachsprache wird auch in **Sachtexten** verwendet, um möglichst **genaue Informationen** geben zu können. Durch häufige Verwendung gehen Begriffe aus einer Fachsprache in den allgemeinen Sprachgebrauch ein (z. B. Harddisc, Grafikkarte, Mainboard).

Sondersprachen

Sondersprachen dienen dazu, die Zusammengehörigkeit einer bestimmten Gruppe der Gesellschaft zu demonstrieren und diese damit von anderen abzugrenzen. Zu den Sondersprachen gehören

- **Geheimsprachen**, die kaum ein Außenstehender versteht, z. B. das Rotwelsch, die Sprache der Landfahrer, sowie verschiedene Gaunersprachen.
- Gruppensprachen, die die Zugehörigkeit zu einer besonderen Bevölkerungsgruppe anzeigt, z. B. die Jugendsprache, die Jugendliche verwenden, wenn sie unter ihresgleichen sind. Dabei herrscht in den **verschiedenen Gruppierungen und Milieus** ein jeweils unterschiedlicher Wortschatz vor, der häufig den jeweiligen Moden der Zeit Rechnung trägt und derzeit häufig aus dem Englischen entlehnt ist (z. B. chillen, raven). Jugendsprache wird gesprochen, sie ist nur bedingt literaturfähig und veraltet schnell.

Wortbedeutung

Manche Wörter unterscheiden sich in ihrer Bedeutung, obwohl sie gleich geschrieben werden oder gleich klingen. Andere Wörter können problemlos durch ein anderes ersetzt werden und drücken trotzdem das Gleiche aus. Für manche Wörter lässt sich auch ein Gegenwort finden:

- **Synonym**
  Wörter mit fast gleicher Bedeutung nennt man Synonyme (Ersatzwörter):
  Orange – Apfelsine, Fleischer – Metzger, verwirrt – durcheinander
- **Antonym**
  Wörter mit gegensätzlicher Bedeutung werden als Antonyme (Gegenwörter) bezeichnet:
  heiß – kalt, hell – dunkel, lebend – tot, lieben – hassen
- **Homonym**
  Unter Homonymen versteht man gleichlautende Wörter mit unterschiedlicher Bedeutung:
  Hahn (der Gockel, der Wasserhahn), Bank (das Geldinstitut, die Sitzgelegenheit),
  Leiter (eine Person, ein Steiggerät)

Zusammenfassung

Fach- und Sondersprachen, Wortbedeutung

- Fachsprache ist die Sprache, die unter Fachleuten zur präziseren Verständigung verwendet wird.
- Bei den Sondersprachen unterscheidet man Geheim- und Gruppensprachen.
- Geheimsprachen dienen der Verschleierung des Gesagten für Außenstehende (z. B. Gaunersprache).
- Gruppensprachen entwickeln sich innerhalb verschiedener Bevölkerungsgruppen, die sich durch den Gebrauch der Sprache von anderen Gruppen bewusst abgrenzen.
- Bezüglich der Wortbedeutung kann man Synonyme, Antonyme und Homonyme unterscheiden.

Sprachliche Mittel und ihre Funktion

Sprachlich-stilistische Mittel werden von Autoren bewusst gewählt, um gewisse Sachverhalte hervorzuheben. Wenn man sie untersucht, tragen sie zum genaueren Verständnis eines Textes bei.

Sprachlich-stilistische Mittel

Sprachlich-stilistische Mittel oder rhetorische Figuren werden vom Autor eingesetzt, um eine bestimmte Wirkung zu erzielen. Welche das ist, muss im Einzelfall entschieden werden. Man unterscheidet:

- **Wortfiguren** (sprachlich-stilistische Mittel, die sich auf ein Wort beziehen),
- **Satzfiguren** (sprachlich-stilistische Mittel, die sich auf einen ganzen Satz beziehen),
- **Stilfiguren** (sogenannte rhetorische Figuren),
- **Gedankenfiguren** (die sich auf den Inhalt des Textes beziehen) und
- **Klangfiguren** (die sich auf den Klang von Wörtern beziehen).

Wichtige sprachlich-stilistische Mittel und ihre Bedeutung

Begriff	Erklärung	Beispiel
Akkumulation	Aufzählung von Begriffen oder Wörtern, die zu einem Oberbegriff passen	Meine Eltern, Großeltern, Geschwister, Tanten und Onkel kommen zu meinem Geburtstag.
Alliteration	gleicher Anlaut mehrerer bedeutungstragender Wörter (Stabreim)	Mann und Maus
Anapher	Wiederholung eines Wortes oder einer Wortgruppe zu Beginn aufeinanderfolgender Verse, Strophen oder Sätze	Er kam, er sah, er siegte.
Antithese	Gegenüberstellung von Gegensätzlichem	groß und klein
Archaismus	veralteter sprachlicher Ausdruck	obsiegen (*für:* siegen)
Asyndeton	gleichrangige Fügung von Wörtern oder Sätzen	Straßen, Häuser, Menschen
Chiasmus	Überkreuzstellung zweier Wortgruppen oder Sätze	Die Kunst ist lang und kurz ist unser Leben.
Ellipse	grammatisch unvollständiger Satz	Ende gut, alles gut
Hyperbel	Übertreibung	Ich warte schon eine Ewigkeit.
Hypotaxe	Satzgefüge aus Haupt- und Nebensätzen	Während Luisa in die Schule ging, blieb Simon zu Hause.

Begriff	Erklärung	Beispiel
Inversion	Veränderung der üblichen Wortstellung	Allein kommt ein Unglück selten.
Klimax	steigernde Anordnung von Wörtern oder Wortgruppen	dumm – dümmer – am dümmsten
Litotes	Ausdruck eines Sachverhaltes durch sein Gegenteil	nicht unattraktiv (*für:* sehr schön)
Metapher	Übertragung eines Wortes in einen anderen Sinnbereich, um diesen zu veranschaulichen	ein Meer von Plagen
Neologismus	Wortneuschöpfung	Tagleuchter (*für:* Fenster)
Oxymoron	Kombination von sich ausschließenden Begriffen	Finster wars, der Mond schien helle … (Erich Kästner)
Parallelismus	gleiche Satzstellung in aufeinanderfolgenden Sätzen	Friede den Hütten, Krieg den Palästen (Georg Büchner)
Parataxe	Nebeneinanderstellung gleichberechtigter Hauptsätze (Satzreihe)	Luisa ging in die Schule und Jan blieb zu Hause.
Personifikation	Darstellung abstrakter Begriffe oder lebloser Dinge als Person oder belebte Wesen	Väterchen Frost
Repetitio	Wiederholung	Sie liefen und liefen und liefen.
Rhetorische Frage	nur scheinbare Frage, deren Antwort bereits feststeht	Wer möchte nicht in Frieden leben?
Tautologie	Bereits Gesagtes wird durch ein sinnverwandtes Wort wiederholt.	voll und ganz
Vergleich	Herstellung einer Gemeinsamkeit zwischen zwei Bereichen	weiß wie der Schnee
Wiederholung	Mittel der Intensivierung	Es war still, ganz still.

Zusammenfassung

Wichtige sprachlich-stilistische Mittel und ihre Funktion

- Verstärkung der Aussage: Antithese, rhetorische Frage
- Verschlüsselung, Umschreibung: Metapher, Oxymoron
- Verleihung von Nachdrücklichkeit: Akkumulation, Anapher, Hyperbel
- Darstellung von Emotionalität: Hyperbel
- Hervorhebung: Akkumulation, Chiasmus, Ellipse, Inversion, Klimax, Litotes, Parallelismus
- Veranschaulichung: Personifikation, Vergleich

Argumentieren und Erörtern

Die Erörterung ist eine Aufsatzform, bei der du dich mit einem Sachverhalt auseinandersetzen musst. Du bist aufgefordert, deine eigene Meinung darzulegen und deinen eigenen Standpunkt begründet zu vertreten; möglicherweise gelingt es dir sogar, durch eine stimmige Argumentation den Leser von deiner Meinung zu überzeugen.

Erörtern

Um den Leser von deiner Meinung zu überzeugen, musst du argumentieren, also Gesichtspunkte zum Thema darlegen, die deine Meinung schlüssig erscheinen lassen. Doch allein damit ist es nicht getan: Du musst auch Gegenargumente - bereits genannte oder solche, die sich aufdrängen - entkräften. Dies ergibt sich schon aus der früheren Bedeutung des Wortes „erörtern", wie es im Duden Etymologie-Herkunftswörterbuch der deutschen Sprache nachzulesen ist: **erörtern** „durchsprechen, darlegen". Das seit dem 16. Jahrhundert bezeugte Verb ist eine Lehnübertragung von lat. *determinare* „abgrenzen, festlegen, bestimmen" und wurde zunächst in der Rechtssprache im Sinne von „verhandeln" gebraucht.

„Erörtern" im schulischen Sinn bedeutet:

- sich mit anderen Meinungen auseinandersetzen,
- das Für und Wider eines Gedankens abwägen,
- Argumente auf ihre Stichhaltigkeit prüfen,
- eine eigene Meinung begründet vertreten,
- ein fundiertes Urteil fällen.

Der Erörterungsaufsatz

Erörtern ist eine Technik, die du im Aufsatz anwenden kannst. Dabei musst du deine Ansichten, wenn du überzeugen willst, **stichhaltig begründen**. Sinnvoll ist es, wenn du dich dabei an das Argumentationsschema hältst: eine Behauptung aufstellen, sie begründen, sie beweisen oder durch ein Beispiel veranschaulichen und zur Behauptung zurückführen.

Verschiedene Formen des Erörterungsaufsatzes

Das Schaubild zeigt dir die verschiedenen Formen der Erörterung, die in der Schule eine Rolle spielen, und nennt deren wichtigste Kennzeichen.

Formen der Erörterung

Problemerörterung — Literarische Erörterung — Texterörterung

textungebunden — textgebunden

Erörterungstypen

linear (steigernd)

- Ergänzungsfrage
- Wortfrage
- sachbezogene Auseinandersetzung

dialektisch (pro und kontra)

- Entscheidungsfrage
- Satzfrage
- wertbezogene Auseinandersetzung

Ergebnis

- Zusammenfassung und Analyse des Textes (bei der Texterörterung)
- Klärung des Problems
- ausgewogenes eigenes Urteil

Zusammenfassung

Beim Argumentieren und Erörtern ist zu beachten:

- In einer Erörterung musst du das Für und Wider eines Gesichtspunkts darlegen.
- Um deiner Ansicht Überzeugungskraft zu verleihen, musst du argumentieren.
- Man unterscheidet folgende Aufsatzformen: Problemerörterung, literarische Erörterung und Texterörterung sowie deren Gestaltung (steigernde und Pro-und-Kontra-Erörterung).

Die Argumentation

Das Argument ist der Grundbaustein jedes Erörterungsaufsatzes. Nur durch Argumente kannst du andere von deiner Meinung wirklich überzeugen. Die Darlegung der einzelnen Argumente, die Argumentation, muss deshalb treffend, stichhaltig und nachvollziehbar sein.

Das Argument

Das Ziel deines Erörterungsaufsatzes besteht darin, dass du dir selbst Klarheit über eine Problematik verschaffst und das Ergebnis des schriftlichen Nachdenkens so darlegst, dass du andere davon überzeugen kannst.
Deshalb wäre es falsch, nur Behauptungen aufzustellen – diese sind immer angreifbar. Im Erörterungsaufsatz musst du **schlüssig argumentieren**. Es ist deshalb sinnvoll, dass du dich an das übliche Argumentationsschema hältst, das besagt, dass die Argumentation aus folgenden vier Teilen besteht:

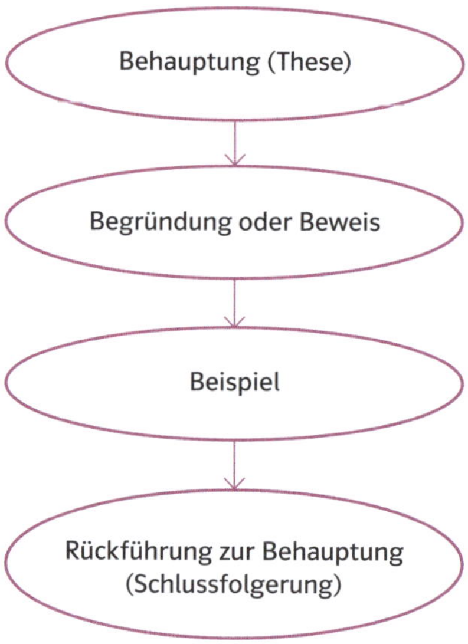

Die Behauptung (These)

Du stellst eine Behauptung auf, weil du von der Richtigkeit des Sachverhalts überzeugt bist. Diese These ist ein Hauptbestandteil deines Erörterungsaufsatzes und deshalb besonders wichtig. Aus der **Gesamtzahl der Thesen** ergibt sich schließlich deine Ansicht zum Thema, die in der Synthese oder im Schluss zusammengefasst wird.
Keine These darf aber nur für sich allein stehen. Du musst jede These so darlegen, dass sie für den Leser nachvollziehbar ist; dazu dienen die Begründung oder der Beweis und das Beispiel.

Die Begründung oder der Beweis

Begründungen müssen überzeugen. Deshalb reicht es meist nicht, nur allgemein Bekanntes zu erwähnen. Oft ist es notwendig, **Expertenwissen** heranzuziehen, z. B. Aussagen von Fachleuten oder Daten, die man einschlägigen Statistiken entnehmen kann. Diese gelten auch als Beweise, ebenso wie Gesetze oder anerkannte gesellschaftliche Werte.

Das Beispiel

Bleibt die Argumentation bei der These und der Begründung oft recht allgemein, ist besonders das Beispiel geeignet, Sachverhalte zu veranschaulichen. Du solltest deshalb immer darauf achten, dass die von dir angeführten Beispiele nachvollziehbar und für jedermann verständlich sind. Hüte dich aber vor **trivialen Beispielen**, so etwa vor Beispielen aus dem Bereich deines Freundeskreises oder deiner Familie (z. B. „Meine Tante hat auch schon erlebt, wie …"). Solche Beispiele stehen oft für vereinzelte Ereignisse oder Erfahrungen und sind für Außenstehende meist nicht nachvollziehbar.

Die Rückführung zur These (Schlussfolgerung)

Die Rückführung **rundet das Argument ab** und stellt den Bezug zur These abschließend noch einmal her. Fehlt die Rückführung, hängt die Argumentation in der Luft, der Leser fragt sich: Was sollen mir die Begründung und das Beispiel sagen?

Zusammenfassung

Kennzeichen der Argumentation

- Die Argumentation besteht aus einer Behauptung (These), einer Begründung oder einem Beweis, einem Beispiel und der Rückführung zur These (Schlussfolgerung).
- Behauptung, Begründung (Beweis) und Beispiel sind der Kern des Arguments. Die Rückführung ist wichtig, damit dem Leser am Ende die Zielrichtung des Arguments klar ist.

Stoffsammlung und Stoffordnung

Wenn du dich in der Klassenarbeit für ein Thema entschieden hast, das du bearbeiten möchtest, weißt du bestimmt auch schon, ob du der These zustimmst oder sie ablehnst. In den nächsten Arbeitsschritten musst du nun Argumente sammeln, die die These stützen, und diese Argumente sinnvoll ordnen.

Stoffsammlung

Beim Nachdenken über das Thema werden dir viele Gesichtspunkte einfallen. Diese solltest du zuerst einmal festhalten, auch wenn du sie im Aufsatz vielleicht nicht alle verwenden kannst. Um deine Ideen aufzuschreiben, kannst du eine Stichwortliste oder einen Cluster benutzen:

- **Die Stichwortliste** ist unstrukturiert, jedoch übersichtlich, weil du alles, was dir einfällt, untereinander schreibst. Lautet die Aufgabenstellung „Ist es sinnvoll, dass Schülerinnen und Schüler in den Ferien einen Job annehmen?", könnte die Stichwortliste so aussehen:

  – *Die Schülerinnen und Schüler verdienen eigenes Geld, mit dem sie ihre Kaufwünsche befriedigen können.*
  – *Sie müssen Verantwortung übernehmen.*
  – *Die Ferien dienen nicht mehr der Erholung.*
  – *Man lernt die Arbeitswelt kennen, zu der man sonst keinen Bezug hat.*
  – *Es ist schade um die Zeit, die man anders mit Freunden verbringen könnte.*
  – ...

- **Die Clustertechnik** ist vorteilhaft, weil man spätere Ideen an der passenden Stelle eintragen kann und damit die Argumente schon vorsortiert.

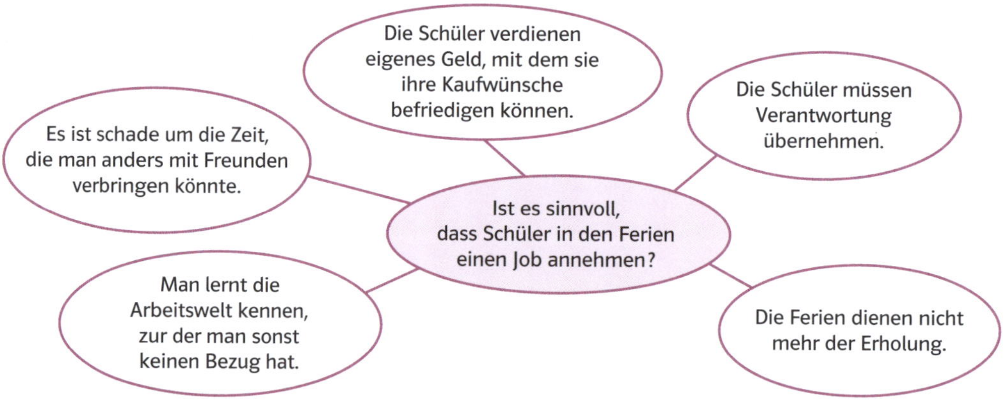

Die Stoffordnung

Die Stoffsammlung ist die Voraussetzung für jeden Erörterungsaufsatz. Doch darfst du die gefundenen Argumente nicht in der Reihenfolge stehen lassen, in der sie dir eingefallen sind. Um zielgerichtet argumentieren zu können, musst du sie ordnen: **Zusammengehöriges muss zusammengefügt werden**, damit du dich in deinem Aufsatz nicht wiederholst oder gar dir selbst widersprichst. Du kannst die Stoffordnung in Form der geordneten Stichwortliste aufschreiben oder als Mindmap skizzieren.

- **Die geordnete Stichwortliste** kannst du mit Zwischenüberschriften versehen, die dir helfen, die verschiedenen Aspekte richtig zuzuordnen:

Folgende Argumente sprechen dagegen, dass Schülerinnen und Schüler einen Ferienjob ausüben:
- *Die Ferien dienen nicht mehr der Erholung.*
- *Es ist schade um die Zeit, die man anders mit Freunden verbringen könnte.*
- ...

Folgende Argumente sprechen dafür, dass Schülerinnen und Schüler einen Ferienjob ausüben:
- *Sie verdienen eigenes Geld, mit dem sie ihre Kaufwünsche befriedigen können.*
- *Sie müssen Verantwortung übernehmen.*
- *Man lernt die Arbeitswelt kennen, zu der man sonst keinen Bezug hat.*
- ...

- **Die Mindmap** ist eine **strukturierte Stoffsammlung**, die aus Haupt- und Nebenaspekten verschiedener Unterordnung besteht. Es ist üblich, die Hauptaspekte (= Hauptäste) so anzulegen, dass sie von oben im Uhrzeigersinn gelesen werden können. Auch dieses Verfahren macht es möglich, dass du später noch neue Ideen leicht ergänzen kannst.

Zusammenfassung

Bei der Stoffsammlung und Stoffordnung ist zu beachten:
- Für die Stoffsammlung solltest du deinen Gedanken freien Lauf lassen und deine Einfälle in Form einer Stichwortliste oder eines Clusters festhalten.
- Bei der Stoffordnung musst du die Argumente nach Zusammengehörigkeit sortieren; das gelingt am besten durch eine geordnete Stichwortliste oder eine Mindmap.

Die steigernde (lineare) Erörterung

Dieser Typ der Erörterung ist vom Ergebnis her durch die Aufgabenstellung festgelegt. Deine Aufgabe ist es, den in der Aufgabenstellung behaupteten Sachverhalt als richtig darzustellen. Dazu musst du argumentieren, also das Schema Behauptung (These) – Begründung oder Beweis – Beispiel – Rückführung zur These anwenden. Deine eigene Meinung steht bei dieser Form der Erörterung nicht im Vordergrund.

Woran erkennt man die steigernde Erörterung?

Die steigernde Erörterung erkennst du an der Art der Aufgabenstellung: Liegt dir bei deiner Klassenarbeit die Aufgabenstellung in Form einer **Ergänzungsfrage** (oder **Wortfrage**) oder einer dementsprechend gestellten Aufgabe vor, weißt du, dass von dir eine steigernde Erörterung gefordert wird; du musst Argumente finden, die die Ausgangsthese stützen.

Beispiele für Ergänzungsfragen oder entsprechend gestellte Aufgaben:
- Warum ist es erforderlich, dass ...?
- Welche Möglichkeiten siehst du ...?
- Warum ist zu befürworten, dass ...?
- Wie kann gewährleistet werden, dass ...?
- Zeige, welche Möglichkeiten es gibt, ...
- Lege dar, warum es sinnvoll ist, dass ... usw.

Der Erörterungsaufsatz

Bei der Abfassung einer steigernden (linearen) Erörterung geht man folgendermaßen vor:

1. **Erfassen des Themas**: Lies die Aufgabenstellung genau, damit du weißt, worüber du schreiben sollst.
   Lautet dein Thema „Lege dar, warum es für Schülerinnen und Schüler sinnvoll ist, einen Ferienjob auszuüben", darfst du keine Argumente suchen, warum ein Ferienjob nicht sinnvoll sein könnte. Du darfst auch nicht aus der Sicht der Arbeitgeber argumentieren (z.B. „Schüler sind billige Arbeitskräfte, manche Branchen könnten ohne Aushilfen gar nicht existieren").

2. **Sammeln eigener Gedanken zum Thema**: Du solltest deinen Gedanken freien Lauf lassen und alle Gesichtspunkte, die für einen Ferienjob sprechen, notieren. Das kannst du in Form der Stichwortliste oder des Clusters tun.

3. **Ordnen der Gedanken**: Überlege nun: Welche Gesichtspunkte gehören zusammen, ergänzen sich vielleicht? Welche gehören nicht zum Thema? Welche kommen doppelt vor? Ordne die Argumente nach ihrer Wichtigkeit: Im Aufsatz solltest du zuerst die unwichtigeren behandeln, dann schrittweise zu den gewichtigen kommen. Bei dieser Anordnung spricht man von der Klimax, also der Steigerung vom Unwesentlichen zum Wesentlichen.

4. **Anfertigen einer Gliederung** (wenn eine solche verlangt ist): Übertrage nun deine Argumente in eine Gliederung. Beachte dabei, dass die Argumente nur im Hauptteil des Erörterungsaufsatzes vorkommen dürfen. Finde eine passende Einleitung, die zum Thema hinführt, und einen stimmigen Schluss, in dem du deine Gedanken noch einmal kurz zusammenfassen oder deine eigene Meinung zum Thema darlegen kannst. Bringe alles in die Form, die du auf den Seiten zur Gliederung (S. 324–325) nachlesen kannst.

5. **Der Erörterungsaufsatz**: Schreibe nun anhand der Gliederung deinen Aufsatz mit Einleitung, Hauptteil und Schluss nieder und überarbeite ihn anschließend sprachlich.

6. **Überarbeitung der Gliederung** (wenn nötig): Möglicherweise bist du beim Schreiben von der ursprünglichen Gliederung abgewichen. In diesem Fall musst du sie nun auf den aktuellen Stand bringen.

Zusammenfassung

Bei der steigernden (oder linearen) Erörterung ist zu beachten:

- Die steigernde Erörterung kannst du an der Aufgabenstellung erkennen (Ergänzungs- bzw. Wortfrage).
- Bei der steigernden Erörterung musst du einen behaupteten Sachverhalt mithilfe deiner Argumente als richtig darstellen.
- Bei der Abfassung des Aufsatzes solltest du nach den oben beschriebenen Schritten vorgehen.

Die Pro-und-Kontra-Erörterung (dialektische Erörterung)

In der Pro-und-Kontra-Erörterung geht es darum, zwei unterschiedliche Sichtweisen eines Problems darzustellen, die einzelnen Argumente abzuwägen und zu einem gut begründeten Ergebnis zu kommen. Dieser Typ der Erörterung ist also im Ergebnis offen - du kannst für eine These schreiben oder dagegen.
Auch bei der Pro-und-Kontra-Erörterung musst du argumentieren, also das Schema Behauptung (These) - Begründung oder Beweis - Beispiel - Rückführung zur These anwenden. Deine eigene Meinung musst du klar begründen und am Ende deutlich herausstellen.

Woran erkennt man die Pro-und-Kontra-Erörterung?

Betrachte die Aufgabenstellung genau: Ist sie in Form einer **Entscheidungsfrage** (oder **Satzfrage**) oder einer dementsprechend gestellten Aufgabe formuliert, weißt du, dass von dir eine Pro-und-Kontra-Erörterung gefordert wird. Die Entscheidungsfrage oder Satzfrage erkennst du daran, dass du sie mit „Ja" oder „Nein" beantworten kannst.

Beispiele für Entscheidungsfragen oder entsprechend gestellte Aufgaben:
- Sind … sinnvoll?
- Sollten Schülerinnen und Schüler …?
- Hältst du es für richtig, dass …?
- Ist es sinnvoll, dass …?
- Glaubst du, dass …?

Der Erörterungsaufsatz

Bei der Abfassung einer Pro-und-Kontra-Erörterung geht man folgendermaßen vor:

1. **Erfassen des Themas**: Lies die Aufgabenstellung genau, damit du weißt, worüber du schreiben sollst.
   Lautet dein Thema „Ist es sinnvoll, dass Schülerinnen und Schüler einen Ferienjob ausüben?", musst du Argumente für und gegen diese Problematik suchen.

2. **Sammeln eigener Gedanken zum Thema**: Du solltest deinen Gedanken freien Lauf lassen und alle Gesichtspunkte, die für oder gegen einen Ferienjob sprechen, notieren. Das kannst du in Form der Stichwortliste oder des Clusters tun.

3. **Ordnen der Gedanken**: Überlege nun: Welche Aspekte sprechen für den Ferienjob, welche dagegen? Welche Gesichtspunkte gehören zusammen, ergänzen sich vielleicht? Welche gehören nicht zum Thema? Welche kommen doppelt vor?
   Ordne die Argumente nach Pro und Kontra, dann nach ihrer Wichtigkeit: Im Aufsatz solltest du zuerst die Argumente behandeln, die du ablehnst, dann erst die, denen du zustimmst. Auch diese Anordnung entspricht der Klimax, der Steigerung vom Unwesentlichen zum Wesentlichen.

4. **Anfertigen einer Gliederung** (wenn eine solche verlangt ist): Übertrage nun deine Argumente in eine Gliederung. Beachte dabei, dass die Argumente nur im Hauptteil des Erörterungs-aufsatzes vorkommen dürfen. Finde eine passende Einleitung, die zum Thema hinführt, und einen stimmigen Schluss, in dem du deine Gedanken noch einmal kurz zusammenfassen oder deine eigene Meinung zum Thema darlegen kannst. Bringe alles in die Form, die du auf den Seiten zur Gliederung (S. 324–325) nachlesen kannst.

5. **Der Erörterungsaufsatz**: Schreibe nun anhand der Gliederung deinen Aufsatz mit Einleitung, Hauptteil und Schluss nieder und überarbeite ihn anschließend sprachlich.

6. **Überarbeitung der Gliederung** (wenn nötig): Möglicherweise bist du beim Schreiben von der ursprünglichen Gliederung abgewichen. In diesem Fall musst du sie nun auf den aktuellen Stand bringen.

Zusammenfassung

Bei der Pro-und-Kontra-Erörterung ist zu beachten:

- Die Pro-und-Kontra-Erörterung kannst du an der Aufgabenstellung erkennen (Entscheidungs- bzw. Satzfrage).
- Bei der Pro-und-Kontra-Erörterung kannst du wählen, ob du für oder gegen den zu diskutierenden Sachverhalt argumentierst.
- Bei der Abfassung des Aufsatzes solltest du nach den oben beschriebenen Schritten vorgehen.

Die Erörterung anhand eines Textes

Die Texterörterung ist eine Mischform aus Textanalyse, Textinterpretation und Erörterung. Dabei ist auch nicht festgelegt, ob die Erörterung linear (steigernd) oder dialektisch (als Pro-und-Kontra-Erörterung) abgefasst werden soll. Deine Erörterung muss jedoch dem Arbeitsauftrag gerecht werden.

Der Text

Als Grundlage der Texterörterung kommen prinzipiell alle Texte in Frage: literarische Texte, Redetexte und Sachtexte (z. B. Zeitungstexte).

Die Aufgabenstellung

Meist ist die Aufgabenstellung bei der Texterörterung dreiteilig:

- **Im ersten Teil** soll der Text inhaltlich erfasst werden. Oft ist dabei eine Zusammenfassung des Textes in Form einer kurzen Inhaltsangabe gefordert.
- **Im zweiten Teil** soll der Text inhaltlich und sprachlich untersucht und gedeutet werden. Dabei muss z. B. auf die Problematik, die Personen, den Konflikt sowie auf die sprachliche Gestaltung eingegangen werden. Bei diesem Teil der Aufgabenstellung musst du auf deine Kenntnisse der Texterschließung und -interpretation zurückgreifen.
- **Im dritten Teil** folgt der Erörterungsauftrag, der sich auf den Text oder einen darin angesprochenen Aspekt bezieht. Meist bleibt dabei offen, ob eine steigernde oder eine Pro-und-Kontra-Erörterung erwartet wird. Bei diesem Teil kannst du deine Kenntnisse, die du im Hinblick auf das Argumentieren erworben hast, einbringen.

Beispielaufgabe

Gerold Späth: King

Ich bin ein Penner. Ich kann nichts dafür. Paß du selber auf. Stadtstreicher. Ein richtiger Stadtberber. Tuareg. Da gibts nix. Man ist vor genau zwölf Jahren daheim abgetanzt. Es machte keinen Spaß mehr. Meine Schnauze war voll gewesen. Natürlich will jeder zurück. Auch wenn ers nicht zugibt will er zurück. Wohnung und automatisch Essen und das Bett und Geld. Aber es ist auch Scheiß. Ich kenne alle guten Pennen. Alle wos automatisch gutes Essen gibt für einen Schein. Ganz anständig. Scheine gibts beim Pfarrer oder aufm Amt. Plus einen Zwickel oder n Fünfermann. Ich saufe nur den schönsten Wein und den besten Südseerum. Die Toten werden immer mehr. Immer mehr Tote flüstern auf die Lebenden ein. Es ist immer schwieriger für uns. Eines Tages werden nur noch die Toten reden. Wir automatisch nur noch Medien wie in den Zauberbuden aufm Rummelplatz. Alles eingeflüstert und einander nicht mehr anhören weil die Ohren bei den Toten sind und zum Schluß wir auch. Nach und nach hört dann das Geflüster auf. Da staunste nicht schlecht. Ich kann auch denken. Ich sage dir dann wird es still sein. Wenns je von den Menschen abhing daß es still ist kann ich dir sagen. Jetzt bin ich besoffen. Ich bin der Mann mit der eisernen Stimme. Mein Name ist King mit K wie Krieg. Das Leben ist furchtbar aber sonst gibt es nix. All men are dying. Ich bin einundfünfzig und seit zwölf Jahren auf Platte. Ich will nicht wissen wer du bist.

Arbeitsaufträge:

1. Fasse den Text in Form einer kurzen Inhaltsangabe zusammen.
2. Zeige auf, wie sich die Person durch ihre Aussagen und die dabei verwendete Sprache selbst charakterisiert.
3. Erörtere die „Botschaft" dieses Textes.

Zusammenfassung

Bei der Erörterung anhand eines Textes ist zu beachten:

- Die Texterörterung beinhaltet Aufgabenstellungen der Textanalyse und Textinterpretation sowie der Erörterung.
- Im Erörterungsteil kannst du meist frei entscheiden, ob du die Form der steigernden oder der Pro-und-Kontra-Erörterung wählen willst.
- Wichtig ist aber, dass du im Erörterungsteil die Anforderungen, die an eine Argumentation gestellt werden, erfüllst. Du darfst deshalb nicht nur Behauptungen aufstellen, sondern musst deine Gedanken nach dem Muster der Argumentation (Behauptung/These – Begründung – Beispiel – Rückführung zur These) anordnen und zu einem schlüssigen Ergebnis kommen.

Eine Gliederung erstellen

Oft wird zu einer Erörterung eine Gliederung erwartet. Dabei musst du beachten, dass die Gliederung der steigernden (oder linearen) Erörterung anders aufgebaut ist als die der Pro-und-Kontra- (oder dialektischen) Erörterung.

Die Gliederung

Die Gliederung ist der Schreibplan der Erörterung, sozusagen ihr Inhaltsverzeichnis. Du hältst in der Gliederung deine Argumente in der Reihenfolge fest, wie du sie dann im Aufsatz ausführst. Dazu kommen der Einleitungs- und der Schlussgedanke. Dabei gibt es Unterschiede in der Gliederung der steigernden (oder linearen) und der Pro-und-Kontra- (oder dialektischen) Erörterung.

Die Gliederung der steigernden Erörterung

Diese Gliederung ist **einsträngig** angelegt, d.h. du führst die Themafrage (B) anhand von mehreren Argumenten aus und bestätigst am Ende die in der Aufgabenstellung vorgegebene These. Außerdem musst du eine passende Einleitung (A) finden, die zur Themafrage hinführt. Im Schluss (C) kannst du das Ergebnis deiner Argumentation zusammenfassen.

Die Gliederung der Pro-und-Kontra-Erörterung

Diese Gliederung besteht im Hauptteil (B) aus **zwei Argumentationssträngen**. Im ersten (B I) führst du die Argumente an, die gegen deine Meinung sprechen, im zweiten (B II) nennst du die Argumente, die für dich die gewichtigeren sind. Im Schluss (C) fasst du das Ergebnis noch einmal kurz zusammen. Auch bei der Pro-und-Kontra-Erörterung musst du eine passende Einleitung (A) finden.

Bei beiden Gliederungstypen musst du auf die **Klimax** (Steigerung) achten.
Bei der Gliederung zur **steigernden Erörterung** musst du deshalb mit dem schwächsten Argument beginnen und deine Argumente zum Schluss hin steigern.

Bei der Gliederung zur **Pro-und-Kontra-Erörterung** ist es etwas komplizierter: Du beginnst in Teil **B I** (gegen den du schreibst) mit dem stärksten Argument und entkräftest dieses, indem du allmählich zum schwächsten kommst. Dann dreht sich die Argumentation: Im Teil **B II**, den du befürwortest, beginnst du mit dem schwächsten und kommst dann allmählich zum stärksten Argument.

Beispiel für die Gliederung

Gliederung zur steigernden Erörterung

A Einleitung

B Hauptteil: Themafrage
- I. Erstes Argument
  - 1. Unterpunkt
  - 2. Unterpunkt
- II. Zweites Argument
  - 1. Unterpunkt
    - a. Einzelaspekt 1
    - b. Einzelaspekt 2
  - 2. Unterpunkt
    - a. Einzelaspekt 1
    - b. Einzelaspekt 2
    - c. Einzelaspekt 3

C Schluss

Gliederung zur Pro-und-Kontra-Erörterung

A Einleitung

B Hauptteil: Themafrage
- I. These
  - 1. Erstes Argument
    - a. Unterpunkt 1
    - b. Unterpunkt 2
  - 2. Zweites Argument
    - a. Unterpunkt 1
    - b. Unterpunkt 2
- II. Antithese
  - 1. Erstes Argument
    - a. Unterpunkt 1
    - b. Unterpunkt 2
  - 2. Zweites Argument
    - a. Unterpunkt 1
    - b. Unterpunkt 2
    - c. Unterpunkt 3

C Schluss

Zusammenfassung

Beim Erstellen einer Gliederung ist zu beachten:
- Die Gliederung der Erörterung ist immer dreiteilig. Sie besteht aus Einleitung (A), Hauptteil (B) und Schluss (C).
- Bei der steigernden Erörterung ist die Gliederung im Hauptteil einsträngig (B), bei der Pro-und-Kontra-Erörterung ist sie zweisträngig (B I und B II).
- Wichtig ist bei beiden Formen, dass du die Gliederung im Sinn der Klimax (Steigerung) anordnest.

Beschreiben und Analysieren von Sachtexten

Im Gymnasium musst du neben literarischen Texten auch Sachtexte untersuchen. Dabei musst du klären, wie ein Text aufgebaut und gestaltet ist und wie er wirkt, und begründet darlegen, welche Absicht des Autors dahintersteckt.

Textbeschreibung

Wenn du dich mit einem Sachtext beschäftigen und diesen beschreiben und analysieren sollst, musst du dich zuerst ganz genau mit dem Text und seinem Inhalt auseinandersetzen. Du musst dich fragen:

- Um welche Textsorte handelt es sich?
- Wer hat den Text geschrieben?
- Wo ist er erschienen?
- Was ist sein Inhalt?

In der **Textzusammenfassung** kannst du diese Fragen zusammenfassend beantworten. Zur Textbeschreibung gehört aber noch mehr: Du musst die **Funktion der einzelnen Abschnitte** klären und die **Zielrichtung des Textes angeben** (will der Text informieren, appellieren oder überzeugen?). Dabei musst du klären, wie der Autor des Textes argumentiert. In einem nächsten Schritt musst du die **sprachlichen Besonderheiten** des Textes untersuchen: Welche sprachlich-stilistischen Mittel verwendet der Autor, wie setzt er diese ein?

Textanalyse

Hier musst du die Vorarbeiten aus der Textbeschreibung zusammenführen und begründet darlegen, **warum der Autor so verfährt**:

- Was ist sein Ziel?
- Was will er erreichen?
- Will er überreden oder überzeugen?
- Will er für seine Meinung Stimmung machen?
- Will er z. B. zum Kauf eines Produkts anregen? usw.

Sachliche Texte

Sachtexte	Zeitungstexte	Redetexte	Werbetexte
↓	↓	↓	↓
oft in Fachsprache, manchmal in Alltagssprache geschrieben	den Regeln der verschiedenen Zeitungstextsorten entsprechend geschrieben	in sachlicher und appellativer Sprache geschrieben, teilweise umgangssprachlich	meist in appellativer Sprache geschrieben
↓	↓	↓	↓
Schulbuchtexte, Lexikonartikel, Sachtexte in den verschiedenen Medien, Sachbuch, Jugendsachbuch, Jugendlexikon, Artikel im Internet	z. B. Nachricht, Bericht, Reportage, Kommentar, Rezension, Glosse, Leserbrief	z. B. Wahlkampfrede, Gerichtsrede, Rede zu den verschiedensten Anlässen	z. B. Werbetexte in den verschiedenen Medien

Zusammenfassung

Beschreiben und Analysieren von Sachtexten

- Bei der Beschreibung und Analyse von Sachtexten geht es darum, dass du aufzeigst, wie ein Text gestaltet und formuliert ist und wie er auf die Leserinnen und Leser wirkt.
- Dabei musst du den Text genau auf seinen Inhalt befragen, im Hinblick auf seinen Aufbau untersuchen und die sprachlichen Besonderheiten herausarbeiten.

Die Textzusammenfassung

Wenn du einen Sachtext untersuchen sollst, ist es sinnvoll und meistens auch verlangt, dass du zuerst den Inhalt zusammenfasst. Dabei musst du textnah und sachlich vorgehen, in deine Darstellung darf keine Wertung eingehen.

Vorarbeiten

- Du solltest den Text zuerst **zweimal durchlesen**:
  Achte **beim ersten Lesen** auf den Inhalt und versuche zu verstehen, um was es in dem Text geht.
  Markiere **beim zweiten Lesen** die wichtigsten Abschnitte mit einem Farbstift und kläre Begriffe und Inhalte, die dir unbekannt sind. Du kannst auch jedem Sinnabschnitt eine eigene Überschrift geben oder ihn in einem Satz zusammenfassen.
- Arbeite nun mit einer weiteren Farbe die **Grund-Folge-Beziehungen** heraus. Unter Umständen musst du dazu den Text ergänzen oder erweitern.
- Kennzeichne mit einer dritten Farbe oder durch Einkringeln die Elemente, die für die **Beantwortung der W-Fragen** (Wer? Was? Wo? Wann? Wie? Warum?) wichtig sind.

Die Niederschrift: Aufbau

- Gib in deinem **ersten Satz** an, welchen Text du zusammenfasst. Nenne dazu **den Autor, den Titel und die Textgattung**. Oft ist es auch wichtig, darauf hinzuweisen, woher der Text stammt (aus der Zeitung, aus einem Lexikon, aus einem Schulbuch usw.).
- Schreibe nun den **Hauptteil** deiner Textzusammenfassung. Stütze dich dabei auf deine Vorarbeiten: die farbigen Hervorhebungen, die Zusammenfassungen, die Zwischenüberschriften usw.
- Bilde **Absätze**, wenn du zu neuen thematischen Aspekten kommst. Das macht deine Textzusammenfassung übersichtlicher und lesbarer.

Die Niederschrift: Sprachliche Gestaltung

- Beachte, dass man eine Textzusammenfassung immer im **Präsens** schreibt.

Vorzeitigkeit wird durch Perfekt ausgedrückt.

- **Vermeide es**, bei der Wiedergabe eines Textes **Spannung zu erzeugen**. Schreibe sachlich, indem du neutrale Nomen (Substantiv), Adjektive und Verben wählst. Vermeide den Eindruck, dass du selbst Stellung beziehst.
- Verwende **Sachstil**, gib wörtliche Rede in der Form der **indirekten Rede** (mit Konjunktiv) wieder – das schafft Distanz zum Text.
- Gib **genaue Informationen**, lass nichts weg und füge nichts hinzu. Vermeide den Eindruck, du könntest den Leser beeinflussen, indem du etwas verheimlichst oder ergänzt.
- Nenne die Fakten: **wichtige Personen**, **Figuren**, **Ereignisse** oder **Sachverhalte**.
- Gib das Dargestellte **nicht chronologisch** wieder, sondern arbeite die **inneren Zusammenhänge** heraus. Verbinde dabei Zusammengehöriges durch Hypotaxen und verwende passende Konjunktionen.
- **Fasse dich** aber so **kurz** wie möglich, lass Unwichtiges weg. Nur so kannst du den Leser wirklich informieren.
- Schreibe die Textzusammenfassung in deinen **eigenen Worten**, übernimm keine ganzen oder halben Sätze aus der Vorlage.

Zusammenfassung

Bei der Textzusammenfassung ist zu beachten:

- Bei der Textzusammenfassung informierst du über den Inhalt eines Textes.
- Wichtige Fakten, Personen oder Sachverhalte müssen genannt werden.
- Du musst die inneren Zusammenhänge des Dargestellten herausarbeiten.
- Die Textzusammenfassung wird im Sachstil abgefasst (Hypotaxen, indirekte Rede mit Konjunktiv).
- Schreibe immer im Präsens bzw. bei Vorzeitigkeit im Perfekt.

Die Textbeschreibung

Während es bei der Textzusammenfassung um den Inhalt geht, steht bei der Textbeschreibung die „Machart" des Textes im Vordergrund. Du musst dabei überlegen, wie sich Inhalt, Aufbau, Sprache und Wirkungsabsicht des Textes aufeinander beziehen lassen.

Inhalt und Funktion

Zuerst musst du den **Inhalt des Textes** für dich klären und überlegen, welche **Funktion** bzw. welche Aussage die verschiedenen Textabschnitte haben. Möglicherweise kannst du dabei auf die Textzusammenfassung zurückgreifen, bei der du den zu untersuchenden Text schon in Sinnabschnitte gegliedert hast. Darauf kannst du nun aufbauen und feststellen, welche Funktion (z. B. These, Argument, Behauptung, Vermutung, Beispiel, Veranschaulichung, Zusammenfassung) der jeweilige Abschnitt hat.
Schreibe die Funktion an den Rand deines Textblattes oder lege dir dafür – wenn kein Platz ist oder es dir übersichtlicher erscheint – eine Tabelle nach folgendem Muster an:

Z. 1–3	Zusammenfassung des Inhalts	These
Z. 4–9	Zusammenfassung des Inhalts	Beispiel
Z. 10–...	...	...

Zielrichtung des Textes

- In einem nächsten Schritt musst du dir überlegen, **wie die einzelnen Teile des Textes zusammenhängen**. Wird ein Gedanke oder ein inhaltlicher Aspekt weitergeführt oder erweitert, wird er durch neue Informationen ergänzt oder konkretisiert? Wird ein Aspekt entkräftet oder widerlegt? Kommt ein neuer Gedanke hinzu? usw.
- Schließlich musst du weitere wichtige Fragen bedenken: **Was will der Text?** Wohin führt die Überlegung oder die Darstellung des Autors? Was ist das Ergebnis der Darstellung?
- Am Ende steht die Frage: **Wie erreicht der Autor sein Ziel?** Informiert oder appelliert er und wie geht er dabei vor?

Argumentative und sprachliche Besonderheiten

Wenn du das Wie der Darstellung untersuchst, musst du auf verschiedene Aspekte achten:

- **Aufbau des Textes**: Welche Funktion haben die einzelnen Abschnitte im Gesamtzusammenhang des Textes? Welche inhaltlichen oder logischen Verknüpfungen gibt es zwischen den verschiedenen Abschnitten? Sind sie stimmig oder sollen sie den Leser täuschen und für die Ansicht des Autors einnehmen?

- **Argumentation**: Wie argumentiert der Autor? Argumentiert er sachlich und logisch? Oder täuscht er die Leser, indem er wichtige Argumente weglässt bzw. unwichtige besonders hervorhebt? Versucht er, seine Sicht unangreifbar zu machen, indem er Gegenargumente abwertet, oder werden die Gegenargumente sachlich entkräftet?

- **Sprachliche Gestaltung**: Bedient sich der Autor vieler sprachlich-stilistischer Mittel, um für seine Sicht zu werben? Wertet er die Gegenposition damit ab?
  Welche Sprachebene wählt der Autor? Verwendet er die Hochsprache oder die Umgangssprache und benutzt er diese durchgängig oder wechselt er ab? Wenn ja, warum?
  Wertet der Autor durch den Gebrauch der Sprache? Verwendet er wertende oder beschreibende Adjektive und Verben? Versucht er, durch den Gebrauch von Fachbegriffen Spezialistentum vorzutäuschen, oder sind die Fachbegriffe sinnvoll eingesetzt?
  Verwendet er Hypotaxen, um Sachverhalte differenziert darzulegen, oder versucht er mit Parataxen Stimmung zu machen?

Zusammenfassung

Bei der Textbeschreibung ist zu beachten:

- Bei der Textbeschreibung untersuchst du den vorliegenden Text darauf, wie er gestaltet ist und welche Zielrichtung er verfolgt.
- Dabei musst du immer den Inhalt des Textes mit dem Aufbau, der verwendeten Sprache und der Wirkungsabsicht in Beziehung setzen.
- Der sprachlichen Gestaltung und der Argumentation kommt dabei eine besondere Bedeutung zu, die genau untersucht werden muss.

Sachtexte vergleichen

Wenn du dich informieren willst, ziehst du einen Sachtext heran. Diesem kannst du Informationen entnehmen, doch du darfst dich nicht darauf verlassen, dass diese vollständig und richtig sind. Aus diesem Grund solltest du einen zweiten, vielleicht auch einen dritten Text heranziehen, um die ersten Informationen zu überprüfen. Möglicherweise helfen dir auch Schaubilder und Skizzen dabei, deine ersten Informationen kritisch zu hinterfragen.

Vergleich des Inhalts

Wenn du Sachtexte vergleichst, untersuchst du zuerst den Inhalt auf Übereinstimmungen, Unterschiede, neue Informationen und mögliche Widersprüche.

Beispieltext

In einem Geschichtsbuch aus dem Jahr 1993 findest du folgende Informationen zur Kunst und Literatur in der Weimarer Republik:

Zwei Grundzüge prägten die Weimarer Kultur:
Sie war großstädtisch, und hier besonders von der Weltstadt Berlin (1925 4,5 Mill. Einw.) beeinflusst. Das Anliegen der Künstler verstand zum anderen oft nur eine Elite, nicht aber die Masse. Der Maler Paul Klee sagte: „Uns trägt kein Volk." Dennoch war es eine produktive Zeit der Kunst, die von schillernder Vielfalt geprägt war: Schockierend in Aussage und Ausführung wirkten die Bilder von George Grosz und Otto Dix, die Krankheitsherde der Gesellschaft aufzeigen wollten. Vom marxistischen Standpunkt aus kritisierten in Berlin der Augsburger Dramatiker Bert Brecht („Die Dreigroschenoper") und das politische Theater Erwin Piscators die Gesellschaft. Einen spöttischen Zerrspiegel hielt der Satiriker Kurt Tucholsky seinen Zeitgenossen vor. Die Nobelpreisträger Gerhart Hauptmann und ab etwa 1922 auch Thomas Mann („Der Zauberberg") bekannten sich zur demokratischen Republik. Alfred Döblins Roman „Berlin Alexanderplatz" beschäftigte sich mit den Schattenseiten des modernen Großstadtlebens. Optimistischer in der Aussage und erfolgreicher beim Publikum war Carl Zuckmayers Volksstück „Der fröhliche Weinberg".

In einem Geschichtsbuch aus dem Jahr 2002 findest du zum gleichen Thema folgende Information:

Auch das literarische Leben der Weimarer Republik zeichnete sich durch eine große Vielfalt der Darstellungsformen aus und heftig diskutiert wurde über die „richtige“ Vorstellung, das Wesen und die Aufgaben von Kunst und Literatur. Weltweit anerkannt waren Romanschriftsteller wie Thomas und Heinrich Mann, Alfred Döblin und Lion Feuchtwanger. Jüngere Autoren wie Bertolt Brecht verbanden ihre literarische Arbeit zunehmend mit politischem Engagement. Viele wandten sich politischen Gruppierungen links von der SPD zu. Schauplatz der Provokation des bürgerlichen Publikums wurde häufig die Bühne des Theaters; Regisseure wie Max Reinhardt oder Erwin Piscator begründeten den Ruhm des Theaters in Berlin. Publizisten wie Kurt Tucholsky und Carl von Ossietzky setzten sich scharfsinnig mit Zeitfragen auseinander. Die von ihnen herausgegebene Zeitschrift „Die Weltbühne“, das Blatt der radikalen Demokraten und Pazifisten, stand beispielhaft für eine rege literarische und politische Diskussion.

Ergebnis

Beide Texte beschreiben die kulturelle Situation in den „Goldenen Zwanziger Jahren“.
Die Texte widersprechen sich nicht, sie ergänzen sich.

- Dem ersten Text kannst du folgende Besonderheiten entnehmen:
  Berlin als Weltstadt und Hauptstadt der Kultur, Elitekultur, Bilder von George Grosz und Otto Dix, Kritik an der Gesellschaft durch Brecht, Piscator und Tucholsky, Bedeutung Hauptmanns, Manns, Döblins und Zuckmayers.
- Der zweite Text ergänzt diese Informationen um folgende Aspekte:
  politisches Engagement der Autoren, oft links von der SPD, Max Reinhardt als Weggenosse Piscators, Bedeutung der Zeitschrift „Die Weltbühne“.

Zusammenfassung

Beim Vergleich von Sachtexten ist zu beachten:

- Wenn du Sachtexte auf ihre Richtigkeit untersuchst, solltest du sie immer mit anderen Sachtexten vergleichen.
- Oft hilft dir der zweite Text, die Informationen des ersten kritisch zu hinterfragen, oft dient er als Ergänzung.

Analysieren und Interpretieren von literarischen Texten

Wenn du einen literarischen Text verstehen willst, musst du ihn genau untersuchen, analysieren. Dann kannst du auch eine eigene Meinung dazu entwickeln, was häufig in Klassenarbeiten eingefordert wird – du musst den Text interpretieren.

Textanalyse

Der Begriff „Analyse" kommt aus dem Griechischen und bedeutet so viel wie „Auflösung". Wenn du im Deutschunterricht einen Text analysierst, löst du ihn sozusagen in seine **Bestandteile** auf und untersuchst diese genau. Eine Textanalyse kannst du mit jedem Text durchführen, egal ob es sich um einen Roman oder eine Erzählung, einen Dramentext oder um ein Gedicht handelt.

Interpretation

Wenn du in einer Klassenarbeit einen Interpretationsaufsatz schreiben sollst, muss dir klar sein, was die Textanalyse von der Interpretation unterscheidet – obwohl beide Arbeitsbereiche in deinen Aufsatz einfließen werden. Darüber hinaus musst du wissen, worauf es bei Texten ankommt und wie man mit Texten arbeitet. Folgendes Schaubild veranschaulicht dies:

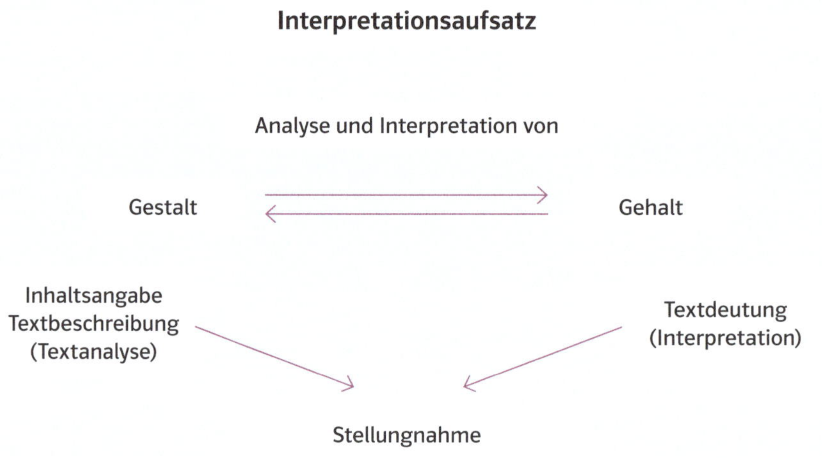

Vorgehen bei der Analyse und Interpretation eines literarischen Textes

- **Inhaltsangabe**
  Wenn du mit einem Text konfrontiert wirst, solltest du dich zuerst mit seinem **Inhalt** beschäftigen. Dazu musst du dir folgende Fragen stellen: Was ist das Thema des Textes? Wovon handelt der Text? Was sagt die Überschrift/der Titel aus? Wichtig ist aber auch: Welche Personen kommen vor? Wer hat den Text verfasst? Wann wurde der Text geschrieben? Wurde der Text zu einem bestimmten Anlass, zu einem bestimmten Zweck geschrieben? Diese Erkenntnisse kannst du in der Form der **Inhaltsangabe** niederschreiben.

- **Textbeschreibung**
  Bei der Textbeschreibung steht die Untersuchung der **formalen Aspekte** eines Textes im Mittelpunkt. Deine Untersuchung wird sich dabei meist an den Teilaspekten Aufbau, Sprache, Motivik, Problemgehalt, Figuren und Epochentypisches orientieren.

- **Interpretation/Textdeutung**
  Eine Interpretation fragt nach der Gesamtaussage eines literarischen Textes. Dass du dich dabei auf die Vorarbeiten aus der Textanalyse stützt, ist unverzichtbar. Doch jetzt geht es um mehr: Die Erkenntnisse zu Inhalt, Form und Sprache, der Gestalt eines Textes müssen mit einer **Deutung** verbunden werden, die sich auf den Gehalt des Textes bezieht.
  Die Interpretation kann sich auf Aspekte aus dem Text wie Leitmotive und Bilder stützen, doch auch außertextliche Aspekte sind von Bedeutung.
  Welche Rolle spielen der Autor und seine Biografie, welche Rolle spielen epochentypische Kennzeichen, die man im Text erkennt?

Zusammen-
fassung

Beim Analysieren und Interpretieren von literarischen Texten ist zu beachten:

- In einem Interpretationsaufsatz wird von dir verlangt, dass du einen Text genau untersuchst und dazu Stellung nimmst.
- Bei der Textanalyse klärst du die sachlichen Fragen, z. B.: Wer hat den Text geschrieben? Um welche Gattung handelt es sich? Welche sprachlichen Mittel sind auffällig? usw.
- Bei der Textinterpretation gibst du eine Deutung des Textes, die sich auf die Ergebnisse der Analyse stützt.

Die Inhaltsangabe

Wenn du einen literarischen Text analysieren und interpretieren sollst, ist es sinnvoll und meist auch in der Aufgabenstellung gefordert, dass du zuerst den Inhalt des Textes in der Form der Inhaltsangabe zusammenfasst.
Mithilfe der Inhaltsangabe gibst du die Kernaussagen eines literarischen Textes so wieder, dass der Leser genau über den Inhalt dieses Textes Bescheid weiß. Dabei ist die Inhaltsangabe meist deutlich kürzer als der ursprüngliche Text. Auch die Inhaltsangabe gehört zu den informierenden Aufsatzarten und wird im Sachstil geschrieben.

Bedeutung der Inhaltsangabe

Die Inhaltsangabe ist der Textzusammenfassung sehr ähnlich und soll den Leser kurz und sachlich über den Inhalt des jeweiligen Textes **informieren**. Die Inhaltsangabe beschränkt sich auf die **Wiedergabe der wesentlichen Aspekte der Handlung**. Für eine ausschmückende Wiedergabe von Stimmungen und Empfindungen sowie für Wertungen ist in der Inhaltsangabe kein Platz.
Die Inhaltsangabe ist von der Nacherzählung zu unterscheiden und darf beim Leser **keine Spannung erzeugen**.

Aufbau der Inhaltsangabe

Die Inhaltsangabe besteht aus zwei Teilen – der Einleitung (dem Basissatz) und der Inhaltswiedergabe.

- Die **Einleitung** informiert den Leser über den Kontext des Textes: Sie nennt in der Form des **Basissatzes** den Verfasser des Textes, den Titel und die literarische Gattung sowie die Entstehungszeit, die Hauptperson(en) und die Kernaussage des Textes.
- Im **Hauptteil** wird der Inhalt der Vorlage sachlich wiedergegeben.

Vorgehen beim Abfassen einer Inhaltsangabe

- Lies den Text erst mehrmals gründlich und mache dir klar, worum es geht.
- Gliedere den Text in **Sinnabschnitte** und arbeite die jeweiligen Inhalte heraus.
- **Kürze den Text**, indem du weniger Wichtiges (z. B. Beispiele oder Nebenhandlungen) weglässt.
- Fasse den Text **mit eigenen Worten** zusammen.
- Formuliere einen passenden **Basissatz**, der als Einleitung am Anfang der Inhaltsangabe steht.

Gestaltung der Inhaltsangabe

- Du darfst bei der Inhaltsangabe **keine Spannung** erzeugen.
- Gib das Dargestellte nicht chronologisch wieder, sondern arbeite die **inneren Zusammenhänge** heraus. Verbinde dabei Zusammengehöriges durch Hypotaxen.
- Löse dich von der Vorlage und schreibe die Inhaltsangabe **in eigenen Worten**. Du darfst einzelne Sätze oder Teile des Textes keinesfalls wörtlich übernehmen.
- **Nenne die Fakten**: wichtige Personen, Figuren, Ereignisse oder Sachverhalte.
- Verwende **Sachstil** und gib wörtliche Rede in der Form der indirekten Rede wieder.
- Schreibe die Inhaltsangabe immer im **Präsens**.

Zusammenfassung

Bei der Inhaltsangabe ist zu beachten:

- Die Inhaltsangabe ist Grundlage jedes Interpretationsaufsatzes.
- Bei der Inhaltsangabe informierst du über den Inhalt eines Textes. Für deine Gefühle und eine persönliche Wertung ist kein Platz.
- Die Inhaltsangabe ist zweiteilig aufgebaut:
  Im einleitenden Basissatz nennst du den Verfasser des Textes, den Titel und die literarische Gattung sowie Ort und Zeit der Handlung des Geschehens, die Hauptperson(en) und die Kernaussage des Textes. Im Hauptteil gibst du den Inhalt des Textes wieder.
- Die Inhaltsangabe gibt Fakten wieder: Wichtige Sachverhalte und Personen müssen genannt, die inneren Zusammenhänge der Handlung herausgearbeitet werden.
- Die Inhaltsangabe wird im Sachstil abgefasst (Hypotaxen, indirekte Rede, sachliche Sprache).
- Die Inhaltsangabe steht immer im Präsens.

Die Sprache im Drama

Dramen sind zur Aufführung bestimmt. Schauspieler übernehmen die Rollen der Figuren. In szenischem Spiel, Monolog (Selbstgespräch einer Person) und Dialog (Gegenrede mit mehreren Personen) entfaltet sich die Handlung.
In welchem Stil die Personen sprechen, liegt zum einen daran, ob es sich um eine Tragödie oder eine Komödie handelt, zum anderen, aus welcher Epoche das Stück stammt.

Monolog und Dialog

Spricht eine Figur mit einer oder mehreren anderen, nennt man das **Dialog**; spricht sie zu sich selbst, nennt man es **Monolog**. Beide Redeformen transportieren Informationen, die für das Verständnis der Handlung wichtig sind.

Funktionen des Dialogs

- Vorantreiben der Handlung
- Charakterisierung der Figuren
- Darstellung von Beziehungen
- Information über die Beweggründe der Personen

Man unterscheidet den **Entscheidungsdialog** (Gespräch über einen Sachverhalt, der entschieden werden soll), den **Enthüllungsdialog** (Gespräch zwischen Figuren, die etwas aufdecken bzw. verschleiern wollen) und den **Konfliktdialog** (in dem eine Auseinandersetzung ausgetragen wird).

Funktionen des Monologs

- Mitteilung von Gefühlen und Einstellungen
- Erläuterung von Beziehungen zu anderen Figuren
- Aussagen über das eigene Verhalten und Handeln

Man unterscheidet den **Expositionsmonolog** (der für das Verständnis der Vorgeschichte der Handlung wichtig ist), den **Reflexionsmonolog** (in dem eine Person über ein konkretes Ereignis, ihr Verhältnis zu anderen oder über künftige Entscheidungen nachdenkt) und den **Konfliktmonolog** (in der die Person das Für und Wider einer Entscheidung abwägt).

Sprechsituationen

Im Drama gibt es auch Sprechsituationen, die vor allem der Information des Zuschauers bzw. Lesers dienen:

- **Beiseitesprechen**: Eine Figur spricht über ihre Gedanken, Gefühle oder Handlungsabsichten so, dass es keine andere Figur hören soll.
- **Botenbericht**: Eine Figur informiert eine andere (und damit die Zuschauer) über ein Ereignis, das nicht auf der Bühne dargestellt werden kann, sondern im (unsichtbaren) Hintergrund stattgefunden hat.
- **Mauerschau**: Eine Figur informiert eine andere (und damit die Zuschauer) über ein Ereignis, das soeben im Hintergrund stattfindet.
- **Chorgesang**: Das Bühnengeschehen wird von einem Chor kommentiert.

Regieanweisungen

In der Druckfassung eines Dramas finden sich Regieanweisungen, mit denen der Autor **für Regisseure und Schauspieler** festlegt, wie gesprochen werden soll, welche Mimik oder Gestik angebracht ist und wie die Bühne und die Requisiten aussehen sollen.

Zusammenfassung

Kennzeichen der Sprache im Drama

- Die Personen sprechen mit anderen (Dialog) oder zu sich selbst (Monolog).
- Der Information des Zuschauers/Lesers dienen das Beiseitesprechen, der Botenbericht, die Mauerschau und der Chorgesang.
- Regieanweisungen helfen, das Drama auf der Bühne im Sinne des Autors aufzuführen.

Untersuchung literarischer Figuren

Wenn du einen literarischen Text analysierst, musst du auch die Figuren untersuchen. Nicht alle Figuren, die in einer Erzählung, in einem Roman oder in einem Drama auftreten, sind gleichermaßen wichtig. Sie haben aber alle eine bestimmte Funktion im Text. Du solltest herausarbeiten, welche das ist und wie die Figuren jeweils charakterisiert sind.

Die Konzeption der Figuren

Bei der Untersuchung der Figurenkonzeption solltest du klären, wie die Hauptperson(en) und wie die Nebenfiguren vom Autor angelegt sind:

- Sind sie als Individuen angelegt, die sich im Verlauf der Handlung verändern? Sind die Figuren lern- und wandlungsfähig? Handelt es sich also um **statische** oder um **dynamische Persönlichkeiten**?
- Sind die Figuren mit vielen individuellen Eigenschaften ausgestattet oder sind sie auf wenige Merkmale reduziert? Handelt es sich um **komplexe Figuren** oder um **Typen**?
- Sind die Verhaltensweisen der Figuren nachvollziehbar oder sind sie für den Leser unverständlich? Handelt es sich also um **geschlossene** oder **offene Figuren**?

Die Charakterisierung

Will man eine literarische Figur charakterisieren, muss man den Text genau lesen - er gibt alle Hinweise, die man benötigt. Doch es ist Vorsicht geboten: Nicht jede Aussage über eine Figur kann man unbesehen übernehmen. Schließlich kommt es darauf an, wer diese Aussage macht.

1. **Der Erzähler charakterisiert eine Figur**: Er stellt die Figur vor, beschreibt ihr Äußeres, bewertet ihr Verhalten, erläutert ihre Beziehung zu anderen Figuren, beurteilt ihre intellektuellen und emotionalen Fähigkeiten usw.

2. **Andere Figuren aus dem Text charakterisieren diese Figur**: Sie beschreiben sie äußerlich, loben und kritisieren sie, vergleichen sie mit anderen, bewerten ihr Verhalten, ahmen ihre Verhaltensweisen nach oder distanzieren sich davon, respektieren ihre Eigenart, ihre Gefühle oder ignorieren sie.

3. **Die Figur charakterisiert sich selbst**: Durch Aussagen über sich selbst, aber auch über andere, durch ihre Einstellung zu anderen Figuren sowie durch ihre Handlungen und ihre Verhaltensweisen charakterisiert sich eine literarische Figur selbst.

Mögliche Aspekte der Charakterisierung

Um eine literarische Figur charakterisieren zu können, muss man möglichst viele Informationen über sie sammeln. Diese sollte man dann nach Oberbegriffen ordnen.

- **Äußere Erscheinung**
  Aspekte wie Alter, Aussehen, Bekleidung usw. dürfen nicht fehlen.

- **Äußere Lebensumstände**
  Obwohl auch die äußeren Lebensumstände nur Äußerlichkeiten zeigen, gehören sie doch zu der Person und müssen berücksichtigt werden: Lebensweise, Wohn- und Arbeitsverhältnisse, Auftreten und Benehmen usw.

- **Mitmenschen**
  Wichtige Fragen zum Aspekt „Mitmenschen" lauten: Zu welchen Menschen hat die zu charakterisierende Figur Kontakt? Gibt es eine Familie, Freunde, vielleicht auch Gegner, sogar Feinde? Wie sind diese gekennzeichnet und welches Licht werfen sie auf die zu charakterisierende Figur?

- **Äußerungen und Handlungen**
  Wichtig für die Charakterisierung einer Figur ist ihr Reden und Handeln. Was sagt sie, was tut sie? Was sind ihre Beweggründe? Was will sie erreichen oder verhindern? Wie verhält sie sich in kritischen Situationen? Wie spricht sie? Äußert sie sich sachlich oder emotional? Zeigt sie sich in ihrer Sprache als gebildet oder ungebildet, feinfühlig oder grob, ehrlich oder berechnend?

- **Lebenserfahrungen**
  Für die Charakterisierung muss auch die Biografie einer Person, ihr Lebenslauf, berücksichtigt werden, soweit dieser bekannt ist. Was hat die Person bisher erlebt? Was hat sie zu dem gemacht, was sie heute ist?

Zusammenfassung

Bei der Untersuchung literarischer Figuren ist zu beachten:

- Im Mittelpunkt der Untersuchung literarischer Figuren steht eine Person aus einem dramatischen oder epischen Werk, seltener eine Figur aus der Lyrik.
- Informationen über die Person bekommst du aus dem Text: Entweder geben der Erzähler oder andere Figuren Hinweise, oder die betreffende Person charakterisiert sich selbst.
- Bei der Charakteristik einer Person müssen ihre äußere Erscheinung, ihre Lebensumstände, ihre Haltung zu den Mitmenschen sowie das, was sie sagt und tut, beachtet werden. Wenn möglich, kann auch ihr Lebenslauf herangezogen werden.

Untersuchung der Figurenkonstellation

Bei der Untersuchung der Personen eines literarischen Werks solltest du nicht nur jede wichtige Figur isoliert betrachten. Du musst auch untersuchen, in welchem Beziehungsrahmen sich die Person befindet. Dies ermöglicht dir wichtige Rückschlüsse auf die Deutung des zu untersuchenden Werks.

Die Personen in ihrem Beziehungsgeflecht

Die Figuren in literarischen Texten stehen **nicht isoliert** da. Ähnlich wie Menschen im wirklichen Leben befinden sie sich in einem **Geflecht von Beziehungen und Abhängigkeiten**, sei es durch ihren Beruf oder ihre gesellschaftlichen oder privaten Beziehungen. Doch welche Beziehungen sind das? Das folgende Schaubild verdeutlicht dies:

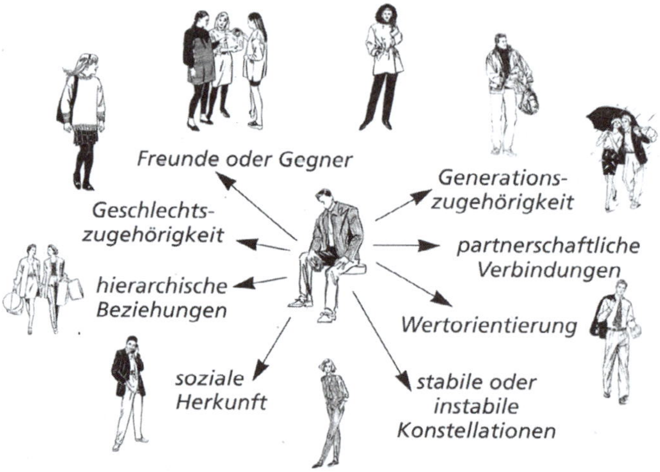

Darstellung der Figurenkonstellation

Du wirst in deinem Interpretationsaufsatz nur selten ausdrücklich zur vollständigen Figurenkonstellation befragt werden; das Verhältnis von einer Person zu einer oder mehreren anderen ist aber sehr wohl Bestandteil von Prüfungsaufgaben.

Für dich ist es wichtig zu wissen, **wie die Figuren zueinander stehen**, da dies für das Textverständnis grundlegend ist. Du solltest dir deshalb rechtzeitig – schon bei der Besprechung des Textes im Unterricht – Klarheit über das Geflecht der Beziehungen verschaffen. Dazu kannst du dich eines Schaubilds bedienen, das du selbst erstellen und nach und nach ergänzen kannst. Sinnvoll ist es dabei, die Hauptperson in den Mittelpunkt zu rücken und die anderen Figuren sinnvoll geordnet darum herum zu gruppieren. Beschriftete Pfeile können zusätzlich helfen, die Beziehungen der Figuren zu verdeutlichen.

Beispiel für ein Schaubild zur Figurenkonstellation
(zu Lessings bürgerlichem Trauerspiel „Emilia Galotti“):

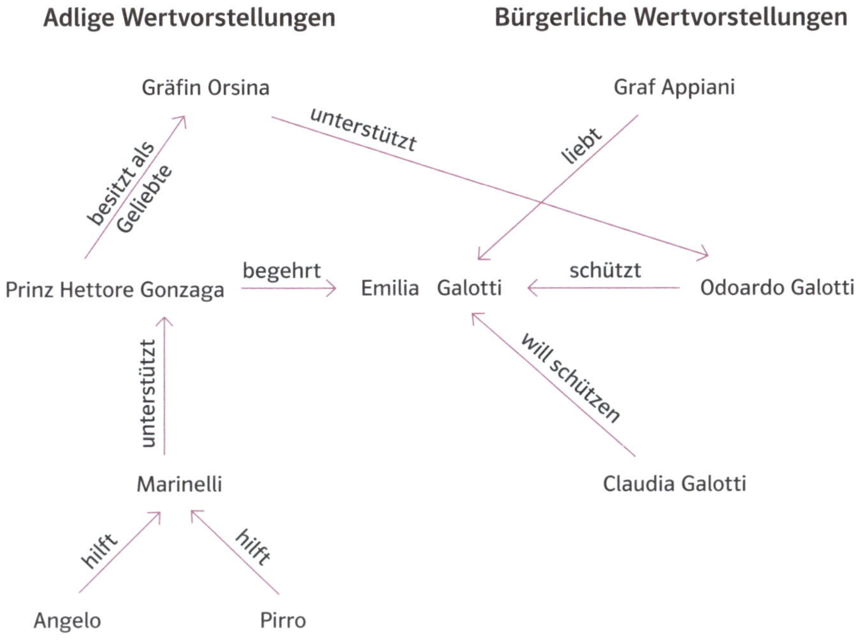

Zusammenfassung

Bei der Untersuchung der Figurenkonstellation ist zu beachten:

- Die Figurenkonstellation muss bei der Textanalyse beachtet werden, da sie Rückschlüsse auf die Handlung und ihre Deutung zulässt.
- Welche Figur ist die wichtigste in einem literarischen Werk? Diese sollte im Mittelpunkt der Figurenkonstellation stehen, die du als Skizze anschaulich darstellen kannst.
- Welche Beziehungen hat diese Figur zu den anderen? Dies kannst du mithilfe beschrifteter Pfeile verdeutlichen.

Erzähler, Erzählperspektive und Erzählverhalten

Bei der Untersuchung von Prosatexten (Roman, Erzählung, Novelle usw.) ist ganz entscheidend, wen der Autor als Erzähler einsetzt und aus welcher Sicht (Perspektive) dieser erzählt. Du solltest deshalb der Erzählerfigur besondere Aufmerksamkeit schenken.

Autor und Erzähler

Romane, Erzählungen und Novellen sind literarische Texte. Zur Darstellung des Geschehens wird eine **Erzählerfigur** vorgeschoben, die die Gedanken des Autors ausdrücken kann, aber nicht muss. Oft äußern die Erzählerfiguren das Gegenteil von dem, was der Schriftsteller denkt, oft sind die Erzähler anderen Geschlechts als ihre Schöpfer, die Autoren. Selbst ein Ich-Erzähler darf nicht mit dem Autor gleichgesetzt werden.

Ich-Erzähler und Er-/Sie-Erzähler

Jede Erzählung ist aus einer bestimmten **Erzählperspektive** geschrieben, für die sich der Autor aus ganz bestimmten Gründen entscheidet. Entweder er setzt einen Erzähler ein, der aus einer Ich-Perspektive schreibt, oder er lässt eine Figur in der dritten Person Singular (er, sie) zu Wort kommen.
Wählt der Autor die **Ich-Perspektive**, lässt er den Leser ganz unmittelbar an den Erlebnissen des Ich-Erzählers teilhaben. Er schränkt damit aber den Gesichtskreis des Erzählers ein; dieser sieht andere Figuren nur aus einer Außenperspektive, er kann nicht in sie hineinsehen, kennt ihre Gedanken nicht und kann sie deshalb auch nicht wiedergeben.
Möglicherweise setzt der Autor einen **Er-/Sie-Erzähler** ein. Dieser ist nicht in die erzählte Welt integriert, er steht außerhalb und beschreibt die Erlebnisse anderer. Er kann in die anderen Figuren hineinsehen und auch über deren Gedanken berichten. Oft tritt der Er-/Sie-Erzähler völlig hinter dem Geschehen zurück, sodass dem Leser seine Existenz kaum bewusst wird.

Erzählverhalten

Der Autor setzt eine Erzählerfigur ein und legt deren Perspektive fest. Er entscheidet auch, aus welchem Blickwinkel der Erzähler die Handlung wiedergibt:

- Erzählt er als jemand, der dabei war? Man spricht dann vom **personalen Erzähler**. Er steht scheinbar mitten im Geschehen und nimmt die Sichtweise einer oder mehrerer Figuren ein.
- Oder erzählt er als Beobachter aus weiter Ferne? Man spricht dann vom **neutralen Erzähler**. Dieser verzichtet auf jede individuelle Darstellung und gibt die Geschehnisse scheinbar objektiv wieder.
- Hat er womöglich so viel Distanz zum Geschehen, dass er mit dem Geschehen spielerisch umgehen und es wiedergeben kann, wie es ihm sinnvoll erscheint? In diesem Fall spricht man vom **auktorialen** (auch allwissenden oder olympischen) Erzähler. Er ist vom Geschehen völlig unabhängig und kann kommentierend und wertend in die Handlung eingreifen.

Folgendes Schaubild veranschaulicht die Beziehungen zwischen Autor, Erzähler, Erzählperspektive und Erzählverhalten:

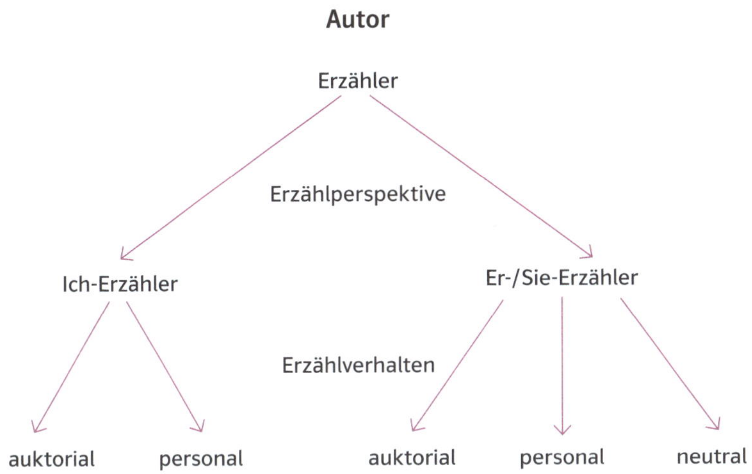

Zusammenfassung

Bei der Untersuchung von Erzähler, Erzählperspektive und Erzählverhalten ist zu beachten:

- Der Autor ist nie mit dem Erzähler identisch.
- Der Erzähler kann als Ich- oder als Er-/Sie-Erzähler angelegt sein.
- Man unterscheidet den personalen, den neutralen und den auktorialen (allwissenden) Erzähler.
- Die Gestaltung von Erzählperspektive und Erzählverhalten ist für das Verständnis eines Prosatextes von entscheidender Bedeutung.

Das lyrische Ich

Als lyrisches Ich wird der Sprecher in einem Gedicht bezeichnet. Er ist ebenso eine Vermittlungsinstanz zwischen Text und Leser wie etwa der Erzähler in einem Prosatext. Tritt der Sprecher in einem Gedicht in der Pluralform auf, spricht man vom lyrischen Wir.

Der Autor und sein Sprecher

Üblicherweise spricht der Autor in einem Gedicht nicht von sich selbst; meist versetzt er sich in die Situation einer anderen Figur, die mit ihm viel oder wenig, manchmal auch gar nichts gemeinsam hat.
Kommt die Figur im Gedicht vor, spricht man von einem **lyrischen Ich**. Kommt die Figur nicht vor, spricht sie aber einen anderen an, ist dieser das **lyrische Du**. Möglicherweise gibt es einen Sprecher, der überhaupt nicht in Erscheinung tritt; dann nennt man ihn den **verdeckten Sprecher**. Einen Sonderfall bildet das lyrische Ich, das mit dem Autor nicht identisch sein kann, z. B. weil er ein anderes Geschlecht hat, aus einer anderen Epoche stammt oder innerhalb des Gedichts wechselt. In diesem Fall nimmt das Ich eine Rolle ein – man spricht von einem **Rollengedicht**.

Das lyrische Ich

Das lyrische Ich ist an den Personal- oder Possessivpronomen in der **1. Person Singular** (bzw. an der Pluralform, wenn es in der Mehrzahl auftritt) zu erkennen, aber auch an Ausrufen, Wünschen und Fragen. Die Ich-Form ermöglicht eine größere Unmittelbarkeit der Darstellung sowie einen tieferen Einblick in die Subjektivität des Erlebens. Das lyrische Ich kommt so häufig vor, dass es zu einem Kennzeichen traditioneller und moderner Gedichte geworden ist.

Anrede eines lyrischen Du

Kommt in einem Gedicht kein Ich vor, kann man es trotzdem erschließen, wenn es eine andere Figur oder den Leser (also ein lyrisches Du) anspricht. Dieses Du, der Adressat des Gedichts, kann sein: der oder die Geliebte (in einem Liebesgedicht), ein Jubilar (bei einem Gelegenheitsgedicht) oder der Unerfahrene, dem etwas mitgeteilt wird (in einem lehrhaften Gedicht).
Oft haben solche Gedichte informativen oder appellativen Charakter. Da es in so einem Fall oft kein lyrisches Ich gibt, spricht man auch von einem **neutralen Sprecher**.

Das Rollengedicht

In einem Rollengedicht gibt es ein Ich, das aber keinesfalls mit dem Autor gleichgesetzt werden darf, da sie z. B. von unterschiedlichem Geschlecht sind, das Ich in einer anderen Zeit als der Autor lebt oder das Ich zu große Unterschiede zum Autor aufweist (etwa in seiner politischen Anschauung usw.).

Beispiel für ein Rollengedicht

Eduard Mörike:
Das verlassene Mägdlein

Früh, wann die Hähne krähn,
Eh die Sternlein verschwinden,
Muß ich am Herde stehn,
Muß Feuer zünden.

Schön ist der Flammen Schein,
Es springen die Funken;
Ich schau so drein,
In Leid versunken.

Plötzlich, da kommt es mir,
Treuloser Knabe,
Daß ich die Nacht von dir
Geträumet habe.

Träne auf Träne dann
Stürzet hernieder;
So kommt der Tag heran –
O ging' er wieder!

Beispiel für ein Gedicht mit einem lyrischen Ich und einem lyrischen Du

Friedrich Leopold Graf zu Stolberg:
Lied

Ach! mir ist das Herz so schwer!
Traurig irr ich hin und her,
Suche Ruh, und finde keine,
Geh ans Fenster hin, und weine!

Säßest du auf meinem Schoß,
Würd' ich aller Sorgen los,
Und aus deinen blauen Augen
Würd' ich Lieb und Wonne saugen!

Könnt' ich doch, du süßes Kind,
Fliegen hin zu dir geschwind!
Könnt' ich ewig dich umfangen,
Und an deinen Lippen hangen!

Zusammenfassung

Bei der Untersuchung des Sprechers im Gedicht ist zu beachten:

- In einem Gedicht spricht man nicht von einem Erzähler, sondern von einem lyrischen Ich (in der Mehrzahl von einem lyrischen Wir).
- Die angesprochene Person bezeichnet man als das lyrische Du.
- Im Rollengedicht nimmt das lyrische Ich eine bestimmte Rolle ein.

Wichtige Textstellen zitieren

Bei manchen Aufsatzformen wie der Erörterung, der Textanalyse und der Textinterpretation ist es nötig, dass du Passagen aus dem Originaltext wiedergibst, um durch diese Textbelege deine Behauptung oder deine Meinung zu stützen. Wenn du besondere Gedanken, Begriffe, Wendungen oder ganze Sätze aus einem anderen Text übernimmst, zitierst du.
Beim Zitieren darfst du aber nicht einfach abschreiben; du musst dich an die allgemeinen Regeln des Zitierens halten.

Regeln des Zitierens

Beim Herkunftsnachweis eines Zitats, der immer in einer Klammer steht, verwendet man die Abkürzungen *S.* (für „Seite"); wenn im Text auch die Zeilen oder Verse nummeriert sind, gibt man auch diese an: *Z.* (für „Zeile") oder *V.* (für „Vers"). Im Drama orientiert man sich oft auch an Akten (I, II, III usw.) und Szenen (1, 2, 3 usw.).
Findet sich der Originaltext in einer einzigen Zeile, schreibt man z. B. Z. 15, reicht er auf die nächste Zeile hinüber, schreibt man Z. 15 f. (*f.* steht für „folgende [Zeile]"). Reicht der Text über mehrere Zeilen, schreibt man entweder Z. 15–18 oder Z. 15 ff. (*ff.* für „folgende [Zeilen]").
Lässt man aus dem Originaltext etwas weg, macht man das durch drei Punkte in einer Klammer deutlich: […].

Beispiele für Zitate

Folgende Möglichkeiten der Textübernahme aus einem anderen Text gibt es (alle Textbeispiele beziehen sich auf das Trauerspiel „Emilia Galotti" von Gotthold Ephraim Lessing):

- **Nachgestelltes Zitat** (in Klammern)
  Emilia kommt verstört nach Hause, nachdem der Prinz sie in der Kirche angesprochen hat („Wohl mir! wohl mir! Nun bin ich in Sicherheit. Oder ist er mir gar gefolgt?", S. 27).
- **Nachgestelltes Zitat** (nach Doppelpunkt)
  Emilia kommt verstört nach Hause, nachdem der Prinz sie in der Kirche angesprochen hat: „Wohl mir! wohl mir! Nun bin ich in Sicherheit. Oder ist er mir gar gefolgt?" (S. 27).
- **In den Satz einbezogenes Zitat**
  Zuhause angekommen, tritt Emilias Verängstigung mit den Worten „Wohl mir! wohl mir! Nun bin ich in Sicherheit. Oder ist er mir gar gefolgt?" zutage (S. 27).
- **Zitierung einzelner Wörter**
  Zuhause angekommen, hofft Emilia, vor dem Prinzen „in Sicherheit" (S. 27) zu sein.
- **Sinngemäße Übernahme** (Paraphrase)
  Zuhause angekommen, wird Emilias Verwirrung über die Nachstellungen des Prinzen deutlich (nach S. 27).
- **Der Verweis**
  Erst zuhause fühlt sich Emilia in Sicherheit (vgl. S. 27)

Bei der sinngemäßen Übernahme und beim Verweis wird keine Textstelle wörtlich zitiert. Trotzdem liegt den Aussagen eine Textstelle zugrunde, die man nennen muss.
Dies geschieht, indem man auf diese mit den Kürzeln *vgl.* (für „vergleiche"), *nach* oder *s.* (für „siehe") hinweist.

Folgende Gefahren beim Zitieren solltest du beachten:

- **Zu viele Zitate**: Ein Aufsatz besteht aus so vielen Zitaten, dass die Gedanken und Ausführungen des Verfassers dahinter verschwinden.
  In einer Erörterung oder in einem Interpretationsaufsatz sollen in erster Linie die gedanklichen Leistungen des Verfassers wiedergegeben werden. Nur besonders wichtige Aussagen des Verfassers werden durch Zitate belegt.
- **Keine Zitate**: Du verzichtest in deiner Arbeit auf jeden Beleg in Form von Zitaten. Dadurch kann der Eindruck entstehen, dass du den Text, über den du schreibst, nicht oder nicht genau kennst.

Zusammenfassung

Bei der Zitierung wichtiger Textstellen ist zu beachten:

- Um deine Ausführungen nachvollziehbar zu machen, musst du zitieren. Beim Zitieren fügst du ein Wort oder ganze Sätze aus dem Originaltext in deine Arbeit ein. Beim indirekten Zitat (Paraphrase, Verweis) gibst du nur einen (nichtwörtlichen) Hinweis auf den Originaltext.
- Achte darauf, nur die nötigen Textstellen zu zitieren, übertreibe aber nicht.

Kennzeichen epischer Texte

Erzählende Texte, Prosatexte, begegnen uns überall: als Erzählungen, Kurzgeschichten und Romane, aber auch in Tageszeitungen und Zeitschriften. Prosatexte sind in ungebundener Sprache, also nicht in Versform geschrieben. Die Prosaform hat erst allmählich die Versform abgelöst.

Die Entwicklung der Prosa

- In der griechischen und römischen **Antike** war es üblich, Romane in Versform zu schreiben. Bekannte Werke sind Homers Versepen „Ilias" und „Odyssee".
- Auch alle höfischen Epen des **Mittelalters** (z. B. „Nibelungenlied", „Parzival", „Tristan und Isolde") liegen nur in Versform vor.
- An der **Wende zur Neuzeit**, als mehr Menschen lesen konnten, begann man in Prosa zu schreiben. Die ersten volkstümlichen Romane, **Volksbücher** genannt, die im 14. und 15. Jahrhundert entstanden sind, wurden in Prosa abgefasst (z. B. „Das Volksbuch vom Dr. Faust").
- Erst seit dem **18. Jahrhundert** ist es allgemein üblich geworden, Romane in Prosa zu schreiben. Seither wird auch die Prosaform, die bis dahin nur für wissenschaftliche Zwecke verwendet wurde, als literarische Gattung geschätzt.
- Seit der Mitte des 19. Jahrhunderts wurde die Prosa zur literarischen Hauptgattung: **Bestsellerromane** erreichen eine Auflage von mehreren Millionen Exemplaren, sie werden verfilmt, in Fernsehsendungen besprochen und in der Schule gelesen, analysiert und interpretiert.

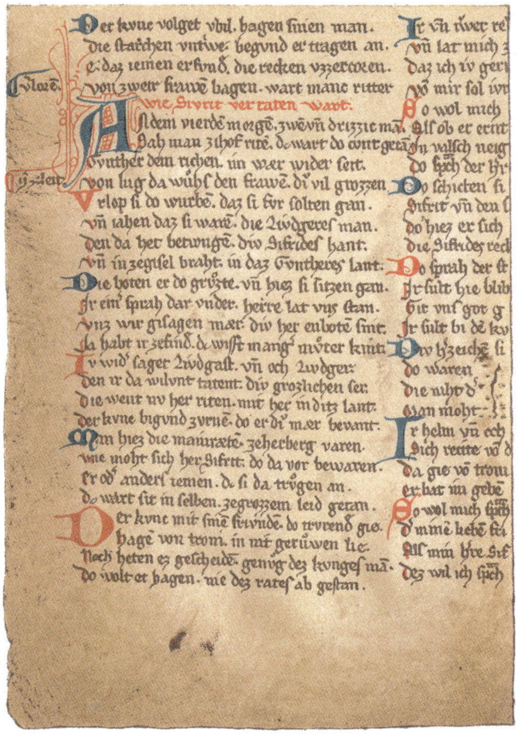

Nibelungenlied

Kennzeichen von epischen Texten

- Es gibt einen **Erzähler**, der nicht mit dem Autor identisch ist. Man unterscheidet den Ich- und den Er-/Sie-Erzähler.
- Die **Erzählhaltung** differiert zwischen auktorial, personal und neutral, je nachdem, wie stark sich der Autor in seine Erzählerfigur hineinversetzt.
- Prosatexte sind weitgehend der gesprochenen Sprache angepasst, trotzdem lassen sich stilistische Mittel erkennen und **sprachliche Besonderheiten** feststellen, die die Texte charakterisieren.
- Neben der **Handlungsebene** gibt es in literarischen Prosatexten auch eine **Sinnebene**, die erschlossen werden muss. Dazu dienen oft die verwendeten Motive.

Zusammenfassung

Kennzeichen epischer Texte (Prosatexte)

- Epische Texte sind erzählende Texte, die früher in Versform, seit dem 18. Jahrhundert in Prosa abgefasst sind.
- Seit der Mitte des 19. Jahrhunderts erscheinen die meisten Texte in Prosa – das gilt nicht nur für literarische Werke, sondern vor allem für Unterhaltungsliteratur.
- In Prosatexten gibt es eine Erzählerfigur (Ich- oder Er-/Sie-Erzähler).
- Bei der Erzählhaltung kann zwischen auktorial, personal und neutral unterschieden werden.

Anekdote

Die Anekdote ist eine kurze Erzählung, in deren Mittelpunkt ein besonderes Ereignis oder eine hervorstechende Eigenschaft einer bekannten Persönlichkeit steht. Die Anekdote nimmt oft eine überraschende, meist witzige Wendung, die man als Pointe bezeichnet. Anekdoten wollen informieren und zugleich unterhalten.

Herkunft der Anekdote

Anekdoten wurden ursprünglich in geselligen Runden **mündlich** erzählt. Im Mittelpunkt stand eine allen bekannte Persönlichkeit, deren Charakter in prägnanter oder witziger Weise beleuchtet wurde und so die Neugier der Zuhörer befriedigte. Im 18. und 19. Jahrhundert wurde die Anekdote **aufgeschrieben** und so zu einer literarischen Gattung.
Bekannte Anekdotendichter sind Johann Peter Hebel und Heinrich von Kleist, die Anekdotensammlungen veröffentlichten.

Die Pointe

Anekdoten folgen keinem festgelegten Aufbauprinzip. Meist handelt es sich um kurze Erzählungen, die in einer **unerwarteten Wendung**, der Pointe, gipfeln. Diese Pointe wirft auf die dargestellte Persönlichkeit ein ganz besonderes Licht.

In folgender Anekdote wird Karl May, der Dichter vieler Romane, die in Nordamerika spielen und Konflikte zwischen der indianischen Urbevölkerung und den eindringenden Weißen thematisieren, der aber selbst nie in Amerika war, aus einer ganz ungewöhnlichen Perspektive dargestellt.

Christian Heermann
Der Mann, der Old Shatterhand war

Die Serienbilder in Kostüm und mit Waffen tragen zur Old Shatterhand-Legende bei, und Auftritte vor zumeist jugendlichen Lesern in München, Wien, Prag und anderen Städten vertiefen sie. In München beispielsweise „standen die Gymnasiasten um Autogramme zu erjagen in solchen Massen vor dem Hotel, dass die Tramway nicht hindurchkonnte und sie mit dem Schlauch auseinander gespritzt werden mussten", schreibt Karl May an einen Freund. Freilich gibt es auch skeptische Stimmen, aber auf argwöhnische Fragen hat er immer die passende Antwort bereit. Mays zierliche Gestalt entspricht so gar nicht den Vorstellungen, die sein Old Shatterhand weckt. Seine Hände sind auffallend feingliedrig. „Wie bringen Sie es nur fertig", will man bei einem Privatbesuch wissen, „mit diesen Händen Ihre Feinde niederzuschmettern?" – „Es kommt dabei weniger auf eine große starke Hand an", erklärt May ernsthaft, „als auf die Stellung der Fingerknöchel. Man muss dann nur die richtige Stelle treffen."

In Diskussionsrunden und Vorträgen wird das wildwestliche Jägerlatein noch furioser als in den Briefen ausgebreitet. Mehr als zwanzigmal schon sei er in Nordamerika gewesen und demnächst wolle er wieder über den großen Teich, um sich „in den Rocky Mountains einen Grizzly-Bären zu holen". Nach den vielen Reisen durch die ganze Welt verstehe er jetzt „über 1200 Sprachen und Dialekte".

Zusammenfassung

Kennzeichen der Anekdote

- Anekdoten sind kurze Erzählungen, die einen Ausschnitt aus dem Leben einer bekannten Persönlichkeit wiedergeben.
- Ursprünglich wurden Anekdoten zur Belustigung der Zuhörer mündlich erzählt, seit dem 18. Jahrhundert werden sie aufgeschrieben und entwickelten sich so zu einer literarischen Gattung.
- Die Anekdote mündet in eine Pointe, die die dargestellte Person in einem ganz anderen Licht als dem gewohnten erscheinen lässt.

Parabel

Die Parabel ist eine kurze lehrhafte Erzählung, die eine allgemeine Erkenntnis oder Lebensweisheit verschlüsselt wiedergibt. Durch Übertragung des dargestellten Ereignisses auf einen anderen Sachverhalt kann dieser erschlossen werden.
Parabeln wollen zugleich unterhalten und belehren.

Abgrenzung zu anderen epischen Kurzformen

Die Parabel gehört wie das Gleichnis, das Beispiel und die Fabel zu den epischen Kurzformen. Sie will jedoch nicht - wie die Fabel - eine Handlungsanleitung formulieren, sie gibt vielmehr einen Sachverhalt verschlüsselt wieder und will so den Leser zum Nachdenken bewegen. Dazu muss der Leser **das Gesagte** (die Bildebene) und **das Gemeinte** (die Sachebene) miteinander vergleichen und **den Vergleichspunkt** (das tertium comparationis) finden. Meist ergeben sich daraus verschiedene Deutungsmöglichkeiten.

Bekannte Parabeldichter

Gotthold Ephraim Lessing (1729–1781) hat in seinem Schauspiel „Nathan der Weise" eine Parabel, die sogenannte Ringparabel, verwendet, um die Gleichwertigkeit der drei großen Religionen Judentum, Christentum und Islam zu begründen. Bekannte Parabeldichter des 20. Jahrhunderts sind Bertolt Brecht und Franz Kafka, von dem auch die folgende Parabel stammt:

Franz Kafka: Gibs auf

Es war sehr früh am Morgen, die Straßen rein und leer, ich ging zum Bahnhof. Als ich eine Turmuhr mit meiner Uhr verglich, sah ich, dass es schon viel später war, als ich geglaubt hatte, ich musste mich sehr beeilen, der Schrecken über diese Entdeckung ließ mich im Weg unsicher werden, ich kannte mich in dieser Stadt noch nicht sehr gut aus, glücklicherweise war ein Schutzmann in der Nähe, ich lief zu ihm und fragte ihn atemlos nach dem Weg.
Er lächelte und sagte: „Von mir willst du den Weg erfahren?" „Ja", sagte ich, „da ich ihn selbst nicht finden kann." „Gibs auf, gibs auf", sagte er und wandte sich mit einem großen Schwunge ab, so wie Leute, die mit ihrem Lachen allein sein wollen.

Deutung einer Parabel
Zur Darstellung eines Parabeltextes und seiner möglichen Deutung hat sich folgende Vorgehensweise bewährt:

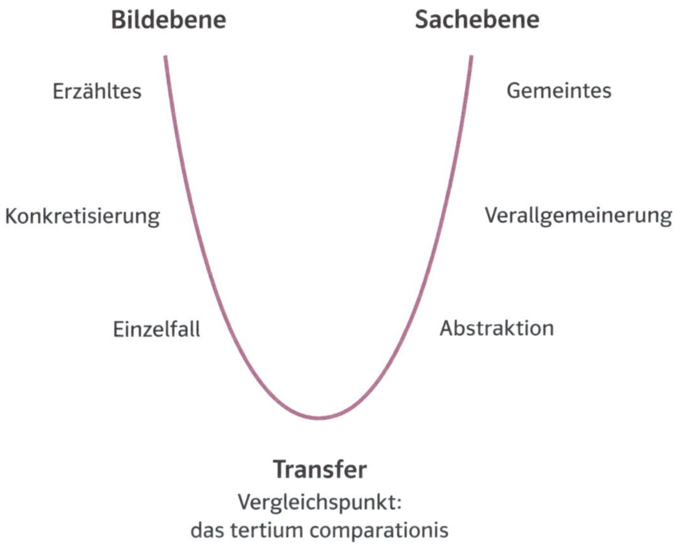

Zusammenfassung

Kennzeichen der Parabel

- Parabeln sind kurze Erzählungen, die den Leser durch ihre verschlüsselte Darstellung zu einer eigenen Deutung anregen wollen.
- Dazu muss der Leser die Bildebene (das Erzählte) und die Sachebene (das Gemeinte) genau unterscheiden und den Vergleichspunkt (das tertium comparationis) finden.

Roman

Romane gehören zu den Großformen epischer Gattungen. Sie thematisieren nicht nur einzelne Ereignisse, sondern verfolgen einen Helden auf seinem Lebensweg. Sie beziehen auch seine Umwelt, die historische Realität und die allgemeine Stimmungslage in die Darstellung mit ein. Romane verfügen meist über eine mehrsträngige Handlung und umfassen eine längere Zeitspanne. Im Unterschied zu anderen, kürzeren Prosatexten wird im Roman eine eigene Welt entworfen.

Herkunft und Entstehung

Erste Romane gab es schon im Mittelalter, z. B. das Heldenepos („Nibelungenlied") und das höfische Epos („Parzival", „Tristan und Isolde"). Doch bis ins 18. Jahrhundert war der Roman als einfache, minderwertige literarische Gattung verpönt. Höchstens einfache Leute lasen die damaligen Romane, die als **Volksbücher** antike oder mittelalterliche Stoffe (z. B. die Lebensgeschichte des Dr. Faust) überlieferten. Selbst der bedeutendste deutsche Roman des 17. Jahrhunderts, „Der abenteuerliche Simplicissimus Teutsch" von Grimmelshausen, der zwar viel gelesen und oft nachgedruckt wurde, fand in der literarischen Welt kaum Beachtung. Zu einem **Bestseller** wurde der 1774 erschienene Briefroman „Die Leiden des jungen Werther" von Johann Wolfgang Goethe. Durch dieses Werk wurde der Roman gesellschaftsfähig und zu dem, was er heute ist – zur wichtigsten literarischen Gattung.

Typen des Romans

Im Laufe der Jahrhunderte haben sich verschiedene Romantypen herausgebildet, die nach Wirkabsicht und Inhalt unterschieden werden können. Folgende Typen sind besonders wichtig:

- **Bildungs- und Entwicklungsroman**
  Der Weg eines jungen Mannes zum Erwachsenen wird beschrieben.
  Beispiele: Johann Wolfgang Goethe: „Wilhelm Meisters Lehrjahre" (1795), Karl Philipp Moritz: „Anton Reiser" (1785 ff.), Gustav Freytag: „Soll und Haben" (1855), Gottfried Keller: „Der grüne Heinrich" (1854 ff.), Adalbert Stifter: „Der Nachsommer" (1857), Hermann Hesse: „Demian" (1919), Christian Kracht: „Faserland" (1995), Alem Grabovac: „Das achte Kind" (2021)

- **Gesellschaftsroman**
  Der Schwerpunkt der Darstellung liegt auf den gesellschaftlichen Verhältnissen.
  Beispiele: Theodor Fontane: „Irrungen, Wirrungen" (1887), „Frau Jenny Treibel" (1892), „Effi Briest" (1894), Thomas Mann: „Der Zauberberg" (1924), Robert Musil: „Der Mann ohne Eigenschaften" (1930 ff.), Juli Zeh und Simon Urban: „Zwischen Welten" (2023)

- **Historischer Roman**
  Ein geschichtlicher Stoff wird im Roman verarbeitet.
  Beispiele: Felix Dahn: „Ein Kampf um Rom" (1876), Franz Werfel: „Die vierzig Tage des Musa Dagh" (1933), Tanja Kinkel: „Die Puppenspieler" (1995), Rebecca Gablé: „Das Lächeln der Fortuna" (1997)

- **Kriminalroman**
  Ein Verbrechen und seine Aufklärung werden dargestellt.
  Beispiele: Friedrich Dürrenmatt: „Der Richter und sein Henker" (1950), Bernhard Schlink: „Selbs Justiz" (1987), Andreas Franz: „Die Bankerin" (1998), Elisabeth Herrmann: „Das Kindermädchen" (2005)

- **Künstlerroman**
  Der Lebensweg eines Künstlers bzw. sein Konflikt mit der bürgerlichen Welt wird thematisiert.
  Beispiele: Ludwig Tieck: „Franz Sternbalds Wanderungen" (1798), Eduard Mörike: „Maler Nolten" (1832), Thomas Mann: „Doktor Faustus" (1947), Kirstin Stehnke: „Schubert und der Koch" (2015), Markus Szaszka: „Der Fuchsbau" (2017)

- **Utopischer Roman**
  Der Roman spielt in der Zukunft oder in fernen, unerforschten Gegenden.
  Beispiele: Thomas Morus: „Utopia" (1516), Aldous Huxley: „Schöne neue Welt" (1932), George Orwell: „1984" (1948), Ernest Callenbach: „Ecotopia" (1975), Andreas Eschbach: „Eine Million Dollar" (2001)

Zusammenfassung

Kennzeichen des Romans

- Der Roman gehört zu den epischen Langformen. Seine Handlung erstreckt sich über einen längeren Zeitraum. Es kommen viele Personen vor.
- Seit dem 18. Jahrhundert gehört der Roman zu den populärsten Formen der Literatur.
- Man unterscheidet verschiedene Romantypen, z. B. Bildungs- und Entwicklungsroman, Gesellschaftsroman, historischer Roman, Kriminalroman, Künstlerroman und utopischer Roman.

Kennzeichen der Lyrik

Der Begriff „Lyrik" kommt vom griechischen lyrikós: zum Spiel der Lyra (= Leier) gehörend. Im antiken Griechenland wurden die Texte zu Musikbegleitung gesungen, ähnlich wie unsere heutigen Lieder, Songs oder Chansons. Die Abbildung rechts zeigt einen griechischen Sänger mit der Lyra.

Traditionelle Lyrik

Bei traditionellen Gedichten handelt es sich in der Regel um Texte, die sich für einen musikalischen Vortrag eignen würden. Dies liegt an ihrer **strengen Gestaltungs- und Bauform**: Gedichte des 16. bis 19. Jahrhunderts verfügen über einen bestimmten Rhythmus, gliedern sich in Takte (Versfüße), Verse und Strophen. Die Takte zeigen eine gewisse Regelmäßigkeit, man spricht von einem Versmaß; die Verse reimen meist und stellen so eine innere Verbindung her; die Strophen sind regelmäßig oder aus gut durchdachten Gründen unregelmäßig aufgebaut. Manchmal kommt ein Refrain hinzu.

Moderne Lyrik

Die Lyrik des 20. Jahrhunderts weicht von dieser Beschreibung oft ab, verwendet vermehrt **Bilder**, **Chiffren**, auffällige **semantische Konnotationen** und **syntaktische Brüche**; formale Aspekte wie Versmaß, Reimschema und Strophenbau sind zweitrangig geworden. Moderne Gedichte sind häufig schon am Druckbild erkennbar.
Lyrik ist alles, was in Gedichtform geschrieben ist – unabhängig von der Entstehungszeit und dem Inhalt.

Lyrische Texte

zeigen besondere Kennzeichen:

- Es gibt ein **lyrisches Subjekt**. Das ist oft ein sogenanntes lyrisches Ich, es kann aber auch in anderen Formen (z. B. als Du oder Wir) auftreten. Manchmal kommt es auch nur versteckt vor.
- Der Text besitzt eine **besondere Form**. Das gilt für sein Schrift- oder Druckbild, aber auch für die besondere Gestaltung der Zeilen (Verse) oder Abschnitte (Strophen).
- Der Text ist in einer **besonderen Sprache** geschrieben. Die Autoren verwenden in der Regel nicht die übliche Hoch- oder Umgangssprache; sie drücken sich meist mithilfe von sprachlichen Bildern aus und gebrauchen neu geschaffene oder ungewöhnliche Begriffe. Sie halten sich oft nicht an orthografische, grammatikalische und syntaktische Konventionen. Die in Gedichten verwendete Sprache erfährt dadurch häufig eine besondere Verdichtung, die das Gedicht von anderen literarischen Gattungen unterscheidet.

Zur Gattung Lyrik

gehören z. B. Gedichte, Balladen, Chansontexte, Elegien, Hymnen, Lieder, Oden, Songtexte und Sonette.

Zusammenfassung

Kennzeichen der Lyrik

- Lyrik ist in gebundener Sprache (nicht in Prosa) geschrieben.
- Zur Gattung Lyrik gehören z. B. Gedichte, Balladen und Songtexte.
- Die traditionelle Lyrik verfügt über eine feste Strophenform, ein genau bestimmtes Versmaß, über Endreime und Kadenzen (Versenden).
- Die moderne Lyrik kommt in der Regel ohne die tradierten formalen Kennzeichen wie Metrum, festes Endreimschema und Kadenz (Versende) aus.

Lyrische Texte (Form und Stilmittel)

Lyrische Texte unterscheiden sich von epischen und dramatischen Texten nicht nur durch ihre besondere Form, sondern auch in der Art, wie wir sie lesen. Während wir bei epischen und dramatischen Texten meistens ein klares Bild dessen vor Augen haben, was gerade geschieht, erscheinen uns viele Gedichte erst einmal rätselhaft verschlüsselt. Um ein Gedicht besser zu verstehen, ist es besonders wichtig, seine Form und seine stilistischen Eigenarten genau beschreiben zu können.

Reimformen

Den Paarreim, den Kreuzreim und den umarmende Reim kennst du bereits aus den vorangegangenen Schuljahren. Hier lernst du einige weitere Reimformen kennen.

Der Binnenreim
Der Binnenreim ist ein Reim innerhalb des Verses. Hier ein Beispiel aus Rilkes Gedicht *Der Panther:*

Ihm ist, als ob es tausend St**äbe gäbe**.

Der Schweifreim
Von einem Schweifreim spricht man, wenn ein umarmender Reim zwischen zwei Paarreime geschoben wurde. Das berühmte *Abendlied* von Matthias Claudius ist ein Beispiel dafür.

Der Mond ist aufgegangen,
die goldnen Sternlein prangen
am Himmel hell und klar;
der Wald steht schwarz und schweiget,
und aus den Wiesen steiget
der weiße Nebel wunderbar.

Matthias Claudius (1740–1815)

Der reiche Reim

Beim reichen Reim beginnt der Reim schon vor der letzen Silbe:

Wenn wir uns auf den Pl**an** verl**assen**,
werden wir den K**ahn** verp**assen**.

Der Haufenreim

Hier reimen sich die Wörter aller Vers-Enden. Der folgende Zungenbrecher ist besonders eindrucksvoll, da die Verse drei und vier nicht nur zum Haufenreim gehören, sondern sogar reiche Reime sind.

Auf den hohen **Felsenklippen**!
sitzen sieben **Robbensippen**,!
die sich in die **Rippen stippen**,!
bis sie von den **Klippen kippen**.

Der unreine Reim

Beim unreinen Reim weichen Klang und Betonung der sich reimenden Wörter voneinander ab. Das folgende Beispiel stammt aus Schillers Ballade *Das Lied von der Glocke*.

Und herrlich, in der Jugend Prangen,
Wie ein Gebild aus Himmelsh**öhn**,
Mit züchtigen, verschämten Wangen
Sieht er die Jungfrau vor sich st**ehn**.

Friedrich Schiller (1759–1805)

Versformen

Es gab in der Literaturgeschichte immer wieder Epochen, in denen bestimmte Versformen besonders beliebt waren. Im Barock wurden zum Beispiel nicht nur viele Gedichte in Sonettform verfasst, sondern auch den Alexandriner findet man in dieser Zeit recht häufig. Einige der vielen besonderen Versformen werden auf den folgenden Seiten erklärt.

Der Alexandriner

Hierbei handelt es sich um einen 6-hebigen Jambus, also einen Jambus mit sechs betonten Silben, der mit einer Zäsur in der Mitte den Sprecher oder Leser zu einer Pause zwingt. Der Alexandriner eignet sich besonders, um Gegensätze darzustellen. Hier ein berühmtes Beispiel von Andreas Gryphius:

Was dieser heute baut, / reißt jener morgen ein
x x́ x x́ x x́ x x́ x x́ x x́

Der Blankvers

Der Blankvers ist ein 5-hebiger Jambus ohne Reim. Viele Dramen, z. B. Lessings *Nathan der Weise* sind in Blankversen verfasst. Man spricht dann auch von dramatischen Gedichten.

Er ist es! Nathan! – Gott sei ewig Dank,
x x́ x x́ x x́ x x́ x x́

Daß Ihr doch endlich einmal wiederkommt.
x x́ x x́ x x́ x x́ x x́

Der 4-hebige Trochäus

Der 4-hebige Trochäus ist der häufigste trochäische Vers. Besonders beliebt wurde er in der Zeit der Romantik. Hier ein Beispiel aus Goethes *Zauberlehrling*.

Hat der alte Hexenmeister
x́ x x́ x x́ x x́ x

Sich doch einmal wegbegeben!
x́ x x́ x x́ x x́ x

Und nun sollen seine Geister
x́ x x́ x x́ x x́ x

Auch nach meinem Willen leben.
x́ x x́ x x́ x x́ x

Hexameter und Pentameter

Der Hexameter ist die häufigste daktylische Versform. Er hat seinen Ursprung in der Dichtung des antiken Griechenlands. Dieser Vers ist sechs Daktylen lang, wobei in den ersten vier Daktylen die beiden kurzen, unbetonten Silben durch eine lange, betonte ersetzt werden dürfen. Der letzte Daktylus ist unvollständig und formal gesehen ein Trochäus. Der Vers beginnt betont und endet klingend.

Häufig in Verbindung mit dem Hexameter steht der Pentameter. Er ist auch ein daktylischer Vers, wobei nach der dritten betonten eine weitere betonte Silbe folgt. Der Vers endet stumpf.

Schiller hat zu den Versformen Hexameter und Pentameter einen Merkvers verfasst.

Im Hexameter steigt des Springquells flüssige Säule.
x́ x x́ x x x́ x x́ x x́ x x́ x

Im Pentameter drauf fällt sie melodisch herab.
x́ x x́ x́ x́ x x x́ x x́

Zusammenfassung

Achte bei der Untersuchung eines Gedichts auf die Reimform. Neben dem Kreuzreim, Paarreim und umarmenden Reim kommen die folgenden Formen häufiger vor:

- Binnenreim
- Schweifreim
- reicher Reim
- Haufenreim
- unreiner Reim

Unterscheide auch die verschiedenen Versformen. Merke dir vor allem die folgenden:

- Alexandriner
- Blankvers
- 4-hebiger Trochäus
- Hexameter
- Pentameter

Stilmittel und rhetorische Figuren

Einige wichtige Stilmittel der Lyrik wie etwa die Metapher und die Personifikation oder die Anapher und die Alliteration kennst du bereits. In der folgenden Übersicht sind weitere Stilmittel zusammengestellt, die dir bei der Analyse eines Gedichts helfen können.

Bezeichnung	Erklärung	Beispiel
Antithese	Bei der Antithese stehen entgegengesetzte Aussagen einander gegenüber.	„Was dieser heute baut/ reißt jener morgen ein." (Gryphius)
Chiasmus	Eine Überkreuzstellung von Satzteilen.	„Sein Wuchs ist schlank, blond ist sein Haar." (Fontane)
Correctio	Der Sprecher korrigiert sich selbst, um dem Folgenden mehr Bedeutung zu verleihen.	Wir sollten, nein, wir müssen handeln.
Ellipse	Auf einen Satzteil, der nicht notwendig für das Verständnis ist, wird verzichtet.	Je mehr, desto besser.
Enjambement	Das Enjambement bezeichnet einen Zeilensprung.	Jeder weiß, was so ein Maikäfer/ für ein Vogel sei. (Wilhelm Busch)
Euphemismus	Etwas Unangenehmes oder Ungehöriges wird durch Untertreibung oder Beschönigung verschleiert.	Preisanpassung statt Verteuerung; Das Zeitliche segnen statt sterben
Hendiadyoin	Die Bedeutung eines Wortes wird durch ein weiteres gleichwertiges Wort verstärkt.	Schutt und Asche Gold und Geld
Hypotaxe	Als Hypotaxe bezeichnet man eine Syntax, die sich durch die Schachtelung von Haupt und Nebensätzen auszeichnet.	Wir ließen, obwohl die Großmutter es streng verboten hatten, als wir Kinder waren, die Nachbarskatze immer in unseren Sandkasten.
Inversio	Die eher übliche Folge von Subjekt, Prädikat und Objekt wird aufgelöst, um zum Beispiel das Objekt zu betonen oder das „ich" zu vermeiden.	Seinen Ausführungen hatte ich nichts mehr hinzuzufügen. Sie werde ich heute Abend treffen.
Litotes	Durch untertriebene Darstellung wird der gegenteilige Sachverhalt hervorgehoben.	Beim Wettlauf war er nicht gerade der Schnellste. Statt: Er kam als Letzter ins Ziel.
Oxymoron	Begriffe werden einander zugeordnet, die normalerweise nicht zusammengehören.	altes Mädchen

Bezeichnung	Erklärung	Beispiel
Paradoxon	Hier wird etwas behauptet, das zunächst unlogisch scheint, auf den zweiten Blick aber sinnvoll ist.	„Ich scheine also um dieses Wenige doch weiser zu sein als er, daß ich, was ich nicht weiß, auch nicht glaube zu wissen." (Platon)
Parallelismus	Als Parallelismus bezeichnet man die Abfolge baugleicher Sätze. (Ggs. Chiasmus)	„Das Wasser rauscht', das Wasser schwoll" (Goethe)
Parataxe	Parataxe bezeichnet das Nebeneinander gleichwertiger Hauptsätze. (Ggs. Hypotaxe)	Das Licht ging aus, die Band verließ die Bühne, das Publikum tobte.
Parenthese	Die Parenthese bezeichnet einen grammatisch unabhängigen Satzeinschub.	Ich möchte mich bei Ihnen – sie sind eine bewundernswerte Persönlichkeit – recht herzlich bedanken.
Periphrase	Mit einer Periphrase umschreibt man einen Begriff durch mehrere Wörter.	Das Auge des Gesetzes (Polizei) Die kalte Jahreszeit (Winter)
Rhetorische Frage	Die rhetorische Frage ist eine Frage, auf die keine Antwort erwartet wird.	Was hast du dir bloß dabei gedacht?
Synästhesie	Hier werden unterschiedliche Sinneseindrücke miteinander verbunden.	klirrende Kälte schrilles Rot
Tautologie	Als Tautologie bezeichnet man die Verwendung mehrerer bedeutungsgleicher Wörter oder gleicher Aussagen.	nie und nimmer Es ist, wie es ist.

Moderne Lyrik

Die moderne Lyrik nimmt in Deutschland ihren Ausgang im Naturalismus, am Ende des 19. Jahrhunderts. In seiner Programmschrift „Die Kunst. Ihr Wesen und ihre Gesetze“ (1891) fordert Arno Holz, dass die Kunst die Natur nicht abzubilden, sondern zu ersetzen habe. Dies sei aber nur möglich, wenn der Dichter nicht Kunst, sondern Natur schaffe. Er fasste dies in der Gleichung „Kunst = Natur – x“ zusammen. Die Variable x ist dabei der Autor – wäre er nicht vorhanden, wäre also die Variable x = 0, wäre das Kunstwerk perfekt: Kunst und Natur wären identisch. Aus dieser theoretischen Position resultiert die Einschätzung des Dichters: Das Ideal ist der fast unsichtbare Beobachter, der Seismograf des Geschehens – auch in der Lyrik.

Die Form

Die Beschreibung eines modernen Gedichts anhand der tradierten Kategorien ist oft nicht mehr möglich. Rhythmus, Versbau und feste Strophen- und Gedichtformen kommen immer seltener vor. Im Gegensatz zu traditionellen Gedichten **kommt** die moderne Lyrik häufig **ohne festes Versmaß und ohne Endreime aus**.

Die Sprache

Im modernen Gedicht wird häufig **Alltags- und Umgangssprache** verwendet.
Wichtige Untersuchungsaspekte des modernen Gedichts sind:

- Bauform,
- die Anordnung sinntragender Begriffe,
- der Klang der Vokale und Konsonanten,
- syntaktische oder
- semantische Eigenarten.

Der Inhalt

Traditionelle Gedichte drücken oft Stimmungen, Gedanken und Gefühle durch Worte aus. Dies ist in der modernen Lyrik nur mehr bedingt der Fall: Die Natur- und Erlebnislyrik hat meist kaum noch literarische Qualität, andererseits ist alles in Gedichten sagbar geworden.

Beispiel

für ein modernes Gedicht, das **ohne Metrum**, **ohne feste Strophenform**, **ohne Endreime und Kadenzen** auskommt. Die Verse sind im Sinn von Arno Holz in Versgruppen um eine Mittelachse („besser allein") angeordnet, die die Kernaussage enthält. Von sinntragender Bedeutung sind die **Nomen** („Lösung", „Traum", „Paradies", „Wirklichkeit") und die **Personalpronomen** („ich", „dir" und „mich") und ihre Verteilung auf die Versgruppen (in der zweiten Versgruppe kommt das „Du" nicht vor!).

Karin Kiwus: Lösung

Im Traum
nicht einmal mehr
suche ich
mein verlorenes Paradies
bei dir

ich erfinde es
besser allein
für mich

In Wirklichkeit
will ich
einfach nur leben
mit dir
so gut es geht

Zusammenfassung

Kennzeichen der modernen Lyrik

- Moderne Lyrik gibt es seit dem Ende des 19. Jahrhunderts. Der naturalistische Dichter Arno Holz hat sie theoretisch begründet.
- Die moderne Lyrik kommt in der Regel ohne die tradierten formalen Kennzeichen wie Metrum, festes Endreimschema und Kadenz aus.
- Die moderne Lyrik behandelt prinzipiell jedes Thema.

Kennzeichen des Dramas

Im alltäglichen, umgangssprachlichen Sprachgebrauch ist häufig dann von einem Drama die Rede, wenn ein Vorfall ein schlimmes Ende nimmt. Im literaturwissenschaftlichen Sinn ist dieser Gebrauch des Begriffs falsch: Ein Drama muss nicht schlecht ausgehen, es kann auch versöhnlich, ja lustig enden. Drama heißt nichts anderes als Schauspiel; was die Umgangssprache meint, ist eigentlich die Tragödie, die Handlung mit tragischem Ende.
Ihr gegenüber steht die Komödie, das Lustspiel.

Ursprung des Dramas

Das Lustspiel und das Trauerspiel haben ihren Ursprung in **kultischen Handlungen** im antiken Griechenland. Dort erreichten im 5. Jahrhundert vor Christus Spiele zu Ehren des Gottes Dionysos einen Höhepunkt. Anlässlich der **Großen Dionysien** im März bzw. April jeden Jahres wurden **Tragödien** und **Komödien** aufgeführt. Während man heutzutage für eine Theaterkarte bezahlen muss, war im antiken Athen der Eintritt frei – die Zuschauer, die während der Aufführung ihre Arbeit ruhen lassen mussten, erhielten sogar ein Schaugeld, das sie für den Verdienstausfall entschädigen sollte. Dies verdeutlicht, wie wichtig man damals das Theater nahm: Es war eine **Institution der Polis**, die Schauspiele behandelten im weitesten Sinn politische Themen.

Das antike Theater in Orange (Südfrankreich)

Merkmale des Dramas

- Im Mittelpunkt eines Dramas steht die **Handlung**.
- Diese wird von **Schauspielern** vorgeführt, die dazu in bestimmte **Rollen** schlüpfen.
- Die Handlung entsteht durch **Rede und Gegenrede**, durch **Monolog und Dialog**. Der Text, den die Schauspieler vortragen, kann in Versform (v. a. bis zum 19. Jahrhundert) und in Prosa (im 20. Jahrhundert) verfasst sein.
- Die wörtliche Aussage wird begleitet durch **Mimik** und **Gestik**, durch **Kostüme**, **Kulisse**, **Bühnenbild** und **Beleuchtung**.
- **Zuschauer** betrachten das Geschehen oder nehmen durch Klatschen, Lachen, Weinen oder Zwischenrufe daran teil.

Bekannte Dramen sind

- „Minna von Barnhelm“, „Emilia Galotti“ und „Nathan der Weise“ von Lessing,
- „Iphigenie auf Tauris“ und „Faust. Der Tragödie erster Teil“ von Goethe,
- „Die Räuber“, „Kabale und Liebe“, „Maria Stuart“ und „Wilhelm Tell“ von Schiller,
- „Maria Magdalena“ von Friedrich Hebbel,
- „Andorra“ und „Biedermann und die Brandstifter“ von Max Frisch,
- „Die Physiker“ und „Der Besuch der alten Dame“ von Friedrich Dürrenmatt.

Zusammenfassung

Kennzeichen des Dramas

- Das Drama ist ein Schauspiel; es wird auf einer Bühne aufgeführt, kann aber auch gelesen werden.
- Ein Drama wirkt nicht nur durch den Text, sondern auch durch die Art, wie es aufgeführt wird (Mimik und Gestik der Schauspieler, ihre Maske und ihre Kostüme, das Bühnenbild und die Kulisse).
- Je nach Inhalt und Form der Darstellung unterscheidet man die Tragödie (Trauerspiel) und die Komödie (Lustspiel).

Aristoteles

Tragödie (Trauerspiel)

Der griechische Philosoph Aristoteles (384–322 v. Chr.) verlangt von der Tragödie, dass sie den Menschen moralisch bessern solle. Das geschieht seiner Theorie zufolge, indem der Zuschauer die tragischen Affekte *phóbos* (Schauder) und *éleos* (Jammer) mitlebt. Durch das heftige Durchleben dieser Gefühlsregungen wird der Zuschauer von diesen gereinigt (Katharsis), woraus eine seelische Stabilisierung resultiert.

Der tragische Konflikt

Die Tragödie zeigt einen Menschen in einer **Entscheidungssituation**. Aus der Frage „Wie wird sich der Mensch entscheiden, wie wird er sein Schicksal beeinflussen?" ergibt sich eine Spannung, auf der die Tragödienhandlung aufbaut. Die Tragödie lebt von der Spannung, die menschlichem Handeln zugrunde liegt. Denn wer etwas unternimmt, wählt immer aus einer kleineren oder größeren Anzahl von Möglichkeiten aus. Ein tragischer Held steht vor einer Entscheidung, die er treffen muss, in der Hoffnung, damit den **Konflikt** zu lösen. Die Grenzsituation, in der er sich befindet, lässt jedoch keine Entscheidung zu, die alles zum Positiven wendet. Hin- und hergerissen zwischen mindestens zwei einander ausschließenden Lösungsmöglichkeiten, muss der **tragische Held** immer scheitern, auch wenn er sich nach Kräften bemüht, der schicksalhaften Wendung des Geschehens zu entgehen. In der antiken Tragödie scheitert er an der göttlichen Übermacht, im Drama des 17. bis 19. Jahrhunderts meist an den gesellschaftlichen Rahmenbedingungen oder an seinem eigenen Charakter.

Der tragische Held

Aristoteles legte fest, dass in der Tragödie nur **hohe Standespersonen** vorkommen dürfen (**Ständeklausel**). Davon rückte Lessing im 18. Jahrhundert unter dem Einfluss Shakespeares ab – nun galten auch Bürger und „einfache Leute" als tragödienfähig; das „**bürgerliche Trauerspiel**" war entstanden.

Bauform des klassischen Dramas

Die Dichter des 17. bis 19. Jahrhunderts wählten zur Darstellung ihrer Tragödienstoffe (oft auch der Komödien) die **geschlossene Form** des **fünfaktigen Dramas**, das auf Aristoteles zurückgeht. Dieser forderte die **„drei Einheiten“**: die Einheit der Handlung (es sollte keine Nebenhandlungen geben), die Einheit des Ortes (das Geschehen sollte an einem Ort spielen) und die Einheit der Zeit (die Handlung sollte sich innerhalb von 24 Stunden ereignen).
In der klassischen Zeit schrieben die Dichter vorwiegend im **Blankvers** (fünfhebiger Jambus ohne Reim), in späterer Zeit verwendeten sie auch im geschlossenen Drama **Prosa**.

Die Freytags-Pyramide

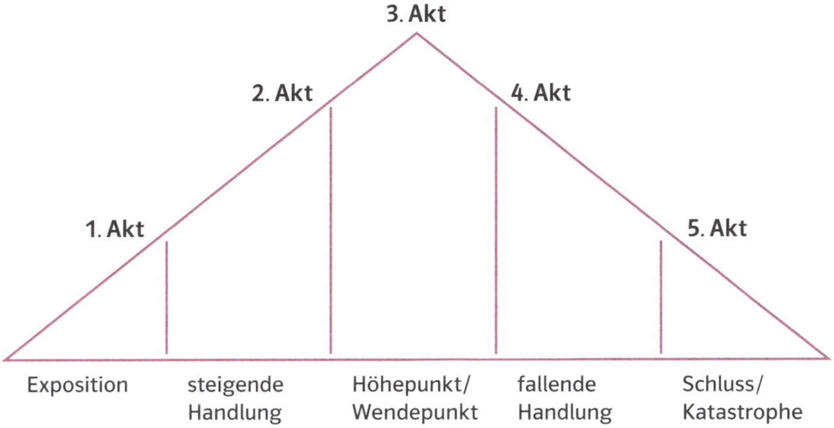

Zusammenfassung

Kennzeichen der Tragödie

- Die Tragödie stellt einen Helden in einer unlösbaren Konfliktsituation dar.
- Die Vorgaben des Aristoteles („drei Einheiten“, Ständeklausel) gelten bis zur Epoche der Aufklärung.
- Das traditionelle Drama ist in fünf Akte gegliedert (Exposition, steigende Handlung, Höhepunkt/Wendepunkt, fallende Handlung, Katastrophe).

Komödie (Lustspiel)

Auch die Komödie hat ihren Ursprung im antiken Athen und war Teil des Dionysos-Kultes. Doch anders als in der Tragödie wurden in der Komödie aktuelle politische Probleme überzeichnet dargestellt, Politiker und Gelehrte verspottet. Auch Götter, die menschliche Züge trugen, wurden auf der Bühne dargestellt.

Die Komödie im Barock

In den deutschen Komödien stand das Verlachen der Mitmenschen im Vordergrund. **Andreas Gryphius** hielt sich mit seinem „Schimpfspiel" „Herr Peter Squentz" (1657) noch an die sogenannte **Ständeklausel**, die auch Martin Opitz und Johann Christoph Gottsched in ihren Poetiken aufrechterhielten. Sie besagt, dass in der Komödie einfache Bürger und ihre Verhaltensweisen zum Gespött gemacht werden sollten.

Die Komödie in der Aufklärung

Erst in der Aufklärung erfuhr die Komödie eine Aufwertung. Die **Sächsische Komödie** hatte ihre Blütezeit in der ersten Hälfte des 18. Jahrhunderts und wurde vor allem von Vertretern der **Gottsched-Schule** gepflegt. Ziel dieses Komödientypus war es, die Gattung aufzuwerten und für eine Erziehung des Bürgertums zu tugendhaftem Verhalten nutzbar zu machen.
Das **rührende Lustspiel** Christoph Fürchtegott Gellerts wollte die Zuschauer nicht durch das Verlachen des Protagonisten, sondern durch die Darstellung einer nachahmenswerten Handlung bessern.
Den Höhepunkt der Aufklärungskomödie bildet **Lessings Lustspiel „Minna von Barnhelm**" (1767). Lessing stellt darin mit Wortwitz und Situationskomik einen Geschlechterkonflikt zwischen Minna und dem preußischen Offizier von Tellheim dar. Am Ende der Komödie erkennt Tellheim, dass er seine zukünftige Gattin in seine privaten Entscheidungen hätte einbeziehen müssen – die Komödie trägt also (ganz im Sinn der Aufklärung) emanzipatorische Züge.

Lessing,
Minna von Barnhelm

Die Komödie im 20. Jahrhundert

Eine **Neubewertung der Komödie** erfolgte im 20. Jahrhundert durch **Friedrich Dürrenmatt**. In seinem Vortrag „Theaterprobleme“ (1954) begründet Dürrenmatt seine Vorliebe für die Komödie so: „Die Tragödie setzt Schuld, Not, Maß, Übersicht, Verantwortung voraus. In der Wurstelei unseres Jahrhunderts, in diesem Kehraus der weißen Rasse, gibt es keine Schuldigen und auch keine Verantwortlichen mehr. Alle können nichts dafür und haben es nicht gewollt … Uns kommt nur noch die Komödie bei …“

Zusammenfassung

Kennzeichen der Komödie

- Die Komödie ist – neben der Tragödie – eine Grundform des Dramas, die schon in der Poetik des Aristoteles genannt wird.
- Die deutschen Komödien des 17. bis 19. Jahrhunderts wollen die Zuschauer zum Lachen bringen: über ihre Mitmenschen und ihre Schwächen, und daher nicht zuletzt auch über sich selbst.
- Erst im 20. Jahrhundert verbinden die Komödien Dürrenmatts tragische Inhalte mit einer überzeichneten Darstellung, die komödienhafte Züge trägt.

Modernes Drama

Im 20. Jahrhundert halten sich die Autoren meist nicht mehr an die überlieferte fünfaktige Bauform des geschlossenen Dramas. Jedes Drama, das nicht dem Typus des geschlossenen Dramas entspricht, wird dem offenen Drama zugerechnet.

Das offene Drama

Das deutlichste Kennzeichen des offenen Dramas ist die lockere **episodische Anordnung von Einzelszenen**, die ausdrückt, dass das Geschehen (scheinbar) nicht konstruiert ist und nicht in planvoller Folge abläuft. Vielmehr erfordert es die innere Logik der Handlung, dass sie so und nicht anders verläuft. **Handlungssprünge** sind deshalb kein Missgeschick des Autors, sondern sie ergeben sich daraus, dass nur wesentliche Stationen der Handlung gezeigt werden müssen, um die Zusammenhänge zu verstehen. Dieser Darstellungsform wohnt eine gewisse Beliebigkeit inne, die aber nur scheinbar ist, da die Grundkonstellation des Dramas, z. B. die soziale Situation der Figuren, ihre Charakteranlagen oder das Weltbild, auf dem das Stück aufbaut, gar keinen anderen als den gezeigten Verlauf zulässt.

Episches Theater

Zu den Neuerungen des 20. Jahrhunderts gehört das epische Theater. Es steht für eine besondere Form des modernen Dramas, die **Bertolt Brecht** im Gegensatz zum klassisch-aristotelischen Drama theoretisch begründet und auf der Bühne erprobt hat.
Ziel des Brechtschen Dramas ist die Veränderung der Gesellschaft im Sinne der Aufklärung, wozu Brecht das Mitfühlen und Mitleiden des Zuschauers mit den Bühnenfiguren und ihrem Schicksal durch eine kritische Distanz zur Bühnenhandlung ersetzen will. Die von Brecht verwendeten Mittel sind:

- **Verfremdungseffekt (V-Effekt)**: Dem Zuschauer wird Alltägliches wie Fremdes, Unbekanntes präsentiert, wodurch er zu den Figuren und zum Geschehen auf der Bühne eine kritische Distanz einnehmen soll, die ihn die Notwendigkeit zur Veränderung erkennen lassen.
- **Montagetechnik**, also kritisch-kommentierende Einschübe eines Erzählers, Prolog, Epilog, Einfügung von Songs, Kinderliedern und Bibelzitaten, Verwendung von Spruchbändern, Projektionen und Lichteffekten.

Dokumentartheater

Das dokumentarische Theater kam in den 60er Jahren des 20. Jahrhunderts als Gegenbewegung zu Brechts epischem Theater, das man für wirkungslos hielt, auf. Es entstanden Stücke, die auf historischen oder juristischen Quellen basieren, die vom Autor arrangiert wurden, z. B. Rolf Hochhuth: „Der Stellvertreter" (1963).

Theater des Absurden

Absurdes Theater (von lat. *absurdus*: *misstönend*) ist ein Theater des Unheimlichen. Es zeigt unsere **Alltagswelt in erschreckenden Formen verzerrt**: Die Personen nehmen die Außenwelt nur noch durch die Brille ihrer Ängste, Zwangsvorstellungen und Wahnbilder wahr. Sie selbst sind nur Marionetten; eine äußere Handlung, die auf dem freien Willen der Figuren basiert, gibt es nicht, eine echte Kommunikation ist nicht möglich.

Zusammenfassung

Kennzeichen des modernen Dramas

- Das moderne Drama des 20. Jahrhunderts ist meist in der offenen Form abgefasst.
- Formen des modernen Dramas sind das epische Theater, das Dokumentartheater und das absurde Theater.

Das Internet

Medien sind Hilfsmittel zur Übermittlung von Unterhaltung und Information. Das gilt für das Buch und ebenso für die modernen Massenmedien, also für Zeitungen, Hörfunk, Fernsehen, Film und für das Internet. Das Internet ist das jüngste und zugleich das Medium, das sich am schnellsten weiterentwickelt.
Man kann sich im Internet mit anderen schriftlich und mündlich unterhalten, man kann Bilder übermitteln, man kommt schnell an aktuelle Informationen. Darüber hinaus kann man Waren und Dienstleistungen bestellen und kaufen usw.
Für die Betreiber einer Homepage ist das Internet eine Plattform, auf die eigene Präsenz hinzuweisen oder auch eigene Shops anzubieten.

Unterhaltung

Doch das Internet bietet noch mehr: In **Chatrooms** kann man sich mit anderen austauschen, Fragen stellen, Hilfe suchen. Der **Kommunikation** sind kaum noch Grenzen gesetzt. Es gibt auch die Möglichkeit, allein oder mit anderen Internetnutzern **Onlinespiele** zu spielen, Musik zu hören, Videos anzusehen oder Filme zu streamen. Darüber hinaus steht das Programm zahlreicher Fernseh- und Radiosender im Livestream oder in der Wiederholung online zur Verfügung.

Information

Man findet im Internet ganz aktuelle Informationen. Nach vielen Sachinformationen kann man auf privaten Homepages und in Onlinelexika suchen. Die **Nachrichtenseiten** vieler Provider werden ständig aktualisiert, auch die **Homepages** der Fernsehsender oder Zeitungsverlage sind immer auf dem neuesten Stand – und damit den Nachrichtensendungen in Rundfunk und Fernsehen meist weit voraus.
Hinzu kommt, dass die Zeitungsverlage eigene **Onlinearchive** betreiben, in denen man mithilfe von Stichworten recherchieren und meist kostenpflichtige ältere Texte lesen oder downloaden kann.
Schulbuchverlage bieten oft als besonderen Service für Schüler die Möglichkeit der **Onlinenachhilfe**. Dabei kann man zu bestimmten Themen interaktive Arbeitsblätter bearbeiten oder auch gezielte Fragen an den Betreuer der Seite richten. Auch diese Seiten sind in der Regel kostenpflichtig.
Für schulische Zwecke (z. B. für den Geschichts-, Geografie- und Politikunterricht) sind oft die **Homepages von offiziellen Stellen**, **Institutionen und Parteien** hilfreich. Dort bekommt man kostenlos genaue und aktuelle Daten.

Handel und Verkauf

Eine enorme Bedeutung hat der **Handel im Internet** gewonnen. Technische Geräte, medizinische Artikel, Reisen und Bücher gehören zu den umsatzstärksten Angeboten im Internet. Aber auch Bekleidung und Möbel werden häufig über das Internet bestellt.
Dabei spielt vermutlich auch eine Rolle, dass ein **Preisvergleich** einfach und recht umfassend durchgeführt werden kann und es letztlich keine Rolle spielt, von wo aus der Internethändler die bestellte Ware versendet.
Außerdem gibt es **Internetauktionshäuser**, die die Möglichkeit bieten, neue oder gebrauchte Güter zu ersteigern, zu kaufen oder zu verkaufen.

Zusammenfassung

Das Internet

- Das jüngste Medium ist das Internet, das viele Funktionen in sich vereint: Es dient der Unterhaltung, der Information und man kann Waren kaufen und verkaufen.
- Das Internet ermöglicht auch die Kommunikation zwischen Menschen.

Epochenbegriff

Es ist üblich, Literatur - ebenso wie Musik, Kunst, Philosophie usw. - nach Epochen zu gliedern. Die Werke einer Epoche zeigen meist ästhetische Gemeinsamkeiten, ähnliche Themen, Motive und Inhalte und eine ähnliche stilistische Gestaltung.

Die Epoche als Hilfskonstruktion

Die Einteilung der Literatur in Epochen hilft, Gemeinsamkeiten und Unterschiede von literarischen Werken, die aus einem **bestimmten Zeitraum** stammen, genauer zu erfassen und zu benennen. Dabei ist die Epochengliederung aber nur eine **Hilfskonstruktion** - es gibt immer Autoren und Werke, die die nachträglich gesetzten Epochengrenzen sprengen. So zeigt z. B. Goethes Drama „Faust. Der Tragödie zweiter Teil“ sowohl klassische wie romantische Züge; Georg Büchners Drama „Woyzeck“ weist auf das offene Drama des 20. Jahrhunderts voraus.

Der Epochenbegriff und seine Problematik

Literaturepochen werden meist nach nicht-literarischen Gesichtspunkten benannt. Die Epochenbezeichnungen stammen aus dem Bereich der **Philosophie** (z. B. Aufklärung, Realismus, Naturalismus), der **Kunst- und Kulturgeschichte** (z. B. Barock, Biedermeier) und der **politischen Geschichte** (Vormärz, Literatur der Weimarer Republik). Aus der Literatur stammt die Epochenbezeichnung „Sturm und Drang“ - sie bezieht sich aber auch nur auf die Literatur eines recht kurzen Zeitabschnitts (ca. 1765–1785).
Die Literatur vergangener Jahrhunderte ist für die Menschen heute deshalb recht überschaubar, weil es vergleichsweise leichtfällt, die leitenden ästhetischen und sozialgeschichtlichen Positionen festzustellen und zu benennen. Für die Literatur des 20. Jahrhunderts fällt dies wegen der zeitlichen Nähe schwerer. Deshalb behilft man sich hier immer noch mit politischen Begriffen: Literatur der Bundesrepublik Deutschland, Literatur der DDR, Literatur nach der Wiedervereinigung usw.

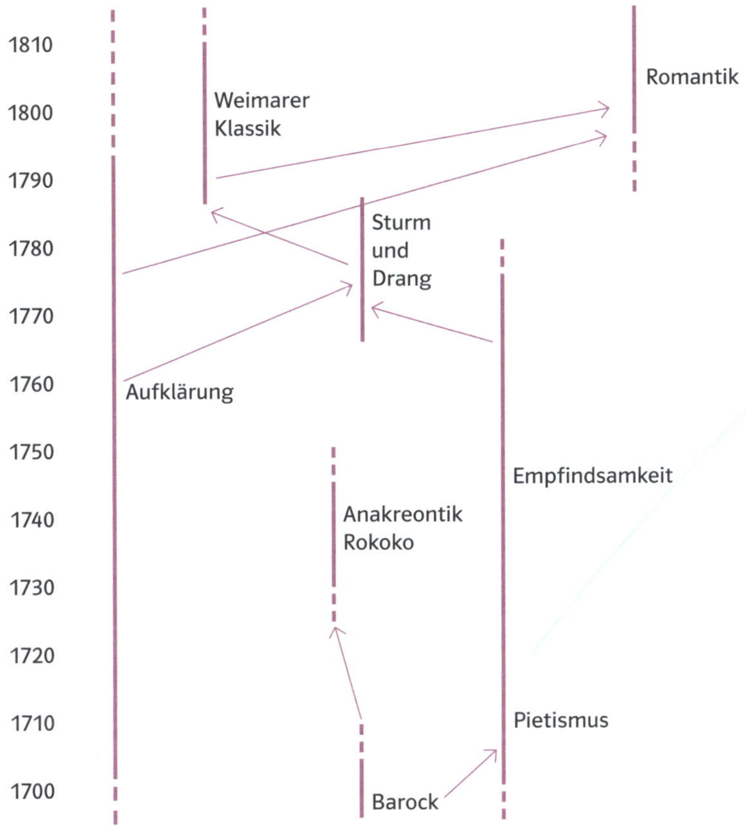

Zusammenfassung

Epochenbegriff

- Die Epochenbezeichnungen sind Hilfskonstruktionen, die den systematischen Umgang mit Literatur erleichtern sollen.
- Für weiter zurückliegende Epochen gibt es feste Bezeichnungen, die Literatur der vergangenen Jahrzehnte wird meist nach den politischen Verhältnissen benannt.

Aufklärung (1720–1785)

Das Zeitalter der Aufklärung dauerte etwa von 1720 bis 1785; es folgte auf das Barock und endete parallel mit der Klassik. Die Aufklärung ist vor allem eine geistige Bewegung, die von Westeuropa – speziell Frankreich – ausgehend ganz Europa ergriff.

Gotthold Ephraim Lessing

Die Epoche der Aufklärung

„Aufklärung" ist zunächst nichts anderes als **„Rationalismus"** (lat. *ratio*: *Vernunft*): Was vor der kritischen Vernunft standhält, ist geeignet, Wissenschaft und Gesellschaft, Staat und Kirche auf ein neues Fundament zu stellen. Maßgeblich sind dabei nicht mehr alte Autoritäten, Traditionen und ständische Ordnungen. Hintergrund dieser optimistischen Weltsicht sind die **Entdeckung der Naturgesetze** ab dem 16. Jahrhundert (z. B. der Schwerkraft) und die daraus resultierenden **Erfindungen** (z. B. des Blitzableiters, der Dampfmaschine usw.).

Die Aufklärung in Frankreich und Deutschland

Die Franzosen erhoben als erste den Rationalismus zum bestimmenden philosophischen System der Zeit. Führende Denker waren René **Descartes** (1596–1650), Charles de **Montesquieu** (1689–1755), **Voltaire** (1694–1778), Jean-Baptiste **D'Alembert** (1713–1784), Denis **Diderot** (1717–1783). Aufgeklärte Denker in Deutschland wie der Philosoph **Immanuel Kant** griffen die aus England und Frankreich kommenden Ideen von Vernunft, Toleranz und Weltbürgertum auf. Kants Definition von Aufklärung lautet: „Aufklärung ist der Ausgang des Menschen aus seiner selbst verschuldeten Unmündigkeit."

Die Aufklärung als Literaturepoche

Schriftsteller gestalteten die aufklärerischen Ideen in ihren Romanen und Dramen und machten sie auf anschauliche Weise einer breiteren Öffentlichkeit bekannt.
Johann Christoph Gottsched prägte die erste Phase der Literatur der Aufklärung (1720–1750). Er veröffentliche die „Critische Dichtkunst vor die Deutschen", die führende Poetik der Zeit, und bemühte sich um die Reform des Dramas und des Theaters.
Die zweite Phase (1750–1785) stand im Zeichen **Gotthold Ephraim Lessings**. Er schrieb mit „Miss Sara Sampson" das erste bedeutende bürgerliche Trauerspiel. Bisher waren die Tragödien den oberen Gesellschaftsschichten vorbehalten gewesen. In seiner Theorie des Theaters, der „Hamburgischen Dramaturgie", formulierte er seine Vorstellungen von Kunst und setzte sich kritisch mit Gottsched auseinander. Die Forderung der Aufklärung nach

Toleranz gestaltete Lessing besonders in seinem Schauspiel „Nathan der Weise“. Hierin werden Positionen der großen Religionen Christentum, Islam und Judentum zusammengeführt.
Lessing und Christian Fürchtegott Gellert sind auch als Verfasser von belehrenden Fabeln hervorgetreten. Fabeln hielt man für besonders gut geeignet, die Gedanken der Aufklärung an einfachere Bevölkerungsschichten zu vermitteln.

Die Aufklärung als bürgerliche Bewegung

Vor allem Bürgerliche standen den aufklärerischen Gedanken positiv gegenüber - auch deshalb, weil sie ihnen eine freiere Lebensgestaltung in Abkehr von Kirche und absolutistischem Ständestaat ermöglichten. Dichter und Philosophen der Aufklärung stammten selbst meist aus dem Bürgertum, dem eine Teilnahme am politischen Gestaltungsprozess weitgehend versagt blieb.
Dies erklärt, dass sie sich für die Aufwertung des eigenen Standes mithilfe der Literatur einsetzten. Dazu grenzten sie die „bürgerliche“ Literatur von der bisher dominierenden höfischen durch die Kategorien „**Moral**“ und „**Tugend**“ ab. Die aufklärerische „Moral“ sollte das religiöse Wertesystem ersetzen, das man für nicht mehr zeitgemäß hielt. „Tugend“ war vor allem erstrebenswert, weil sich dadurch die Bürger im frühen 18. Jahrhundert von den Adligen, die man der Untugend und Morallosigkeit bezichtigte, abgrenzen konnten.

Zusammenfassung

Kennzeichen der Aufklärung

- Die Epoche der Aufklärung dauerte etwa von 1720 bis 1785.
- Grundlage aufklärerischen Denkens ist die Ratio, die Vernunft.
- Die Autoren der Aufklärung thematisierten die Probleme des Bürgertums.
- Bekannte Dichter und Denker der deutschen Aufklärung sind Johann Christoph Gottsched, Gotthold Ephraim Lessing und Immanuel Kant.

Johann Wolfgang Goethe

Sturm und Drang (1765–1785)

Die Epoche des Sturm und Drang gibt es nur in der deutschen Literatur – anders als die Romantik oder den Realismus, die man auch in anderen europäischen Ländern kennt.
Die Anzahl der Autoren ist überschaubar, es handelt sich um junge Männer, meist Studenten. Der Sturm und Drang war eine Jugendbewegung, die sich nach wenigen Jahren auflöste.

Die Anfänge des Sturm und Drang

Man setzt den Beginn der Sturm-und-Drang-Zeit üblicherweise mit dem Erscheinen von **Herders** „Fragmenten über die neuere deutsche Literatur" (1767), ihr Ende mit **Schillers** Drama „Kabale und Liebe" (1784) an. Schiller verließ Mannheim mit der Absicht, eine Existenz als freier Schriftsteller zu gründen. 1787 führte ihn sein Weg nach Weimar, das Goethe 1786 in Richtung Italien verlassen hatte, um zwei Jahre später mit einer neuen, klassizistischen Kunstkonzeption zurückzukehren. Der Schweizer Christoph Kaufmann gab der Bewegung ihren Namen, indem er Friedrich Maximilian **Klingers** Schauspiel „Wirrwarr" (1776) in „Sturm und Drang" umbenannte.

Die Epoche des Sturm und Drang

Die Geniezeit des Sturm und Drang verlief zeitlich parallel zur Aufklärung, war jedoch wesentlich kürzer. Das vorherrschende politische System in den deutschen Fürstentümern war der **aufgeklärte Absolutismus**. Trotz der relativ fortschrittlichen, reformfreudigen Haltung mancher Monarchen waren die jungen Sturm-und-Drang-Autoren mit den sozialen Verhältnissen unzufrieden.
Die Stürmer und Dränger, allen voran Goethe und Herder, aber auch Bürger, Lenz, Leisewitz, Wagner und Schiller waren von der Aufklärung, von Rationalismus und Vernunftoptimismus geprägt. Das Gedankengut der Aufklärung bildete die Grundlage für das Autonomiestreben der Sturm-und-Drang-Dichter, denen jedoch die Vernunftorientierung der Aufklärung zu einseitig war. Die Erstarrung und die Unwirksamkeit der Spätaufklärung umschrieb Schiller mit dem Bild vom „tintenklecksenden Säkulum". Die Stürmer und Dränger hatten ein anderes Menschenbild. Sie sahen den Menschen nicht nur als vernunftbegabtes, sondern auch als gefühlsbetontes Wesen. Diese veränderte Sicht des Menschen schlug sich in den Werken der Sturm-und-Drang-Autoren nieder.

Anregungen der Sturm-und-Drang-Bewegung

- Anstöße für die Literatur der Stürmer und Dränger gingen von **Johann Georg Hamann** (1730–1788) aus, der als einer der ersten den **Genie-Begriff** verwendete. Sein irrationaler Sprachstil sprach die jungen Autoren an.
- **Johann Gottfried Herder** (1744–1803) war ein Schüler Hamanns und übernahm dessen Genie-Begriff. In seiner Schrift „Journal meiner Reise im Jahre 1769“ stellt er im Sinn Hamanns das selbstbestimmte Individuum, das sich von gesellschaftlichen Normen löst, in den Mittelpunkt. Die Begegnung Herders mit dem jungen **Goethe** in Straßburg brachte diesem die neuen Gedanken nahe. Gemeinsam arbeiteten sie an der **Volksliedsammlung** „Stimmen der Völker in Liedern“ (1778/79), die wiederum andere Autoren beeinflusste.
- Wichtig für die Sturm-und-Drang-Bewegung war **Jean-Jacques Rousseau** (1712–1778), der in seinem Roman „Julie ou la Nouvelle Heloise“ (1761) Liebe und Ehe in empfindsamen, gefühlvollen Szenen schildert und mit seinem Erziehungsroman „Emile ou de l'Education“ (1762) **neuartige Erziehungsgrundsätze** thematisiert.
- Als Vorbild wirkte auch **Shakespeare**, dessen Figurenzeichnung, Handlungsführung, Sprachverwendung und Dramenkonzeption die Stürmer und Dränger inspirierte. Die in der Nachfolge Shakespeares entstandenen Werke, z. B. „Götz von Berlichingen“ und „Die Räuber“, wurden von den Zeitgenossen begeistert aufgenommen.

Zusammen-fassung

Kennzeichen des Sturm und Drang

- Die Epoche des Sturm und Drang dauerte etwa von 1765 bis 1785.
- Die Stürmer und Dränger orientierten sich an der Philosophie der Aufklärer, erweiterten aber deren Gedanken um die Emotionalität des Menschen.
- Die Autoren des Sturm und Drang schrieben Dramen und Gedichte, in denen sie die ständische Ordnung der Gesellschaft kritisierten.
- Wichtige Autoren des Sturm und Drang sind Johann Wolfgang Goethe, Jakob Michael Reinhold Lenz, Friedrich Maximilian Klinger und Friedrich Schiller.

Weimarer Klassik (1786–1805)

Der Begriff „Klassik" leitet sich vom lateinischen Begriff „classicus" her, der Bezeichnung für die Angehörigen der höchsten Steuerklasse in Rom, steht aber bald für „vorbildlich, mustergültig".
In der deutschen Literatur kann man zwei klassische Epochen unterscheiden:
Die erste ist um 1200 anzusetzen, man spricht in Anlehnung an das herrschende (und damit die Kultur bestimmende) Königsgeschlecht von der „Staufischen Klassik". Eine zweite klassische Periode gab es um 1800. Dabei spielt noch eine weitere Begriffsveränderung von „klassisch" eine Rolle: Als „klassisch" wird nun die Literatur bezeichnet, die sich in Inhalt und Form auf die Antike Griechenlands und Roms bezieht.

Die Weimarer Klassik

Unter Weimarer Klassik versteht man das Kunstideal, das um 1800 in Weimar führend von **Goethe und Schiller** entwickelt wurde. Zwei Ereignisse markieren die zeitliche Einordnung der „Weimarer Klassik": 1786 brach Goethe zu seiner **Italienreise** auf, während der er ganz unmittelbar mit den Zeugnissen der römischen Vergangenheit konfrontiert wurde. Nach 1805, dem Todesjahr Schillers, wandte sich Goethe von den gemeinsam erarbeiteten klassischen Positionen ab; seine Dichtung nimmt romantische Züge an.

Politische und kulturelle Voraussetzungen

Die Zeit um 1800 war geprägt von politischer Unruhe und großen Umwälzungen. Die **Auswirkungen der Französischen Revolution** waren auch in Deutschland deutlich zu spüren. Löste anfangs der Ruf nach Freiheit, Gleichheit und Brüderlichkeit Begeisterung in den deutschen Ländern aus, führten das wachsende Chaos und der fortschreitende Terror der Jakobiner bald zu einer Hinwendung zu allgemeingültigen und **überzeitlichen Ideen**, die man in der Antike verwirklicht sah. Das **antike Welt- und Menschenbild** wurde somit vorbildhaft für die Krisenzeit um 1800. Der poetische Gegenentwurf zur politischen Realität ist der in sich ruhende, gute und schöne Mensch. Harmonie und Humanität sind wesentliche Ziele. Die philosophischen Grundlagen der Epoche gehen auf Immanuel Kant zurück, dessen „kategorischer Imperativ" lautet: „Handle stets so, dass die Maxime deines Willens jederzeit zugleich als Prinzip einer allgemeinen Gesetzgebung gelten könne."

Autoren und Werke der Weimarer Klassik

Die Weimarer Klassik wurde in erster Linie von Goethe und Schiller getragen. Beide Autoren propagierten die Ideen, die sie in der **griechischen und römischen Antike** verwirklicht sahen, im von Krisen und Ängsten gezeichneten Deutschland. Wichtige Werke der Weimarer Klassik sind „Iphigenie auf Tauris“ (1787), „Wilhelm Meisters Lehrjahre“ (1795), „Faust. Der Tragödie erster Teil“ (1808) und „Die Wahlverwandtschaften“ (1809) von Goethe sowie „Wallenstein“ (1798), „Maria Stuart“ (1800) und „Wilhelm Tell“ (1804) von Friedrich Schiller.

Deutsche Klassik

Ein erweiterter Klassik-Begriff bezieht auch die Autoren ein, die um 1800 geschrieben und sich auch auf die Antike bezogen haben, jedoch nicht in direktem Kontakt zum Weimarer Kreis standen, wie Friedrich Hölderlin, Jean Paul und Heinrich von Kleist.

Zusammenfassung

Kennzeichen der Klassik

- Die Epoche der Klassik dauerte von 1786 bis 1805.
- Die Klassiker orientierten sich an der Philosophie der griechischen und römischen Antike.
- Die Autoren der Klassik schrieben Dramen, Prosatexte, Gedichte und theoretische Texte, in denen sie Harmonie und Humanität zu den höchsten Zielen erklärten.
- Wichtige Autoren der Klassik sind Johann Wolfgang Goethe und Friedrich Schiller sowie Friedrich Hölderlin, Heinrich von Kleist und Jean Paul.

Romantik (1793–1830)

Die Romantik ist eine Kunstepoche, die um 1800 ganz Europa prägt. In Deutschland erwächst die Romantik aus dem Gedankengut der Klassik, wendet sich aber schließlich gegen diese.
Die romantische Bewegung sieht sich in bewusstem Gegensatz zur Klassik, indem sie die Vorstellungen des Sturm und Drang wieder aufgreift. Den klassischen Vorstellungen von Gesetz, Maß, Ordnung, Sitte und Harmonie stellt die Romantik ein von tiefem Gefühl geprägtes Leben gegenüber; dieses reicht bis hin zu schwärmerischen, fantastischen und „dunklen" Strömungen.
Typisch ist der Bezug auf volkstümliche Inhalte und Formen der Literatur wie Märchen und Sagen bzw. die Wiederentdeckung der Vergangenheit. Vor dem Hintergrund des Kampfes gegen Napoleon entwickelten die Autoren auch nationale und nationalistische Gedanken.

Begriff und Bedeutung von „Romantik"

„Romantik" bedeutet heute oft einen Zustand, der durch die Betonung des Gefühls und der Fantasie gekennzeichnet ist: Mondschein, Naturerlebnis und Zivilisationsferne sind dabei wichtige Attribute. Das war nicht immer so. Der Begriff „Romantik" leitet sich vom altfranzösischen „romanz" ab, was so viel wie „in der Volkssprache" (im Gegensatz zum Lateinischen) bedeutet.
Die Romantik umfasst die **bildende Kunst** ebenso wie die **Malerei** (Philipp Otto Runge, Caspar David Friedrich, die Nazarener), die **Musik** (Robert Schumann, Franz Schubert, Carl Loewe) und die **Literatur** zwischen 1790 und 1850. Die Kunst der Romantik fand Verbreitung in ganz Europa (z. B. Lord Byron, Madame de Staël).

Grundlagen der Romantik

Durch die **Französische Revolution** und die **Herrschaft Napoleons** entstand in vielen Staaten Europas eine **Nationalbewegung**, die sich an den eigenen Wurzeln orientierte. Teile des Bürgertums reagierten auf die eigene Machtlosigkeit und die territoriale Zersplitterung Deutschlands mit der Sehnsucht nach einer alten, vorabsolutistischen, sozusagen naturgewollten politischen und gesellschaftlichen Ordnung. Diese glaubten sie in der Königsherrschaft und der ständischen Ordnung des Hochmittelalters zu finden.
Die philosophischen Grundlagen für die Kunst der Romantik legten der deutsche Idealismus und dessen Vertreter Johann Gottlieb Fichte (1762–1814), Friedrich W. J. Schelling (1775–1854), Friedrich Hegel (1770–1831) und Friedrich Schleiermacher (1768–1834).

Die Literatur der Romantik

Der Beginn der Romantik in Deutschland ist mit den gemeinsamen Wanderungen Ludwig Tiecks und Wilhelm Heinrich Wackenroders im Jahr 1793 anzusetzen, die ihren Niederschlag in dem Werk „Herzergießungen eines kunstliebenden Klosterbruders" fanden. Sie wird üblicherweise in drei Strömungen untergliedert:

- Die **Jenaer Romantik** (oder Frühromantik): Kennzeichen: philosophische Grundlagen, Rückbindung an das klassische Kunstideal; Idee: Romantik als „progressive Universalpoesie" (Schlegel); Autoren: Wackenroder, Tieck, Schlegel, Novalis.
- Die **Heidelberger Romantik** oder Berliner Romantik (oder Hochromantik): Kennzeichen: wichtige dichterische Werke; Idee: Romantik als Rückgriff auf die deutsche Vergangenheit; Autoren: Arnim, Brentano, Eichendorff.
- Die **Schwäbische Romantik** (oder Spätromantik): Kennzeichen: historisches Interesse an Märchen und volkstümlichen Geschichten; Idee: Wiederaufleben der Kultur der Stauferzeit; Autoren: Uhland, Hauff, Mörike, Schwab.

Daneben gab es noch die sogenannte **Schwarze Romantik**: Dichter wie E.T.A. Hoffmann und E.A. Poe stellen die Nachtseiten der Romantik dar, das Untergründige, das im Menschen schlummert.

Zusammenfassung

Kennzeichen der Romantik

- Die Epoche der Romantik dauerte von 1793 bis 1830.
- Die Romantiker orientierten sich am Mittelalter und an der Volksliteratur.
- Die Autoren der Romantik schrieben Gedichte, Prosatexte, aber auch Dramen, in denen sie die Gefühlswelt des Menschen in den Mittelpunkt stellten.
- Wichtige Autoren der Romantik sind Jakob und Wilhelm Grimm, Novalis, Ludwig Tieck, Joseph von Eichendorff, Achim von Arnim und Clemens Brentano.

Biedermeier und Vormärz (1815–1850)

In der Spätphase der Romantik kamen neue literarische Strömungen auf, die unterschiedliche Reaktionen auf die politische Entwicklung nach 1815 zeigten.
Die Literatur des Biedermeier spiegelt die Enttäuschung und Resignation des Bürgertums wider, das sich aus Enttäuschung über die restaurative politische und gesellschaftliche Entwicklung Deutschlands nach dem Wiener Kongress in die Privatsphäre zurückgezogen hatte.
Die Literatur des Vormärz ist eine politisch engagierte Literatur in den Jahrzehnten vor der Märzrevolution 1848. Sie tritt meist für Reformen in Staat und Gesellschaft ein und richtet sich gegen die auf dem Wiener Kongress wiederhergestellte absolutistische Ordnung.

Der politische Hintergrund

Während der Zeit der napoleonischen Herrschaft erwachte in Deutschland ein starkes **Nationalbewusstsein**. Als die Fremdherrschaft in den Befreiungskriegen 1813 abgeschüttelt werden konnte, erwarteten die Menschen, dass Europa nach liberalen, demokratischen Prinzipien neu geordnet werden würde, und hofften auf die Entstehung eines **deutschen Nationalstaats**.
Die Ergebnisse des Wiener Kongresses (1815) enttäuschten viele: Metternich und die Vertreter der anderen Staaten stellten die alte, vorrevolutionäre Ordnung wieder her und tasteten die Monarchien in ihrer Existenz nicht an. Die Jahre zwischen 1815 und 1848, die „**Restaurationszeit**", sind gekennzeichnet durch die **Unterdrückung nationaler Forderungen** und politischer Äußerungen, durch Pressezensur, Überwachung der Universitäten, die man für Zentren des Aufruhrs hielt, durch „Demagogenverfolgungen", also Bespitzelung und Amtsenthebung liberal oder national gesinnter Professoren, die Metternich mithilfe der **Karlsbader Beschlüsse** von 1819 im Deutschen Bund durchsetzte.
Das selbstbewusster werdende Bildungsbürgertum artikulierte seine Forderung nach Einheit und Freiheit auf dem **Wartburgfest** (1817) und auf dem **Hambacher Fest** (1832).

Literatur und Gesellschaft

Die literarischen Reaktionen spiegeln die Entwicklung der Gesellschaft wider:
Der Großteil der Bevölkerung zog sich unter dem staatlichen Druck in die **Innerlichkeit** zurück, **bürgerliche Ideale** wie Bescheidenheit und Rechtschaffenheit wurden zu leitenden Ideen. Diese „**biedermeierliche**" **Haltung** fand ihre Entsprechung in unpolitischer Literatur, wie sie von Eduard Mörike, Annette von Droste-Hülshoff, Jeremias Gotthelf, Adalbert Stifter und Franz Grillparzer verfasst wurde.
Ein kleiner Teil der Bevölkerung opponierte gegen Metternichs Unterdrückungspolitik und hielt die Forderung nach einem liberalen, demokratischen deutschen Nationalstaat aufrecht. Autoren, die diese Ziele in ihren Schriften formulierten, werden der **Vormärzliteratur** zugerechnet. Sie waren **politisch engagiert** und standen meist auf Seiten des **Kleinbürgertums** und der **Arbeiterschaft**. Die Vormärzliteratur ist verbunden mit Namen wie Heinrich Heine, Georg Büchner, Ferdinand Freiligrath, August Heinrich Hoffmann von Fallersleben und Christian Dietrich Grabbe.

Zusammenfassung

Kennzeichen von Biedermeier- und Vormärzliteratur

- Die Epoche des Biedermeier und des Vormärz dauerte von 1815 bis 1850.
- Die Biedermeierautoren stellten die Gedankenwelt des von den politischen Verhältnissen enttäuschten Bürgertums dar.
- Die Autoren des Vormärz schrieben sozialkritische und politische Texte, mit denen sie gegen die restaurative Ordnung im Deutschen Bund Opposition betrieben.

Realismus (1850–1890) und Naturalismus (1880–1900)

Realistische Elemente der Literatur sind in fast allen Epochen und bei den meisten Autoren zu finden. Das Besondere an der Epoche des deutschen Realismus, die man etwa zwischen 1850 und 1890 ansetzt, ist die betonte Abkehr vom idealistischen Gedankengut, das die Literatur der Klassik und der Romantik, aber auch noch des Biedermeier bestimmt hat. Die Dichter des Realismus wandten sich den alltäglichen Erscheinungen zu.
Der Begriff „poetischer Realismus" steht für die Art der Darstellung: Reale Situationen, Ereignisse und Probleme werden nicht ungefiltert in die Literatur übernommen, sondern poetisch ausgestaltet. „Bürgerlich" nennt man die realistische Dichtung in der zweiten Hälfte des 19. Jahrhunderts, weil in den literarischen Werken die Lebenswirklichkeit des Bürgertums im Zentrum der Darstellung steht.
Auf der Basis des Realismus und der sich mehr und mehr verbreitenden materialistischen Weltanschauung entstand ab etwa 1880 der Naturalismus. Er bedient sich zwar einer realistischen Darstellungsweise, rückt aber die Gesellschaftsschichten und Probleme in den Blick, die bis dato für nicht literaturwürdig gehalten wurden: Kleinbürger und unterbürgerliche Schichten, soziale Außenseiter, soziale Konflikte, Alkoholismus und Inzest.

Der poetische und der bürgerliche Realismus

„Realismus" ist die Bezeichnung für eine Epoche, die die **empirisch fassbare Wirklichkeit** in den Mittelpunkt der Dichtung rückt. Anders als die Idealisten sehen die Realisten die Dinge, wie sie sind und nicht in idealer Überhöhung. Der poetische Realismus verzichtet aber nicht auf eine dichterische Verklärung des Abgebildeten; die Autoren des bürgerlichen Realismus entstammen selbst dem (gehobenen) **Bürgertum** und stellen dessen Lebenswirklichkeit dar. Die Begriffe „poetischer Realismus" und „bürgerlicher Realismus" bezeichnen also keinen Gegensatz – sie ergänzen sich. Das Leben der „kleinen Leute", der bürgerlichen Unterschichten und der Fabrikarbeiter, stellten die Realisten jedoch nicht dar.
Wichtige Autoren des Realismus sind: Theodor Storm, Theodor Fontane, Conrad Ferdinand Meyer, Gottfried Keller und Friedrich Hebbel.

Der Naturalismus

Die Dichter des Naturalismus waren aufgrund der gewandelten gesellschaftlichen Verhältnisse mit der tradierten Literatur nicht einverstanden; sie strebten eine „**Literaturrevolution**" an. Arno Holz (1863–1929) forderte, dass die Kunst die Natur nicht abzubilden, sondern zu ersetzen habe. Dies sei seiner Meinung nach aber nicht möglich, indem der Dichter ein Kunstwerk im herkömmlichen Sinne verfasse. Er müsse vielmehr zum unsichtbaren Beobachter der Wirklichkeit werden. Diese Forderung rückte die **sozialen Unterschichten** in den Blick der Dichter.

Form und Inhalt

Auch die Form der Darstellung musste sich ändern: Die realistische Form der Sprechweise, der **Sekundenstil**, wurde eingefordert. Sekundenstil bedeutet, dass die Erzählzeit und die erzählte Zeit deckungsgleich sind. Das ermöglicht in den Texten eine exakte Wiedergabe der Sprechsituationen.
Die naturalistischen Autoren enthielten sich in ihren Werken weitgehend einer persönlichen Bewertung des Dargestellten. Sie bezogen jedoch mehr oder weniger eindeutig Stellung, indem sie die kleinbürgerlichen und proletarischen Schichten in die Literatur als Handlungsträger einführten. Sie zeigten die Schattenseiten des Daseins ihrer Protagonisten auf, wenngleich diese auch – der **Milieutheorie** zufolge – dafür nicht selbst zur Verantwortung zu ziehen sind. Erst eine Veränderung der Arbeits- und Lebensbedingungen sowie eine Verbesserung der Bildungssituation würde den sozial Unterprivilegierten zu einem menschenwürdigeren Leben verhelfen.

Zusammenfassung

Kennzeichen von Realismus und Naturalismus

- Die Epoche des Realismus dauerte von 1850 bis 1890, die des Naturalismus von 1880 bis 1900.
- Die Realisten stellten die Realität dar – jedoch geschönt. Inhalte, die man nicht für literaturfähig hielt, wurden von vornherein ausgeblendet.
- Die Autoren des Naturalismus gingen noch einen Schritt weiter: Auch ihnen ging es um eine realistische Darstellung – jedoch der gesamten Gesellschaft; auch die Unterschichten und ihre Lebenswirklichkeit wurden dargestellt.

Literatur der Jahrhundertwende (1890–1925)

Ab 1890 kamen literarische Strömungen auf, die sich gegen die naturalistische und realistische Literatur wandten und sich auf Klassik und Romantik zurückbesannen. Sie wollten Augenblicksstimmungen (Impressionen) wiedergeben und stellten sich gegen die „Großstadtliteratur“. Im Gegensatz zum Naturalismus betonten die Symbolisten das Irrationale, Mythische und Ästhetische.
Ausgangspunkt für die Entwicklung der expressionistischen Literatur war zum einen das Leiden an der Verlogenheit und Sinnlosigkeit des modernen Lebens, zum anderen die Erfahrung des Ersten Weltkriegs.
Die expressionistischen Autoren artikulierten dies in einer neuartigen, drastischen Sprache, die sie selbst als revolutionär empfanden.
Die Revolution gegen ein erstarrtes Gesellschaftssystem in einem politisch überlebten Staat war Ziel ihres literarischen Schaffens. Dies erklärt auch ihre Gegnerschaft zu Autoren des Symbolismus oder Impressionismus wie Stefan George oder Rainer Maria Rilke, die aus einer ästhetischen Haltung heraus die Form der Dichtung betonten.

Der Impressionismus

Viele Autoren lehnten die Ästhetik der Naturalisten ab. Sie vertraten die Ansicht, Poesie müsse mehr leisten, als nur das soziale Elend der unteren Bevölkerungsschichten wiederzugeben und zu beklagen. Wie die Maler versuchten auch die Dichter im Impressionismus eine **Augenblicksstimmung** einzufangen und gaben momentane Eindrücke und Empfindungen wieder. Der **innere Monolog** ermöglichte es dem Dichter, den Leser unmittelbar in das Geschehen einzubeziehen.
Wichtige Werke des Impressionismus sind Schnitzlers „Liebelei“ (1895), „Der Reigen“ (1900) und „Leutnant Gustl“ (1900) sowie Thomas Manns „Tonio Kröger“ (1903), Hugo von Hofmannsthals „Reitergeschichte“ (1899) und die Gedichte von Detlev von Liliencron.

Der Symbolismus

Im Symbolismus steht nicht die Reflexion im Vordergrund, sondern die **sinnenhafte Erfahrung der Welt**. Damit wird der Symbolismus zu einer **Gegenbewegung des Naturalismus**, die nicht die Wirklichkeit abbildet, sondern in Symbolen fassen und mithilfe einer bewusst gestalteten Sprache erfahrbar machen will. Die Kunst der deutschen Symbolisten zeigt sich vor allem als Formkunst („**l'art pour l'art**"): Gegen den Alltagsjargon des Naturalismus stellten sie eine gewählte, kunstvolle und ungewöhnlich gestaltete Sprache, die elitäre Wirkung haben sollte. Vertreter der symbolistischen Richtung sind der Lyriker Stefan George und der Dramatiker Hugo von Hofmannsthal.

Die Literatur des Expressionismus

Die expressionistischen Dichter einte die **Kritik an der Saturiertheit und Selbstgefälligkeit des wilhelminischen Bürgertums** und der **Generationenkonflikt** (Vater-Sohn-Problematik), später auch die **Kritik am Ersten Weltkrieg**. In Gedichten wurde die Sinnentleertheit des Daseins und die Kritik am modernen Leben in der Großstadt besonders drastisch dargestellt. Um ihren Vorstellungen von einem menschenwürdigen Dasein und einer neuen Brüderlichkeit Ausdruck zu verleihen, bedienten sich die Autoren eines leidenschaftlichen Pathos („**expressionistischer Schrei**"). Ziel war die Befreiung des Menschen von den Zwängen der Maschinenwelt und des modernen Kapitalismus. Wichtige Dichter des Expressionismus sind Georg Trakl, Gottfried Benn, Else Lasker-Schüler, Jakob van Hoddis, Georg Heym, Ernst Toller, Georg Kaiser, Frank Wedekind und Alfred Döblin.

Zusammenfassung

Kennzeichen der Literatur der Jahrhundertwende

- Die Literatur der Jahrhundertwende umfasst die Stilrichtungen Impressionismus, Symbolismus und Expressionismus und dauerte von 1890 bis 1925.
- Die Impressionisten versuchten eine Augenblicksstimmung einzufangen und wandten sich gegen den Naturalismus in der Kunst, wobei sie ähnliche Ziele verfolgten wie die Symbolisten, die die Welt in Symbolen fassbar machen wollten.
- Die expressionistischen Dichter übten massiv Kritik an der Gesellschaft des wilhelminischen Deutschland und am Ersten Weltkrieg.

Literatur der Weimarer Republik (1918–1933)

Erst nach den Krisenjahren der Weimarer Republik (nach Inflation, Ruhrbesetzung, kommunistischen Aufständen und Hitlerputsch) begann in Deutschland eine Zeit der kulturellen Blüte. In den „Goldenen Zwanziger Jahren" wurde Berlin zur Hauptstadt der Künste und Wissenschaften. Die neuen Medien Rundfunk und Film entstanden. Der funktionale, sachliche Stil der neuen Architektur des Bauhauses prägte die Entwicklung der Kunst und Literatur; besonders nach 1923, als die expressionistische Literatur kaum noch Anhänger fand, etablierte sich die „Neue Sachlichkeit" als dominierender Zeitstil. Satiren (Kurt Tucholsky) und journalistische Formen (Egon Erwin Kisch) von literarischem Rang entstanden.

„Große Romane"

Die Jahre nach 1918 brachten eine Vielzahl von epischen Meisterleistungen hervor.

- **Heinrich Mann** stellte in seinem Roman „Der Untertan" (1918) das wilhelminische Deutschland mit all seinen Schattenseiten wie Militarismus, Nationalismus und Obrigkeitsdenken kritisch dar.
- **Thomas Mann** fing in seinem philosophisch-zeitkritischen Roman „Der Zauberberg" (1924) die Stimmungslage vor dem Ersten Weltkrieg ein.
- **Erich Maria Remarque** erzählte in seinem Roman „Im Westen nichts Neues" (1929) aus der Ich-Perspektive des Protagonisten Paul Bäumer das Leben der Menschen und die Gräuel des Ersten Weltkriegs.
- **Hermann Hesse** thematisierte in „Siddharta" (1922) die Wiedergeburt geistig-moralischer Werte, die er in der abendländischen Zivilisation verloren glaubt und die er in der Hinwendung zum Buddhismus wiederfand.
- **Franz Kafka** beschrieb in seinen Erzählungen und unvollendeten Romanen Menschen, die ihre Individualität verlieren und auf eine genormte Größe und ihre gesellschaftliche und wirtschaftliche Funktion reduziert sind.
- **Lion Feuchtwanger** stellte in seinem Romanzyklus „Der Wartesaal" (1930/40), der aus den drei Büchern „Erfolg", „Die Geschwister Oppermann" und „Exil" besteht, die schwierige Situation deutscher Juden in der Spätphase der Weimarer Republik und unter dem beginnenden Nationalsozialismus dar.

- **Joseph Roth** gilt als Chronist des untergehenden Habsburger Reiches, das er in seinen Romanen „Hotel Savoy" (1924) und „Radetzkymarsch" (1932) darstellte.
- **Robert Musil** beschrieb im Roman „Der Mann ohne Eigenschaften" (1930) den Zeitgeist in der Donaumonarchie am Vorabend des Ersten Weltkriegs.
- **Alfred Döblin** gelang 1929 mit „Berlin Alexanderplatz. Die Geschichte des Franz Biberkopf" der bedeutendste deutsche Großstadtroman.

Die literarische Produktion fand 1933 mit der Machtübernahme der Nationalsozialisten ein gewaltsames Ende: Manche Autoren erhielten Schreibverbot, andere mussten, da ihr Leben bedroht war, ins Ausland flüchten.

Zusammen-fassung

Kennzeichen der Literatur der Weimarer Republik

- In der Weimarer Republik wurde die „Neue Sachlichkeit" zum vorherrschenden Zeitstil.
- In heute noch bekannten Romanen behandelten die Autoren die Probleme der damaligen Zeit.
- Wichtige Autoren der Weimarer Republik sind Heinrich und Thomas Mann, Erich Maria Remarque, Hermann Hesse, Franz Kafka, Lion Feuchtwanger, Joseph Roth, Robert Musil und Alfred Döblin.
- Die literarische Blütezeit der Weimarer Republik fand ein plötzliches Ende durch die Machtübernahme der Nationalsozialisten.

Literatur zwischen 1933 und 1945

Die Nationalsozialisten betrachteten viele Schriftsteller (z. B. weil sie Kommunisten oder SPD-Anhänger, gläubige Christen oder Juden waren) als Gegner des Regimes – was viele auch tatsächlich waren. Manche verließen Deutschland schon unmittelbar nach der Machtübernahme am 30. Januar 1933. Andere flüchteten nach der Bücherverbrennung am 10. Mai 1933 aus Deutschland, meist ins benachbarte Ausland. Wieder andere blieben in Deutschland, erhielten Schreibverbot, wurden in Konzentrationslager gesperrt oder ermordet. Manche arrangierten sich mit den neuen Machthabern und profitierten von ihnen, einige gingen in die „innere Emigration".

Literatur unter der Nazi-Diktatur

Nie waren die Lebens- und Arbeitsbedingungen für Schriftsteller in Deutschland bedrückender als während des Dritten Reiches. Zwar gab es auch in der Vergangenheit immer wieder **Zensur**, doch noch nie waren Autoren in diesem Ausmaß der **Verfolgung** ausgesetzt, nur auf Grund dessen, dass sie einen anderen politischen Standpunkt vertraten oder Juden waren. Den meisten von ihnen blieb nur die Flucht aus Deutschland.

Deutschsprachige Literatur im Exil

Rund 1500 bedrohte deutsche **Autoren jüdischer Abstammung** oder aktive **Mitglieder der Kommunistischen Partei** flüchteten nach 1933 ins Exil. Zuerst wähnten sie sich noch in den Nachbarstaaten (Österreich, Schweiz, Tschechoslowakei) in Sicherheit, doch nach dem „Anschluss" Österreichs 1938 wuchs auch im europäischen Ausland die Bedrohung und so zogen viele Flüchtlinge in die USA, nach Südamerika, in die Sowjetunion oder nach Israel weiter. Im Ausland verkörperten die Exilschriftsteller die deutsche Kultur und genossen oft **hohes Ansehen**, hatten aber trotzdem oft **massive wirtschaftliche Probleme**, da sie in der neuen Heimat gesellschaftlich und beruflich kaum integriert waren. Deutschsprachige Literatur wurde kaum gelesen und ein Wechsel der Sprache war den meisten Autoren nicht möglich. Nur wenige konnten sich, wie Bertolt Brecht, mit dem Drehbuchschreiben für Hollywood eine Existenzgrundlage sichern. Welche menschlichen Schicksale sich abgespielt haben müssen, ist an der enorm hohen Selbstmordrate ablesbar.

Wichtige Exilautoren und ihre Werke sind:
Bertolt Brecht („Furcht und Elend des Dritten Reiches", 1934–38), Klaus Mann („Mephisto", 1935), Anna Seghers („Das siebte Kreuz", 1937), Thomas Mann („Lotte in Weimar", 1939) und Carl Zuckmayer („Des Teufels General", 1946) und Stefan Zweig („Schachnovelle", 1942).

Innere Emigration

Der Begriff „innere Emigration" stammt von Frank Thieß (1890–1977), der damit die Autoren meint, die während der nationalsozialistischen Diktatur **in Deutschland geblieben** waren und unter Lebensgefahr an ihren Werken fortschrieben – oft in der Gewissheit lebend, sie nicht mehr veröffentlichen zu können. Häufig werden auch solche Autoren der „inneren Emigration" zugerechnet, die zwar in Deutschland geblieben waren, aber ihre schriftstellerische Produktion eingestellt oder in politisch ungefährliche Bahnen gelenkt hatten. Erschwerend für alle Schriftsteller kam hinzu, dass sie Mitglied der von den Nationalsozialisten kontrollierten Reichskulturkammer sein mussten, wollten sie ihre Berufstätigkeit weiter ausüben.
Wichtige Autoren der „inneren Emigration" und ihre Werke sind: Werner Bergengruen („Der Großtyrann und das Gericht", 1935), Reinhold Schneider („Las Casas vor Karl V.", 1938) und Stefan Andres („El Greco malt den Großinquisitor", 1936).

„Blut-und-Boden"-Literatur

Sie heroisierte nationalsozialistische Ideale: das deutsche Wesen, den Führergedanken, den fleißigen Landmann und das blonde „Mädel". Zu den Autoren, die die Nähe des Nationalsozialismus suchten, gehören Hans Grimm, Will Vesper, Hans Baumann und Baldur von Schirach.

Zusammenfassung

Kennzeichen der Literatur zwischen 1933 und 1945

- Die Literatur zwischen 1933 und 1945 ist gekennzeichnet von Zensur, Verfolgung und Ermordung nicht regimetreuer Schriftsteller, was zu einer regelrechten Austreibung des Geistes aus Deutschland führte.
- Autoren, die den Nationalsozialismus ablehnten, gingen freiwillig oder gezwungenermaßen ins Exil oder schrieben für die Schublade; diejenigen, die das Regime guthießen, machten Karriere.

Literatur der DDR (1949–1990)

Die literarische Produktion der DDR ist an die politische Entwicklung gekoppelt. Stand anfangs die Umerziehung zum Sozialismus im Vordergrund, dominierte am Ende der DDR Zivilisations- und Kulturkritik, wie sie sich auch in der Literatur der Bundesrepublik Deutschland fand. Wie die Autoren der Bundesrepublik bevorzugten die DDR-Schriftsteller postmoderne Schreibweisen.

Antifaschistische Literatur nach 1945

Unmittelbar nach 1945 gab es in der sowjetischen Besatzungszone (SBZ) keine eigenständige Literatur, aber auch noch keine offenen Auseinandersetzungen zwischen bürgerlichen und sozialistischen Positionen, die man in der Literatur hätte austragen können. Vielmehr holte man zur Steigerung des eigenen Ansehens in der Welt **Exilautoren** wie Bertolt Brecht, Anna Seghers, Arnold Zweig und Johannes R. Becher zurück ins „andere Deutschland".

Sozialistischer Realismus (ab 1950)

Der III. Parteitag der SED schrieb im Juli 1950 den „sozialistischen Realismus" als verbindliche Stilrichtung für alle Autoren vor. Dabei sollte vor allem der **Aufbau des Sozialismus** und **der positive Held aus der Arbeiterschaft** im Mittelpunkt der Darstellung stehen. Da sich die literarischen Themen bald erschöpften, ging man ab 1959 einen neuen Weg.

Der „Bitterfelder Weg" (1959–1964)

Auf Anregung der SED kamen 1959 Parteifunktionäre, Schriftsteller und schreibende Arbeiter im Chemiekombinat Bitterfeld zusammen und riefen den „Bitterfelder Weg" ins Leben: Arbeiter sollten für Arbeiter schreiben (Schlagwort: **„Greif zur Feder, Kumpel"**), Literaten in Betrieben Alltagsstudien betreiben. Ziel war die Verzahnung von Literatur und Arbeitswelt. Erwin Strittmatter und Hermann Kant engagierten sich für diese Art von Literatur.

Kulturpolitische Liberalisierung in der Ära Honecker

Nach dem Amtsantritt Honeckers als Erster Sekretär des ZK der SED (1971) folgte eine Phase zunehmender Liberalisierung der Literatur. Das Konzept des kritischen Realismus verlor immer mehr an Bedeutung, es folgte eine Phase zunehmender **Subjektivität** (Christa Wolf: „Nachdenken über Christa T.", Ulrich Plenzdorf: „Die neuen Leiden des jungen W.").
Eine Zäsur in der Kulturpolitik der DDR gab es 1976: Als sich der regimekritische Lyriker und Liedermacher **Wolf Biermann** auf einer Vortragsreise in der Bundesrepublik Deutschland aufhielt, wurde ihm die Staatsbürgerschaft entzogen – er durfte nicht mehr in die DDR zurückkehren. Mehr als 70 DDR-Künstler und Schriftsteller unterzeichneten daraufhin einen Protestbrief an die SED-Führung, viele von ihnen (z. B. Sarah Kirsch, Günter Kunert, Jurek Becker und Reiner Kunze) verließen in den Folgejahren die DDR und ließen sich im Westen nieder.

Die Literatur vor der Wiedervereinigung (1980–1990)

Nach 1979 drohten den Autoren, die ihre Werke in der Bundesrepublik Deutschland veröffentlichten (weil es ihnen in der DDR untersagt war), erhebliche Zwangsmaßnahmen, von Hausarrest bis hin zur Inhaftierung. Viele verließen deshalb die DDR. Andere zogen sich in das schützende Umfeld der **evangelischen Kirche** zurück, die Lesungen regimekritischer Autoren zuließ. Dort entstand eine **alternative Szene**, die **Zivilisationskritik** und ein **neues Umweltbewusstsein** zu ihren Themen machte (Christa Wolf: „Kassandra", „Störfall"; Monika Maron: „Flugasche"; Christoph Hein: „Horns Ende", „Der Tangospieler").

Zusammenfassung

Kennzeichen der Literatur der DDR

- Die Literatur der DDR ist von den jeweiligen politischen Weichenstellungen abhängig.
- Viele regimekritische Werke durften in der DDR nicht veröffentlicht werden und erschienen deshalb zuerst in der Bundesrepublik Deutschland.
- Wichtige Autoren sind: Jurek Becker, Christoph Hein, Sarah Kirsch, Günter Kunert, Reiner Kunze, Monika Maron und Christa Wolf.

Literatur der BRD (nach 1945)

Die Zeit nach 1945 ist geprägt von der Auseinandersetzung mit dem Nationalsozialismus, den Erfahrungen des Zweiten Weltkriegs und dem Wiederaufbau der Bundesrepublik Deutschland. In Kurzgeschichten, Hörspielen und Dramen setzten sich die Autoren mit der Zeitproblematik auseinander.
In den 50er- und 60er-Jahren erschienen viele zeit- und gesellschaftskritische Romane, die sich mit der politischen Restauration der Ära Adenauer, dem Wirtschaftswunder und der Verdrängung der Nazizeit beschäftigen.
Die Literatur nach 1968 ist geprägt durch Wohlstand und Wirtschaftswunder, Große Koalition und APO, Auseinandersetzung mit der deutschen Vergangenheit, der Schuld der Vätergeneration und der Ablehnung des Vietnam-Kriegs.

Literatur nach 1945

Die Literatur im besetzten Westen Nachkriegsdeutschlands nennt man **Trümmerliteratur**. Themen waren die Zeit des Nationalsozialismus, die Erlebnisse des Zweiten Weltkriegs und die Lebensverhältnisse im Nachkriegsdeutschland. Nach 1945 veröffentlichten meist junge Autoren, die selbst im Krieg waren, ihre Werke. Sie wollten die Verhältnisse ungeschönt und in **Alltagssprache** darstellen. Dichter, die so dachten, fanden sich in der von Alfred Andersch und Hans Werner Richter gegründeten „**Gruppe 47**“ zusammen.

Die moderne deutsche Kurzgeschichte und das Hörspiel

Eine neue Gattung, die moderne deutsche Kurzgeschichte, entstand. Viele Autoren hatten im Exil oder während der Besatzungszeit die **amerikanische „short story**“ kennengelernt und ahmten dieses Muster nach. Hinzu kommt, dass Papier knapp war, die Kurzgeschichten oft in Zeitungen veröffentlicht werden konnten und die Autoren **keine Weltdeutung**, wie sie der Roman erfordert hätte, anbieten mussten. Bekannte Kurzgeschichten, die meist den Krieg und seine Folgen thematisierten, stammen von Wolfgang Borchert („Die Hundeblume“, „Nachts schlafen die Ratten doch“, „An diesem Dienstag“, „Das Brot“, „Die drei dunklen Könige“) und Heinrich Böll („Wanderer, kommst du nach Spa …“).
Manche Autoren nutzten auch den **Hörfunk als Medium**, mit dem sie einen großen Kreis von Interessierten ansprechen konnten. Als Hörspielautoren traten vor allem Wolfgang Weyrauch, Günter Eich und Ingeborg Bachmann hervor.

Heinrich Böll

Günter Grass

Die Literatur der 50er- und 60er-Jahre

In den 50er- und 60er-Jahren schrieben viele Autoren **zeitkritische Romane**, in denen sie sich mit dem Leben in der neu entstandenen Bundesrepublik, mit dem Wirtschaftswunder und der Wohlstandsgesellschaft sowie mit der Verdrängung der Nazizeit auseinandersetzten. Wichtige Romanautoren und Werke sind:

- **Wolfgang Koeppen** („Tauben im Gras“, 1951, „Das Treibhaus“, 1953, „Der Tod in Rom“, 1954),
- **Heinrich Böll** („Wo warst du, Adam“, 1951, „Und sagte kein einziges Wort“, 1953, „Haus ohne Hüter“, 1954, „Billard um halbzehn“, 1959, „Ansichten eines Clowns“, 1963),
- **Günter Grass** („Die Blechtrommel“, 1959, „Hundejahre“, 1963, „Örtlich betäubt“, 1969),
- **Siegfried Lenz** („Deutschstunde“, 1968),
- **Alfred Andersch** („Die Kirschen der Freiheit“, 1952, „Sansibar oder der letzte Grund“, 1957, „Die Rote“, 1960, „Ephraim“, 1967),
- **Martin Walser** („Ehen in Philippsburg“, 1957, „Halbzeit“, 1960, „Das Einhorn“, 1966).

Literatur nach 1968

Im Jahr 1968 war die unmittelbare Nachkriegszeit in der Bundesrepublik Deutschland zu Ende. Die Menschen hatten sich in ihrem Staat eingerichtet, manche lebten in Wohlstand, die Wirtschaft boomte. Für die Jungen war das eine Selbstverständlichkeit, sie begannen die **kapitalistische Wirtschaftsform** kritisch zu hinterfragen: Die meisten von ihnen lehnten eine luxuriöse Lebensführung ab, kritisierten das **Karrierestreben der Elterngeneration** und fragten nach den eigenen geschichtlichen Wurzeln. Außerdem kritisierten sie die enge Bindung Westdeutschlands an die USA, die Verdrängung der deutschen Schuld aus der Zeit des Nationalsozialismus und die Restauration der Adenauer-Zeit. Im Umfeld der **APO-Bewegung** sammelten sich die meist jungen, politisch denkenden Menschen, unter ihnen viele Schriftsteller.

Folgende literarische Strömungen lebten aus der Zeit vor 1968 fort oder entstanden nach 1968 neu:

- Die **sozialkritische Literatur**: Die politische Opposition vieler Autoren zur „Großen Koalition" unter Bundeskanzler Kurt Georg Kiesinger (CDU) brachte eine Vielzahl an gesellschaftskritischen Werken hervor, in denen der Zustand der Bundesrepublik Deutschland beschrieben wurde. Beispiele dafür sind: Max von der Grün („Stellenweise Glatteis", 1973), Heinrich Böll („Gruppenbild mit Dame", 1971 und „Die verlorene Ehre der Katharina Blum", 1974) und Martin Walser („Seelenarbeit", 1979).

- Als neue Gattung entstand das sogenannte **neue Volksstück**. Auch dieses behandelte sozialkritische Themen. Beispiele: Martin Sperr („Jagdszenen aus Niederbayern", 1967), Franz Xaver Kroetz („Stallerhof", 1972, „Oberösterreich", 1972, „Mensch Meier", 1978).

- Auch die Anfänge der **ideologiekritischen Lyrik** fallen in die Jahre nach 1968. Wichtige Autoren sind Franz Josef Degenhardt, Rolf Dieter Brinkmann und Erich Fried.

- Schon ab 1975 entstand mit der „**neuen Subjektiviät**" eine literarische Strömung, deren Anliegen nicht mehr primär die politische Wirkung war. Viele Autoren rückten das Individuum und seine subjektiven Erfahrungen in den Mittelpunkt ihrer Werke, der gesellschaftspolitische Bezug war dadurch meist immer noch gegeben. Beispiele: Peter Schneider („Lenz", 1973), Karin Struck („Klassenliebe", 1973), Botho Strauß („Die Widmung", 1978) und Max Frisch („Der Mensch erscheint im Holozän", 1979).

- Im Zusammenhang mit der „neuen Subjektivität" erfuhren auch Formen des **autobiografischen Schreibens** eine Renaissance, da manche Schriftsteller ihren Standort bestimmen und das Verhältnis zu sich und ihrer Umwelt ausloten wollten. Beispiele sind Günter Grass („Aus dem Tagebuch einer Schnecke", 1972), Max Frisch („Montauk", 1975) und Peter Härtling („Nachgetragene Liebe", 1986).

- Mit der Emanzipationsbewegung der „68er" entstand auch eine **neue Frauenliteratur**. Zwei Themenbereiche lassen sich dabei erkennen: Zum einen die Suche nach der eigenen Identität, zum anderen die Kritik an den bestehenden autoritär-patriarchalischen Verhältnissen. Beispiele: Brigitte Schwaiger („Wie kommt das Salz ins Meer", 1977), Christa Reinig („Entmannung", 1976), Helga M. Novak („Die Eisheiligen", 1979) und Luise Rinser („Den Wolf umarmen", 1981).

Max Frisch

Literatur seit den 80er-Jahren

Seit den 80er-Jahren findet man in Deutschland Romane, die der **Postmoderne**, einer aus den USA stammenden Strömung, verbunden sind. Die Autoren der Postmoderne zielen mit ihren Werken auf die **mehrfachen Rezeptionsmöglichkeiten von Literatur**. Mittel dazu sind die Aufhebung von realen Zeitmustern und Ortsvorstellungen, die Darstellung von Ungleichzeitigem, Intertextualität (also das Spiel mit der literarischen Tradition), Abkehr von einem vordergründigen Realismus sowie die Dekonstruktion des Subjekts.
Beispiele: Max Frisch („Mein Name sei Gantenbein", 1964), Patrick Süskind („Das Parfum", 1985), Christoph Ransmayr („Die letzte Welt", 1988) sowie Michael Köhlmeier („Telemach", 1995).

Zusammen-fassung

Kennzeichen der Literatur der Bundesrepublik Deutschland

- Die Literatur der Bundesrepublik Deutschland durchlief mehrere Phasen: Trümmerliteratur, sozialkritische Literatur, „neue Subjektivität", postmoderne Literatur.
- Wichtige Autoren sind Heinrich Böll, Günter Grass, Max Frisch, Martin Walser, Christoph Ransmayr und Patrick Süskind.

Literatur nach der Wiedervereinigung (1990)

Die deutsche Literatur hat sich nach 1990 fundamental verändert: Eine Unterscheidung nach DDR-Literatur und Literatur der Bundesrepublik Deutschland gibt es nicht mehr.
Die gesamtdeutsche Literatur nahm Themen und Strömungen aus den Jahren vor 1990 auf, z. B. Postmoderne, Popliteratur und Trashliteratur.
Hinzu kamen auch neue Schreibweisen, die den Niedergang der DDR, den Zusammenschluss der beiden deutschen Staaten und das Leben im wiedervereinigten Deutschland thematisieren.
Manche Autorinnen und Autoren äußern sich autobiografisch und leisten damit einen Beitrag zur persönlichen und offiziellen Vergangenheitsbewältigung.

1990 – eine literarische Zäsur

Im Jahr 1990, als nach **Auflösung der DDR** die neuen Bundesländer der alten Bundesrepublik beitraten, änderten sich auch die Konstanten der Literatur. Die Teilung der deutschsprachigen Literatur - die der BRD und die der DDR - war mit dem Fall der Mauer, spätestens aber mit der Herstellung der deutschen Einheit am 3. Oktober 1990 zu Ende. Dies war eine Folge der politischen Veränderungen: Der Ost-West-Gegensatz bestand nicht mehr, der Kalte Krieg war zu Ende. Es entstanden jedoch **neue Bedrohungen** für Europa (z. B. Rechtsextremismus, Balkankonflikt) und die Welt (z. B. Nord-Süd-Konflikt, ökologische Fragen, Globalisierung, Terrorismus). Alle diese Themen werden in der Literatur behandelt, zugleich rückt auch **das Individuum** mit seinen Sorgen, Nöten und Schwächen (z. B. Hedonismus, politisches Desinteresse bzw. politische Radikalisierung, Angst vor Statusverlust, Hinwendung zur Sexualität als Kompensation für verlorene Identität, Suche nach Identifikationsmustern) in den Mittelpunkt der Literatur.

Tradition und Neuanfang

Man kann für die Zeit nach 1990 von einer neuen Epoche in der deutschen Literaturgeschichte sprechen:

- Auch nach 1990 kommt der **literarischen Tradition** eine große Bedeutung zu – die „neue Subjektivität“, die „neue Innerlichkeit“ und die Hinwendung zu geschichtlichen Stoffen (vgl. Christa Wolfs „Medea. Stimmen“, Helmut Kraussers „Thanatos“ und Botho Strauß' „Ithaka“, alle 1996) beeinflussen Texte bis heute.
- In der Tradition des Schelmenromans wird auch der **Zusammenbruch der DDR** zu einem Thema der Literatur (Thomas Brussig: „Helden wie wir“, 1995, Sven Regener: „Herr Lehmann“, 2001).

- Die **Auseinandersetzung mit der DDR** existiert als weiterer Themenbereich und knüpft dabei an die kritische Literatur der DDR (z. B. Christoph Heins Novelle „Drachenblut“, 1983) und der Bundesrepublik (z. B. Martin Walsers „Dorle und Wolf“, 1987) an. Auch dieser Themenkreis wird oft in Form der Satire dargestellt (Thomas Brussig: „Am kürzeren Ende der Sonnenallee“, 1999).
- Auch die gesellschaftlichen und politischen Verhältnisse in den **letzten Jahren der DDR** und der **Prozess des Zusammenwachsens** der beiden deutschen Staaten sind typische Themen (Martin Walser: „Die Verteidigung der Kindheit“, 1991; Erich Loest: „Nikolaikirche“, 1995; Günter Grass: „Ein weites Feld“, 1995).
- Ebenfalls erkennbar ist eine Renaissance der aus den 50er- und 60er-Jahren stammenden **Popliteratur** (Christian Kracht: „Faserland“, 1995; Benjamin von Stuckrad-Barre: „Soloalbum“, 1998; Sibylle Berg: „Sex II“, 1998).
- Auch die **Trashliteratur**, die soziale Außenseiter und ihre Lebensbedingungen thematisiert, findet immer mehr Verbreitung (Heiner Link, Lou A. Probsthayn).
- Daneben gibt es eine Vielzahl von autobiografischen oder **autobiografisch gefärbten Texten**, mit denen sich die Autoren Rechenschaft über ihr Leben geben (Marcel Reich-Ranicki: „Mein Leben“, 1999; Günter Grass: „Mein Jahrhundert“, 1999, „Beim Häuten der Zwiebel“, 2006; Martin Walser: „Angstblüte“, 2006).

Zusammenfassung

Kennzeichen der Literatur nach der Wiedervereinigung

- Die Literatur nach der Wiedervereinigung knüpft an die Traditionen der bundesrepublikanischen und der DDR-Literatur an.
- Das Ende der DDR und die Wiedervereinigung sind große Themenbereiche der Literatur. Verkaufsschlager sind Werke der postmodernen Literatur und der Popliteratur.

Szenische Verfahren der Interpretation

Um einen Text zu verstehen, sollte man ihn nicht nur lesen, analysieren und interpretieren – man sollte ihn auch erweitern. Erweitern heißt Aspekte hinzufügen, die er nicht enthält, die sich aber anbieten, die Einzelaspekte deutlich herausheben und die ein genaueres Licht auf den Text werfen.

Beim szenischen Interpretieren kommt es darauf an, die Handlung, die Figuren, die Umgebung usw. **für sich selbst zu erschließen**: zu überlegen, was eine Figur tut, wie sie es tut, warum sie es tut, welche Alternativen sie hätte, in welcher Umgebung sie es tut usw.
Es gibt verschiedene Möglichkeiten des szenischen Interpretierens, die auf alle literarischen Texte und Textsorten (Gedichte, Szenen, Dramenauszüge und Prosatexte) angewendet werden können.

- **Standbilder bauen**: Wichtige Einzelszenen aus einem literarischen Text werden bildlich dargestellt. Folgendermaßen geht man vor: Ein Schüler (der Regisseur) gruppiert hinter einem Vorhang die Personen, die er für die Szene benötigt. Er ordnet sie so an, wie er sie in dieser Szene sieht. Er gibt ihnen auch Anweisungen bezüglich Mimik, Gestik und Körperhaltung. Wenn alle so stehen, wie der Regisseur es möchte, wird die Szene eingefroren, niemand darf seine Haltung verändern.
  Nun wird der Vorhang beiseitegeschoben und die Mitschüler haben einen freien Blick auf dieses Standbild und können es diskutieren.
  Interessant ist es, wenn zwei Gruppen zugleich zur gleichen Szene ein Standbild bauen. Dabei werden die Unterschiede im Verständnis der Szene für alle Betrachter deutlich und können besprochen werden. Hilfreich ist es, die gebauten Standbilder zu fotografieren – so kann man sie nachher in der Klasse diskutieren.

- **Der „heiße Stuhl"**: Ihr könnt auch eine/n Mitschüler/in in die Rolle versetzen, in der sich die literarische Figur befindet. Stellt ihr/ihm Fragen, so dass ihr alles das erfahrt, was ihr wissen wollt. Wichtig ist nur, dass eure/euer Mitschüler/in mitspielt und antwortet. Ihr werdet überrascht sein, was ihr/ihm alles einfällt und welches neue Licht dadurch auf die literarische Figur geworfen wird!

Zusammenfassung

Szenische Verfahren der Interpretation

- Szenische Verfahren der Interpretation helfen, sich einer Figur anzunähern.
- Indem ihr Kernszenen als Standbilder nachstellt und fotografiert, könnt ihr erkennen, wo die Handlungsschwerpunkte des Textes liegen.
- Beim „heißen Stuhl" könnt ihr euch einer Figur annähern, indem ihr der/dem stellvertretenden Mitschüler/in naheliegende Fragen stellt, die im Text nicht beantwortet werden.

Parodien schreiben

Seit es Literatur gibt, werden zu literarischen Werken Parodien geschrieben. Parodien sind Nachahmungen, die die ursprüngliche Zielsetzung eines Textes in sein Gegenteil verkehren. Letztlich kann man alles parodieren: einen Roman, ein Drama, ein Gedicht, einen Werbetext usw. Im Gymnasium werden häufig Parodien zu Gedichten geschrieben, da diese meist relativ kurz sind und man sie deshalb leicht umschreiben kann.

Was ist eine Parodie?

Bei der Beantwortung dieser Frage hilft der Blick in ein Lexikon:

> **Parodie** *(von griechisch „parodia", eigentlich ‚Nebengesang'): literarisches Werk, das in satirischer, kritischer oder polemischer Absicht ein vorhandenes, bei den Adressaten der Parodie als bekannt vorausgesetztes Werk oder Teile davon unter Beibehaltung kennzeichnender Formmerkmale, aber mit gegenteiliger Absicht nachahmt. Der durch das so entstandene Auseinanderfallen von Form und Aussageanspruch gewonnene Reiz des Komischen ist dabei umso wirkungsvoller, je größer die Fallhöhe von der Vorlage zur Parodie ist.*

Wie parodiert man ein Gedicht?

Folgendes musst du bei der Gedichtparodie beachten:

- Bei der Parodie soll die **Form des Gedichts** (Anzahl der Strophen und Verse, Metrum, Reimschema) **weitgehend erhalten bleiben**.
- **Die Aussage** sollte komisch wirken.
- Dies wird möglich, wenn man die ursprüngliche Aussage eines Textes **in ihr Gegenteil verkehrt** oder wenn man sie **stark übertreibt**.
- Dazu muss man den **Sinngehalt** eines Gedichts genau untersuchen und in der Parodie **in sein Gegenteil** verkehren (bzw. in einen anderen Bezugsrahmen stellen).
- Häufig ist es ausreichend, **sinntragende Begriffe** (Verben, Adjektive, Nomen) durch **gegenteilige** zu ersetzen, schon entsteht ein ganz anderer Sinn, der satirisch und unterhaltsam wirken kann – so wie es die Parodie will.

Beispiel für eine Gedichtparodie

Johann Wolfgang Goethe:
Das Göttliche (1783)

Edel sei der Mensch,
Hilfreich und gut!
Denn das allein
Unterscheidet ihn
Von allen Wesen,
Die wir kennen.

Heil den unbekannten
Höhern Wesen,
Die wir ahnen!
Ihnen gleiche der Mensch!
Sein Beispiel lehr uns
Jene glauben.

Henning Venske:
Das Menschliche:

Feudel[1] sei die Frau,
Hilfreich und gut!
Denn das allein
Unterscheidet sie
Von allen Besen,
Die wir kennen.

Heil den unbekannten
Höhern Wesen,
Die wir ahnen!
Ihnen gleiche der Mann!
Sein Beispiel lehr sie
Aberglauben.

[1] norddeutsch für: Scheuerlappen

Zusammenfassung

Kennzeichen der Parodie

- Unter Parodie versteht man die Umwandlung eines allgemein bekannten Textes in einen Text, bei dem die satirische Absicht deutlich erfasst werden kann.
- Texte aller Gattungen können parodiert werden, häufig findet man aber Gedichtparodien, weil hier die satirische Absicht durch die Kürze des Textes besonders augenfällig ist.

Exzerpieren

Exzerpieren bedeutet so viel wie „herausschreiben", einem Text entnehmen. Das Exzerpieren ist im Gymnasium wichtig, weil man damit Texte schnell kürzen und die wesentlichen Inhalte erkennen kann. Dies hilft in allen Fällen, in denen man mit dem Text weiterarbeiten muss – z. B. bei der Zusammenfassung von Sachtexten oder dem Interpretationsaufsatz.

Wie geht man beim Exzerpieren vor?

- Zuerst musst du den Text **gründlich lesen** und verstehen (inhaltliche Zusammenhänge klären, unbekannte [Fremd-]Wörter und Fachbegriffe nachschlagen usw.).
- Dann solltest du die **Kernaussage des Textes herausarbeiten** und die sinntragenden Begriffe anstreichen. Solche Schlüsselwörter sind oft Nomen/Substantive, Eigennamen und Fachbegriffe.
- Nun kannst du die wichtigsten **Informationen des Textes herausschreiben**. Bilde dazu eigene Sätze, benütze eigene Wörter. Übernimm keinesfalls längere Textpassagen wörtlich aus dem Text.
- Am Ende solltest du die wichtigsten Informationen des Textes in stark gekürzter Form vor dir haben – im Idealfall könnte dir dein Exzerpt als **Spickzettel** dienen. Dabei ist es nicht notwendig, dass du selbst wieder einen zusammenhängenden Text schreibst, dein Exzerpt kann auch in **Stichworten** abgefasst sein oder in Form einer **Skizze** (z. B. Cluster, Mindmap, Flussdiagramm, je nach Umfang und Informationsgehalt des Ausgangstextes) vorliegen.

Beispiel zum Exzerpieren

Die Industrialisierung beginnt in England
England war im 18. Jahrhundert zur führenden Handelsmacht in Europa aufgestiegen. Besonders die Baumwolle aus der Kronkolonie Indien brachte die Industrialisierung in Gang: Baumwolle ließ sich leichter und billiger zu Stoff verarbeiten als die bisher gebräuchliche Schafswolle. Davon versprachen sich die Handwerker mehr Gewinn. Außerdem versuchten sie, ihre Geräte zu verbessern. Erfindungen wurden gemacht, die Spinnmaschinen und Webstühle wurden maschinell angetrieben und damit immer leistungsfähiger. Unternehmer gründeten Textilfabriken, in denen sie hochwertige Stoffe schnell und preisgünstig herstellen konnten. Einen wichtigen Beitrag zur Industrialisierung lieferte die Dampfmaschine, eine Erfindung von James Watt (1785). Sie konnte nicht nur Webstühle antreiben, sie war auch die Grundlage für die Eisenbahn und Dampfschifffahrt, die zum „Motor" der Industrialisierung wurden.

Schlüsselwörter

Folgende **Schlüsselbegriffe** müsstest du anstreichen: England – Baumwolle – Erfindungen – Spinnmaschinen und Webstühle – Textilfabriken – Dampfmaschine – Eisenbahn und Dampfschifffahrt – „Motor“ der Industrialisierung.

Darstellung in der Form einer Skizze

Da der vorliegende Text schon sehr komprimiert Informationen gibt, ist es schwierig, ihn in eigenen Worten zusammenzufassen. Es ist also sinnvoll, eine **Skizze** anzufertigen. Diese kann so gestaltet sein:

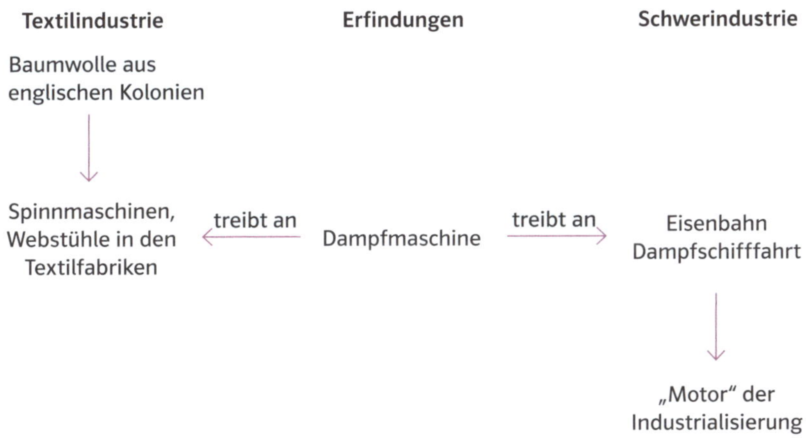

Zusammenfassung

Exzerpieren

- Beim Exzerpieren musst du die Schlüsselbegriffe eines Textes herausarbeiten.
- Du kannst dein Exzerpt als kurzen Text, als Stichwortliste oder als Skizze notieren.

Ergebnisse präsentieren

Wenn du ein Referat oder eine Präsentation vorbereitest, solltest du bedenken, dass du dies überwiegend eigenständig machen musst. Hilfen durch eine Lehrerin oder einen Lehrer darfst du nicht erwarten - schließlich geht es darum, dass du etwas vorstellst, was du selbst erarbeitet hast.

Folgende Aspekte musst du beim Präsentieren berücksichtigen:

- Du musst über dein Thema **genau Bescheid wissen**.
- Du solltest genau überlegen, welche Informationen deinen Zuhörern bereits vorliegen und welche **Neuigkeiten** du ihnen bieten kannst. Diese müssen im Mittelpunkt der Präsentation stehen.
- Erarbeite dann für dich selbst eine **Gliederung**, in der die zentralen Aspekte deiner Präsentation sichtbar werden.
- Versetze dich in die Rolle deiner Zuhörer und überlege, wie du deine Aussagen **veranschaulichen** kannst.

Das Referat

Das Referat ist ein **vorbereiteter Vortrag zu einem Sachthema**, das meist in enger Beziehung zum Unterrichtsstoff steht. Der Inhalt des Referats und die verwendete Fachsprache sollen zeigen, dass du dich intensiv mit dem Thema auseinandergesetzt hast; eine genaue Vorbereitung ist deshalb notwendig. Beim Referat wird meist auf einen **freien Vortrag** Wert gelegt. Die zeitliche **Dauer eines Referats** ist meist recht genau vorgegeben. In der Schule werden Referate oft auf 10 bis 15 Minuten begrenzt.

Die Präsentation

Bei der Präsentation steht die **Vorstellung eigener Arbeitsergebnisse** im Vordergrund. Im Ablauf gleicht die Präsentation dem Referat, sie ist jedoch ausführlicher. Hinzu kommt, dass die vorgestellten Inhalte mithilfe von Medien **veranschaulicht** werden. Auch bei der Präsentation gilt die Regel, dass sie **frei gehalten** werden soll.
In der Schule werden Präsentationen in folgenden Situationen erwartet: bei der Vorstellung von Ergebnissen umfangreicherer Gruppenarbeiten und Arbeiten, die die Schüler außerhalb der Unterrichtszeit erstellt haben.
Eine gelungene, informative Präsentation dauert meist 15 bis 25 Minuten.

- **Präsentation mit einer Pinnwand**
  Folgende **Nachteile** solltest du kennen:
  - Du musst deinen Vortrag immer wieder unterbrechen, um neue Karten an die Stellwand zu pinnen.
  - Die Pinnkarten können oft von vielen Mitschülern, besonders den weiter hinten sitzenden, nicht gelesen werden.

  Die Arbeit an der Pinnwand hat aber auch viele **Vorteile**:
  - Dein Vortrag gewinnt durch das Anpinnen von Kärtchen an Lebendigkeit.
  - Deine Mitschüler sind in den Entstehungsprozess der fertigen Pinnwand und damit in die Darstellung eines bestimmten Themas unmittelbar eingebunden.
  - Am Ende der Präsentation haben die Mitschüler ein vollständiges Ergebnis vor sich. Das wirkt sich auf das Verständnis positiv aus. Du tust dich auch bei deiner Zusammenfassung leicht, da du die einzelnen Aspekte nur noch kurz antippen musst.

- **Die computergestützte Präsentation**
  Folgende **Schwierigkeiten** musst du kennen:
  - Du musst den Umgang mit der Software beherrschen, damit du deine Präsentation erstellen kannst.
  - Du musst die technischen Geräte, die dir für deine Präsentation zur Verfügung gestellt werden, vorher ausprobieren, damit du während deines Vortrags keine Probleme mit der Bedienung hast.

  Die computergestützte Präsentation hat aber auch viele **Vorteile**:
  - Du kannst deine Präsentation vollständig zu Hause erarbeiten und dich während des Vortrags in Bezug auf den Ablauf und die Inhalte auf deine Vorarbeiten stützen; deine Folien sind also dein geheimer Spickzettel, was bedeutet, dass du dir weniger Fakten merken musst – diese projizierst du ja.
  - Durch die Einbindung von Grafiken und Fotografien kannst du deinen Vortrag anschaulicher gestalten, als dir das mit einer anderen Methode möglich wäre.

Zusammenfassung

Ergebnisse präsentieren

- Wenn du ein Thema selbstständig erarbeitet hast, wird von dir oft eine Vorstellung des Ergebnisses – eine Präsentation – erwartet.
- Diese Darstellung der Ergebnisse kann in der Form eines kürzeren Referats, als längere PC-Präsentation oder anhand einer Pinnwand-Präsentation erfolgen.

Filme analysieren

Der Film ist im 20. Jahrhundert zu einem wichtigen Medium geworden. Dokumentarfilme finden immer mehr Zuschauer, Spielfilme und Fernsehfilme sind aus dem Unterhaltungssektor nicht mehr wegzudenken. Filme haben den Büchern teilweise schon den Rang abgelaufen - die Zuschauerzahlen spiegeln das wider; oft werden Bücher erst dann populär, wenn sie verfilmt sind.

Das Drehbuch

Die Grundlage für jeden Film ist das Drehbuch. Dort findet sich der **Text** mit genauen Angaben zu Gestaltung von Bild und Ton. Die Vorform des Drehbuchs, die eine grobe Skizze des Filminhalts enthält, nennt man **Exposé**.

Die Kamera

Ein Film erzählt eine Geschichte auf eine ganz andere Art als beispielsweise ein Roman. Im Film gibt es keinen Erzähler, an seine Stelle tritt die Kamera, die das Geschehen aus wechselnden Perspektiven zeigt. Die **Kamera** ist das **vermittelnde Auge zwischen Filmgeschehen** und **Zuschauer**.
Man unterscheidet zwischen Kameraperspektive, Einstellung und Einstellungsgröße und der Kamerabewegung.

- Mit der **Kameraperspektive** wird der Blickwinkel beschrieben, aus dem heraus die Kamera einen Gegenstand, eine Person oder ein Geschehen aufnimmt. Achte bei einer Filmanalyse besonders auf die folgenden Perspektiven.

  Bei der **Vogelperspektive** zeigt die Kamera das Geschehen von oben. Dies kann die Menschen zum Beispiel klein und hilflos erscheinen lassen. Anders die **Froschperspektive**:
  Die Kamera filmt von unten, die Personen und Gegenstände erscheinen unnatürlich groß und verzerrt. Die gebräuchlichste Perspektive ist die **Normalsicht**. Man nennt diese Perspektiven auch die **vertikalen** Perspektiven.
  Parallel dazu kann das Geschehen **von hinten**, von **der Seite** oder von **vorne** aufgenommen sein. Man spricht hier von den **horizontalen** Perspektiven. Die Perspektive, bei der die Kamera ein Geschehen von hinten zeigt, wird häufig zur Erzeugung von Spannung genutzt. (Der Mörder nähert sich seinem Opfer von hinten, die Kamera zeigt, was der Mörder sieht.) Die Aufnahme von vorne wirkt in einem Spielfilm normalerweise unnatürlich, in Dokumentationen sieht man sie allerdings häufiger. Die häufigste Perspektive zeigt Personen oder Gegenstände von der Seite.

- Mit **Einstellung** bezeichnet man die Dauer einer Kameraaufnahme.
  Das Verhältnis zwischen einer abgebildeten Person oder Personengruppe zur Größe des Gesamtbildes ist von der **Einstellungsgröße** abhängig.
  Man unterscheidet sieben Einstellungsgrößen, die eine jeweils andere Wirkung auf den Zuschauer haben.

Panorama oder Supertotale. Die Panorama-Einstellung gibt den Blick auf ganze Landschaften frei. Details sind hier kaum zu erkennen. Den Zuschauern wird mit dieser Einstellungsgröße zum Beispiel ein Überblick über die Gegend gegeben, in der die Handlung spielt.

Totale. Bei dieser Einstellung sind Gegenstände, Personen oder Personengruppen vollständig in ihrer Umgebung zu sehen. Der Zuschauer erhält hier einen Überblick über eine Situation.

Halbtotale. Gegenstände, Personen oder Personengruppen sind vollständig in ihrer unmittelbaren Umgebung dargestellt.

Die halbnahe Einstellung. Bei dieser Einstellung sind Gegenstände, Personen oder Personengruppen nur zu zwei Dritteln zu sehen – häufig bis zu den Knien. Dialoge werden zum Beispiel häufig halbnah gefilmt. Diese Einstellung entspricht unserem überwiegenden Alltagssehen.

Die nahe Einstellung. Bei dieser Einstellung sind Gegenstände oder Personen nur ausschnittweise zu sehen, etwa nur der Kopf und Hals. Diese Einstellung eignet sich zum Beispiel für die Darstellung der Gefühle einer Person in ihrer Umgebung.

Die Großeinstellung. Diese Einstellung zeigt zum Beispiel das Gesicht einer Person bildfüllend. Die Umgebung ist hier bedeutungslos. Es geht nur um die Mimik einer Person.

Die Detaileinstellung. Diese Einstellung zeigt ein einzelnes Detail über das ganze Bild. Das Detail erhält durch diese Einstellung eine (symbolische) Bedeutung für das Geschehen.

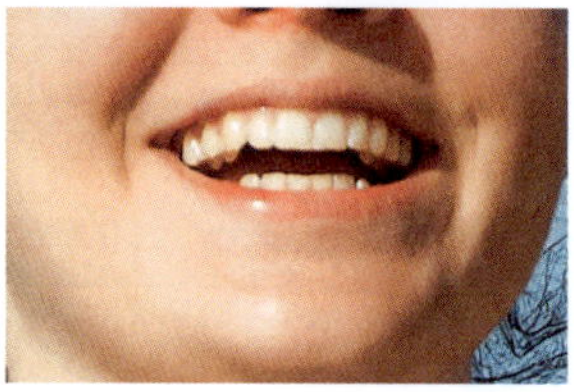

- **Die Kamerabewegung**
  Bislang hast du nur erfahren, was passieren kann, wenn die Kamera steht. Bei einem Dreh sind aber nicht nur die Darsteller beweglich, sondern auch die Kamera. Sie wird nicht etwa von einem Ort zum anderen getragen und dort wieder eingeschaltet. Ihre Bewegung ist ein Teil des Films.

Schwenks. Das Schwenken der Kamera entspricht der Drehung des Kopfes. Daher kann man mit einem Schwenk z. B. den Blick einer Person, der einer anderen Person durch den Raum folgt, imitieren. Besonders schnelle Schwenks nennt man Reißschwenks.

Die Veränderung des Kamerastandortes. Hier „schaut" die Kamera nicht nur in eine bestimmte Richtung, sondern „läuft" durch den Raum. Ihre Bewegung kann auf unterschiedliche Weise realisiert werden: Die Kamera kann zum Beispiel auf Schienen oder mit Hilfe eines Krans bewegt werden. Dies ermöglicht durch die gleichmäßige Bewegung auch gleichmäßige Bilder.
Anders die **Handkamera**: Durch die Schritte desjenigen, der die Kamera bedient, entstehen verwackelte Bilder – ähnlich wie bei einem Smartphone. Dies kann natürlich, wenn etwa das Geschehen aus der Perspektive einer rennenden Person gezeigt werden soll, durchaus gewollt sein. Ist es nicht gewollt, verwendet man eine Steadicam. Die Kamera befindet sich hier in einer Tragevorrichtung, die die Bewegungen ausgleicht.

Wenn du dir einen Film ansiehst, kannst du dir zum Beispiel die folgenden Fragen stellen.

- Mit welchen Perspektiven wird gearbeitet? Welche Zielsetzung steckt dahinter?
- Welche Einstellungsgrößen werden in welchen Situationen verwendet? Welche Wirkung wird damit erzielt.
- Wie bewegt sich die Kamera durch den Raum? Warum wurde gerade diese Bewegung gewählt?

Es gibt noch eine Reihe anderer Fragen, die nicht die Kamera selbst betreffen, die aber helfen, einen Film zu analysieren. Hier ist eine Auswahl.

- Was verraten Kostüme und Make-up über die Figuren?
- Wie wurde das Licht gesetzt (zum Beispiel Frontallicht, Gegenlicht, Seitenlicht, Spot)?
- Wie wurde der Filmton gestaltet? Gibt es eine Erzählerstimme aus dem Off, also aus einem Raum, der nicht im Bild zu sehen ist?
- Welche Geräusche/Stimmen kommen aus dem On, welche aus dem Off?
- Welche Rolle spielt die Filmmusik? Zieht sich ein bestimmtes Musikthema durch den ganzen Film? Wird Musik zu Unterstützung der Bilder eingesetzt (zum Beispiel zur Spannungserzeugung)?

Zusammenfassung

Filme analysieren

- Man unterscheidet bei der Kameraperspektive zwischen horizontalen (von vorne, von der Seite, von hinten) und vertikalen (Vogelperspektive, Froschperspektive, Normalsicht) Perspektiven.
- Es gibt unterschiedliche Einstellungsgrößen: Panorama, Totale, Halbtotale, halbnahe Einstellung, Großeinstellung und Detaileinstellung.
- Die Kamerabewegung erfolgt entweder durch einen Wechsel des Kamerastandortes oder durch Schwenks.

Wissenstest

1 Wie unterscheiden sich das Erbwort, das Lehnwort und das Fremdwort?

2 Wie unterscheiden sich Umgangssprache und Dialekt?

3 Welche Formen der Erörterung unterscheidet man und woran erkennt man sie?

4 Welche Argumentationsschritte muss man unterscheiden?

5 Wodurch wirkt eine Begründung überzeugend?

6 Was ist zu beachten, wenn man zu einer Erörterung eine Stoffsammlung anlegt?

7 Welche wichtigen Arbeitsschritte sollte man beim Erörterungsaufsatz einhalten?

8 Aus welchen Teilen besteht der Arbeitsauftrag zu einer Erörterung anhand eines Textes?

9 Welche Sachtexte kannst du unterscheiden?

10 Was muss man bei einer Textzusammenfassung beachten?

11 Welche Fakten muss der Basissatz der Inhaltsangabe nennen?

12 Worauf muss man bei der Beschreibung und Analyse eines Sachtextes eingehen?

13 Auf welche Aspekte muss man bei der Analyse eines Dramentextes eingehen?

14 Welche verschiedenen Formen der Figurenrede gibt es im Drama?

15 Welche Aspekte sind bei der Untersuchung literarischer Figuren wichtig?

16 Welche Erzählperspektive und welches Erzählverhalten unterscheidet man in einem Prosatext?

17 Was versteht man unter einem „lyrischen Ich"?

18 Welche drei Hauptgattungen der Literatur unterscheidet man?

19 Was sind die Kennzeichen der Anekdote?

20 Was versteht man unter einer Parabel?

21 Welche verschiedenen Romantypen gibt es?

22 Welche Aspekte sollte man bei der Analyse eines Romans untersuchen?

23 Was versteht man unter einem Blankvers?

24 Welche wichtigen Reimformen gibt es neben dem Paarreim, dem Kreuzreim und dem umarmenden Reim?

25 Welche Aspekte muss man bei der Untersuchung moderner Gedichte berücksichtigen?

26 Welche drei Typen des Dramas kann man unterscheiden?

27 Was versteht man unter der „Ständeklausel"?

28 Was versteht man unter der Freytags-Pyramide? Beschreibe sie kurz.

29 Welche Formen des modernen Dramas kennt man?

30 Was ist das Neue an der Epoche der Aufklärung?

31 In welche zwei Phasen kann man die Literatur der Aufklärung einteilen?

32 Was kennzeichnet den Sturm und Drang?

33 Nenne drei Autoren des Sturm und Drang und jeweils zwei ihrer wichtigsten Werke.

34 Von wann bis wann dauerte die Epoche der Klassik und welche Ereignisse markieren Anfang und Ende?

35 Wie reagierte die Klassik mit ihrer Kunstkonzeption auf die Zeitumstände?

36 In welche Abschnitte kann man die Epoche der Romantik untergliedern und welche Autoren verbindet man damit jeweils?

37 Was eint die Autoren des Biedermeier und des Vormärz, was trennt sie?

38 Was versprachen sich die naturalistischen Autoren vom „Sekundenstil"?

39 Welche literarischen Stilrichtungen gab es um die Wende vom 19. zum 20. Jahrhundert?

40 Welche noch heute bedeutenden Romane entstanden in der Weimarer Republik?

41 Welche literarischen Richtungen unterscheidet man bei der Literatur zwischen 1933 und 1945?

42 Was versteht man unter dem „Bitterfelder Weg"?

43 Welche wichtigen Autoren und Werke der DDR-Literatur sollte man kennen?

44 Was versteht man unter dem Begriff „Trümmerliteratur"?

45 Welche Autoren wurden in den 50er- und 60er-Jahren durch zeitkritische Romane bekannt?

46 Was sind die Kennzeichen postmoderner Literatur?

Wissenstest

Lösung 1

Alle drei Wortgruppen gehören zum deutschen Sprachschatz.
Das Erbwort bezeichnet ein Wort, das schon von alters her (aus dem Germanischen, Alt- oder Mittelhochdeutschen) zur deutschen Sprache gehört.
Das Lehnwort wurde später aus einer fremden Sprache (z. B. aus dem Lateinischen) übernommen.
Das Fremdwort kam erst in jüngerer Vergangenheit zum deutschen Wortschatz hinzu und wird teilweise noch immer als fremd empfunden.

Lösung 2

Umgangssprache darf nicht mit Dialekt verwechselt werden:
Die Umgangssprache orientiert sich an der Hochsprache, befolgt aber deren Regeln nicht genau. In die Umgangssprache fließen auch Modewörter aus der Werbung und der Jugendsprache ein.
Unter Dialekt versteht man die Mundart, die von Region zu Region gesprochen wird.

Lösung 3

Man unterscheidet die steigernde (lineare) und die Pro-und-Kontra-Erörterung (dialektische Erörterung).

- Die steigernde Erörterung erkennt man an der Ergänzungsfrage (Wortfrage); es geht dabei um eine sachbezogene Auseinandersetzung.
- Die-Pro-und-Kontra-Erörterung erkennt man an der Entscheidungsfrage (Satzfrage); es geht dabei um eine wertbezogene Auseinandersetzung.

Lösung 4

Die Argumentation (z. B. in einem Erörterungsaufsatz) besteht aus:

- Behauptung (These),
- Begründung oder Beweis (Argument),
- Beispiel und
- Rückführung zur These (Schlussfolgerung).

Lösung 5

Eine Begründung darf nicht zu allgemein gehalten sein.
Es ist notwendig, genaue Angaben zu machen, z. B. durch

- Angabe von Fakten oder Daten,
- Auswerten von Statistiken,
- Zitieren der Aussagen von Fachleuten,
- Nennung von Gesetzen oder
- anerkannten gesellschaftlichen Werten.

Lösung 6
Die Stoffsammlung dient dazu, möglichst viele Aspekte zu einem Thema zu sammeln. Dabei sollte man seinen Gedanken freien Lauf lassen, um alle wichtigen Aspekte zu erfassen. Bei der anschließenden Stoffordnung muss man die unpassenden, unwichtigen und doppelten Aspekte streichen.
Eine Stoffsammlung kann man in Form einer Liste oder eines Clusters anlegen.

Lösung 7
Folgende Arbeitsschritte sollte man sowohl bei der steigernden als auch bei der Pro-und-Kontra-Erörterung einhalten:
1. Erfassen und Klären des Themas
2. Sammeln eigener Gedanken zum Thema
3. Ordnen der aufgefundenen Aspekte
4. Anfertigen einer Gliederung (wenn diese erwartet wird)
5. Niederschreiben des Erörterungsaufsatzes
6. Überarbeiten der Gliederung (im Bedarfsfall)

Lösung 8
Der Arbeitsauftrag zu einer Erörterung anhand eines Textes besteht zumeist aus drei Teilen:
1. Zusammenfassung des Textes
2. Untersuchung des Textes im Hinblick auf Problemgehalt, Inhalt und Sprache
3. Diskussion eines zentralen Aspekts des Textes

Lösung 9
Folgende Arten von Sachtexten kann man unterscheiden:
1. Sachliche Texte (z. B. Schulbuchtexte, Lexikonartikel),
2. Zeitungstexte (z. B. Nachricht, Bericht),
3. Redetexte (z. B. Wahlkampfrede, Gerichtsrede) und
4. Werbetexte.

Lösung 10
Bei der Textzusammenfassung
- darf man keine Spannung erzeugen,
- muss man die inhaltlichen Zusammenhänge herausarbeiten,
- muss man wichtige Personen, Ereignisse und Sachverhalte nennen,
- Sachstil verwenden und
- im Präsens schreiben.

Lösung 11
Der Basissatz der Inhaltsangabe nennt die wichtigsten Fakten bezüglich des Textes:
- den Namen des Verfassers,
- den Titel des Textes,
- die literarische Gattung,
- die Entstehungszeit,
- die Hauptpersonen und
- die Kernaussage des Textes.

Lösung 12
Bei der Untersuchung eines Sachtextes sollte man eingehen auf:
- Autor, Inhalt und Textsorte,
- Schreibanlass und Zielrichtung des Textes,
- sprachliche und gestalterische Besonderheiten.

Lösung 13
Bei der Analyse eines Dramentextes sollte man auf folgende Aspekte eingehen:
- Inhalt, Handlung und Konflikt,
- Aufbau,
- Personen und
- sprachliche Gestaltung.

Darüber hinaus sind wichtig:
- Autor,
- Epoche,
- Thematik und
- Aussage des Textes.

Lösung 14
Im Drama sprechen die Personen zu sich selbst oder zu anderen.
Formen der Figurenrede:
- Monolog,
- Dialog,
- Beiseitesprechen,
- Botenbericht,
- Mauerschau,
- Chorgesang.

Lösung 15

Bei der Untersuchung literarischer Figuren muss man auf die Konzeption der Figuren (statisch – dynamisch, komplex – typisiert, offen – geschlossen) und auf ihre Charakterisierung achten.

Diese Charakterisierung kann von der Person selbst oder von anderen, aber auch vom Erzähler kommen. Wichtige Gesichtspunkte sind dabei: äußere Erscheinung, Lebensumstände, Beziehung zu den Mitmenschen, Äußerungen und Handlungen und prägende Lebenserfahrungen.

Lösung 16

Der Erzähler ist eine vom Autor vorgeschobene Figur. Man unterscheidet folgende Erzählperspektiven:

- Ich-Erzähler,
- Er-/Sie-Erzähler

und folgendes Erzählverhalten:

- personaler Erzähler,
- neutraler Erzähler und
- auktorialer (allwissender, olympischer) Erzähler.

Lösung 17

Das lyrische Ich ist der Sprecher in einem Gedicht. Es ist damit dem Erzähler in einem Prosatext vergleichbar und nicht mit dem Autor zu verwechseln.

In Gedichten, in denen es kein lyrisches Ich gibt, wird oft ein lyrisches Du angesprochen.

Lösung 18

Man teilt die Literatur in folgende Hauptgattungen:

- erzählende Texte (Epik, Prosa),
- dramatische Texte (Schauspiele, Szenen) und
- lyrische Texte (Gedichte, Balladen).

Lösung 19

Die Anekdote ist eine kurze Erzählung, in der eine bekannte Person im Mittelpunkt steht.

In der Anekdote wird eine hervorstechende Charaktereigenschaft dieser Person oder ein besonderes Ereignis, das mit dieser Person in Zusammenhang steht, thematisiert.

Anekdoten wurden zu allen Zeiten geschrieben; ihre Blütezeit hatte die Anekdote im 18., 19. und 20. Jahrhundert.

Lösung 20

Im Deutschen ist die Parabel eine lehrhafte Erzählung, die eine allgemeine Erkenntnis oder eine Lebensweisheit verschlüsselt wiedergibt.
In der Parabel wird die Bildebene eines Sachverhalts dargestellt, die Sachebene ist vom Leser zu erschließen. Dieser muss im Vergleich von Bild- und Sachebene die Deutungsmöglichkeiten der Parabel herausfinden.

Lösung 21

Je nach Thematik, Inhalt und Wirkabsicht des Romans unterscheidet man folgende Typen:
- Bildungs- und Entwicklungsroman,
- Gesellschaftsroman,
- historischer Roman,
- Kriminalroman,
- Künstlerroman,
- utopischer Roman.

Lösung 22

Bei der Romananalyse gibt es eine Vielzahl von wichtigen Untersuchungsaspekten:
- Ist der Roman aus der Sicht eines Ich-Erzählers oder eines Er-/Sie-Erzählers geschrieben?
- Welches Erzählverhalten ist feststellbar: auktoriales, personales oder neutrales Erzählverhalten?
- Wie ist das Verhältnis von Erzählzeit und erzählter Zeit?

Lösung 23

Der Blankvers ist ein reimloser 5-hebiger Jambus.

Er ist es! Nathan! – Gott sei ewig Dank,
x x́ x x́ x x́ x x́ x x́

Daß Ihr doch endlich einmal wiederkommt.
x x́ x x́ x x́ x x́ x x́

Lösung 24

- Binnenreim
- Schweifreim
- Reicher Reim
- Haufenreim
- Unreiner Reim

Lösung 25
Während man traditionelle Gedichte auf Strophenbau, Versmaß, Reimschema und Kadenz untersuchen kann, sollte man bei modernen Gedichten vor allem auf die Bauform, die sinntragenden Begriffe und ihre Anordnung, den Klang der Vokale und Konsonanten sowie auf Eigenarten beim Satzbau und der Begrifflichkeit achten.

Lösung 26
Folgende drei Typen des Dramas kann man unterscheiden:
- die Komödie (Lustspiel), ein Bühnenstück mit komischem, lustigem oder heiterem Inhalt,
- die Tragödie (Trauerspiel), ein Bühnenstück mit tragischem Inhalt,
- und die Tragikomödie, eine Mischform aus Tragödie und Komödie, die tragische und komische Elemente miteinander verbindet.

Lösung 27
Der Begriff „Ständeklausel" besagt, dass in der Tragödie nur hohe Standespersonen, in der Komödie nur einfache Bauern und Bürger auftreten dürfen.
Die Ständeklausel geht auf Aristoteles und seine Poetik zurück. Erst im 18. Jahrhundert durchbrach der Aufklärer Lessing diese Vorgabe und zeigt in seinen Tragödien Bürger als Hauptfiguren. Lessings Dramen nennt man daher z.T. auch „bürgerliche Trauerspiele".

Lösung 28
Die Freytags-Pyramide zeigt grafisch den typischen Aufbau des traditionellen Dramas. Gustav Freytag, ein Dichter des 19. Jahrhunderts, leitete aus Schillers klassischem Drama „Maria Stuart" die typische Form des fünfaktigen Dramas ab:
1. Akt: Exposition
2. Akt: steigende Handlung
3. Akt: Höhepunkt/Wendepunkt
4. Akt: fallende Handlung und Verzögerung
5. Akt: Schluss (Katastrophe oder Happy End)

Lösung 29
Das moderne Drama entspricht meist der Form des offenen Dramas. Man unterscheidet:
- das epische Drama Bertolt Brechts (gekennzeichnet durch Verfremdungseffekt und Montagetechnik),
- das Dokumentartheater, das auf historischen oder juristischen Quellen beruht, und das
- absurde Theater, das die Alltagswelt als unheimlich und irreal darstellt.

Lösung 30

Die Philosophen und Dichter der Aufklärung orientieren sich nicht mehr an der Tradition, an der Religion und an der Staatsform des Absolutismus.
Für sie gilt nur das, was vor der Vernunft standhält. Man spricht deshalb von Rationalismus. Dieser Rationalismus ist gespeist von der Entdeckung der Naturgesetze und den neu entstehenden Naturwissenschaften.

Lösung 31

Man unterscheidet bei der Aufklärungsliteratur die Gottsched- und die Lessing-Phase.
- Johann Christoph Gottsched prägte die erste Phase (1720–1750) durch sein Bemühen um eine Theaterreform.
- Gotthold Ephraim Lessing prägte die zweite Phase (1750–1785). Er schuf das bürgerliche Trauerspiel und wandte sich dem englischen Autor Shakespeare zu, den er zum Vorbild erklärte.

Lösung 32

Die Literatur des Sturm und Drang wurde von einigen jungen Autoren in den Jahren 1765 bis 1785 verfasst. Sie wandten sich in ihren Werken gegen autoritäre obrigkeitliche Strukturen in Politik und Gesellschaft. Dabei knüpften sie an die Gedanken der Aufklärer an, betonten aber die Gefühlsorientierung des Menschen.

Lösung 33

Wichtige Autoren und Werke des Sturm und Drang sind z. B.:
- Johann Wolfgang Goethe („Götz von Berlichingen“, „Die Leiden des jungen Werther“),
- Friedrich Schiller („Die Räuber“, „Kabale und Liebe“) und
- Jakob Michael Reinhold Lenz („Der Hofmeister“, „Die Soldaten“).

Lösung 34

Die Klassik dauerte von 1786 bis 1805.
Der Beginn der Epoche ist festgelegt durch den Aufbruch Goethes zu einer Reise durch Italien, auf der sich seine Kunstvorstellungen grundlegend veränderten.
Das Ende der Epoche ist markiert von Schillers Tod – dem Ende der Zusammenarbeit von Goethe und Schiller.

Lösung 35

Die Klassiker Goethe und Schiller setzten gegen die als chaotisch empfundene Zeit des Umbruchs um 1800 (Französische Revolution) die an der griechischen Antike orientierten Vorstellungen von Gesetz, Maß, Ordnung, Sitte und Harmonie.

Lösung 36
Man unterteilt die Romantik in
- Jenaer Romantik (Frühromantik), Autoren: Wackenroder, Tieck, Schlegel, Novalis
- Heidelberger Romantik (Hochromantik), Autoren: Arnim, Brentano, Eichendorff
- Schwäbische Romantik (Spätromantik), Autoren: Uhland, Hauff, Mörike, Schwab

Lösung 37
Die Gemeinsamkeit der beiden Epochen besteht im gleichzeitigen Verlauf, nämlich in der Zeit von 1815 bis 1850. Beide Richtungen unterscheiden sich aber in ihrer Einschätzung der Zeitumstände: Die Biedermeierautoren stellen die Gedankenwelt des Bürgertums dar, das sich aus der Tagespolitik zurückgezogen hat.
Die Autoren des Vormärz schreiben sozial- und politikkritische Texte, mit denen sie gegen die restaurative Ordnung im Deutschen Bund Opposition betrieben.

Lösung 38
Beim „Sekundenstil" wird versucht, das Gesagte ganz unverfälscht wiederzugeben.
Dazu werden Verzögerungen beim Sprechen durch Auslassungszeichen kenntlich gemacht, Versprecher und Stottern wiedergegeben.
Die Erzählzeit und die erzählte Zeit sollen deckungsgleich sein.
Der Sekundenstil will den Naturalismus in Gesprächssituationen wiedergeben.

Lösung 39
Bei der Literatur der Jahrhundertwende unterscheidet man
- Impressionismus (Arthur Schnitzler, Thomas Mann),
- Symbolismus (Stefan George und Hugo von Hofmannsthal) und
- Expressionismus (Georg Trakl, Gottfried Benn).

Lösung 40
Romane aus der Weimarer Republik, die man noch heute liest, sind z. B.
- „Der Untertan" von Heinrich Mann,
- „Im Westen nichts Neues" von Erich Maria Remarque,
- „Siddharta" von Hermann Hesse,
- „Der Mann ohne Eigenschaften" von Robert Musil und
- „Berlin Alexanderplatz" von Alfred Döblin.

Lösung 41

Bei der Literatur zur Zeit des Nationalsozialismus unterscheidet man drei Strömungen:

- die innere Emigration (Dichter, die in Deutschland geblieben waren und nicht mehr oder nur für die Schublade schrieben),
- die Literatur des Exils (deutsche Autoren, die als Gegner des Regimes ins Ausland emigrieren mussten) und
- die offizielle NS-Literatur („Blut- und Boden-Literatur").

Lösung 42

Der „Bitterfelder Weg" ist ein literaturpolitisches Konzept innerhalb der DDR-Literatur. Es besagt, dass eine Verzahnung von Literatur und Arbeitswelt stattfinden soll: Arbeiter sollen Literatur schreiben, Schriftsteller sich in Betrieben über den Alltag der Arbeiter informieren. Dieses Konzept wurde von der SED-Führung unter dem Motto „Greif zur Feder, Kumpel" für die Jahre 1959 bis 1964 propagiert.

Lösung 43

Wichtige Autoren und Werke der DDR-Literatur sind z. B.

- Ulrich Plenzdorf („Die neuen Leiden des jungen W."),
- Christa Wolf („Kassandra"),
- Monika Maron („Flugasche") und
- Christoph Hein („Horns Ende").

Lösung 44

„Trümmerliteratur" ist eine Bezeichnung für die westdeutsche Literatur, die unmittelbar nach dem Zweiten Weltkrieg entstanden ist und den Krieg und seine Folgen in einer betont einfachen, oft der Umgangssprache angepassten Sprache darstellt.
Autoren dieser Richtung sind z. B. Wolfgang Borchert und Heinrich Böll.

Lösung 45

Die 50er- und 60er-Jahre waren die Hochzeit der sozialkritischen Romane in der Bundesrepublik Deutschland.
Wichtige Autoren sind Wolfgang Koeppen, Heinrich Böll, Günter Grass, Siegfried Lenz, Alfred Andersch und Martin Walser.

Lösung 46

Die Autoren der Postmoderne zielen mit ihren Werken auf die mehrfachen Rezeptionsmöglichkeiten von Literatur. Mittel dazu sind

- die Aufhebung von realen Zeitmustern und Ortsvorstellungen,
- die Darstellung von Ungleichzeitigem,
- Intertextualität (also das Spiel mit der literarischen Tradition),
- Abkehr von einem vordergründigen Realismus sowie
- die Dekonstruktion des Subjekts.

Spickzettel

1 Grammatikalische Begriffe: Wortarten

Artikel	Begleiter	der, die, das, eine, einer, eines
Adjektiv	Wiewort, Eigenschaftswort	schön, gut, schlau, eigensinnig, brav
Adverb	Umstandswort	kaum, abends, da
Interjektion	Empfindungswort	hurra, au, ach, oje
Konjunktion	Bindewort	und, oder, weil, denn
Numerale	Zahlwort	eins, zwei, der Erste, der Zweite
Präposition	Verhältniswort	in, an, auf, neben, unter
Pronomen	Fürwort	ich, du, er, sie, es, mein, dein
Nomen (Substantiv)	Hauptwort, Namenwort	Vater, Haus, Evi, Weihnachten, das Rote Kreuz
Verb	Tunwort, Zeitwort	schreiben, essen, tanzen, telefonieren

2 Grammatikalische Begriffe: Satzglieder

Subjekt	Satzgegenstand	**Ich** gehe in die Schule.
Prädikat	Satzaussage	Ich **gehe** in die Schule.
Objekt	Satzergänzung	Ich gehe **mit meinem Freund Tim** in die Schule.
Adverbiale	Umstandsangabe	Ich gehe **gern** in die Schule.
Attribut	Beifügung	Ich gehe in die **neue** Schule.

Grammatikalische Begriffe: Satzarten und Zeichensetzung

Aussagesatz	wird mit einem Punkt abgeschlossen	Ich gehe in die Schule.
Ausrufesatz	wird mit einem Ausrufezeichen abgeschlossen	Geh in die Schule!
Fragesatz	wird mit einem Fragezeichen abgeschlossen	Soll ich in die Schule gehen?
Hauptsatz	kann allein stehen	Ich gehe in die Schule.
Nebensatz	kann nicht allein stehen	… damit ich etwas lerne.

3 Grammatikalische Begriffe: Deklination

Deklination: Substantive, Artikel, Adjektive und Pronomen können dekliniert (gebeugt) werden.

Kasus	der Fall	
• Nominativ	1. Fall (Werfall)	**Ich** schenke Lea ein Buch meiner Oma.
• Genitiv	2. Fall (Wesfall)	Ich schenke Lea ein Buch **meiner Oma**.
• Dativ	3. Fall (Wemfall)	Ich schenke **Lea** ein Buch meiner Oma.
• Akkusativ	4. Fall (Wenfall)	Ich schenke Lea **ein Buch** meiner Oma.
Genus	das grammatische Geschlecht	
• Femininum	weiblich	die Herde, die Schlange, die Tür
• Maskulinum	männlich	der Hund, der Ofen, der Kamin
• Neutrum	sächlich	das Kleidungsstück, das Kind, das Tier
Numerus	die grammatische Zahl	
• Singular	Einzahl	der Hund, die Katze, das Kind, die Tür,
• Plural	Mehrzahl	die Hunde, die Katzen, die Kinder, die Türen, die Öfen

4 Grammatikalische Begriffe: Konjugation

Konjugation: Ein Verb kann man konjugieren (beugen).

Numerus	Zahl	
• Singular	Einzahl	ich laufe, du rennst, er/sie/es geht
• Plural	Mehrzahl	wir laufen, ihr rennt, sie gehen
Tempus	Zeit(stufe)	
• Präsens	Gegenwart	Ich gehe gern in die Schule.
• Präteritum/ Imperfekt	1. Vergangenheit	Ich ging gern in die Schule.
• Perfekt	2. Vergangenheit	Ich bin gern in die Schule gegangen.
• Plusquamperfekt	3. Vergangenheit	Ich war gern in die Schule gegangen.
• Futur I	Zukunft	Ich werde gern in die Schule gehen.
• Futur II	vollendete Zukunft	Ich werde gern in die Schule gegangen sein.

infinite Formen		
• Infinitiv	Grundform	laufen, rennen, gehen
• Partizip I	Mittelwort der Gegenwart	laufend, rennend, gehend
• Partizip II	Mittelwort der Vergangenheit	gelaufen, gerannt, gegangen

5 Rechtschreibung: Wichtige Regeln

Nomen, Eigennamen und die höfliche Anrede schreibt man groß.
das Haus, der Morgen, Hannover, Deutschland, Monika, das Rote Kreuz, Sie

Der Konsonant nach einem kurzen Vokal wird meist verdoppelt.
Schiff, schmuggeln, spicken, necken, Robbe, Nummer, Mütze

Lang gesprochene Vokale werden oft verdoppelt.
Aal, Haar, Paar, Beere, Fee, Schnee, Boot, Moos, Zoo

Die Schreibung *e* oder *ä* und *eu* oder *äu* kannst du durch den Stammvokal ermitteln.
ängstlich – Angst, Gebäude – bauen, Freude – sich freuen

Gleich und ähnlich klingende Konsonanten kannst du durch Verlängern des Wortes bestimmen.
Wald – Wälder, alt – älter, lieb – lieblich, Spuk – spuken

Den stimmhaften *s*-Laut schreibt man immer mit einfachem *s*.
leise, brausen, sonnig, Salz, sauber, reisen, Hose

Den stimmlosen *s*-Laut schreibt man mit einfachem *s*, *ss* oder *ß*.
Gras, Maus, Atlas, fressen, Fluss, beißen, Straße, Floß

6 Rechtschreibung: Wichtige Regeln

Das schreibt man, wenn es sich um einen bestimmten Artikel oder ein Pronomen handelt.
das Schwarze Brett, das in der Aula hängt; das Schwarze Brett dort

Dass schreibt man, wenn es sich um eine Konjunktion handelt.
Die Schüler sind froh, dass das Schwarze Brett in der Aula hängt.

Bei Fremdwörtern wird ein lang gesprochenes *i* im Wortinneren nie gekennzeichnet.
Maschine, Vitamine, Turbine, Praline, Invalide

Wörter mit mehr als einer Silbe werden immer zwischen den Silben getrennt.
Schul-bus, Land-heim, Heim-weg

Das Komma trennt die einzelnen Wörter bei der Aufzählung und Haupt- und Nebensatz.
Luisa kaufte Eier, Mehl, Backpulver. Luisa las das Rezept, bevor sie einkaufte.

7 Aufsatz: Grundwissen

Aufsatzformen

erzählend	informierend
z. B. Erlebniserzählung, Nacherzählung, persönlicher Brief	z. B. Bericht, Beschreibung, sachlicher Brief
Kennzeichen: Spannung, wörtliche Rede, treffende Verben und Adjektive, Erzählstil Tempus: Präteritum	Kennzeichen: keine Spannung, Fakten, keine wörtliche Rede, Sachstil, Beantwortung der W-Fragen Tempus: Präsens (bei der Beschreibung) oder Präteritum (beim Bericht)

8 Literatur und Sachtexte: Formen und Gattungen

Textsorten

Literarische Texte	Texte, die die Wirklichkeit betreffen
• Erzählende Texte (Prosatexte): z. B. Märchen, Sage, Fabel, Legende, Kalendergeschichte, Kinder- und Jugendbuch • Spieltexte (dramatische Texte): z. B. Schwank, Schauspiel • Gedichte (lyrische Texte): Verse, Gedichte	• Sachtexte: z. B. Jugendsachbuch, Jugendlexikon

9 Grammatikalische Begriffe: Wortarten

Artikel	Begleiter, Geschlechtswort	der, die, das, eine, einer, ein
Adjektiv	Wiewort, Eigenschaftswort	blau, langsam, dumm, vorlaut, hübsch
Adverb	Umstandswort	sehr, kaum, heute, hier
Interjektion	Empfindungswort	oh! hurra! au! ach!
Konjunktion	Bindewort	und, oder, weil, denn
Numerale	Zahlwort	eins, zwei, der Erste, der Zweite
Präposition	Verhältniswort	in, an, auf, neben, vor, mit
Pronomen	Fürwort	ich, mein, mich, dieser, der, jemand, wer?
Substantiv/ Nomen	Hauptwort/ Namenwort	Leo, Ostern, Werkstatt, Berlin, das Rote Kreuz
Verb	Zeitwort	lesen, wandern, anrufen, tanzen

10 Grammatikalische Begriffe: Satzglieder

Subjekt	Satzgegenstand	**Ich** rufe meine Freundin Sarah an.
Prädikat	Satzaussage	Ich **rufe** meine Freundin Sarah **an**.
Objekt	Satzergänzung	
• Genitivobjekt	im 2. Fall	Bei der Klassensprecherwahl hat sich Sarah **der Stimme** enthalten.
• Dativobjekt	im 3. Fall	Sarah sagt **ihrem kleinen Bruder**, dass ich ihn sprechen möchte.
• Akkusativobjekt	im 4. Fall	Ich rufe **meine Freundin Sarah** an.
• Präpositionalobjekt	mit Präposition	Ich spreche auch **mit Sarahs Mutter**.
Adverbiale	Umstandsangabe	Ich rufe meine Freundin Sarah **mehrmals täglich** an.
Attribut	Beifügung	Ich rufe meine Freundin Sarah mehrmals täglich mit meinem **neuen** Handy an.

11 Grammatikalische Begriffe: Satzarten und Satzverknüpfung

Hauptsatz	Der Hauptsatz ist ein vollständiger Satz, der mindestens aus Subjekt und Prädikat besteht. Ein Hauptsatz kann allein stehen.
Arten von Nebensätzen	• Relativsatz • Konjunktionalsatz • indirekter Fragesatz • Adverbialsatz • Attributsatz • Infinitivsatz • Partizipialsatz • Subjektsatz • Objektsatz
Hypotaxe	Satzgefüge: Verbindung von Haupt- und Nebensatz
Parataxe	Satzreihe: Verbindung von Hauptsatz und Hauptsatz

12 Grammatikalische Begriffe: Modus

Modus	die Aussageweise des Verbs	Beispiel
Indikativ (Wirklichkeitsform)	bezeichnet wahrscheinliche, wirkliche oder allgemeingültige Aussagen	Im Fach Französisch ist die Aussprache wichtiger als in Latein.
Konjunktiv I (Möglichkeitsform)	wird für Wünsche, Aufforderungen und Ausrufe sowie für die indirekte Rede verwendet	Tamara versicherte, sie habe die Pizza genau nach Rezept gemacht.
Konjunktiv II (Nichtwirklichkeitsform)	wird für ein nicht wirkliches Geschehen, für einen unerfüllbaren Wunsch, für die höfliche Aufforderung und in Konditionalsätzen verwendet	Hätte ich mich nur getraut, mit dem Ballon mitzufahren!
Imperativ (Befehlsform)	drückt einen Wunsch, Befehl, eine Aufforderung oder ein Verbot aus	Erledige endlich deine Hausaufgaben!

13 Aufsatz: Grundwissen

Aufsatzformen

erzählend	informierend
z. B. Erlebniserzählung, Wechsel der Erzählperspektive, Veränderung der Textsorte, Erzählen mit schildernden Elementen	z. B. Bericht, Beschreibung, Textzusammenfassung, Inhaltsangabe, Protokoll
Kennzeichen: Spannung, wörtliche Rede, treffende Verben und Adjektive, Beachtung der Erzählperspektive, Wiedergabe der Kernaussage, Veranschaulichung der Umgebung, Erzählstil Tempus: Präteritum	Kennzeichen: keine Spannung, Information über Fakten, indirekte Rede, Beantwortung der W-Fragen, Sachstil Tempus: Präsens (bei Beschreibung, Textzusammenfassung, Inhaltsangabe, Protokoll), Präteritum (bei Bericht, Protokoll)

14 Aufsatz: Grundwissen

Aufsatzformen

argumentierend	interpretierend
z. B. begründete Stellungnahme, steigernde Erörterung, Pro-und-Kontra-Erörterung	z. B. erweiterte Inhaltsangabe, Charakterisierung literarischer Figuren
Kennzeichen: keine Spannung, Abwägen von Argumenten, Begründen, Veranschaulichung durch Beispiele, sachliche Sprache, Fachbegriffe, Hypotaxen, passende Gliederung, argumentativer Stil Tempus: Präsens	Kennzeichen: keine Spannung, Darlegung von Fakten, Zitate, sachliche Sprache, Fachbegriffe, Hypotaxen, durchdachte Gliederung, Sachstil Tempus: Präsens

15 Literarische Texte: Formen und Gattungen

Literarische Texte		
Erzählende Texte (Prosa)	Dramatische Texte	Lyrische Texte
z. B. Märchen, Sage, Schwank, Fabel, Legende, Kalendergeschichte, Anekdote, Kurzgeschichte, Erzählung, Novelle, Epos, Roman, Kinder- und Jugendbuch	z. B. Szene, Schwank, Schauspiel (Drama), Trauerspiel (Tragödie), Lustspiel (Komödie), Tragikomödie	z. B. Verse, Gedicht, Ode, Sonett, Ballade, Liedtext, Songtext
Kennzeichen: oft in Alltagssprache geschrieben; eine Erzählerfigur gibt das Geschehen wieder.	Kennzeichen: Es gibt keinen Erzähler, die Figuren sprechen in Monologen (Rede) und Dialogen (Wechselrede).	Kennzeichen: in gebundener Sprache (Verse, Rhythmus, Reim) geschrieben

16 Sachtexte: Formen und Gattungen

Sachtexte			
Texte sachlichen Inhalts	Zeitungstexte	Redetexte	Werbetexte
z. B. Lexikonartikel, Sachtexte in verschiedenen Medien, Jugendsachbuch	z. B. Nachricht, Bericht, Reportage, Rezension, Kommentar, Leserbrief	z. B. Wahlkampfrede, Gerichtsrede, Reden zu den verschiedensten Anlässen	z. B. Werbetexte in den verschiedenen Medien
Kennzeichen: oft in Fachsprache, manchmal in Alltagssprache geschrieben, sachlich-fachliche Inhalte, informierende Absicht	Kennzeichen: den Regeln der verschiedenen Zeitungstextsorten entsprechend geschrieben, sachliche Inhalte, Meinungen	Kennzeichen: in sachlicher oder appellativer Sprache geschrieben, Verwendung von rhetorischen Mitteln, durchdachter Aufbau	Kennzeichen: oft in appellativer Sprache geschrieben, häufig unter Einbeziehung von rhetorischen Mitteln, Anglizismen

17 Aufsatz: Aufsatzformen

Argumentieren und Erörtern

z. B. die steigernde (lineare) Erörterung	z. B. die Pro-und-Kontra-Erörterung (dialektische Erörterung)	z. B. die Erörterung anhand eines Textes

Kennzeichen:
keine Spannung, Abwägen von Argumenten, Begründen, Veranschaulichen durch Beispiele, sachliche Sprache, Fachbegriffe, Hypotaxen, argumentativer Stil, klimaktischer Aufbau, passende Gliederung

Tempus: Präsens

18 Aufsatz: Aufsatzformen

Beschreiben, Analysieren und Interpretieren

z. B. Beschreiben und Analysieren von Sachtexten	z. B. Analysieren und Interpretieren von literarischen Texten
Untersuchungsaspekte: Inhalt, Sprache, formale Gestaltung, Argumentation, Wirkabsicht	Untersuchungsaspekte: Inhalt, Sprache, formale Gestaltung, Thematik, Problemgehalt, Figurencharakteristik, Figurenkonstellation, Erzähler und Erzählperspektive, Aussageabsicht

Kennzeichen:
keine Spannung, Darlegung von Fakten, Zitate, sachliche Sprache, Fachbegriffe, Hypotaxen, passende Gliederung, Sachstil

Tempus: Präsens

19 Literarische Texte: Formen und Gattungen

Literarische Texte

Erzählende Texte (Prosa)	Dramatische Texte	Lyrische Texte
z.B. Märchen, Sage, Schwank, Fabel, Legende, Kalendergeschichte, Anekdote, Parabel, Kurzgeschichte, Erzählung, Novelle, Epos, Roman, Kinder- und Jugendbuch	z.B. Szene, Schwank, Schauspiel (Drama), Trauerspiel (Tragödie), Lustspiel (Komödie), Tragikomödie	z.B. Verse, Gedicht, Ode, Sonett, Ballade, Liedtext, Songtext
Kennzeichen: oft in Alltagssprache geschrieben; eine Erzählerfigur gibt das Geschehen wieder.	Kennzeichen: Es gibt keinen Erzähler, die Figuren sprechen in Monologen (Rede) und Dialogen (Wechselrede).	Kennzeichen: in gebundener Sprache (Verse, Rhythmus, Reim) geschrieben

20 Literaturgeschichte

Aufklärung	1720–1785	Gottsched, Lessing
Sturm und Drang	1765–1785	Goethe, Lenz, Schiller
Klassik	1786–1832	Goethe, Schiller
Romantik	1793–1830	Novalis, Brentano, Eichendorff
Biedermeier und Vormärz	1815–1850	Droste-Hülshoff, Heine
Realismus und Naturalismus	1850–1900	Fontane, Hauptmann
Jahrhundertwende	1890–1925	Schnitzler, George, Trakl, Benn
Weimarer Republik	1918–1933	Brecht, Th. Mann, Döblin
Literatur zwischen 1933 und 1945	1933–1945	Brecht, Th. Mann, Zweig, Bergengruen, Andres
Literatur der DDR	1945–1990	Seghers, Plenzdorf, Becker, Wolf
Literatur der BRD	1945–1990	Borchert, Böll, Grass, Walser, Andersch
Literatur nach 1990	nach 1990	Brussig, Kracht, Süskind, Ransmayr

A

B

C

D

E

Q

R

S

Text- und Bildnachweise

Textnachweise

S. 109: Gebrüder Grimm, Allerleirauh, aus: Kinder- und Hausmärchen in 2 Bänden, hrsg. von Heinz Rölleke, Eugen Diederichs Verlag, Köln 1982.

S. 112: Äsop, Der Rabe und der Fuchs, aus: Äsop: Fabeln, hrsg. und übersetzt von Rainer Nickel, Artemis & Winkler Verlag, Zürich 2004, S. 74.

S. 113: Heinz Erhardt, Der Spatz, aus: Das große Heinz Erhardt Buch. Fackelträger Verlag GmbH, Hannover 1970, S. 21.

S. 114–115: Max Bolliger, Wie Georg den Drachen bezwang, aus: Max Bolliger: Wie Georg den Drachen bezwang und 51 weitere Legenden für jede Woche des Jahres, Herder Verlag, Freiburg, Basel, Wien 1994, S. 61 ff.

S. 116: Johann Peter Hebel, Das Mittagessen im Hof, aus: Erzählungen und Aufsätze des Rheinischen Hausfreundes, hrsg. von Wilhelm Zentner, G. Braun Verlag, Karlsruhe 1968.

S. 119: Wie Eulenspiegel verkündete, fliegen zu wollen, aus: Ein kurzweilig Lesen von Till Eulenspiegel und was er für seltsame Possen getrieben hat, Ensslin & Laiblin Verlag GmbH & Co. KG, Reutlingen.

S. 121: Ingrid Huber, Das Interview, aus: Hans-Joachim Gelberg (Hrsg.): Oder die Entdeckung der Welt. 10. Jahrbuch der Kinderliteratur, Beltz & Gelberg Verlag, Weinheim, Basel 1997, S. 28.

S. 122: Heinrich Heine, Belsatzar, aus: Der große Conrady. Das Buch deutscher Gedichte, Artemis & Winkler, Düsseldorf 2008.

S. 123: Joseph von Eichendorff, Waldgespräch, aus: Der große Conrady. Das Buch deutscher Gedichte, Artemis und Winkler, Düsseldorf 2008.

S. 123: Theodor Storm, Herbst, aus: Der große Conrady. Das Buch deutscher Gedichte, Artemis & Winkler, Düsseldorf 2008.

S. 123: Georg Trakl, Im Winter, aus: G. Trakl, Das Dichterische Werk, Deutscher Taschenbuch Verlag, München 2007.

S. 124: Matthias Claudius, Abendlied, aus: Stimmen im Kanon. Deutsche Gedichte, Auswahl und Nachwort von Ulla Hahn, Reclam, Stuttgart 2003.

S. 124: Johann Wolfgang von Goethe, Der Zauberlehrling, aus: Stimmen im Kanon. Deutsche Gedichte, Auswahl und Nachwort von Ulla Hahn, Reclam, Stuttgart 2003.

S. 126: Joseph von Eichendorff, Mondnacht, aus: Stimmen im Kanon. Deutsche Gedichte, Auswahl und Nachwort von Ulla Hahn, Reclam, Stuttgart 2003.

S. 126: Christian Morgenstern, Novembertag, aus: Chr. Morgenstern, Gedichte in einem Band, hrsg. v. Reinhardt Habel, Suhrkamp, Frankfurt a. M. 2003.

S. 126: Gottfried Keller, Abendlied, aus: Stimmen im Kanon. Deutsche Gedichte, Auswahl und Nachwort von Ulla Hahn, Reclam, Stuttgart 2003.

S. 126: Joseph von Eichendorff, Wünschelrute, aus: Stimmen im Kanon. Deutsche Gedichte, Auswahl und Nachwort von Ulla Hahn, Reclam, Stuttgart 2003.

S. 127: Christian Morgenstern, Die Trichter, aus: Die Möwen sehen alle aus, als ob sie Emma heißen. Gedichte, Insel Verlag, Berlin 2012.

S. 129: Susanne Kilian, Träumen, aus: Hans-Joachim Gelberg (Hrsg.): Der fliegende Robert. 4. Jahrbuch der Kinderliteratur, Beltz & Gelberg Verlag, Weinheim, Basel 1977, S. 146.

S. 206: Wilhelm Busch, Fink und Frosch, aus: Wilhelm Busch: Gedichte, hrsg. von Friedrich Bohne. Diogenes Verlag, Zürich 1974, S. 122.

S. 253: Mühsam's Geschütteltes – Schüttelreime und Schüttelgedichte von Erich Mühsam, hrsg. v. Reiner Scholz, Frankfurt a. M. (Stadt- und Universitätsbibliothek) 1994.

S. 254: Johann Wolfgang von Goethe, Der Totentanz, aus: J. W. v. Goethe, Werke in 14 Bänden (Hamburger Ausgabe), Bd. I, Deutscher Taschenbuch Verlag, München 1998.

S. 254: Friedrich Hölderlin, Die Kürze, aus: F. Hölderlin, Sämtliche Gedichte und Hyperion, hrsg. v. Jochen Schmidt, Insel Verlag, Frankfurt a. M. 1999.

S. 255: Theodor Storm, Die Nachtigall, aus: Der große Conrady. Das Buch deutscher Gedichte, Artemis & Winkler, Düsseldorf 2008.

S. 256: Der Zipferlake, aus: Lewis Caroll, Alice hinter den Spiegeln, Insel Verlag, Frankfurt a. M. 1974, übersetzt von Christian Enzensberger.

S. 258: Andreas Gryphius, Abend, aus: Ernst Bender (Hrsg.): Deutsche Dichtung der Neuzeit. G. Braun Verlag, Karlsruhe 1969, S. 47.

S. 260: Theodor Fontane, Herr von Ribbeck auf Ribbeck im Havelland, aus: Theodor Fontane, Sämtliche Werke, hrsg. von Edgar Groß, Kurt Schreinert, Rainer Bachmann, Charlotte Jolles, Jutta Neuendorff-Fürstenau, Bd. 1–25. Nymphenburger Verlagshandlung, München 1959–1975, Band 20, S. 249–250.

S. 322–323: Gerold Späth, King, aus: Commedia I. die Menschen, S. Fischer 1980, Frankfurt am Main.

S. 332: Literatur der Weimarer Republik, aus: Erinnern und Urteilen – Ausgabe Bayern, Ernst Klett Verlag GmbH, Stuttgart.

S. 333: L. Bernlochner u. a., Literatur der Weimarer Republik, aus: Geschichte und Geschehen, Ernst Klett Verlag GmbH, Stuttgart.

S. 347: Friedrich Leopold Graf zu Stolberg, Lied, aus: Gedichte des Sturm und Drang, Reclam 1997, S. 46, Stuttgart.

S. 347: Eduard Mörike, Das verlassene Mägdlein, aus: Sämtliche Werke, hrsg. von H. Unger, Winkler Verlag 1967, Band 1, S. 703, Stuttgart.

S. 353: Christian Heermann, Der Mann, der Old Shatterhand war, Verlag der Nationen 1988, Berlin.

S. 354: Franz Kafka, Gibs auf, aus: Sämtliche Erzählungen, hrsg. von P. Raabe, Fischer Taschenbuch 1970, S. 320 f., Frankfurt am Main.

S. 360: Rainer Maria Rilke, Der Panther, aus: Stimmen im Kanon. Deutsche Gedichte, Auswahl und Nachwort von Ulla Hahn, Reclam, Stuttgart 2003.

S. 360: Matthias Claudius, Abendlied; aus: Stimmen im Kanon. Deutsche Gedichte. Auswahl und Nachwort von Ulla Hahn, Reclam, Stuttgart 2003.

S. 361: Friedrich Schiller, Die Glocke, aus: Stimmen im Kanon. Deutsche Gedichte. Auswahl und Nachwort von Ulla Hahn, Reclam, Stuttgart 2003.

S. 362: Gotthold Ephraim Lessing, Nathan der Weise, Reclam, Stuttgart 2000.

S. 362: Johann Wolfgang von Goethe, Der Zauberlehrling aus: Stimmen im Kanon. Deutsche Gedichte, Auswahl und Nachwort von Ulla Hahn, Reclam, Stuttgart 2003.

S. 367: Karin Kiwus, Lösung, aus: Angenommen später, Suhrkamp Verlag 2006, Frankfurt am Main.

S. 408: Parodie, aus: Meyers Kleines Lexikon, Bibliografisches Institut 1986, S. 314 f., Mannheim.

S. 409: Henning Venske, Das Menschliche, Asmus Verlag 1974, Konstanz.

S. 409: Johann Wolfgang Goethe, Das Göttliche, Insel Verlag 1932, Leipzig.

Text- und Bildnachweise

Bildnachweise

Adobe Stock, Dublin: **U1** (luismolinero); akg-images, Berlin: **401.1**, **403.2**; iStockphoto, Calgary, Alberta: **277** (ollo); **350** (ZU_09); **358** (imagestock); **401.2** (EdStock); Klett-Archiv, Stuttgart: **306**; PONS Archiv, Stuttgart: **70.1**, **70.2**, **70.3**, **70.4**, **70.5**, **70.6**, **70.7**, **70.8**, **71.1**, **71.3**, **71.4**, **71.5**, **71.6**, **71.7**, **72.1**, **72.2**, **72.3**, **74.1**, **74.2**, **74.3**, **74.4**, **75**, **75.1**, **92.1**, **92.2**, **92.3**, **92.4**, **92.5**, **92.6** (Katja Rau); **307**, **342**; PONS GmbH, Stuttgart: **38**, **54**, **283**, **170**, **187**, **204**, **206** (Marlene Pohle); **88**, **139** (Steffen Jähde); **50, 51**, **50, 51**, **50, 51** (Sven Palmowski); **71.2** (Klaus Bauer); **118** (Palmowski, Sven); **132** (Naomi Fearn); Shutterstock, New York: **111** (Sergiu Gabriel, MIHU); **209** (Leah-Anne Thompson); **U1** (elwynn); **216** (Stocksnapper); **368** (Luca Quadrio); **370** (Panos Karas); **373, 406** (Igor Bulgarin); **382** (ArTono); **384** (Philip Bird LRPS CPAGB); **394** (LiliGraphie); **407** (VGstockstudio); **415.5, 416**, **415.2**, **415.3**, **415.4** (Jacek Chabraszewski); **415.1** (Olha Rohulya); Thinkstock, München: **31** (tiero); **113** (MGJdeWit); **380** (Georgios Kollidas); Wikimedia Commons, San Francisco: **258** (";Die großen Deutschen im Bilde"; (1936)/ Scan: Michael Schönitzer)

Der Verlag hat sich nach bestem Wissen und Gewissen bemüht, alle Inhaber von Urheberrechten an Texten und Abbildungen zu diesem Werk ausfindig zu machen. Sollte das in irgendeinem Fall nicht korrekt geschehen sein, bitten wir um Entschuldigung und bieten an, gegebenenfalls in einer nachfolgenden Auflage einen korrigierten Quellennachweis zu bringen.

An verschiedenen Stellen dieses Werkes befinden sich Verweise (Links) auf Internet-Adressen. Haftungshinweis: Trotz sorgfältiger inhaltlicher Kontrolle wird die Haftung für die Inhalte der externen Seiten ausgeschlossen. Für den Inhalt dieser externen Seiten sind ausschließlich die Betreiber verantwortlich. Sollten Sie daher auf kostenpflichtige, illegale oder anstößige Inhalte treffen, so bedauern wir dies ausdrücklich und bitten Sie, uns umgehend per E-Mail an kundenservice@klett-lerntraining.de davon in Kenntnis zu setzen, damit bei den Nachproduktionen der Verweis gelöscht wird.